Her Genç Kız ve Kadının Öğrenmesi Gerekli Olan Bilgiler

Kadın Kaleminden
KADIN İLMİHÂLİ

Dr. Sevim ASIMGİL
Merve ŞAHİN

İPEK YAYIN-DAĞITIM A.Ş.

Kapak
Kenan Özcan

Mizanpaj
Aynur Bayır

Baskı-Cilt
Kilim Matbaası

Baskı Tarihi
2005

İPEK YAYIN-DAĞITIM A.Ş.
Çatalçeşme Sok. No. 52/B Cağaloğlu-İSTANBUL
Tel.: (0 212) 528 71 94-95 Fax: 528 71 96

Dr. Sevim Asımgil

Çocukluk yılları Avrupa'da geçmiş olan yazar, liseyi Bursa'da bitirmiş, yüksek öğrenimini İstanbul Üniversitesi'nde tamamla-mıştır. Evlidir; bir oğlu bir kızı vardır. Dr. Sevim Asımgil 1988'de muayenehanesini kapatarak mesaisini tamamen yazıya ve sohbetlere ayırmıştır. Değerli hocalardan senelerce Arapça dersler almış, İslâmî ilimleri tahsil etmiştir. Zaman zaman, çeşitli gazete ve dergilerde yazıları neşredilen yazar Türkiye içinde ve dışında seri olarak konferanslar vermektedir. İslâmî ilimleri araştırmaya yönelik kitaplarının yanısıra, toplumun iğdiş edilen değer yargılarını ön plana çıkarıcı edebî romanları ve hikâyeleri de mevcuttur.

Fert ve Ailede Mutluluk Yolu, Benim Müslüman Yavrum, Gönül Bahçesine Giden Yol: Tarikat, Peygamberler Târihi, İnsanlık Tarihinin En Büyük Lideri Allah'ın Resûlu Hz. Muhammed isimli kitapları Kur'ân evlerinde ders kitabı olarak okutulmuştur.

YAYINLANMIŞ ESERLERİ

1– Siyah Zambak ve Merve -Roman-
2– Sevda Geri Dön -Roman-
3– Dilârâ -Roman-
4– Meriç'in Gelini -Roman-
5– Düğünümde Ağlama -Roman-
6– Diana -Roman-
7– İsmâil Sokağı -Roman-
8– Yüreğim Nereye -Roman-
9– Aşka Çıkış Yok -Roman-
10– Terketme Beni -Roman-
11– Ayrılan Kalpler -Roman-
12– Hz. Hatice
13– Hz. Âyşe
14– Hz. Fâtıma

15– Mübarek Aylar, Günler ve Geceler
16– Evlilik ve Mahremiyetleri
17– Sihir-Büyü-Fal
18– İnsanlar Yeryüzünde Nasıl Var Oldular?
19– Ferd ve Âilede Mutluluk Yolu
20– Benim Müslüman Yavrum
21– Cennet'e Çağrı
22– Gönül Bahçesine Giden Yol
23– Burçlar
24– İnsanlık Tarihinin En Büyük Lideri Hz. Muhammed -s.a.v.-
25– Sevgili Peygamberimizin Mübarek Hayatı
26– Şerefle Yaşanmış Hayatlar
27– İnsanlığa Işık Veren Hayatlar
28– Muhteşem Hayatlar
29– İslâm'ın Beş Esası
30– Allah'a Nasıl Duâ Etmeliyiz?
31– Reenkarnasyon Var mı?
32– İşte Hayat Bu
33– Cennet ve Cehennem
34– Ölüm, "Bir Hiç" Olmak mıdır?
35– Gusül Abdesti Nasıl Alınır?
36– Ramazan-ı Şerif Rahmet Ayıdır
37– Milletçe Sevinçli Günlerimiz: Bayramlarımız
38– Mübârek Namazımız
39– İnanç Dünyasına Tutulan Meş'âle
40– Yaşamak Güzeldir
41– Duâ Âdâbı
42- Mutfak Kültürü
43- Sen Gidince
44- Kadın İlmihâli
45- Hz. Havva, Hz. Meryem, Hz. Âmine

ÖNSÖZ

Allah-u Teâlâ Hazretleri biz insanları birçok vazifelerle mükellef kılmış, pek çok da haklar ihsan buyurmuştur.

İnsanın vazife ve hakları, İslâm'ın, şer'i delillerini teşkil eden, Kitap, Sünnet, İcma-i Ümmet ve Kıyas-ı Fukaha'ya dayandırılarak, İslâm Anayasası'nda net bir şekilde beyan edilmiştir.

İslâm Anayasası'nın esasını "Fıkıh İlmi" teşkil eder.

Fıkhın gayesi, insanın iki cihanda saadete ermesidir, bu, iki cihandan amaç dünya ve âhirettir.

Büluğa ermiş her Müslüman erkeğe ve hanıma, muhtaç olduğu kadar fıkıh öğrenmek farz-ı ayn'dır.

Bilindiği gibi erkek ile kadın arasında, yaratılış itibarı ile bazı farklar bulunmaktadır. Kadınların özelliklerindendir ki âdet görürler, lohusa olurlar. Bunun neticesi olarak da bu durumlarına uygun hükümler konulmuştur. "Kadınlık halleri", Fıkıh ilminin çok önemli bir kısmını işgal ettiğinden, tahâret, abdest, gusül, namaz, oruç, cinsî münâsebetin helâl olma şekilleri vs. gibi daha birçok mühim meselelerle ilgili bulunduğundan çok mühimdir.

Kadınlara ait hallerden âdet hakkında İmam-ı Muhammed -s.a.s- müstâkil bir kitap yazmıştır.[1]

İlmihâl bir bütünlük arzeder. Bundan dolayı klâsik ilmihâl kitaplarında yer alan konuları işleme gayretinde bulunduk. Kitap, temel olarak Hanefi fıkhı esas alınarak hazırlanmıştır. Bazı yerlerde de Şafiî mezhebinin görüşleri belirtildi. Tam anlaşılabilmesi için önce, konuların tümünde, temel ve öz bilgiler, mümkün olduğunca özetlenerek verilmeye çalışıldı, sonra her konunun en çok merak edilen sorularının cevaplanmasına geçildi. Kitabın başından sonuna kadar

---
1- İbn-i Abidin, 1- 459.

bilhassa kadınların, erkeklerden farklı hükümleri üzerinde duruldu. Hanımların merak ettikleri kendilerine has bir çok hükmü kitabımızda bulacakları kanaatindeyiz. Hata ve unutkanlık, insanlığın hususiyetlerindendir. "Hata, kasden yapılmayan fiildir", unutkanlık; "Hacet vaktinde hatıra getirememektir" diye tarif edilmiştir.[1]

Bir de Allah-u Teâlâ, kendi Kitab'ından başka hiç bir kitabın hatasız olmasını takdir buyurmamıştır.[2]

Vâki olan hata ve unutkanlıklarımızdan, yüce Allah'ın -c.c.- affına sığınırız. Kitabı okuyanların ise hoş görüşünü ummaktayız. Müslüman kardeşlerimize faydalı olabilirsek, kitabın hazırlanmasında ve basılmasında emeği geçen hepimiz, çok mutlu olacağız.

Bizden gayrettir, muvaffakıyet ancak, Allah-u Teâlâ Hazretlerindendir.

• Kıymetli zamanlarından fedâkârlık yaparak hazırladığımız "Maddi ve Manevî Temizlik" ile " İbâdet" bölümlerini okuyan Sayın Ali Rıza Önder Hoca'ya,

• Kaynak temin etmede ve araştırmalarımızda güçleri yettiğince bize yardım eden sevgili "Ayşegül ve Haluk Çekmegil"e pek çok teşekkür ederiz. Bütün müslümanlara, adı geçen candan dostlarımıza ve biz fakirlere, Rabbimiz, ömür boyu rızasına uygun hizmetler nasip buyursun. Âmin.

1- İbn-i Âbidin, 1-2.
2- İbn-i Âbidin, 1- 27.

Birinci Bölüm

ÂDET GÖRME - LOHUSALIK - İSTİHÂZE

– *Kadının En Önemli Ziyneti İlmi ve Güzel Ahlâkıdır*

KADINLARA MAHSUS ÖZEL HALLER

Dişi cins ve erkek cinsin arasında, psikolojik açıdan olsun, fizyolojik açıdan olsun farklılıklar bulunmaktadır.

Fakat dînen erkek ve kadın aynı vahye muhataptır, görev ve sorumluluklarda, bâzı özel durumlar dışında hemen hemen eşit tutulmuşlardır. Erkek ve kadın arasında bâzı fizyolojik farklılıkların oluşu, özellikle bedenî ibâdetlerde birtakım farklı hükümlerin konulmasına neden olmuştur.

İbâdetlerdeki istisna haller, en çok kadının, âdet görme, hamilelik ve lohusalık durumlarında görülmektedir.

Dişiliğin en temel belirtisi, dişi cinsin bütün üyelerinde mevcut bulunan çocuk doğurup ona bakma içgüdüsüdür.

Bu onların tüm yaşamını yönlendirir ve biçimlendirir.

Dişi cinsi, duygusal açıdan ve yapısal açıdan "annelik" görevi ile vazifelendirilmiş olarak dünyaya gelir. Bu nedenle, "Âdet", "Lohusalık" gibi haller dişi cinse mahsustur.

Âdet Görme, Lohusalık ve Özür Hali ile İlgili Konular Çok Mühimdir

Her genç kız ve kadının, âdet, lohusalık ve özre âit hükümlerden kendini ilgilendiren kadarını bilmesi gerekmektedir. Bu farz-ı ayındır. Âdet, lohusalık ve özür, temizlik, namaz, Kur'ân okumak, oruç, i'tikâf, Hacc, cinsel münâsebet, boşamak, iddet... vs. birçok konularla ilgilidir. Bundan dolayı kadınların en önemli mes'elelerindendir.[1]

1- İbn-i Abidin, 1- 459.

HAYIZ - NİFAS - İSTİHÂZE

Bunlar kadınlara özel, 3 çeşit kanamanın ismidir.

– Hayız, "Âdet görme" kanıdır.

– Nifas, "Lohusalık" kanıdır.

– İstihâze, "Özür" fasid kandır.

Hayız, nifas ve istihâze hiçbirinde kan çıkıp görülmedikçe hüküm sâbit olmaz. Âlimlerin ekserisi bu görüş üzerinedir.[1] Ülkemizde "hayız" yerine, "âdet görme", "nifas" yerine, "lohusalık", "istihâze" yerine de "özür" kelimeleri çokça kullanıldığından, biz de müslüman kardeşlerimize daha yakın olan bu sözleri tercih ettik. Zaman zaman da fıkıhtaki terimlere yer vererek kitabımızı zinetlendirdik, süsledik.

Kadınlarda Görülen Kanlar İki Türlüdür

1. Sahih Kan: Âdet görmede, sahih bir temizlikten sonra en az 3 gün devam eden, 10 günden çok olmayan kan sahihtir.

• Âdet görmede kanama 10 günü geçerse, bir önceki âdette de kanama 10 günse, kanamanın 10 günündeki sahih -âdet- fazlası fâsid kandır -özürdür-.

• Kadının daha önceki kanaması 10 günden az sürmüşse âdeti, o günlere reddolunur. O günler sayısındaki âdet, sahih kan, fazlası özür sayılır.

• Lohusalıkta, ilk doğum ise veya daha önceki doğumda da lohusalık 40 gün devam etmişse, lohusalıkta sahih kan tam 40 gündür.

• Eğer daha önceki doğumda 40 günden az -meselâ 30 günde- temizlenilmişse son doğumda kanamanın devamı 40 günü geçmişse, 30 güne kadar olanı sahih kanama -lohusalık- 30 günden sonrası fâsidtir.

2. Fasid Kan: Âdet veya lohusalıktan biri olarak adlandırılamayan kanlar fasittir. Kendisinden fasid kan gelen kadın özür sahibi

---

1- Fetâvây-ı Hindiyye, 1-134.

olmuş olur. Özür sahibi kadının namazlarını, her namaz vaktinde abdest alarak kılması gerekir.[1]

Temizlik de İki Türlüdür

1. Sahih temizlik:

Bir âdet veya lohusalığın bitiminden sonra en az 15 gün tamamlanıncaya kadar hiç kan görülmemesidir. Bunun arkasından gelen kan en az 3 gün devam ederse, âdettir. 3 gün tamamlanmazsa "istihâze"dir.

2. Fâsid temizlik:

Bu, sahih temizliğin zıddıdır. Temizliğin 15 günden az olması veya 15 gün içinde mutlaka kan görülmesidir.

Bu fasid temizlik ya 2 özür kanı arası veya bir özür ile bir âdet kanı arası veya bir lohusalık ile özür kanı arasıdır.

Âdet Görme ve Lohusalığın, Âdet Süresinin Tesbiti

Âdet görme ve lohusalıkta âdet, bir defa ile tesbit edilip kararlaştırılır. Bir kadının, ilk âdet görme ve lohusalık zamanlarında kaç gün kan gelmişse işte o müddet onun âdeti olmuş olur.

Meselâ, yeni yetişmiş bir kızın, ilk gördüğü âdet kanı 7 gün devam etmişse, bu bir haftalık müddet onun âdeti olacağından, ondan sonra her ayda 7 gün onun âdeti olmuş olur.

Kan 7 günden fazla devam ederse, fazla olan günler özür kanı olur.[2]

1- Tahtavi, 82.
2- Kadın İlmihâli, 129.

ÂDET GÖRME -HAYIZ-

Yüce Allah -c.c.- tarafından âdet görmeye konulan ve Peygamber Efendimiz -s.a.v.- ile din âlimleri tarafından da kullanılan en ilmî ve geniş mânâlı sözcük "hayız"dır.

Hayız lûgatta akmak, akıntı mânâsına gelmektedir.[1]

Şer'an açıklaması: Bulûğa eren bir kadının dölyatağı denilen rahminden bir hastalık veya çocuk doğurmak sebebiyle olmaksızın bilinen müddet içinde gelen kandır.[2] Halk arasında Hayız kelimesinin karşılığı olarak, aybaşı, kirlilik, namazsızlık sözleri de kullanılmaktadır.

Âdet Kanı, Normal Vücut Kanından Farklı Bir Sıvıdır

Âdet kanı, oldukça karmaşık bir yapıya sahiptir, doğrudan kan dolaşımına bağlı damarlardan gelen bir kan değildir. Bu özelliğinden dolayıdır ki pıhtılaşmaz.[3]

Âdet, kanın rahimden cinsel organın dışına çıkmasıdır. Cinsel organın dışına çıkmazsa bu âdet değildir.[4]

Âdet kanı, 9 yaşından itibaren başlar ve kan kesilme zamanına kadar devam eder.[5]

50 yaşını geçmiş bir kadından yetmiş yaşına kadar gelen kan doktora veya bu gibi meselelerde bilgisi olan kadınlara gösterilir.

70 yaşına ulaşmış bir kadından gelen kan ise, kat'iyetle istihaza -özür- kanıdır.

Hanbelilere göre: 50 yaşından sonra gelen kuvvetli de olsa âdet değil istihaza-özür-dır.[6]

1- Kadın İlmihâli, 26.
2- Büyük İslâm İlmihâli sh: 93.
3- Aile Sağlık Ansiklopedisi, 241.
4- Fetâvâyı Hindiyye 1-124.
5- Fetâvâyı Hindiyye 1-129.
6- B. İslâm İlmihâli, 94.

İki Âdet Arasındaki Temizlik Süresine "Tuhur" Denmiştir

İki âdetin arasını ayıran en az temizlik müddeti geceleriyle birlikte 15 gündür. -Geceleriyle beraber 360 saat- Tuhur müddeti 15 günden az olmaz. Fakat bundan ziyâde olabilir. Aylarca senelerce devam edebilir.[1] Ancak bir kadın devamlı kan görürse o zaman temizliğin çoğuna ihtiyaç olduğundan sınır konulur.

İlk Âdet Gören Kadın Hz. Havva Vâlidemizdir

Hz. Âdem babamız ve Hz. Havva vâlidemiz Cennet yaşantılarında kendilerine yasak edilen ağaçtan yedikten sonra her ikisi de Cennet'ten çıkarılmışlardır. Bunun üzerine Yüce Allah -c.c.- bir güçlük olarak, Havva validemizin, her ay âdet görmesine, hamilelik, doğum gibi hallere uğramasına hükmetmiştir.

Peygamber Efendimiz, bir hâdis-i şerifte: "Bu Allah'ın Adem kızlarına takdir buyurduğu bir şeydir" demişlerdir.[2]

Artık bu hâl kadınlar için ilâhî bir nizam olarak kalmıştır ve onların günâhlarına keffaret olacağı söylenmiştir.[3]

Genç Kızın İlk Def'a Âdet Görmesi

Kızlar en erken 9 yaşından itibaren ilk âdet kanı görmeleri ile bülûğa girmiş, mükellefiyetleri başlamış olur. Kendisinde henüz bir belirti görülmediği halde, bir kız çocuğu bulûğ zamanına varsa, 3 gün ardarda kan görse o âdet görmedir ki, kız çocuğunun erginliğe ulaştığının işâretidir.[4]

9 yaşını bitirdikten sonra kan görmeye başlayan bir kız çocuğu en az 3 gün -72 saat- geçmek şartıyla -10 gün- 240 saat- tamamlanıncaya kadar gördüğü kanın tamamı âdet kanıdır.

Kız çocuğunun gördüğü kan 3 günden az bir müddette kesilirse âdet görmediği anlaşılır.

1- Mebsût, 3-155.
2- İbn-i Abidin, 1-460.
3- Kadın İlmihâli, 32.
4- Mebsût, 2-142.

İlk defa âdet gören bir kız, kanı güneşin yarısı doğduğu vakit görür de kan dördüncü gün, güneşin dörtte biri doğduğunda kesilirse bu kan istihaze kanıdır. Güneşin yarısı doğmadıkça "âdet" sayılmaz. Yarısı doğmuşsa âdet sayılır.[1]

Kızın İlk Gördüğü Kanın Hiç Kesilmemesi Halinde Âdetinin Tesbiti

Bir kız ilk gördüğü kanla bulûğa ermiş olmakla beraber eğer bu kan kesilmeyip devam ederse onun âdetinin süresi ilk 10 gündür. Geri kalan 20 gün temizlik müddetinden sayılır.[2]

Âdet görme sayılan ilk 10 gün namaz kılmaz, oruç tutmaz. Namazını sonradan kaza da etmez. Orucunu sonradan kaza eder. 10 günün dışında akan kandan dolayı özür sahibi kabul edilerek her namaz vaktinde abdest alıp, ibâdetlerini yerine getirir.[3]

Bir kız, ilk def'a sahih kan ile âdet olsa, sonra da tam müddetinçe sahih temizlik geçirse âdet ve temizlik günlerini böylece tesbit etmiş olur. Daha sonra ki âdetlerinde kan durmayıp aksa dahi, önceki ilk âdet ve temizlik halinde, âdet süresi ne idiyse ona göre hareket eder.[4]

Âdet Görmenin Başlangıç Vakti

Kanın, rahimden, cinsel organın dışına çıkması, âdet görmenin başlangıcıdır. Âdet, bilindiği veya bulunduğu anda sâbit olur.

– Âdetin bilindiği anda sâbit olmasına misal: Bir kadın, kuşluk vaktinde abdest alıp pamuk tutunsa, pamuğunu ikindiden sonra kontrol etse, iç çamaşırlarına geçecek şekilde âdet olduğunu görse de, kadının o anda âdet olduğuna hüküm verilir.

– Âdetin bulunduğu anda sâbit olmasına misal: Pamuk veya bez parçası tutunmuş bir kadın, ikindiden sonra, âdet olduğunu hissetse, pamuğu veya bezi, akşam vakti girdikten sonra alsa, iç kısmında âdet

---

1- İbn-i Abidin, 1-463.
2- İbn-i Abidin, 1-465.
3- İbn-i Abidin, 1-465.
4- İbn-i Abidin 1-500.

kanı bulunsa, bu kadın o anda âdet olmuş kabul edilir. Zira kan, cinsel organın içinden dışına o an çıkmıştır.

Bu kadın o gün oruçlu ise orucu tamamdır. Fakat, güneş batmadan önce pamuk alınmamış olduğu halde, âdet kanı, cinsel organın içinden dışına çıkacak şekilde pamuğa sirayet etmişse, o günkü orucu kaza eder.

Bir kadın, temiz olarak yatsa, uyusa, sabahleyin kalktığında âdet halinde bulunsa, âdet görmenin başlangıcı uykudan kalktığı an kabul edilir. Bu kadın, akşam temiz yatarken bez koymuş olsa, sabah kalktığı zaman, koymuş olduğu bezinin âdet kanı ile kirlenmiş bulunduğunu görse o kadın yine kalktığı, dakikadan itibaren âdetli sayılır.

– Âdetli bir kadın gecenin başlangıcında pamuğu koysa, uyuduktan sonra sabahleyin kalktığında yatarken koyduğu pamuğun sabah kirlenmediğini, halis beyaz olduğunu görse, yatsı namazı üzerine borç olur. Çünkü pamuğu koyduğunda temizliği hakkında kesin bilgisi vardı.[1]

Âdet Görmenin Müddeti

Âdet görmenin müddeti, âdet kanının ilk çıktığı ve kesilip son bulduğu bir zaman dilimidir.[2]

Bir hadis-i şerifte Peygamber Efendimiz, -s.a.v.- "Âdetin en azı üç gün, en çoğu on gündür."[3] buyurmuşlardır. Âdetin en az müddeti, geceleriyle beraber üç gündür.[4] İster gece başlasın ister gündüz başlasın bu, 72 saatin tamamlanmasıdır.[5]

En çoğu da 10 gün, 10 gece, yâni 240 saattir. Âdetin en az müddeti olan 3 güne, yâni 72 saatlik zamana şeriat âlimleri nisâb diye isim vermişlerdir. Meselâ bir kadın, salı günü güneş batarken bir saat kadar veya daha çok kan görüp sonra kesilse, tâ cuma günü güneş batarken yine bir saat kan görse, o kadın 72 saati nîsab üzere âdet görmüş olur. Bu 3 günün evvelinde ve sonunda kan bulunmakla, iki kan

---

1- Mebsût 1-151.
2- Fetâvâyı Hindiyye, 1-129.
3- Gurer ve Dürer, 1-75.
4- Mebsût, 3-147.
5- İbn-i Abidin, 1-284.

arasında geçen müddetin temizlik vasfı bozulmuş olduğundan, bu süreye "âdet" hükmü verilmiştir.[1]

Âdet Kanı Kabul Edilen Günler

En az 3 gün 3 gece -72 saat-, en çoğu da 10 gün, 10 gece -240 saat- olan iki müddet arasında görülecek kanlar âdet kanı sayılır. Bu süre içinde kanın devamlı akması şart değildir. Ara sıra kesilebilir. Hiç kesilmeden akması nâdir görülür.

Meselâ, bir kadın 3 gün kan görse de sonra 2 gün kan kesilip ardından 3 gün daha kan devam etse; bu 8 günün hepsi âdet günlerini oluşturur.[2]

Bazı kadınların âdet günleri değişik olur. Meselâ bir ay 5 gün, diğer ay 6 gün âdet görebilirler. Bu durumda ihtiyatlı hareket etmek gerekir. Böyle bir kadın, 6'ncı gün oldu mu yıkanır, namazlarını kılar ve eğer Ramazansa orucunu tutar. Çünkü bu altıncı gündeki kanın "istihaze" kanı olması muhtemeldir. Fakat bu 6'ncı gün çıkmadıkça, cinsi münasebette bulunamaz, boşanmışsa iddeti dolmuş sayılmaz. Çünkü bu altıncı günün kanının, âdet kanı olma ihtimali vardır.[3]

Âdet Günlerinin Değişmesi

Bir âdetin değişmiş olması için ona aykırı iki âdet hâli görülmelidir. Meselâ her ay 5 gün âdet gören bir kadın, sonraki 2 ayda 4'er gün veya 6'şar gün kan görse, onun âdeti 5 günden 4 güne veya 6 güne geçmiş olur.

Âdet bir defa ile yerleşir, iki defa ile değişir. İmam-ı Yusuf'a göre, âdet bir defa ile değişmiş sayılabilir. Buna yeni âdetin, eskisini bozup onun yerini alması anlamında "Feshî âdet" da denilmektedir.[4]

1- Kadın İlmihâli, 36.
2- Fetâvâyı Hindiyye, 1-130.
3- B. İslâm İlmihâli, 74.
4- B. İslâm İlmihâli, 75.

Âdet Kanının Renkleri

Âdet günlerinde olmak şartıyla, "âdet" kanının altı çeşit rengi vardır:

1. Kırmızı
2. Siyah
3. Toprak rengi
4. Yeşil
5. Sarı[1]
6. Bulanık-bulanık su rengine benzeyendir.

Âdet günlerinde, kadının gördüğü âdet kanlarının, hâlis beyazdan başka bütün renkleri, âdeti bildirir. Âdet günlerinin evvelinde, ortasından sonunda bu hüküm aynıdır.

Âdet Kanının Sonraki Hâline Bakılmaz

Bazı âdet kanı, sarı diş gibi, bâzısı, saman renginde bâzıları da ipek kozası sarılığındadır. Fakat hangi tonda sarı olursa olsun, bu hususta itibar: İlk gördüğü andaki rengidir. Değişme hâline bakılmaz.[2]

Meselâ bir kadının gördüğü akıntı başlangıçta beyaz renkteyken sonra kuruyarak sararabilir. Veya kırmızı ya da sarı renkteyken kuruyunca beyazlaşabilir. Ancak, âdet kanının sonraki hallerine itibar edilmez.

Eğer kadın, bezinin üzerinde taze ve damlamakta olan halis bir beyazlık görmüş olsa, bu kuruduğu zaman sarılaşsa, onun hükmü beyaz üzerinedir.[3]

İçinde âdet kanından sarılık bulaşmış pamuk bulunan bezi kadınlar, Hz. Âişe -r.a.- validemize, görüp, karar vermesi için gönderdiklerinde, o kendilerine "Kireç gibi beyazı görmedikçe acele etmeyin" diye cevap verir, böyle söylemekle âdetten temizlenmeyi kastederdi.[4]

1- Mebsût, 3-150.
2- Fethul Kadir, 2-145.
3- Fetâvâyı Hindiyye, 1-130.
4- Buhârî, Hayz.

Âdetin Sonunda, Akıntının Beyazlaşmasıyla Âdet Bitmiş Olur

İmâm-ı A'zam Ebû Hanife Hazretlerinin beyaz akıntı konusunda birçok kitapta anlatılan şöyle bir fetvası vardır:

Ebû Hanife Hazretlerinin huzuruna, bir gün edepli bir müslüman kadını gelir. Elinde tuttuğu elmanın önce kırmızı, sonra sarı tarafını, Ebû Hanîfe Hazretlerine gösterir ve elmayı ona uzatır. Ebû Hanife Hazretleri elmayı alır, bir şey sormadan, çakı ile ikiye ayırır, içini kadına göstererek, geri verir. Kadın gidince orada bulunanlardan biri: "Yâ imam bu hareketinizden biz bir şey anlamadık der. Ebû Hanife Hazretleri şöyle cevap verir:

– "Bu hanım iffetli bir kadın. Problemini açıkça sormaktan çekinmiş yanında elma getirmiş. Bana elmanın kırmızı ve sarı taraflarını göstererek "Âdet günlerimde bazen kırmızı, bazen sarı görüyorum, acaba hepsi âdet mi? demek istedi. Ben de elmayı yardım, içini gösterdim. Yani "Beyaz akıntı görünceye kadar âdetin devam ediyor," demiş oldum.[1]

Bulanık su rengi ile yeşil olanın âdet kanı olup olmadığında şeriat âlimlerinin fikir ayrılıkları olmuştur. Fakat, kadın için bunlar da ezâ ve cefâ olacağından hepsinin âdet kanı olduğu şüphesizdir.[2]

Kanın sarı ve toprak rengi olanı hususunda da şeriat âlimleri arasında fikir ayrılıkları bulunmuşsa da, bunların âdet günlerinde, âdet kanı, o günlerin dışında ise âdet kanı olmadığı neticesine varılmıştır.[3]

Âdet Günlerinin Değişmesi -İntikali-

İmam-ı Birgivî, âdet değişmesinin âdet görmenin en mühim bahislerinden biri olduğunu söylemiştir. Çünkü çok vukubulur; anlaması güçtür; icrası müşkildir.[4] Daha önce de geçmişti, âdet bir defada, temizlik 2 defada değişir.[5]

1- Mevâhibü'r-Rahman ki menâkıbı'l-İmam Ebî Hanîfeti'n-Numan: 174-175.
2- Kadın İlmihâli: 122.
3- Kadın İlmihâli, 111.
4- İbn-i Âbidin, 1-500.
5- Mebsut, 3-16.

Kadının âdet, bir de lohusalık kanları, zaman veya sayı bakımından ya da her iki yönden önceki âdetine, aykırı olarak gelirse, yâni eski âdetini bırakıp zamanını veya sayı bakımından ya da her iki yönden değişmiş durumda gelirse, işte bu hâle şeriat âlimleri "intikal" demiştir.

Sayıda intikâl: Kanın, önceki kan ve temizlik günlerinden eksik veya fazla gelmesidir.

Meselâ, bir kadının önceki âdeti, 5 gün âdet görmek, 25 gün temizlik olduğu halde, bu defa 3 gün âdet görse, 23 gün temiz kalsa, işte bu intikaldir.

Zamanda intikal: Kanın eski âdet zamanını değiştirip normal vaktinde gelmemesidir.[1]

Âdetini Unutan Kadın

Bulûğ çağından itibaren her genç kız ve kadının âdetinin başlangıç ve bitiş târihini kaydetmesi çok gereklidir. Fakat hanımların çoğu bundan gafildir.

Bir kadın, âdet ve lohusalık günlerini hatırlamaz ve kuvvetli zannı da olmazsa o kadına muhayyere -şaşırmış kadın- denir.

Âdeti belli olan bir kadın, kanı devam ettiği veya âdet günlerinin sayısının tamam olup olmadığı hususunda şüpheye düştüğü ya da âdet gününün yerinde ve deveranında tereddüt ettiği zamanı araştırır; hangi şey üzerine kanâat getirirse, o durumda karar kılar.

Fakat, bir şey üzerinde kanâati ve re'yi meydana gelmezse, tayin üzere temiz veya âdetli olduğuna hükmedilmez. Ancak ihtiyatla hareket edilir.[2]

Daha önce en az bir defa âdet olmuş ve bir sahih temizlikle -en az 15 gün idi- temiz kalmış kadına âdette âdet sâhibi denir. Âdet sâhibi olan kadın eğer âdetten sonra, 15 gün tamamlanmadan kan görmeğe başlasa,

---

1- Kadın İlmihâli, 142.
2- Fetâvây-ı Hindiyye, 1-147.

1- Gelen kan 10 gün içinde kesilse

2- Gelen kan 10 günü aşarak devam etse,

3- Veya 15 gün temiz kaldıktan sonra sürekli kan görse bu 3 durumda da kadının daha önceki âdetini bilmesi gerekir.

1- Âdetten sonra, 15 Gün Tamamlanmadan Gelen Kanın 10 Gün İçinde Kesilmesi:

15 gün tamamlanmadan kan görmeye başlayan kadının 15 gün tamamlandığında, âdeti başladı kabul edilir.

-Temizlik, iki eşit temizlikle sabit olmamışsa durum böyledir. Sözü edilen temizlikten önce iki eşit temizlik varsa kesin ona havale edilir.- 15 gün tamam olduktan sonra, kanama en az 3 gün devam eder ve 10 günü geçmezse bu 15 günden sonrası âdet olarak hükmolunur. Ancak kesin hükmü bir sonraki âdette belli olacaktır.

2- Âdetten Sonra, 15 Gün Tamamlanmadan Gelen kanın 10 Günü Aşması:

Bir kadında, âdetten sonra 15 gün tamamlanmadan gelen kan 10 günü aşarak devam ederse, bu durumda daha önceki âdetine havale edilir. Bu, en az 15 gün temiz kalıncaya kadar devam eder.

3- Âdetten Sonra Sahih temizliğin Ardından Sürekli Kan Gelmesi:

Âdetinin ardındaki sahih bir temizlikten sonra -en az 15 günü- sürekli kan gören bir kadının durumu da daha önceki âdetine havale edilir.

Yukarıda bahsettiğimiz 3 halden birisinde bulunan bir kadın âdetinin başlama târihini bilmiyorsa, problemine çâre bulmak güçtür.

Bir kadın delirse, baygınlık geçirse ya da ilgisizliğinden dolayı adetini unutsa, kendine geldiğinde âdet veya lohusalık günlerini hatırlarsa veya kuvvetli zannı olursa ona göre hareket eder. Hatırlamazsa kuvvetli zann da olmazsa o kadına muhayyere -şaşırmış- kadın denir.[1]

1- İbn-i Abidin, 1-286.

Âdetini Unutmak Üç Türlüdür

Birincisi; Günlerin Sayısını Unutmaktır:

Bir kadın âdet olduğu târihi bilir, fakat âdet müddetinin kaç gün olduğunu hatırlamadığı halde bu aydan sonra kendisinden sürekli kan gelse, önceki ayda, âdet olduğu tarihten itibaren ki 3 günde namazı bırakır, 3 günden sonra tam 7 gün her namaz vakti gusül alarak namaz kılar. Zira her namaz vaktinin, âdetinin sonu olma ihtimali veya 10 günü tamamlama ihtimali vardır.

Misâl:

Bir kadın Ekim ayının yirmisinde âdet olduğunu bilse fakat kaç gün olduğunu hatırlamasa, Kasım ayının 20'sinden önce kan görmeye başlasa ve kesilmese, kanamanın devam ettiği Kasım ayında ve diğer aylarda, ayın 20-23 arası -3 gün- kesin âdetlidir. Namazı bırakır. 23-30 arası - 7 gün - her namazın müstehap vaktinin sonunda gusül alır, namazını kılar.

İkincisi; Âdetin Başlama Târihini Unutmaktır:

Bir kadın âdet müddetindeki günlerin sayısını bilebilir, fakat başlama târihini hatırlamayabilir.

Misâl:

Böyle bir kadın Ekim ayının ilk 10 gününde 3 gün âdetli olduğunu bilse, fakat o 10 günün neresinde âdetli bulunduğunu hatırlamasa ve Kasım ayında sürekli kan geliyor olsa ilk 3 gün her namaz vakti abdest alarak namazını kılar.

Zira ya âdeti başlamamış özürdür veya âdetlidir.

3 günden sonra, 10'ncu güne kadar her namaz vakti gusül alarak, namaz kılar. Çünkü her namaz vakti âdet veya âdetinin sonu olma ihtimali vardır.

Eğer Kasım ayında sürekli kan gören bir kadın, Ekim ayının ilk 10 gününde 7 gün âdet olduğunu hatırlasa, Kasımın ilk 3 gününde, her namaz vakti abdest alarak namaz kılar. 3-7 gün arası yâni 4 gün namazı terkeder. Çünkü kesin âdetlidir.

Bir kadın, Ekim ayının içinde 3 gün müddetle âdet olduğunu biliyor ama tarihlerini hatırlamıyor, kuvvetli zannı de bulunmuyorsa Kasım ayında sürekli kan gördüğünde, ilk 3 gün her namaz vaktinde abdest alarak namazını kılar. 3 günden sonra ay sonuna kadar veya kanaması kesilinceye kadar, her namaz vakti gusül alarak namazını kılar.

Ya da kadın, Ekim ayının sonunda temizlendiğini bilir devamlı olursa, Kasım'ın 27'sine kadar her namaz vakti abdest alarak namaz kılar. Çünkü 20'sine kadar kesin özürdür. 20'sinde sonra, ayın 27'sine kadar özür veya âdetlidir.

27-30 arasındaki 3 günde namazı terk eder, zira kesin âdetlidir.

Üçüncüsü; Âdetinin Hem Târihini Hem Günlerini Unutmaktır:

Âdetinin hem târihini hem de günlerini unutan kadın devamlı kan görse; bu durumda yeni buluğa ermiş kız çocuğu gibidir. 10 gün âdetli, 20 gün temiz sayılır.[1]

Âdet veya Lohusalığın Bitmesi İle Temizlenmek İçin Yıkanmak Gerekir

– Âdet veya lohusalığın bitmesiyle gusül farz olur.[2]

– Bir hanım, âdet ve lohusalık kanları kesilmemiş iken, aldığı abdest ve boy abdesti sahih olmadığı gibi, teyemmüm etmişse o da sahih olmaz.[3]

Âdet Müddetinin Bitişinin Tesbiti

• Âdetli kadın pamuğunun ya da pedinin üzerinde kan eseri bulamazsa, pamuğu veya pedi tutunduğu andan itibaren kanın kesilmiş olduğuna hükmedilir.[4]

1- İbn-i Abidin, 1-286.
2- İbn-i Âbidin, 1-243.
3- Tahtavî, s: 70.
4- Fetâvâyı Hindiyye, 1-130.

KADINLARIN ÂDETTEN KESİLMELERİ -İYÂS-

Eys, yeis sözü gibi ümitsiz olmak anlamına gelir. İyâs ta, ümidi kesilmek mânâsına bir kelimedir. İyâs yaşı, kadınların, âdet ve lohusalıktan kesilmelerinin sonu, çocuk doğurmaktan ümitlerinin kalmadığı yaşları, demektir.

Kadın, emsallerinin âdetten kesildikleri yaşa ulaştığında hâlâ kendinden, âdet günlerinde kan gelirse âdetten kesilmiş sayılmaz.[1]

– 55 yaşını bitirmiş olan bir kadın senelerce âdet görmese de sonra en az 3 gün siyah veya kırmızı renkte kan görürse, âdettir. Sarı, yeşil, bulanık görürse âdet değildir.[2]

– Âdetten kesilmeleri kadınlar için ilâhî bir lûtuftur.

Hamile kalmak, doğurmak, emzirmek gibi haller yaşlanmaya başlamış bir kadının artık yüklenemeyeceği olgulardır. Yüce Allah -c.c.-, İyâs yaşındaki kadınların istirahat etmelerini takdir buyurmuştur.

LOHUSALIK -NİFAS-

Nifas, lûgatta; kadının doğurması anlamına gelmektedir.

Şeriatta ise; çocuk veya çocuğun ekserisi -çoğu, parça parça uzuvlar hâlinde olsa da- çıktıktan sonra rahimden gelen kandır. Azı çıktıktan sonra kan gelirse nifas değildir. Bu kadın abdest alır, namazını kılar. Rükû ve sücûda imkân bulamazsa, imâ -işâretle- kılar, kılmazsa âsi olur. Ulema -çocuğa eziyet verilmemesini düşünerek- kadına bir leğen getirilip altına konmasını ve kadının namazını bu halde kılacağını söylemişlerdir. Bu, kudretli, sağlam kimsenin, namazı terk etmek, ya da geciktirmek için hiç bir özrü olmadığını göstermektedir.[3] Nifasa uğrayan kadına nüfesa denir ki lohusa demektir.

1- İbn-i Abidin, 1-506.
2- Mebsut, 3-150.
3- İbn-i Âbidin, 1-495.

Lohusalığın Başlaması

Çocuk dünyaya gelirken vücudunun çoğunun çıkması doğum hükmündedir.

• Çocuk eğer başından geliyorsa, göğsüne kadar, ayaklarından geliyorsa, göbeğine kadar çıkınca çoğu çıkmış olur, annesi lohusa olur.[1]

• Çocuk karında parçalanmış ve ekserisi de çıkmış bulunsa; eğer, düşüğün, tırnak, parmak, saç gibi uzuvlarından bazıları belli olmuşsa, kadın lohusa sayılır. Aksi takdirde kadın lohusa sayılmaz.

• Eğer düşüğün uzuvlarından hiç birisi belli olmamış ve açığa çıkmamışsa, o kadın için lohusalık yoktur. O kadını eğer âdetli saymak mümkün olursa, kadın âdetli sayılır. Bu mümkün olmazsa kadının kanı, özür kanıdır.

• Bir kadın, düşükten önce veya sonra kan görür ve düşüğün yaratılışı da açık -uzuvları belli- olursa, kadının önceki görmüş olduğu kan, âdet kanı değildir, düşükten sonra kan gördüğü için o kadın lohusa sayılır.

Fakat, düşüğün yaratılışı belli olmamışsa, önceki gördüğü kan; eğer, kadını âdetli saymaya imkân veriyorsa, âdet kanıdır.[2]

• İkiz doğuran kadın, ilk çocuğu doğurduğu ondan itibaren lohusadır.[3]

Azâsı Belli Olmayan Çocuğu Düşüren Kadından Gelen Kanın Âdet Kanı Sayılması

Âzası belli olmayan çocuğu düşüren kadından gelen kan 3 gün devam eder ve ondan önce geçmiş âdetinden sonra tam bir temizlik devresi olmuşsa, âdettir. Temizlik devresinin geçmesi, iki âdet arasında fâsıla teşkil etmek için lâzımdır.[4]

1- Tahtavi, s. 80.
2- Fetâvây-ı Hindiyye, 1-132.
3- Fetâvây-ı Hindiyye, 2-133.
4- İbn-i Abidin, 1-503.

Azâsı Belli Olmayan Çocuğu Düşüren Kadından Gelen Kanın Özür Sayılması

• Kan 3 gün devam etmez de ondan önce, tam bir temizlik devresi geçerse veya 3 gün devam ederse de ondan önce, tam bir temizlik devresi geçmezse, ya da hem 3 gün devam etmez, hem de önceden tam temizlik devresi geçmezse, gelen kan istihazadır.[1]

Çocuğun Azası Belli mi Değil mi Bilinmediği Halde Kan Gelme Durumu

Çocuğun -ceninin- azasının belli olup olmadığı bilinmezse, -meselâ kadın çocuğunu tuvalette düşürmüş olabilir- ve devamında kadından kan gelirse, varsayalım ki, kadının âdeti 10 gün, temizlik süresi 20 gün lohusalığı da 40 gündür. Bu durumda, çocuğu âdetinin ilk gününde düşürdüğü takdirde 10 gün namazını mutlaka bırakır. Zira bu kadın ya âdetli veya lohusadır. Sonra yıkanır, 20 gün namazını şübhe ile kılar. Çünkü temiz ya da lohusa olması ihtimali vardır. Sonra 10 gün namazını mutlaka bırakır. Zira ya âdetlidir veya lohusadır. Sonra yıkanır, 20 gün mutlaka bilerek namaz kılar. Bu 40 günü tamamlamak içindir. Ondan sonra 10 gün âdeti, 20 gün temizlik devresi olur.

– Çocuğu âdet günlerinden sonra düşürürse, o vakitten itibaren temizlik devresindeki âdeti kadar, şüphe ile namazını kılar. Sonra âdet günlerindeki mutlak bildiği âdeti kadar namazını terk eder. Bütün bunların neticesi şudur ki, şeklin hükmü yoktur. Tedbirli davranmak vâciptir.

• Âdet kesilmekle, kadın, hâmilelik günlerinin sayısını da bilmezse durum, yukarıda bahsedildiği gibidir. Fakat, kadın 120 gün kan görmez de sonra çocuğu tuvalette düşürürse, çocuk azası belli sayılır.[2]

1- İbn-i Abidin, 1-504.
2- İbn-i Abidin, 1-504.

Lohusalığın Müddeti

Lohusalık kanının, en azı için belli bir müddet ve sınır yoktur. Çünkü çocuğun çıkması, lohusalık kanının rahimden olduğuna açık bir alâmettir.

Bundan başka bir alâmete ve delile ihtiyaç yoktur. Denmiştir ki lohusalığın en az müddeti, kanın bir saatte olsa mevcudiyetidir.

Âdet görme, lohusalık gibi değildir. Âdet müddetinin en azının 3 gün olması hususunda, anne rahminden kanın 3 gün devam edip gelmesinden başka elde delil olmadığından, âdetin en az devamı müddeti 3 gün kabul edilmiştir.

Lohusalığın en çoğu 40 gündür.[1]

İmam-ı Şafii'ye göre "Lohusalığın en uzun müddeti 60 gündür."[2]

Lohusa olan kadının, lohusalığı 40 gün devam ederse, bu müddet içinde namazlarını bırakır, oruç tutmaz. Ancak 40 gün tamam olmadan evvel kan kesilirse ve temizlenirse namazlarını kılar, oruçlarını tutar.[3] Bir kadın çocuk doğurduğunda kendisinden hiç kan gelmezse ya da kan gelip hemen kesilse, derhal gusul alır. Namaz, oruç kendisine vâcip olur.

Lohusalıkta 40 Günün Arasına Giren Temizlik Fâsıla -Ara- Teşkil Etmez

İmam-ı A'zam'a göre, nifasta 40 günün arasına giren temizlik, 15 gün veya daha az ya da daha çok olsun fâsıla -ara- teşkil etmez. Temizliğin iki tarafındaki kan devam üzere akan kan gibi sayılır.

Kadın, doğurduktan sonra 1 gün kan, 38 gün temiz kalsa ve 1 gün kan görse İmam-ı A'zam'a göre 40 gün lohusalıktır. İmameyn'e göre sadece 1 gün gördüğü kan lohusalık kanıdır.[4]

1- Gurer ve Dürer, 1-78.
2- El-Hidâye, 1-73.
3- Kadın İlmihâli, 45.
4- İbn-i Abidin, 1-474.

• Lohusa olan bir kadının kanı 30 gün devam edip kesilse, sonra 45 gün tamam olduktan sonra tekrar kan gelse, sadece 30 gün lohusadır. O arada kalan 15 gün ise iki kan arasını ayırdığından tam bir temizliktir. Artık ona, arka arkaya gelen kan denemez.

45 günden fazla gelen kana gelince eğer bu kan nisaba ulaşırsa, yâni 3 gün veya âdetine göre 10 güne kadar devam ederse o âdettir, eğer 10 günden fazla gelirse özür kanıdır.[1]

İlk defa lohusa olan kadının lohusa kanı 30 gün sonra kesilse, sonra 45 gün tamam olmadan yine kan görse, bunun 40 günü lohusalıktır. Çünkü lohusalık ile âdet görme arasındaki temizlik müddeti 15 gün olmamıştır. İkinci kan özür kanıdır. Böyle durumda lohusalığın müddeti 40 gün sayılır.[2]

Lohusa olan bir kadının, meselâ her zamanki lohusalığında âdeti 40 gün iken, bu defa 20 gün kan görüp kesilse, sonra 19 gün temiz kalsa, evvelki âdeti olan 40 günü tamamlamadıkça kocasıyla cinsî münasebette bulunamaz.[3]

Eğer lohusa bir kadın, 40 günü geçmemek şartıyla âdetinin dışında kan görse, meselâ, âdeti 20 gün iken 15 günde kan kesilse veya kan 25 gün devam etse, birinciye göre, âdeti 15 gün, ikinciye göre de, âdeti 25 gün olmuş olur.[4]

40 günden fazla kan görüldüğü zaman âdeti kaç günse kadın ona döndürülür.[5]

Lohusalıktan Sonra İlk Âdet Görme

Lohusa kadın, lohusalıktan sonra en az 15 gün temiz kalmadıkça âdet olamaz.

Çünkü lohusalık ile âdet görmenin arasının en az 15 gün temiz, olması gerekir.

Bir kadının lohusalığı 40 günde tamam olur, 15 gün de temiz kaldıktan sonra kan görürse, gelen kan âdet kanıdır.

1- Kadın İlmihâli, 132.
2- Kadın İlmihâli, 132.
3- Kadın İlmihâli, 133.
4- Fetâvây-ı Hindiyye, 1-140.
5- Fetâvâyı-Hindiyye, 1-141.

Daha Sonraki Doğumlarda, Lohusalık Günlerinin Değişmesi

Birden fazla doğum yapan bir kadının lohusalık günlerinin birbirine denk düşmemesi ile lohusalıkta intikal olur. Lohusalıkta, daha önceden âdeti olan kadının -40 günü geçmemek şartıyla- lohusalık günlerinin artması veya eksilmesi mümkündür. 40 günü geçmezse tamamı lohusalıktır. 40 günü geçerse, bir önceki lohusalık günlerinden fazlası özürdür.[1]

• Meselâ birinci doğumda 30 gün lohusa olan bir kadın ikinci doğumunda 20 gün kan görse, 40 güne kadar hiç kan görmese, lohusalığı, 20 gündür. Veya 35 gün görse, lohusalığı 35 gündür. Fakat 20 gün kan görse, 19 gün temiz kalsa, 40'ıncı gün yine kan görse, 40'ıncı günden sonra kan görmezse, 40 günün tamamı lohusalıktır. Birinci lohusalık 30 gün, ikinci lohusalık 40 güne intikal etmiştir.

Eğer 40'ıncı günde kan kesilmeyip devam etse, bir önceki lohusalıkta âdeti olmuş olan 30 günden sonrası "özür" olur.

DOĞUM KONTROLÜ

Evliliğin ana gayelerinden biri şüphesiz, fıtratın ihtiyacını karşılamaktır.[2] Diğer biri, neslin devamı ve beşeriyetin çoğalmasıdır.[3] Bu ise tenasülün devamı ile mümkündür.

İslâm neslin çokluğunu sevdirmiş, erkek veya kız çocuklarını yüceltmiştir. Fakat, bununla beraber makul bazı sebepler ve muteber bazı zaruretler icabı müslümanın doğum kontrolüne uymasına müsaade etmiştir.

1- Mebsût, 2-141.
2- er-Rûm: 21.
3- Müslim: Nikâh.

Asr-ı Saadette Bâzı Sahabiler Azlediyorlardı

Doğum kontrolü veya doğumun azalması için tatbik edilen en meşhur yol azildi. Azil meniyi rahmin dışına akıtmaktır. Câbir bin Abdullah -r.a.- "Kur'ân-ı Kerîm nâzil olurken biz azl ederdik. Bu durum Hz. Peygambere -s.a.v.- ulaştığı halde bizi men etmedi."

Bir gün bir kişi Hz. Peygambere gelerek Yahudilerin "Azil, küçük çocuğu öldürmektir" dediklerini söylediğinde, Peygamber Efendimiz: "Yahudiler yalan söylemişlerdir. Eğer Allah -c.c.- onu yaratmayı dileseydi sen ona engel olamazdın" buyurmuşlardır.

Hz. Peygamberin -s.a.v.- bu hadisi şerifleriyle kastettikleri mânâ şudur: Erkek aztetse bile belki farkına varmadan bir zerre kaçar da, o hamilelik için bir sebep olur.[1]

Doğum Kontrolünü Doğuran Zarûretler

Bu zaruretlerden birincisi: Tecrübeye veya uzman doktorun haberine dayanarak doğum veya hamilelikten dolayı annenin hayatından veya sıhhatinden korkmak... Yüce Allah, Kur'ân-ı Kerîm'de:

"Kendi elinizle kendinizi tehlikeye atmayın."[2] buyurmaktadır.

— Zaruretlerden birisi de, çocuklardan dolayı mahzurlu şeyleri irtikap etmek gibi, insanı dînî sakıncalara sürükleyen dünyevî bir sıkıntıya düşme korkusudur... Yüce Allah bu hususta, Kur'ân-ı Kerîm'de:

"Allah sizi sıkıntıya düşürmek istemez"[3] buyurmaktadır.

— Şer'i yönden muteber görülen zaruretlerden bir tanesi de: Yeni bir gebelik veya yeni bir doğum sebebiyle henüz kucakta bulunan süt çocuğundan endişe etmektir.[4]

1- İslâm'da Helâl ve Haram, s: 205.
2- Bakara: 195.
3- Mâide: 6.
4- İslâm'da Helâl ve Haram, 207.

Bütün Âlimlere Göre Kadının Rızasıyla Azl Mübah Kabûl Edilmiştir

Hatta Şâfi'i ulemâsının birçokları, "kadının rızasını almak gerekmez" demişlerdir.[1]

Ahmed bin Hanbel Hazretleri, bu kontrolün mübah olması için kadının buna müsaade etmesinin şart olduğunu söylemiştir. Çünkü kadının çocukta ve cinsi tatminde hakkı vardır.

Hz. Ömer'in de kadının izni olmadan azli yasakladığı rivayet edilegelmiştir.[2]

Fakat tamamıyla tenâsül cihazının görevine son vermek için ilâç kullanmak veya bunu ameliyatla sağlamak kesinlikle haramdır. Bu husus için asla cevâz olmamıştır.[3]

Çocuk Düşürme

Meni, rahimde yerleştikten sonra nutfe veya alaka -kan pıhtısı- halinde iken herhangi bir ilâç ile onu düşürmenin câiz olup olmadığı hususunda ihtilâf bulunmaktadır.

İmam-ı Gazâli Hazretleri, doğum kontrolü ile çocuk düşürme arasındaki farkı şöyle anlatmaktadır: "Doğum kontrolü çocuk düşürme gibi değildir. Çocuk düşürme meydana gelmiş bir varlığa karşı bir cinayet işlemektir. Bu varlığın birçok mertebeleri bulunmaktadır. Mertebelerinin birincisi; erkek suyu damlasının rahime girmesi, kadının suyu ile karışması ve canlanmaya hazır olmasıdır. Bunu bozmak bu canlanmanın önüne geçmek cinayettir. Bu su damlası nufte, sonra donmuş kan olunca da onu düşürmek daha büyük bir cinayet olur. Hele canlanıp uzuvları tamamlandıktan sonra onu düşürmek çok daha büyük cinayet olur... Ve bu cinayetin en son kademesi, en büyüğü, çocuğun canlı olarak düşürülüp, sonra ölmesi -öldürülmesi- hâlidir...[4]

1- Günümüz Meselelerine Fetvalar, 1-177.
2- İslâm'da Helâl ve Haram, 207.
3- Günümüz Meselelerine Fetvalar, 177.
4- İhyayı Ulûmud-Din, 2-47.

Meni rahimde yerleştikten sonra nutfe veya alaka-kan pıhtısı-halinde iken herhangi bir ilâç ile onu düşürmenin câiz olup olmadığı hususunda ihtilâf bulunmaktadır.

Hanefî ulemasından meşâyıh-ı mâveraünnehir, cevâhir al Ahlâti ve al-Nehr ile Şâfi'î ulemasından Ebu Ishâk El-Merzedi ve Remli'nin sözlerinden mazeret olmasada câiz olduğu anlaşılmaktadır.

İmam-ı Gazali, İbn Hacer, al-Bahr ve Hanefî mezhebinde seçkin görüşe göre mazeret olmazsa câiz değildir.

Meşru Mazerete Birkaç Misâl

Meşru bir mazeretten sebep, çocuğu aldırtmak veya ilâç ile onu düşürmekte beis görülmemiştir.

– Fitne ve fesadın yaygın halde bulunmasından dolayı çevrenin, doğacak çocuğun ahlâkını bozacak mahiyette olması,

– Fakirlik ve zarûretin hüküm sürmesi, geçerli mazeretlerdir.

İbn Vehbân "Hâmile kadının hamlı alınmadığı takdirde, emzikli çocuğa vereceği sütünün bozulması, babasının da fakirliğinden, süt verecek bir kadını bulamayacağının söz konusu olması bir mazerettir." demiştir.

– Hamile kadının, ciddi bir hastalığı olup bunun artması ya da hayatını tehdit eden bir hâl alması da meşru mazeretlerdir.[1]

Çocuk Ruh Sâhibi Olduktan Sonra Onu Düşürmek Haramdır

Bunun yanı sıra, hem de cinâyet olduğu hususunda bütün fıkıhçılar ittifak etmişlerdir. Müslümanın bunu yapması câiz değildir. Çünkü bu, mükemmel ve canlı bir varlığa karşı yapılmış bir cinayet olarak görülmüştür. Fakat, çocuk rahimde canlandıktan sonra onun kalması ve normal doğumla gelmesi, eğer mutlaka annenin ölümüne yol açacaksa ve bu, sağlam bir yerden öğrenilmişse, o takdirde şer'i hükümlerin umumî kâidelerine uyularak annenin ölümü yerine daha az bir zarar olarak kabul edilen çocuğu düşürmek mübahtır.

1- Günümüz Meselelerine Fetvalar.

Çocuk yerine anne feda edilmez. Çünkü çocuğun aslı; annedir... Cenin yerine, anneyi feda etmek makul bulunmamıştır.[1]

Doğum Kontrolü İçin Bugün En Çok Kullanılan Yöntemler

İstenildiği zaman hamile kalma, doğum kontrolünün kısa tanımıdır.

Doğum sayısı, insanlığın geleceğini tehdit eden bir dünya sorunu kabul edilmektedir. Dünya nüfusunda görülen hızlı artış sebebiyle "Nüfus plânlaması" zorunlu görülmüştür. Batılı ülkeler tarafından, dünyada tüm doğumların azaltılmasına yönelik doğum kontrol kampanyası başlatılmıştır. Ancak, böyle bir girişim yeterli taraftar toplayamayınca, günümüzde kampanya "anne-babalara, istedikleri zaman, istedikleri sayıda çocuk doğurma" sloganıyla değiştirilmiştir. Bugün de doğum kontrolünün amacı istenilmeyen gebelikleri önlemektir.

İlk çağlardan beri doğumları kontrol altına almak, hamileliği önlemek gayesiyle çeşitli yöntemler uygulanmıştır. Bazı yöntemler ölümle neticelenecek kadar ağır olmuştur. Doğum kontrolü yöntemleri kısaca gözden geçirelim.

Dışarı Boşalma

Daha önce de geçtiği gibi beylerin korunma esasına dayanır. Cinsel birleşmenin boşalma olmadan bitirilmesi veya vaginaya değil de dışarıya boşalma yöntemidir.

Hamile kalmamada emniyet marjı yüksektir. Fakat bu durumun sonucuna bağlı olarak bazı psikolojik bozuklukların olabileceği kabul edilmektedir.

Prezervatif

Halk arasında kaput adıyla bilinen prezervatif, erkek cinsel organını bir parmaklık gibi saran lastiktir. Böylelikle spermlerin vaginaya dökülmesi engellenir. En yaygın olarak kullanılan doğum kontrol metodudur.

1- İslâmda Helâl ve Haram, 208.

Rahim Kepi

Doğum kontrolü için rahim ağzına, metal, kauçuk veya sun'î elyaftan yapılmış aletler takılabilmektedir. Bunlar çoğunlukla kadın için az veya çok bir zorluk teşkil eder ve kısmen hekim yardımını gerektirir.

Rahim ağzına tıkılan metal, kauçuk veya sun'î elyaftan yapılmış alet, spermlerin rahim ağzından içer geçişini engeller, dolayısıyla spermler vaginada kalarak hemen ölür.

Rahim kepi regl kanamasından önce çıkarılmalıdır. Kadınların bazısı, bunu kendileri yapabilir. Ancak takılmasına dâima bir hekimden taleb etmek mecburiyeti vardır.

Fitiller

Doğum kontrolünde fitiller de kullanılmaktadır. Spermler normalde vaginadaki asidik ortamda ölürler, bazik bir ortam olan rahime ulaşabilen pek azı ise yaşar. Fitiller vaginadaki bu asiditeyi daha da arttırarak, spermlerin, rahime ulaşmasını engeller.

Takvim Metodu

Bu metod, belirtilen günlerde, cinsel birleşmeye girmeyerek, yumurta döllenmesini engelleme temeline dayanır. Spermin yumurtayı döllemesi için en uygun gün yumurtlama günüdür. Yâni âdetin hemen hemen ortasına rastlayan gündür. Âdetin -kanamanın- birinci gününden itibaren sayılır. 12-18 günler arası eşler birlikte olmazlar.

Her âdet, günü gününe düzenli olmadığından, tahmin edilen günün birkaç günlük çevresinde de cinsel birleşme olmamalıdır.

Kadın açısından gayet sağlıklı olmasına rağmen, emin bir yöntem değildir.

Ateş Ölçülmesi Metodu

Bunun aslı, yumurtlama günlerinde cinsel birleşmeye girişmemeye dayanır. Her gün ve belirli kurallar içerisinde ateş ölçülmelidir. Yumurtlama anını takip eden 1-2 gün içinde ateş 1 derece kadar yükselir ve bu yükselmeden sonra kadın hamile kalmaz.

Çok sık ateş ölçülmesi gerektiği için pratik bir metod değildir.

Doğum Kontrol Hapları

En keskin hamilelik önleyici yöntemidir. Fakat mahzuru vardır. Sık olarak yan etkilere yol açar. Yan etkileri, âdet düzensizliği, tüylenme, aşırı şişmanlık, psikolojik bozukluklar, bulantı, mide ağrısı, uyku bozukluğu gibi çok çeşitli olabilir.

Bütün bunlara rağmen doğum kontrol hapları, eşlerin amaçları için uygundur. Uzmanlar 2 sene sürekli kullanılabileceği fikrinde birleşmektedir.

Doğum kontrol haplarının bâzılarına âdetin birinci gününden bâzılarına ise beşinci gününden itibaren başlanır, her gün 1 tane alınır, içilir. Çocuk istenmediği sürece devam edilir.

Doğum kontrolü için iğne ile yapılacak ilâçlar da hazırlanmıştır. Her ay veya üç ayda bir kadın iğne olur.

Spiral

Rahim içine konularak yapılan, hamileliği önleme metodudur. Spiral, rahmin içine âdetin 3-4 günü yerleştirilir.

Kesinlikle hekim tarafından takılmalıdır. Bir kere takıldıktan sonra, 5-6 sene kadar koruyucu rol oynar. Bu açıdan çok pratiktir.

Senede bir defa mutlaka hekime kontrol ettirmelidir. Spiralin içinde olup olmadığının anlaşılması için ipine bakılır. Bu ip rahim ağzından görülür. Görülmemesi, atıldığına veya içeride olduğuna delalet eder. Spiral, % 79-98 hamilelikten korur, kesin bir koruma sağlamaz. Fakat spiral olduğu halde kalınan hamilelikler, genellikle düşükle sonuçlanır. % 2 veya 3 hastada spirale rağmen hamilelik olabilir.

Spiraller, hasta şikâyet ettiği takdirde mutlaka çıkarılmalı ve rahim dinlendirilmelidir. Daha sonra tekrar takılabilir.

Spiral çok yaygın olarak kullanılmaktadır.

1 Saf plâstikten yapılanlar,

2. Üstüne bakır sarılmış pesserler,

3. Progesteron salgılayanlar olarak üç tipte toplanmıştır.

En son tip spiral 3-5 sene etkilidir. Spiraller S.T gibi şekillerde olur.

Spiralin sakıncaları

– Rahimde iltihaba neden olabilir.

– Bazı kadınlarda kanamalara yol açar.

– Kasık ve bel ağrıları görülebilir.

– Dış gebelik ihtimali artar.

– Dolaylı olarak kısırlık yapabilir.

Spiral hamileliği nasıl engeller?

– Spiral, sperm ve yumurta hücresinin birleşmesini engeller.

– Spiral 8-15 günlük, çok erken farkına varılmayan düşüklere sebep olarak hamileliğe mâni olur.

Kürtaj

Basit de olsa bir cerrahi müdahale sayılabileceği için kadın-doğum uzmanları tarafından da doğum kontrol yöntemi olarak kabul edilmemektedir. Kürtajın başlıca kullanım alanı, gebe kaldıktan sonra tıbbî olarak son verilmesi gereken hameleliktir.

Vaginal Lavajlar

Birleşmeden sonra su ya da spermicid bir sıvı ile yapılır. Hiç güvenilmez.

Süt Koruması

Buna da güvenmemek lâzımdır.

Kısırlaştırma

Hem erkek ve hem de kadın da uygulanabilir. Erkek ve kadında tüpler bağlanır. Tüpler, yumurtanın, rahime gitmesini temin ederler.

Döllenme, burada başladığından, tüplerin bağlanması, hamile kalmayı engeller. Tüpler bağlandığı takdirde açılması zordur, açılma oranı ülkemiz şartlarında çok güçtür.

Kullanılmakta olan korunma metodlarının hiçbiri ideal korunma aracı görülmemektedir.

Çünkü:

– Gebeliği kesin olarak önleme,

– Sağlığa zarar vermeme,

– Eşlerin ikisi tarafından da içtenlikle benimsenme,

– Uygulama kolaylığı ve maliyeti çok ucuz gibi niteliklerin tümünü içermemektedir.[1]

Kısırlık

Bilimsel olarak, bir senedir evli olunmasına ve çiftlerin düzenli cinsel ilişkilerine rağmen kadın, hamile kalmamışsa bu durum normal kabul edilmez. Çocuklarının olmasını istiyorlarsa, sebebini öğrenmek için karı-kocanın, doktora birlikte gitmeleri gerekir. Gelişen tıpla, gün geçtikçe daha fazla sayıda kısırlık nedenine çözüm bulunarak hâmile kalma sağlanabilmektedir.

Bâzı kısırlık vakalarının sebebinin sperm ile yumurtanın birleşememesi veya yumurtanın döllense dahi gelişmeye uygun bir yerde yerleşememesi olduğu tesbit edilmiştir. Uzun süren çalışmaların, ardından, eşlerden alınan sperm ile yumurtanın dışarda döllenmesi gerçekleştirilmiş ve tüp bebek adını almıştır.

Tüp Bebek

Bu yöntemde sperm ve yumurta, bilimsel yöntemlerle rahimin dışında birleştirilmekte ve zygot, ana rahmine yerleştirilmektedir. Böylece tabiî gelişimine devam eden fetus, normal olarak doğmaktadır.

Tüp bebek sahibi olmak; her kısır karı-koca için çözüm değildir, çiftlerin bazı şartlara haiz olmaları gerekmektedir.

1- Kadın Hastalıkları: 278.

İSTİHÂZA -ÖZÜR-

İstihâza lugatta kadından, durmadan akıp gelen kan demektir. İstihâza, rahmin alt taraflarından çıkan ve bir rahatsızlıktan kaynaklanan kandır. Âdet kanı böyle değildir, o rahimin iç taraflarından çıkar.[1] İstihâza kanı, bir özür, bir hastalık kanıdır.

Özür Kanları

• Âdet günlerine itibarla 3 günden az gelen kan,
• 10 günden fazla gelen kan,
• Daha önce 10 günden az âdeti olup, 10 günü geçen, evvelki âdetinden fazla olarak gelen kan,
• Temizlik müddetini -15 günü- tamamlamadan gelen kan,
• Küçük kızdan -9 yaşından evvel- gelen kan,
• Hamile kadından gelen kan,[2]
• Bekâret kanı,[3]
• Lohusalıkta 40 günden fazla gelen kan, 40 günü geçmişse daha önceki âdetinden fazla gelen kan,
• İyas yaşından sonra, 3 günden az gelen ya da kırmızı veya siyahtan başka renklerde gelen kan,
• Hâmile kadının doğum yapacağı, vakit doğumdan önce, çocuğun çoğu çıkıncaya kadar gelen kan, özür, kanlarıdır.[4]

Özür Kanının Hükmü

Özür kanı, meselâ burundan gelen, tam bir namaz vaktinde dâimi sûrette akan kan gibidir: Kendisinde özür kanı devam eden kadın, temiz kadın gibidir. Her türlü ibâdetini yapar, namaz kılar, oruç tutar, mescide girer, Kur'ân okur, Kâ'beyi tavaf eder, âilevi münasebette bulunabilir.[5]

1- İslâm Fıkhı Ansiklopedisi, 1-206.
2- Gurer ve Dürer, 1-80.
3- Kitabul Fıkhı Ala Mezahibu Erbaa, 1-126.
4- ed-Dürrü'e Muhtâr, 1-263.
5- Kitabul Fıkhi Ala Mezahibu Erbaa, 1-130.

Hz. Âişe Vâlidemiz anlatmıştır. -r.a.-: Ebu Hubeyş kızı Fatma, Resûlullah'ın yanına gelip: "Yâ Resulullah, ben istihazeye mübtelayım, temizlenemiyorum, namazı terkedeyim mi? diye sordu. Resûlullah: "Hayır, bu âdet değildir. Bir damardan gelen kandır. Senin âdetinin başlama zamanı geldiği vakit namazı bırak, kesilme zamanı gelince, boy abdesti aldıktan sonra namaz kıl. Ondan sonra -yine âdet vaktin gelinceye kadar- her namaz için abdest al, isterse kan hasırın üzerine damlasın." buyurdu.[1]

Özürlü Sayılmanın Şartı

Âdet görme ve lohusalık günlerinin dışında, kadının cinsel organından gelen kan, kâmil bir -farz- namaz vaktini abdest alıp farz bir namaz kılacak kadar kesilmeksizin kaplarsa, o kadın için özür sabit olmuş olur.[2]

Âdet görme ve lohusalık günlerinin hâricinde gelen kan kadının cinsel organının iç kısmından, dış kısmına çıkarsa ve bu şekilde kâmil bir namaz vaktini, meselâ, ikindi ile akşam arasını kaplarsa, ya da özür kanı, meselâ öğle vaktinin başlangıcından ikindi vaktinin girişine kadar devam ederse özür olur.

Eğer bir kişi bu nitelikte olursa -bundan sonra- özrünün namaz vaktinin bir parçasında bir defa dahi görülmesi yeterlidir. Meselâ, ikindi vakti içerisinde, öğle vakti boyunca devam ettikten sonra, sâdece bir kez kan görmesi gibi.

Tam bir namaz vakti boyunca bu hadesi kesilmediği sürece, özürlü sağlığına kavuşmuş kabul edilmez.

Yâni işin başında özrün sabit olmasının şartı, bu özrün bütün namaz vaktini kuşatmasıdır. Devamının şartı ise bundan sonra bir defa dahi olsa vaktin bütününde görülmesidir ki, onun devam ettiği bilinebilsin.[3]

Kadın pamuk tutunur da, kan, cinsel organının içinden dışına çıkmazsa -pamuğun iç tarafı kanlansa, fakat dışı temiz kalsa- özür

---

1- Ahmed, b. Hanbel, 2-148.
2- Fethul Kadir, 1-163.
3- İslâm Fıkhı Ansiklopedisi, 1-207.

olmaz, dolayısıyla vaktin çıkması ile abdest bozulmaz. Ancak pamuğu aldığında bozulur. Çünkü içten dışa çıkan herhangi bir sıvı ile abdest bozulur.

Özürlü Kadının Abdestinin Bozulması

Özürlü kadın veya -meselâ, devamlı yellenmeden, gözden, kulaktan, ağrı ve sızıyla gelen kandan ya da irinden- özürlü kimse her namaz vakti abdest alır. Bu abdest ile vakit içinde dilediği kadar farz, vacip, nafile namaz kılar. Ta ki vakit çıkıncaya kadar. Bu gibi kimselerin abdestleri farz namazların vakitlerinin çıkmasıyla bozulur.[1] Ve onların üzerine başka bir namaz için abdesti yenilemek lâzım gelir.[2]

Özür Halinin Sona Ermesi

Tam bir namaz vakti boyunca, kanın kadının cinsel organının içinden, dışına çıkmamasıyla özürlülük kesilmiş olur.

İkinci namazı vakti boyunca bu özrün kesilmesi gibi.

Özürlünün Vakit İçinde Abdestinin Devam Etmesi 2 Şarta Bağlıdır

• Özrü sebebiyle abdest almış olmasına

• O hadesin üzerine başka bir hades ârız olmaması meselâ yellenme, bir başka hadestir abdesti bozar,

Özürlü Olan Kimsenin Mümkün Olduğunca Özrünü Hafifletmesi Gerekir.

Bir mâni yoksa, özür kanı gören kadının necâseti azaltmak için bez veya pamuk gibi bir şey tutunması lâzımdır. Özürlü kadın, bez veya pamuk tutunmakla, kanın akmasına mânî olabilirse mâni olması vaciptir. Özürlü kadın, o özre mânî olursa, sağlam insan gibi olur, mânî olamazsa özür sahibidir.[3]

1- Haleb-î Sağır, 89.
2- Halebi-î Sağır, 91.
3- İbn-i Âbidin, 1-308.

Elbisesine Özür Kanından Bir Dirhem Miktarından Daha Çok Bulaşan Kimsenin Onu Yıkaması Lâzımdır

Özürlü kimse, elbisesine bulaşan necaseti yıkadığında namazı tamamlanıncaya kadar tekrar kan vs. gelmeyeceğine kuvvetli bir zannı oluşursa o kanı yıkamak vaciptir.[1]

Fakat elbisesine bulaşan kanı yıkadığında, namaz esnasında tekrar kan gelip elbisesine isabet edeceğine galip bir zannı oluşursa yıkamadan kılması câizdir.[2]

1- İbn-i Âbidin, 1-306, 514.
2- Mebsût, 1-85.

ÂDET GÖRME VE LOHUSALIKLA İLGİLİ MERAK EDİLEN DİĞER MESELELER

Âdet Görmenin, Lohusalıktan Ayrıldığı Meseleler Nelerdir?

• Boşanmış kadının iddeti varsa, iddetinin tamam olması için 3 defa âdet görmesi lâzımdır. Fakat hâmile olan kadın, hiç kan görmese dahi doğum yapmakla iddeti tamam olur.

• İstibrâ: Kadının döl yatağının çocuktan boş olup olmadığını anlamak için iddete ihtiyaç vardır ki o da âdet görmekle olur.

• Lohusalıkta ise çocuğun dünyaya gelmesiyle istibrâ -döl yatağı boşluğu- meydana gelmiş olur.

• Bir kız âdet görmekle ergin olur. Lohusalıkta ise böyle bir durum yoktur. Çünkü lohusanın erginliği lohusalık ile değil daha önce hamile kalmakla anlaşılmış olur.

• Lohusalığın en azı için bir sınır yoktur.

• Âdet görmenin en çoğu 10 gündür. Lohusalığın en çoğu ise 40 gündür.

• Lohusalık, keffâret orucunun sırasını bozar, yeniden baştan tutulması gerekir. Âdet görme ise bozmaz.[1]

Kadının Âdetli veya Lohusa İken, Kocası ile Cinsî Münasebette Bulunması Yasak mıdır?

Kur'ân-ı Kerîm'de: *"Temizleninceye kadar onlara yaklaşmayın..."*[2] buyrulmaktadır.

Bir hadîs-i şerifte: Bir kimse âdet hâlinde olan kadına şeriat bakımından da, tıb bakımından da zararlı olan, çocuk yatağından yakın olsa, ya da bunun dışında başka bir yerden yaklaşsa, veya gaipten haber veren bir kâhini -falcıyı- tasdik etse, kendisini Kur'ân ve

---

1- İbn-i Âbidin, 1-496.
2- Bakara, 222.

Sünnet'ten yâni Muhammed'in dininden uzaklaştırmış olur.[1] buyrulmuştur.

Hadîs-i şerifte geçen işleri helâl kabul ederek yaparsa dinden çıkmış olur.[2]

Özür kanı, bekâret kanı gibidir, eziyet vermez. Âdet kanı ise idrar vesaire gibi eziyet verdiğinden âdet hâlinde cinsî münasebet yasak kılınmıştır. Özür kan ile âdet kanı arasında, renk, koku ve keskinlik yönünden farklar vardır.[3]

Âdetli veya Lohusa Kadının Kocasına Karşı Vücudunun Yasak Olan Kısmı Nerelerdir?

Âdet gören bir kadının göbeğiyle diz kapağı arasından kocasının, örtüsüz istifade etmekten kaçınması İmam-ı Azam, İmam-ı Ebu Yusuf, İmam-ı Şafiî ve İmam-ı Maliki'ye göre farzdır. Bu kısımdan örtüsüz istifade etmesi haramdır.[4]

Hz. Âişe Vâlidemize -r.a.-: "Sizden biriniz âdet olduğu zaman, Resulullah nasıl yapardı? diye sorulduğunda:

— Bizden biri âdet gördüğü zaman -âdet gören zevcesine- genişçe bir altlık giymesini emreder, sonra da onun üzerinden menfaatlenirdi.[5] cevabını vermiştir.

Erkeğe, âdetli kadının göbekle diz arasındaki yerlerine -gömlek, genişçe bir altlık olmaksızın- mübaşeret haram olunca, kadına da buna müsaade etmek haram olur. Kadının gömlek altındaki yerleri ile erkeğe mübaşerette bulunması öncelikle haram olur.[6]

— Mübâşeret, çıplak olarak teni tene değdirmek.

1- Mebsût, 3-152.
2- Umdetül-Kari, 1-19.
3- Tefsîr-i Kebir, 2-346.
4- Bahrurraik, 1-207.
5- Nesâi, 1-189.
6- İbn-i Abidin, 1-486.

Âdetli Kadına Kocası, Nasıl Bir Yakınlıkta Bulunabilir?

Ensar'dan Abdullah bin Sa'd Hz. Peygamber'e -s.a.v.- şöyle sordu: Yâ Resûlullah âdet görürken zevcemden nasıl faydalanmam bana helâl olur? Peygamber Efendimiz -s.a.v.-:

— Senin için -göbek ile dizkapağı arasını örten- altlığın üstünden istifâde etmek vardır.[1] buyurdu.

Âdetli kadına kocası, göbekten ve ondan yukarıdaki uzuvlarından, dizinden ve ondan aşağıdaki uzuvlarından arada mânî bulunmasa dahi istifâde edebilir. Arada mânî bulunmak şartıyla cinsel ilişkisiz olarak göbek ile diz arasından da istifade edebilir.[2]

Âdetli Olduğunu ya da Olmadığını Kocasından Saklayan Kadına Bunun Bir Günâhı Var mıdır?

Peygamber Efendimiz -s.a.v.- bir hadîs-i şerifte: Allah -c.c.- gaise ve meğuse kadına lanet etsin. Gaise öyle bir kadındır ki kocası onun âdetli olduğunu -kadın söylemediğinden- bilmeyerek onunla cinsel yakınlıkta bulunur.

Meğuse ise öyle bir kadındır ki temiz olduğu halde kocasına "ben âdetliyim" der; kocası da onunla cinsel yakınlıkta bulunmaz."[3] buyurmuştur.

Bir erkeğin âdet halinde olan zevcesine yakın olması haram olduğu gibi, kadına da o halde kocasına rıza göstermesi haramdır.[4]

Karı-koca her ikisi, âdet ve lohusa hallerinde cinsî münasebete râzı olurlarsa, her ikisi de Cenâb-ı Hakk'a karşı âsî ve günâhkâr olacaklarından tevbe-i nasûh, istiğfar etmeleri icab eder.

Eğer bir taraf kendi rızasıyla, diğer taraf da zorla kabul ederse, yalnız zorlayan taraf âsî ve günâhkâr olmuş olur.

1- Bahrurraik, 1-208.
2- İbn-i Abidin, 1-478.
3- Cevheretün neyyire, 38.
4- Kadın İlmihâli, 103.

Fakat bu haram olan işi, haram olduğunu unutarak, veya âdet hâlinde cinsî münasebetin haram olduğunu bilmeyerek işleyene günah yoktur.[1]

Âdet Görmenin Bitiminde Âilevi Münasebet İçin Nelere Dikkat Etmelidir?

Âdet hâlindeki bir kadınla cinsel yakınlıkta bulunmanın haram olduğunu kabul etmeyip, helâl olduğunu iddia eden bir kimse dinden çıkmış olur.[2] Âdet bitiminde gusül almak farzdır. Ancak bir kadının âdetinin bitiminde gusül almasına meşru bir mâni varsa teyemmüm eder. Gusül alınamadığında teyemmüm de aynen gusül gibi temizleyicidir.

• Bir kadının âdeti 10 günden az sürüyorsa âdeti bittiğinde gusül almadıkça veya temizlendikten sonra kâmil bir namaz vakti geçmedikçe, kendisi ile cinsel yakınlık helâl olmaz.

• Ancak âdeti tam 10 günde kesilirse gusül almadan kendisi ile cinsel yakınlık helâl olur.[3]

Âdet Günleri Belirli Bir Kadının Âdeti, Daha Önce Kesilirse Durum Ne Olur?

Âdet günleri belirli bir kadının âdeti, âdetinden daha az bir zamanda kesilirse yıkanmış dahi olsa, cinsi münâsebet helâl olmaz. Zira âdet günlerinde hayzın tekrar gelmesi ihtimali fazladır. Böyle kadın, yıkanır, namazını müstehab vaktin sonunda kılar. Burada namazını müstehab vakte bırakması vâciptir. Ama âdet, âdetinin tamamında kesilirse müstehab vakte geciktirmesi müstehab olur.[4]

1- Umdetü'l-kari, 2-92.
2- Fethul Kadir, 1-147.
3- İbn-i Abidin, 1-488.
4- İbn-i Abidin, 1-488.

Bazı Kadınlar, Âdetleri Kesildikten Sonra, Gusül Abdesti Almadıkça Namaz Kendilerine Farz Olmuyor, Zannediyor, Bu Doğru mu?

Müslüman hanımların bir kısmı, âdetleri kesilse de gusül abdesti almadıkları müddetçe namazdan kendilerinin sorumlu olmadığı kanısındadırlar. Halbuki, bir kadının âdeti 8 gün olup, meselâ cuma günü öğleden sonra âdeti kesilse, eğer ikindi namazının vaktine kadar yıkanmak ve namaz kılmak mümkün ve zaman uygun olursa, o günün öğle namazı o kadına borç, yani farz olur. Bu namazı, dediğimiz gibi, o vakitte kılabilirse ne güzel, eğer vakit varken, yani zaman müsait iken yıkanmayıp namazı kazaya bırakırsa günahkâr olmakla beraber, o namazı sonra kaza etmek o kadına farz olur ve özürsüz namazı vaktinden geçirdiği için de tövbe etmesi gerekir.[1]

Âdet Müddetinin Bitiminde Namaz ve Oruç Gibi İbâdetler Yıkanmasa da Kadına Farz Olur

Kan, âdetin az müddetinde -3 günde- kesilirse yıkanma zamanı âdetten sayılır. Zira kadın ancak yıkandıktan sonra temizlenir. Vaktin sonundan yalnız yıkanmaya kâfi gelecek kadarına yetişirse o namazı kaza etmesi lâzım değildir. Kadın vakit içinde âdet görmeden çıkmamıştır. Ama hem yıkanmaya hem tahrimeye yetecek kadarına yetişirse iş değişir. Çünkü tahrime tuhurdan -yani temizlik devresinden-dir ve kaza îcab eder. -Namaza "Allah-u Ekber" diyerek başlanır. Buna tahrîm denir.- Kan, âdet müddetinin çoğunda kesilirse kadın mücerred bununla âdetten çıkar, ve yıkanma zamanı temizlik müddetinden sayılır. Aksi takdirde âdet müddeti 10 günden fazla olmak lâzım gelir.

Vaktin sonundan tahrime sığacak kadarına yetişirse kaza vacib olur. Velev ki yıkanmaya imkân bulamasın.

Çünkü âdetten çıktıktan sonra vaktin bir kısmına yetişmiştir.

Kan, âdet müddetinin çoğunda kesildiği zaman cinsî münasebetin mutlak surette helâl olması, cinsel ilişki, âdetten çıkmaya bağlı olduğundandır. Bu da mevcuttur. Namazın vücûbu böyle değildir. O âdetten çıktıktan sonra, başka vakit cüz'üne yetişmeye bağlıdır.[2]

1- Kadın İlmihâli, 177.
2- İbn-i Abidin, 1-489.

Âdet Bezi Nasıl Olmalıdır?

Âdet süresince, kadınların, rahimin ağzına bir bez koyup kapatmaları gerekmektedir. Âdet zamanlarında kullanılan bezlerin, âdet kanının pis kokusunu gidermek için, güzel kokularla kokulandırılması, müstehaptır, hoş bir harekettir.[1] Âdet bitiminde veya nifastan çıkıldığında yıkandıktan sonra da kadının güzel kokular sürünmesi çok hoş ve güzel olur.[2]

Kullanılmış Bezleri Titizlikle, Gözlerden Uzak Tutmalıdır

Sağlık açısından temiz bez kullanılması çok önemlidir. Ayrıca âdet veya lohusalık durumlarında kadın, avret mahallini günde birkaç defa yıkamalı, temizliğe diğer zamanlardan daha fazla itina göstermelidir.

Âdet veya lohusalık kanı bulaşmış bezleri, küçük, büyük, bütün ev halkından mümkün mertebe gizlemek kimseye göstermemek İslâmî edep ve terbiyenin îcaplarındandır.[3]

Âdet Bezi İki Türlü Kullanılır

Âdet bezi ya dışta kalır veya içe konulur. Dışarıdan kullanıldığı takdirde, eğer içe karşı gelen kısmı kan ile bulaşıp ıslanacak olursa, bununla, âdet müddeti içinde, âdet sabit olur.

Kadın özür sahibi ise abdesti bozulur. Çünkü gerek âdetten, gerekse özür hâlinde şart olan, kanın çıkmasıdır ki, o da bu şekilde tahakkuk eder.

Eğer bezin bir kısmı içeriye konur, bir kısmı da dışarda kalırsa, içerde olan kısım kanla ıslanır, fakat bu ıslaklık çıkmazsa bu hâl, âdet sayılamayacağı gibi kadın özürlü ise abdesti de bozulmaz. Ancak, bezin yaş olan kısmı, dışarıya çıkarsa, çıktığı andan itibaren âdet sabit olur ve özürlü ise kadının abdesti bozulur.

1- Mebsût, 3-181.
2- Umdetül-kari, 2-115.
3- El-Fıkh ale'l-mezâhibi'l-erbaa, 2-57.

Bezin içinde ıslandığı andan itibaren değil, çünkü âdet ve özür hâlinde şart olan, kanın dışarıya çıkmasıdır. Bununla beraber, eğer kanın ıslaklığı rahmin ağzına kadar nüfuz ederse, yine hayzın hükmü sabit olur ve özür sahibinin abdesti bozulur.[1]

Kullanılan Bez Tamamıyla Rahim İçine Konursa Durum Ne Olur?

Eğer kullanılan bezin hepsi -mekruh olmakla beraber- içeriye konsa ve bez tamamıyla ıslansa, fakat rahmin içinden dışarıya çıkmasa bunun hükmü yoktur. Bez, kan ile bulaşmış olarak rahmin ağzından dışarıya çıkarsa o zaman âdet meydana gelmiş demektir.[2]

Âdetli Hanımla Birlikte Yemek Yenir mi?

Hz. Âişe Vâlidemize -r-anha-: Bir kadın âdet görüyorken kocasıyla beraber yemek yer mi? diye sorulduğunda; "Evet. Ben âdet halinde iken, Resulullah, beni çağırırdı, ben de onunla birlikte yerdim. Etli bir kemik alır, bir miktar dişlerdim. -Sonra o kemiği Resulullah'a uzatırdım- O da ağzını, kemikte tam benim ağzımı koyduğum yere koyar, oradan yemeye başlardı.

İçecek bir şey istediği olurdu. Getirince ondan önce benim içmem için bana yemin verirdi. Ben de kabı alır, bir miktar içer, sonra ona bırakırdım. bu defa kabı Resulullah alır, benim ağzımı koyduğum yerine ağzını koyarak içerdi.[3] buyurmuştur. Âdet gören kadının yemek pişirmesi, onun elinin dokunduğu hamur ve su gibi şeyleri kullanmak mekruh değildir,[4] fena görülecek bir şey değildir.

Âdetli Hanımın Artığı Pis midir?

"Artık" sözünden kastedilen içen kimsenin içmesinden sonra kalan, şeydir. Yemeğin artığına da bu isim verilir. İnsanın artığı temizdir. Bu hükme, cünüp, âdetli, lohusa olanlarla, kâfirler de dâhildir.[5]

1- Kadın İlmihâli, 139.
2- Mebsut, 3-151.
3- Sünen'ün-Neseî Tahâret.
4- İbn-i Abidin, 1-478.
5- Halebi-î Sağır, s: 100.

Ancak, içki içenin artığını hemen ardından içmek veya henüz ağzı kanamakta olanın, artığı gerçekten pistir.

– Fakat bu kimseler tekrar tekrar tükürürlerse, sahih olan, ağızlarının temizlenmiş olduğudur.

– Yabancı erkeğin artığını, bir kadının içmesinin mekruh olduğu gibi, bir erkek için yabancı kadının artığını içmek de mekruhtur. Bu mekruh oluş, artığın temiz olmayışından değil, bilâkîs, -nefse lezzetli hoş gelmesi korkusundandır.[1]

Âdetli Kadın, Kocasıyla Aynı Yatakta Yatabilir mi?

Kocanın âdetli eşinin yatağından uzaklaşması gerekmez. Çünkü bu Yahudilerin yaptıklarına benzer. Hatta böyle yapmak mekruhtur.[2] Ümmü Seleme Vâlidemiz -r.anhâ- anlatmıştır: Resulullah -s.a.v.- ile birlikte aynı örtünün altında yatıyordum. Âdetli olduğumu farkettim. Hemen örtünün altından çıktım, âdet elbisemi aldım, giyindim. Resûlullah -s.a.v.-: Âdet mi oldun? buyurdular. "Evet" dedim. Beni yanına çağırdı. Örtünün altında beraberce yattık.[3]

Âdet Kanı Bulaşmış Elbise Nasıl Temizlenir?

Hz. Ebûbekir'in kızı Esma -r.anhâ- anlatmıştır:

"Bir kadın Peygamber Efendimize -s.a.v.- geldi ve dedi ki: "Bizden birinin elbisesine âdet kanından dokunduğunda ne yapmalıyız? Peygamberimiz ona şöyle buyurdu: Kanı kazıyıp atarsın, sonra su ile çitelersin, sonra da üzerine -bol- su ile yıkarsın ve onunla namaz kılarsın.[4]

1- Fetâvâyı Hindiyye, 1-84.
2- İbn-i Abidin, 1-478.
3- Buhârıi Hayız.
4- Buhâri, Hayız.

Âdetli Hanım Cenâze Yıkayabilir mi?

Erkek cenâzeyi, erkekler, kadın cenâzeyi kadınlar yıkarlar. Bunlardan biri diğerini yıkayamaz.[1]

Yıkayanın cünüp, âdetli, lohusa ve gayrı müslim olması mekruhtur. Fakat bunlardan başka yıkayabilen yoksa, bu kimselerin yıkamasından mahzur yoktur.[2]

Âdetli -Lohusa veya Cünüp- İken Ölenin Cenâzesi Nasıl Yıkanır?

Bir kimse cünüp veya bir kadın âdetli ya da lohusalık halinde iken vefat etse, cenâzesi yıkanırken temizliğinin tamam olması için ağzına ve burnuna su vermek icab eder. Fakat cünüplükten, âdetten, lohusalıktan temizlenmek için bir boy abdesti, bir de tekrar cenâze yıkanması olarak ölüyü iki defa yıkamak lâzım gelmez.[3]

Âdetli veya Lohusa Kadının Kestiği Yenir mi?

Eti helâl olan bir hayvanı kesecek kimsenin erkek olması şart değildir. Yemek veya kurban etmek için ayrılmış hayvanı, usulünü biliyor ve cesareti varsa kadın da kesebilir, Âdetli ya da lohusa olmalarının bir mahzuru yoktur.[4]

Doğum Yaptığı Halde, Kan Görmemiş Olan Kadının Gusletmesi İcâb Eder mi?

İmam-ı Ebû Yusuf -r.a.- ve İmâm-ı Muhammed'e -r.a.- göre, böyle bir kadının gusletmesi icâb etmez. Fakat o kadının abdest alması vacib olur. Çünkü çocukla beraber, pislikte çıkmıştır.

İmam-ı A'zam'a -r.a.- göre ise o kadının gusletmesi gerekir. Âlimlerin çoğu da bu görüşü almışlardır.[5]

1- Fetâvâyi Hindiyye, 1-527.
2- Fetâvâyi Hindiyye, 1-526.
3- Kadın İlmihâli, s: 75.
4- Buhâri el-Câmiü's-sahih, 1-79.
5- Fetâvây-ı Hindiyye, 1-132.

Spiral Taktırmanın Sakıncası Var mıdır?

Spiral taktırmanın dinî yönden sakıncası bulunmaktadır. Kadının avretini göstermesi yasaktır. Bu işi kendisi ya da kocası yapmalıdır.

Eğer ikisi de takamıyorsa en hafifi başka bir kadına taktırmasıdır. Zaruret olmaksızın avret mahallini başka bir kadına göstermek haramdır. Yabancı bir erkeğe taktırmak ise büyük günahlardandır.

Çünkü bu konuda şer'i bir zarûret yoktur. Şer'i zaruret ölüm veya ölüme yakın bir durumun ortaya çıkmasıyladır. Bu hallerde haram olan bir şey yapılabilir. Zarûret konusu insanların kendi görüşüne göre yorumlanamaz. Bu husustaki tarif bellidir.

Zarûret, insanın yasak olan bir şeyi yapmadığı takdirde öleceği ya da ölüme yaklaşacağı bir sınıra gelmiş bulunmasıdır.[1]

Sezeryanla Doğum Yapan Kadın Lohusa Olur mu?

Kadın göbeği cihetinden doğursa; şöyleki karnında yara olsa da karnı yarılarak çocuk oradan çıkarılsa, o akıcı yaranın sâhibi olan kadın, lohusa değildir. Yalnız, çocuğun göbekten çıkmasının ardından, fercden kan çıkarsa, işte o zaman kadın lohusa olur.[2]

Cansız Doğan Çocuk Mirasçı Olur mu?

Düşük olan çocuk mirasçı olamaz. Vasiyete hak kazanmaz. Düşüğe isim verilmez. Sünnet üzere yıkanması gerekmez. Cenâze namazı da kılınmaz. Eğer dünyaya gelirken vücudunun çoğu gözükünceye kadar çocukta ağlamak, nefes almak vb. canlılık alâmetleri görünürse -sonra ölürse- isim verilir, yıkanır, kefenlenir, namazı kılınır, gömülür. Mirasçı olur, kendisine de mirasçı olunur.[3]

1- Prof. Dr. H. Karaman, İslâm'ın Işığında Günün Meseleleri, 1-257.
2- Fetâvâyı Hindiyye, 1-133.
3- Tahtavi, 80.

İkinci Bölüm

MADDÎ VE MANEVÎ TEMİZLİK

Erkek ve Kadın da Maddî ve Manevî Temizlikten Sorumludur
Temizliği Kanunlaştıran İlk Sistem İslâm Dinidir.

İSLÂM NEDİR?

Kelime olarak "S.L.M" kökünden türemiştir. Teslim olmak, sulh yapmak, kurtuluşa erme mânâlarına gelir.

Dinî terim olarak anlamı, Hz. Muhammed'in -s.a.v.- peygamberliğini kabul edip, Yüce Allah'a -c.c.- bağlanmak, haramlardan uzak durmak, emirlere uymaktır.[1]

İslâm Bütün Olarak İnsanın Risâletidir

Ne tarafa yönelirse, ne yöne giderse gitsin, insan hayatının her kademesinde, çocukluğunda, gençliğinde, yetişkinliğinde, olgunluğunda ve yaşlılığında, -her meselesinde, her anında, ölümünde, ölümünden sonrasında- İslâm daima onunla beraberdir.[2]

İslâm Mezhepleri

Mezhep, yol mânâsına gelir. Fıkıhta ifâde ettiği mânâ, dinî hükümleri yaşatmak ve tatbik etmekte takip edilen yol demektir.[3]

Müslümanlar gerek itikâdî hükümlerde, gerekse amelî hükümlerde birçok mezheplere ayrılmışlardır.

İtikadî Mezhepler

İtikad hususunda başlıca iki mezhep vardır. "Ehl-i Sünnet", "Ehl-i bid'at".

Hak olan akâidi belirten iki imam vardır; Ebû Mansûr-i Mâtürîdi ve Ebül Hasan-ı Eş'arî.

1- Bedruddin Aynî, Umdetü'l, Kâri, 1-123.
2- Prof. Yusuf Kardavî, İslâm Nizamı, 140.
3- Ahmed, H. Akseki, İslâm Dinî, 33.

Amelî Mezhepler

Bugün yeryüzünde hak olarak dört ameli mezhep bulunmaktadır.

1. Hanefî
2. Şafiî
3. Mâlikî
4. Hanbelî.

Bu mezheplerin, dört büyük müçtehidi, İmam-ı A'zam Ebû Hanîfe, İmam-ı Muhammed İbni İdris el-Şafiî, İmam-ı Malik İbni Enes, İmam-ı Ahmed İbni Muhammed ibni Hanbel'dir.[1]

İslâm Dinînin Kaynakları -Şer'i Delilleri-

– Kitap-Kur'ân-ı Kerîm: İslâm Dinî'nin, aynı zamanda İslâm kültürünün ilk ve temel kaynağıdır.

– Sünnet: Kur'ân-ı Kerîm'den başka olarak Peygamberimizin mübârek sözleriyle işlerine "Sünnet" denir.

Peygamberimizin -s.a.v.- ağzından çıkan sözler üç kısımdır. Kur'ân, Hâdis, Hadîs-i Kudsî.

Hem lâfzı, hem mânâsı Allah tarafından olan Kur'ân'dır. Hem lâfzı, hem mânâsı Peygamberimiz tarafından olanlara Hadîs, denir.

Peygamber Efendimizin -s.a.v.- kalbine yalnız mânâ olarak nâzil olup da peygamberimizin o mânâyı istediği lâfz ile kendisinin ifâde buyurdukları da Hadîs-i Kudsî'dir.[2]

– İcma: Peygamber Efendimizin vefâtından sonra gelen asırlardan birinde ve aynı asırda yetişen İslâm müçtehidlerinin dinî bir hüküm üzerinde birleşmeleri dini meselelerde görüşbirliğine varmalarıdır.

Kıyas: Hakkında âyet ve hadîs bulunan konunun hükmünün, aralarındaki illet birliği sebebiyle hakkında âyet, hadîs bulunmayan konuya tatbikidir.

1- İslâm Dinî 52.
²- İslâm Dinî, 46.

Mükellefiyet Ne Zaman Başlar?

Allah'ın -c.c.- emir ve yasaklarıyla sorumlu olan müslümana "Mükellef" denir.

Lugat mânâsında, mükellef kendisine bir iş yüklenmiş kişi demektir.

Bir kişinin İslâm'a göre sorumlu olabilmesi için aranan şartlar vardır.

– Müslüman olmak: İnsanlar önce Yüce Allah'a -c.c.- iman ile mükelleftirler. Müslüman olmayanlar ibâdetle mükellef değildir.

– Akıllı olmak: Akıl ruhun bir kuvvetidir ki, insan onun vasıtasıyla bilgi sahibi olur. İyi ile kötüyü ayırır, eşyanın hakikatini sezebilir.

Diğer bir tarife göre akıl, bir rûhânî nurdur ki, insana yürüyeceği yolu aydınlatır, insanı haktan, hakikattan haberdar eder. Bu rûhî kuvvete sahip olan kimseye "âkil" denir. Bundan mahrum bulunana da "mecnun" denir.[1]

– Buluğ -ergenlik- çağına gelmek: Buluğ çağına gelmek muayyen vasıflara hâiz olmak demektir. Ergin olma yaşının başlangıcı, bir erkek çocuk için tam "12" bir kız çocuk için tam "9" yaştır. Bu yaşların sonu, her ikisinde de "15" yaştır.

Bir Kısım Dînî Terimler

Farz: Yüce Allah'ın kesin olarak işlenmesini emrettiği hükme denir. Farzın işlenmesinde sevap, özürsüz terkedilmesinde Mevlâ Teâlâ'nın azâbı vardır. Farzı inkâr eden kimse dinden çıkar.

Farz ikiye ayrılır:

Farz-ı Âyn: Mükelleflerden her birinin yapması lâzım gelen farzlardır. Bir kimse diğerinin yerine namaz kılamaz. Bu tür farzları herkesin bizzat yapması gerekir.

Farz-ı Kifâye: Mükelleflerden bazılarının yapmalarıyla diğerlerinden düşen, onlar için yapmak mecburiyeti kalmayan farzlardır. Cenaze namazı kılmak gibi.

1- Ö.N.Bilmen, Büyük İslâm İlmihali, 61.

Vâcib: Yapılması şer'ân kat'î bir delil ile sabit olmamakla beraber her durumda pek kuvvetli bir delîl ile sabit olan şeydir. Vitir ve bayram namazı kılmak... gibi. Farzda olduğu gibi vâcibi işleyene sevap, özürsüz terk edene günâh vardır. İnkâr eden dinden çıkmaz. Vâcib kelimesi bazen "farz" yerine kullanılır. Şâfiîlere göre farz ile vâcip eş anlamlı kelimelerdir, aynı hükmü taşırlar.

Sünnet: Lugatta, gidiş, yol demektir. Şeriâtte; farz ve vâcib olmayarak Peygamberin -s.a.v.- ibâdet suretiyle çoğu zaman işleyip pek az terk ettiği ve bize de tavsiye ettiği sözleri, fiilleri ve takrirleridir.

Sünnet ikiye ayrılır:

Sünnet-i Müekkede: Peygamber Efendimizin devam edip, nadiren terk etmiş oldukları sünnettir. Mesela; sabah, öğle ve akşam namazlarının sünnetleri gibi.

Sünnet-i Gayr-i Müekkede: Hz. Peygamber'in -s.a.v.- ibâdet maksadıyla ara sıra yapmış oldukları şeylerdir. Yatsı ve ikindi namazlarının ilk sünnetleri gibi.

Bütün bu sünnetleri yapanlar, farz ve vâcibden az sevap kazanırlar, kasten terk edenlere de Hz. Peygamber'in -s.a.v.- kınaması vardır. Sünnetleri terk etmeyi alışkanlık haline getirenler Hz. Peygamber'in -s.a.v.- şefaatine nâil olamayacaklardır.

Müstehab: Lügatta: Sevilmiş şey demektir. İşlenmesinde sevap olan, terkinde günâh olmayan şeylerdir. Fakirlere sadaka vermek vs. gibi.

Mübah: Yapılmasında sevap olmadığı gibi terk edilmesinde de günâh olmayan fiillerdir. Yemek, içmek, oturmak, uyumak vs. gibi. Bu işler mubah -serbest- ise de sağlığa zarar verecek kadar yemek, içmek, uyumak ve israf etmek mubah değildir.

Haram: Mükelleften yapmaması istenen ve kat'î bir delîl ile yasaklığı sabit bulunan şer'î bir hükümdür. "Adam öldürmek, içki içmek, zinâ etmek, kadınların başını açması vs. gibi hükümlerdir." Haramı terk eden sevap kazanır, işleyen günahkâr olur. İnkârı dinden çıkarır.

Mekruh: Lügatta: Sevilmeyip kerih görülen ve hoş olmayan şey... Allah'ın haram kadar kesin olmayan yasaklarıdır. İki

Tahrîmen "harama yakın" Mekruh: Vâciblerin terk edilmesi bu kısma girer.

Tenzîhen "helâle yakın" Mekruh: Sünnet ve müstehapları yapmamak bu bölüme girer.

Müfsit: Başlanmış bir ibâdeti bozan şeye müfsit denir. Namazda gülmek, konuşmak, oruçlu iken bile bile yemek içmek gibi... Çünkü, gülmek ve konuşmak namazı, bilerek yemek, içmek de orucu bozar.

İslâm Dinînin İhtiva Ettiği Hükümler

Dinî hükümler iki kısma ayrılır:

1. İmâna, îtikada ve inanca dair hükümler ki, bunlara aslî ve îtikâdî hükümler denir. Bunlara ait konulardan bahseden ilim dalına da Akâid, Kelâm, "Tevhîd ve Sıfat ilmi" denmektedir.

2. İş yapma keyfiyetine bağlı olan hükümler -amelî hükümler- ki bunlardan bahseden ilim dalına da "Fıkıh slâm Hukuku-" denmiştir.

Amelî hükümler birçok kısımlara ayrılır, ibâdet, alışveriş, evlenme ve boşanma, cihad, ceza, vasiyet ve miras gibi...

Bu iki kısım hükümlerin bir araya gelmesi ile İslâm dinî bütünlenmiş olur.

Hüküm Ne Demektir?

Dinî emirler ile yasakları belirleyen kesin sözlere "hüküm" denir. Çoğul ifade ile "Ahkâm" tabiri kullanılır.

Oruç farzdır, içki haramdır, ifadeleri birer hükümdür.[1]

Fıkhın Önemi

Fıkıh: Lügatta "Bir şeyi bilmek" demektir. Daha sonra şerîat ilmine tahsis edilmiştir.

Fıkhın kaynağı kitap, sünnet, İcma-i Ümmet ve Kıyas'dır.

Fıkhı okumak, Kur'ân'ın ihtiyaçtan fazlasını öğrenmekten fazîletlidir.[2]

1- A.T.İ Yavuz, İslâm İlmihali, s. 13.
2- İbn-i Âbidin, 1-37.

Bir şâir: "Bir ilim sahibi, ilim sayesinde aziz olur, Kıymet kazanmak için fıkıh ilmi daha lâyıktır. Etrafa nice güzel kokular yayılmaktadır. Ama hiçbiri "misk" gibi değildir.

Havada nice kuşlar uçmaktadır, fakat hiçbiri "Şahin gibi değildir." demiştir.[1]

Fethu'l-Mevsilî, "Hastaya yiyecek içecek ve ilâç verilmezse ölmez mi? diye sormuş. "Evet ölür." demişler. "İşte kalb de öyledir. Ona 3 gün hikmet ve ilim verilmezse ölür!" cevabında bulunmuş. Çünkü kalbin gıdası ilim ve hikmettir; onun hayatı bunlarla kâimdir. Vücudun, gıdası da yemektir. Kim de ilim yoksa onun kalbi hastadır.[2]

Fıkıhçılar, muhtelif yerlerde yaşayan insanların hâdiselerini ya aynen kitaplara geçirmiş veya onlara delalet eden şeyleri izah etmişlerdir.

Hatta fıkıhçılar hiç vukubulmayan ya da pek seyrek görülen şeylerden dahi söz etmişlerdir. Kur'ânî delillere göre açıklanmayan mes'eleler nâdirdir.

Fıkıhdan Murad, Hanefî mezhebi ile diğer mezheplerdir. Zira bu mânâca fıkıh asla ziyâde kabul etmez. Dört mezhebin dışında yeni bir görüş icâd etmek câiz değildir.

Namaz, Kur'ân-ı Kerîm'e Göre Îmandan Sonra Gelmektedir

Allah-u Teâla Hazretleri, Kur'ân-ı Kerîm'de: *"Onlar gaibe iman ederler. Namazı da dosdoğru kılarlar."*[3] buyurmaktadır. Îmandan sonra kula ilk vâcip olan namazdır. Namazın sebepleri sur'atle hasıl olur. Zekât, Oruç, Hac ise böyle değildir. Tahâret, namazın anahtarıdır. Bir şeyin anahtarı ve şartı tabii olarak o şeyden öncedir. Dolayısı ile beyan itibarı ile öne alınır.[4]

1- İbn-i Âbidin, 1-38.
2- İbn-i Âbidin, 1-39.
3- Bakara.
4- İbn-i Âbidin, 1-103.

TEMİZLİK İSLÂM DİNİNİN TEMELİDİR

Müslümanın en belirgin vasfı madden ve mâ'nen temiz olmasıdır.

İslâmiyet, tahâret ve nezâfete büyük önem vermiştir. Madden ve mânen olan pisliklerin giderilmesi, müslümanın her hususta nezâfet üzere -temiz olması- istenmiştir.

Temizlikle İlgili Emirler

Yüce Allah -c.c.- Kur'ân-ı Kerîm'de:

– *Allah da temizlenenleri sever.*[1]

– *Elbiseni temiz tut.*[2] buyurmaktadır.

Peygamber Efendimiz -s.a.v.- de, temizlikle ilgili pek çok şey söylemiştir:

– Gücünüz yettiğince temiz olmaya çalışınız. Allah -c.c.- İslâm Dini'ni temizlik üzerine kurmuştur. Cennet'e ancak temiz olanlar girecektir.[3]

– Temizlik îmanın yarısıdır.[4]

– Allah -c.c.- güzeldir, güzelliği sever. Temizdir, temizliği sever. Kerem sahibidir, keremi sever. Cömerttir, cömertliği sever. Çevrenizi temiz tutun ve Yahudilere benzemeyiniz.[5]

Dinî Kurallara Uygun Temizlik Tahâret Adı Altında Toplanmıştır

"Tahâret" lugatta, maddî olsun, manevî olsun bütün kirlerden ve pislikten temiz ve uzak olmaktır.[6] İslâm fıkhında ise necâsetten temizlenmek mânâsına gelmektedir.

1- Tevbe, 108.
2- Müddessir, 4.
3- C. Es. Suyuti El-Camiüssağir, 1-133.
4- Ahmed b. Hanbel, Müsned, 5-344.
5- Tirmizî, Edep.
6- Kitabul, Fıkhı Ale'l Mezahibi'l Erbaa, 1-7.

Bu ya hakîkî necâsettir bunun ismi "Habes"tir veya da hükmi bir necâsettir ki bunun ismi de "Hades"tir.[1] Bu duruma göre temizlik iki çeşittir:

1. Hükmî necâset - Hadesten tahâret.

2. Hakîkî necâset - Habesten tahâret.

Hanefiler demişlerdir ki: "Hükmî necâset", büyük ve küçük hades hâlidir. Bu, şer'i bir nitelik olup bedenin tümüne veya bir kısmına vâki olan bir hâldir.

"Hakîkî necâset" ise pisliğin tâ kendisidir ki bunlarda şer'an pis ve murdar olan şeylerdir.[2]

Hakîkî necâset duyularla fark edilir.

MADDÎ TEMİZLİK-NECÂSETTEN TAHÂRET

"Necâset" kelimesi, lugatta "Neces" ile eş anlamlıdır.[3]

Neces lugat itibarıyla slâm'dan önceki dönem ve sırf lugat mânâsı olarak kullanılan yerlerde- insandan çıkan pislik demektir. Bu derece pis görülen bir şey için de "neces" sözü kullanıla gelmiştir.[4]

Şeriat'ta ise kısa ifadesiyle namaza mâni olacak cinsteki pisliklerdir.[5]

– Peygamberimiz -s.a.v.- kişinin namazının sahih olabilmesi için:

– Bedeninin tahâret niteliği ile temiz olmasını,

– Bir yerde namaz kılabilmesi için o yerin tahâret niteliği ile temiz bulunmasını,

– Yiyeceği yemeğin dahi helâl olması için tahâret niteliği ile temizliğine önem verilmesini şart koşmuştur.[6]

1- Meydân-i el-Lübab fi Şerhi'l Kitap, 1-10.
2- Kitabu'l Fıkhı Ale'l Mezahibi'l Erbaa, 1-18.
3- El-Mu'cem'ul-Vasit-ilgili madde.
4- Lisan'ul-Arab.
5- El-Mu'cem'ul Vasit-ilgili madde.
6- Kitabu'l Fıkhı Ale'l Mezahibi'l Erbaa, 1-12

— Necâset olmadığı halde Türkçe'de yine de "pislik" tâbir edilen bazı şeyler vardır. Meselâ kir gibi. Arapça'da bunlar daha farklı kelimelerle ifâde edilir. Örneğin; "Denes" kir, pas mânâsına gelir. "Vesah" kelimesi de kir demektir.

İnsan vücudundan çıkan ter, tükrük, tâbi burun ifrazatı, ağız dolusunca olmayan kusmuk necâset kabul edilmemektedir.

Necâset Aslen veya Geçici Olur

"Necis, gerçek necâset, pislik", aslen veya geçici olarak temiz bulunmayan şeydir.

İnsan pisliği gibi esâsen ve hakîkatı itibarıyla pis olan maddeler aslen -zâtî- necâsettir.

Pislenmiş bir elbise gibi, esas itibarıyla necis olmadığı hâlde sonradan pis olan şeyler geçici -arazî- necâsettir. Necâsetten tahâret, beden, elbise ve yer ile ilgilidir.[1] Necâsetten Tahâret, dinîn pis saydığı şeylerden, yine dinîn belirlediği şekilde arınmak demektir.

Hakîkî Necâsetin Çeşitleri

Hanefî mezhebine göre hakîkî necâsetin çeşitleri şöyledir.

Galîz -Ağır- Necâset-Hafif Necâset

Necâsetleri, namaza engel olan miktarları bakımından ikiye ayırmışlardır.

Galiz necâset: Necisliği kat'i delille sâbit olan şeylerdir.

— İnsan vücudundan çıkmış olan ve abdesti veya guslü gerektiren bütün şeyler galîz necâsettir: İnsan dışkısı, idrar, meni, mezî, vedi, irin, sarı su, ağız dolusu kusuntu...

— Kan, âdet nifas istihâze kanı galîz necâsettir.

— Küçük oğlan ve kız çocuklarının idrarları da galîz necâsettir.

1- B. İslâm İlmihali, 53.

– İçki, akan kan, ölmüş hayvan eti, eti yenmeyen hayvanların idrarı, at, katır ve merkep dışkıları, sığır dışkısı, köpek dışkısı, tavuk, kaz ve ördek dışkıları galîz necâsettir.

– Yırtıcı hayvanların dışkıları, kedi ve farenin dışkıları ve idrarları galîz necâsettir.[1]

Bu necâsetlerin katı iseler bir dirhem -2.17-gr.- ağırlığından fazla olmaları, sıvı iseler bir el ayası kadar alanı kaplamaları namaza engeldir.[2]

Hafif necâset: Necisliği kat'i olmayan delille sâbit olan şeylerdir. Atın, eti yenen hayvanların idrarı ve eti yenmeyen kuşların dışkısı hafif necâsettir.[3] Hafif necâsetin namazda bağışlanan miktarı: Bulaştığı yer elbise ise, en fazla elbisenin tamamının dörtte biri; kol ve ayak gibi bedenin bir organı ise bulaştığı organın dörtte biri kadarına olanıdır.

Katı Necâset-Sıvı Necâset

Katı necâsete örnek leş, sıvı necâsete ise akan kan veribilir.

Görünen Necâset-Görünmeyen Necâset

Görünen necâset: Dışkı ve kan gibi kuruduktan sonra gözle görünen necâsettir.

Görünen necâsetin temizlenmesi, pisliğin giderilmesi ile olur.

Görünmeyen necâset: İdrar gibi kuruduktan sonra görünmeyen necâsettir. Temizlenmesi temizliğine kanaati gelinceye kadar temizlemek ile olur.[4] Temizliğine kanaat gelmesi -kuvvetli zann hâsıl olması- şer'i delillerdendir.[5]

1- Fetâvâyı Hindiyye, 1-161.
2- Mevsılî, İhtiyar li Ta'lili'l- Muhtar, 31.
3- Gurer ve Dürer, 1-88.
4- İslâm Fıkhı Ansiklopedisi, 1-119.
5- Gurer ve Dürer, 1-85.

Namaz Kılan Kimsenin, Bedeninden, Elbisesinden ve Namaz Kılacağı Yerden Pislikleri Temizlemesi Farzdır

— Pislik, eğer galiz necâset ise daha önce de anlatıldığı gibi, onun dirhem miktarından fazla olması halinde, yıkanması farzdır. Bu miktardaki necâseti yıkamadan, kılınmış olan namaz bâtıldır.

— Pislik dirhem miktarında ise, onu temizlemek vâciptir. Onunla kılınmış olan namaz câizdir.

— Eğer pislik, dirhem miktarından az ise onu yıkayıp temizlemek sünnettir.

— Eğer pislik hafif necâset ise, namazın cevâzına mâni değildir.[1]

Pislikten Az da Olsa Kaçınmalıdır

Şafiî, Mâlikî, Hanbeli mezheplerinde ve Hanefî imamlarından İmam-ı Züfer'e göre yukarıda anlatılan "ağır pislik", her ne kadar az da olsa, yine namazın sıhhatine mânidir. Bu imamlara göre, az bir pislik bulaşan vücût ve elbiseyi yıkamadıkça onunla namaz kılınmaz.

— Bedeninde veya elbisesinde ya da namaz kılacağı yerde -yâni namazda alnını, burnunu, ellerini, dizlerini ve ayaklarını koyacağı yerde- böyle bir necâset olduğu takdirde namaza başlamadan önce onları gidermek lâzımdır.

İmkân bulunduğu takdirde, gerek bedenin ve gerek elbise ile yerin, temiz olmayan en ufak bir şeyden pâk edilmesine çalışmalıdır.

Çünkü yukarıda ismi geçen muhalif imamlara göre bu, mecbûrî olduğu gibi, temiz olmayan bir şeyin bağışlanmış olan az miktarı ile namaz kılınması, tamamen affedilmiş değildir; belki tahrimen mekruhtur. Şu hâlde sağlam bir namaz için bu pisliklerin tamamen giderilmesi gerekir.[2] Kendisinden afvolunan pislikler, zorluklar ve imkânsızlıklardan dolayıdır.[3]

1- Fetâvâyı Hindiyye, 1-204.
2- İslâm İlmihali, 1-62.
3- Kitab'ul Fıkh Ale'l Mezahibi'l Erbaa, 1-27.

Pisliklerden Temizleme Usulleri

Namaz kılanın, bedeninde, elbisesinde ve namaz kılacağı yerdeki necâseti gidermek vâciptir.[1]

Yüce Allah Kur'ân-ı Kerîm'de: *"Evimi ziyaret edenler, kendini ibâdete verenler, rükû ve secde edenler için temiz tutun diye, İbrahim ve İsmâil'e ahd verdik."*[2] buyurmaktadır. Elbise ve yerin temizliği gerektiğine göre bedenin temizlenmesi öncelikle gerekir.[3] Pislenmiş şeyleri temizlemek için mâhiyetine göre muhtelif yollar vardır.

Su ile Temizleme

Yüce Allah, Kur'ân-ı Kerîm'de "Suyu" "Tahûr-temiz"[4] olarak isimlendirmiştir. Su tahûrdur. Tahûr: Kendisi temiz olduğu gibi başka şeyleri de temizleyendir.

– Gözle görülen bir necâset ile pislenmiş olan şey, necâsetin eseri, yani, rengi, kokusu, maddesi giderilinceye kadar su ile yıkamakla temiz olur.

Pisliğin kendisi bir defa yıkanmakla giderilmiş olsa, onunla iktifa edilir. Fakat bir defada giderilmez ise yıkamaya pislik giderilene kadar devam edilir.

– Ve eğer pisliğin eserinin, temizlenip giderilmesi, kolay olmaz ve bu ancak, meşakkatle mümkün olan bir şey olur ve onun temizlenmesi için de suyun hâricinde, sabun gibi başka bir şeye ihtiyaç hissedilirse; kişi onun giderilmesi ile mükellef olunmaz.

– Bu durumda olan kimse kaynar su ile yıkamakla da teklif olunmaz. Eğer pisliğin rengi bulaştığı yerde kaybolmayacak hâlde ise, o eşya kendisinden bembeyaz su akıncaya kadar yıkanır.

– Bir kimsenin pis olan bir yağ, elbisesine bulaşsa, elbisesini sadece su ile yıkamış olsa; yağın eseri elbisesinde kalmış olsa dahi elbise temizlenmiş olur.

1- Kitabu'l Fıkh Ale'l Mezahibi'l Erbaa, 1-27.
2- Bakara, 125.
3- İslâm Fıkhı Ansiklopedisi, 1-69.
4- Furkan, 48.

Bu şekilde yıkanan şeyin, her defasında, sıkılması da şart kılınır ki, içinde olan sıkılmış olsun. Sıkmanın, üçüncü defa da yapılanın da mübalağa edilir. Hatta, bu üçüncü defada, o kadar sıkılır ki, bundan sonra bir daha sıkılacak olsa, sıkılan o şeyden su akmaz. Sıkma hususunda, her şahsın kendi kuvvetine itibar edilir.

— Bir kimse eğer, üç defa yıkadığı ve her defasında da sıktığı hâlde, o şeyden sonra damlalar düşer ve bir şeye dokunursa; bu durumda eğer üçüncü sıkışını gücü yettiği kadar yapmışsa kendisi sıktığı zaman o şeyden su akmayacak kadar sıkmış ise o elbise de, o şahsın eli de, sonradan düşen damlalar da temizdir. Aksi takdirde hepsi de pistir.

— Tarif edilen bu şekil, yıkanacak olan şeyin, pisliği içine çok çektiği zaman da uygulanır. Yıkanacak şey, eğer pisliği içine almaz veya pek az alırsa, o zaman bu şey üç defa yıkamakla temizlenmiş olur.

— Kuvveti yetiştiği hâlde, elbise daha fazla yıpranmasın düşüncesi veya onu korumak maksadı ile sıkarken mübalağa etmemiş olan kimsenin bu şekilde yıkaması câiz olmaz.[1]

Sürtme ile Temizleme

Necâsetin kendisini veya eserini gidermek için, pislik bulaşan şey kuvvetlice yere sürtülür. Elle veya odunla yapılan kazıma da böyledir.

— Bir meste pislik bulaşsa, eğer bu pislik, insan pisliği, hayvan pisliği ve meni gibi cisimli ve kuru ise o pislik sürtmekle temizlenmiş sayılır.[2]

Silme ile Temizleme

— Bu yolla gözenekleri olmayan parlak, sert ve cilâlı şeyler temizlenir. Kılıç, ayna, cam ve buna benzer şeylerin içine pislik sızmaz, dışında kalanı da silme ile gider.

— Cilâlı denmesinin sebebi; pislenmiş olan şey sadece sert olursa veya nakışlanmış olursa, silmekle temiz olmadığı içindir.[3]

1- Fetâvâyı Hindiyye, 1-149.
2- Fetâvâyı Hindiyye, 1-154.
3- Gurer ve Dürer, 1-86.

Ovma ile Temizleme Nasıl Yapılır?

Bu yolla elbiseye değip kuruyan insan menisi temizlenir. Yıkadıktan sonra lekesinin kalmasında bir sakınca olmadığı gibi, ovmadan sonraki izde de bir zarar yoktur. Hz. Âişe Validemiz -r.a.- "Kuru ise, Resûlullah'ın -s.a.v.- elbisesinden meniyi ovuşturuyor, yaşsa yıkıyordum." demiştir.[1]

– Ebû Hânife'den rivâyet olunmuştur ki, insanın bedenine meni bulaşmış olursa -yaş veya kuru- ancak yıkamakla temizlenir.[2]

– Fakat, bazı alimlerimiz: "Bedene bulaşan ve kurumuş olan meni, ovalamakla temizlenir. Çünkü onda zahmet çok şiddetlidir." demişlerdir.

– Çarşafa nüfuz etmiş olan meninin temizlenmesi için de ovalamak kâfidir.

– Meni, elbisede bulunur ve ovalandığı vakit eseri gitmiş olur, fakat oraya su dokununca -eseri - meydana çıkarsa - bu durumda iki rivâyet vardır; birisi, bu durumda necâsetin geri dönmeyeceğidir.[3]

Ditmekle Temizleme

– Pamuk necis olup didildiğinde ditmekle temizlenmiş olur.[4]

– Atılan -çırpılan- yün ve pamuk, pis olursa; atılıp didildiği vakit eğer tamamı veya yarısı pis idi ise o temizlenmez. Fakat eğer pis olan kısmı az olur da, atılıp -çırpılmakla temizlenme ihtimali bulunursa bu işlemden sonra, temizlenmiş olduğuna hükmedilir.[5]

Mahiyet Değişikliğiyle Temizleme

Bu necis maddenin kendiliğinden veya bir vasıta ile değişmesidir.

Geyik kanı, misk olduğunda, şarap kendiliğinden veya bir vasıta ile sirkeleştiğinde temiz sayılır.

1- İslâm İlmihalı Fıkhı, 1-75.
2- Halebî-i Sağir, s: 119.
3- Fetâvâyı Hindiyye, 1-154.
4- İslâm Fıkhı, 1-37.
5- Fetâvâyı Hindiyye, 1-159.

Ateşte Yakarak Temizleme

Ateşle necâset değişiyor veya eseri kayboluyorsa, tezeğin küle dönüşmesi ve koyunun kafasındaki kan yerinin yakılması gibi, temizlik hasıl olur.[1]

Kurumakla Temiz Olma

— Kurumakla temiz olma hükmü, yer üzerinde sabit olan her şey için geçerlidir. Duvar, ağaç, ot, kamış gibi şeyler yer üzerinde durdukları ve dâim oldukları müddetçe, yerle aynı hükme tâbidirler.[2]

— Pislik düşen yer kurumakla ve pisliğin eseri gitmekle namaz için temiz olur. Yoksa teyemmüm için temiz olmaz. Çünkü teyemmüm, tertemiz bir yer gerektirir. Namazda ise temiz olması yeter.[3]

— Güneşle, ateşle, rüzgârla veya gölge ile kurumak arasında bir fark yoktur.

— Ancak, ot, odun ve kamış gibi şeyler, yerlerden koparıldıktan sonra, kendilerine necâset bulaşmış olursa, bu durumda, kurumakla temizlenmiş olmazlar, ancak yıkanmakla temiz olmuş olurlar.

— Serilip döşenmiş olan kiremit de yer, hükmündedir, kuruyunca temiz olur.

Fakat nakletmek veya değiştirmek için konmuş bulunan kiremite pislik isabet etmiş olursa, onu muhakkak yıkamak gerekir. Taş ve tuğla da kiremit gibidir.

— Çakıl taşları, yerin içinde bulundukları zaman, yer hükmündedir.

Fakat yerin üstünde bulundukları zaman, kurumakla temiz olmazlar.

Yer kurumakla temizlendikten sonra, kendisine su isâbet etse; sahih olan ona pisliğin geri dönmüş olmamasıdır.[4]

1- İslâm Fıkhı Ansiklopedisi, 1-75.
2- Gurer ve Dürer, 1-87.
3- Fetâvâyı Hindiyye, 1-155.
4- Fetâvâyı Hindiyye, 1-156.

— Halı, hasır, elbise, insan vücudu, taşınması mümkün olan her şey bunun dışındadır. Onlar yıkanmadan temiz olmazlar.[1]

Katı Maddelere Pislik İsabet Ettiğinde Temizleme

— Necâset katı maddenin içine sızmadığı sürece, pislenen bölümü atılır. Donmuş yağ, pekmez vb. bu yolla temizlenir.

— Yağın donucu veya akıcı olduğu şöyle anlaşılır. Oyulup da alınan pis yer, ayni vakitte -kendiliğinden- düz bir hâle gelmezse, o yağ donmuş -katı- yağdır. Fakat bu durumda yağ düzelirse, o yağ akıcı -cıvık- bir yağdır.

— Donmuş hâlde bulunan bir yağın içinde fare ölmüş olsa, farenin olduğu yerin etrafı, oyularak atılır; geri kalan yağ temiz sayılır.[2]

Eğer pislik, zeytinyağı gibi sıvı bir şeye düşmüşse bütün âlimlere göre temizlenmez, bir daha temizliği kabil olmaz.[3]

Ebu Yusuf'a göre ise kendisinin 3 katı kadar su dökülerek temizlenir. Veya delik bir kaba konur üzerine su dökülür yağ üstte kalır veya üste çekilir. Suyun gitmesi içinde delik açılır.[4]

— Hayvan başları ve işkembe eti, yıkanıp temizlenmeden kaynatılacak olursa bir daha temizlenemez.

Tavuk da karnı yarılmadan, tüyleri kolay yolunsun diye kaynatılırsa asla temizlenemez.[5]

Kesim Yolu ile Hayvanların Temiz Olması

Kesimden maksat, şer'i kesimdir. Şart kılınan şer'i kesim, kesime ehil yani müslüman veya kitap ehli olan kimsenin, kendi isteğiyle "Besmele" çekerek hayvanı boğazından kesmesidir. Buna "ihtiyârı boğazlama" denir. Bir de mecbûrî boğazlama vardır ki av hayvanı ve azgın hayvan hakkında olur. Kesime ehil olan kimse o hayvanı her neresinden rast gelirse yaralayarak öldürür. Bu da bir nev'i şer'i kesimdir.

1- İslâm Fıkhı Ansiklopedisi, 1-72.
2- Fetâvâyı Hindiyye, 1-159.
3- el-Mugnî, 1-37.
4- Halebî-i Sağir, s: 113
5- İslâm Fıkhı Ansiklopedisi, 1-75.

— Eti yenen hayvanların, mezheplerin ittifakı ile şer'i kesimle beraber akan kanı hariç bütün bölümleri temiz olur.

— Hanifîlerde, fetva verilen en sahih görüşe göre, eti yenmeyen bir hayvanın derisi kesim ile temiz olur, et ve yağı olmaz.

Derisi tabaklama ile temiz olan her hayvanın derisi kesim ile de temiz sayılır.[1]

— Domuz, Besmele ile kesildiği zamanda onun ne eti ne de derisi pâk olur. Çünkü onun kendisi necistir.[2]

Hayvanların Derilerinin Tabaklanma ile Temizlenmesi

— İnsan ve domuz derileri ile küçük yılan ve fare gibi derisi tabaklanamayacakların dışında necis veya leş hayvanların derileri tabaklanma ile temiz olur.

— Tabaklama ile hayvan leşlerindeki pisliğin sebebi olan rutubet ve akıcı kanı giderilir. Tabaklama, deriyi, pisliği temizlenmiş elbise gibi yapar.

— Domuz derisinin istisna edilmesi domuzun bizzat pis olmasındandır.

— Tabaklanma, deride kokmayı ve çürümeyi önleyen bir şeydir, iki nevi üzeredir. Hakîkî, hükmî. Hakîkî, toprak, şab, tuz, karz ve bunların benzeri gibi, tabaklanma için hazırlanmış olan ilâçlardan olan pâk bir şey ile tabaklanma olmasıdır. Hakîkî tabaklamadan sonra ona su isabet eder de ıslanırsa yeniden pislenmez.

Hükmî tabaklama, o derinin üzerine toprak serpmekle veya onu toprağın içine koymakla veya deriyi güneşli yere sermekle veya rüzgâra karşı asmakla olur, onun bu şeylerle rutubetleri gider ve temizlenir.

— Fakat hükmî tabaklamadan sonra su isabet etse de ıslansa, bir rivâyette rutûbet geri geldiği için necis olmaya devam eder. Bir rivâyete göre de necis olmaya dönmez. Sahih olan da budur.[3]

1- İslâm Fıkhı Ansiklopedisi, 1-78.
2- Halebî-i Sağir, s: 97.
3- Halebî-ı Sağir, s: 102.

TEMİZLİKLE İLGİLİ MERAK EDİLEN MESELELER

Yeryüzü Temiz midir?

— Eşyada asıl olan temizliktir.

Esasen bütün yeryüzü bütün madenler, bütün sular, bütün otlar, ağaçlar, çiçekler, meyveler, domuzdan başka hayvanların üzerinde pislik olmamak şartı ile bedenlerinin dışı temiz sayılır.

Canlı ve cansız bu temiz varlıklar pis bir şeye temas etmedikleri müddetçe temizdir.[1]

Pislenmiş Bir Toprak Parçasına, Yağmur Düşerse Onu Temiz Eder mi?

— Toprağa -yeryüzüne ve ağaca pislik isâbet ettiği zaman, yağmur yağar ve bu sebeple, onlarda pislik eseri kalmazsa, temizlenmiş olurlar.

— Odun da böyledir. Oduna pislik isâbet edince -yukarıdaki gibi- kendisine yağmurun isâbet etmesi ile temizlenmiş olur. Bu durum yıkama yerine geçer.[2]

İdrarla Pislenmiş Bir Yer Nasıl Temizlenir?

— Yer idrarla pislendiği zaman, insanın, onu temizlemesi gerekiyorsa, oranın temiz olmasına ihtiyacı varsa, yer -toprak- yumuşak ise üzerine üç defa su dökmekle temizlenmiş olur.

Fakat eğer yer -toprak- sert ise, üzerine su dökülerek ovalanır. Sert toprak bundan sonra da yün veya bezle kurulanır ve bu iş, 3 defa yapılır. Böylece o yer de temizlenmiş olur.

1- İslâm İlmihâli, 1-55.
2- Fetâvâyı Hindiyye, 1-151.

— O yerin üzerine bol miktarda su dökülür ve pislik rengi de, kokusu da kalmayacak şekilde oradan ayrılmış olursa; o yer kuruyunca temizlenmiş olur.

— Namaz kılan kimse, o necâseti, üzerine attığı toprakla örtse ve böylece pisliğin kokusu bulunmasa onun üzerinde namaz kılmak câiz olur.[1]

Pislenmiş Olan Bir Sergi Nasıl Temiz Olur?

— Örneğin, köylerde, su kenarlarında oturanlar pislenmiş olan sergilerini, yaygılarını tespit edip nehre bıraksalar, bir gece üzerinden su akıp gidince temizlenir.

— Bir hasıra isâbet eden pislik eğer kuru ise onu elbette ovalamak gerekir ki yumuşasın. Ve eğer, bu necâset yaş ve hasırda kamıştan veya ona benzer bir şeyden yapılmışsa, bu hasır, yıkanmakla temizlenmiş olur. Başka bir şey yapmaya ihtiyaç yoktur. Bu durumdaki hasırın, yıkamakla temizlenmiş olacağı hususunda görüş ayrılığı yoktur. Çünkü o necâseti emmez ve içine çekmez.

— Bir yaygının -veya döşemenin- etrafının bazı yeri pislenmiş[2] olsa, o yaygı -veya döşemenin- temiz olan tarafında mutlak sûrette namaz kılınır.[3]

Kendisine Pislik İsabet Etmiş Tabaklanmış Deri Nasıl Temiz Olur?

— Bu deri, eğer pisliği emmiş ve eğer sıkma imkânı da varsa, üç defa yıkanır ve her defasında da sıkılır. Bu deri böylece temizlenmiş olur.

— Bu deriyi sıkma imkânı yoksa, İmam Ebû Yusuf'a -r.a.- göre üç defa yıkanır ve her defasında kurutulur.[4]

1- Halebî-i Sağir: s: 123.
2- Fetâvâyı Hindiyye, 1-152.
3- Gurer ve Dürer, 1-87.
4- Fetâvâyı Hindiyye, 1-152.

Necâset Bulaşmış Elbise Nasıl Temiz Olur?

— Necâsetli elbise, bir defa dahi yıkanmakla üzerinde görünen pislik giderilirse temiz olur. Tabiî, bu yıkama, eğer akar bir suda veya üzerine su dökmekle oluyorsa böyledir. Fakat bu elbise, leğende yıkanıyorsa 3 defa yıkanması ve her yıkanışta sıkılması gerekir.[1]

— Ya da necâsetli elbise 3 defa yıkanır ve kurutulur.[2]

— Necislenmiş elbise 3 temiz leğende veya bir leğende, temiz sular ile 3 kere yıkanırsa, son yıkanışta temiz olur.[3]

— Her yıkanışın ardından leğen temiz su ile çalkalanır.

Elbisenin Bir Tarafı Pislense, O Kimse Neresinin Pislendiğini Unutsa Ne Yapar?

— Araştırmakla elbisenin bir tarafını yıkasa, veya araştırmaksızın bir tarafını yıkasa o elbise temiz olur.

— Fakat bundan sonra, pis olan tarafı yıkamadığını bilirse, bu elbise ile beraber kıldığı namazı iâde eder.

— Elbisesinin pislenmiş olan tarafını unutmuş kimse, bütününü yıkar ki bu en tedbirlisidir.[4]

Pis Buharların, Elbiseye Dokunması ile O Elbise Pislenmiş Olur mu?

— Olmaz. Sahih olan budur.

— Pis duman, bedene dokunursa, sahih olan onu pislendirmemesidir.

— Rüzgâr pisliğe uğrar ve onu -sürükleyip getirerek- yaş elbiseye dokundurur ve elbise de pisliğin kokusu bulunursa, o elbise pislenir.

1- Kitabu'l Fıkh Ale'l Mezahibi'l Erbaa, 35.
2- Fetâvâyı Hindiyye, 1-149.
3- Şerhu Fethu'l-Kadir, 1-195.
4- Halebî-i Sağir, s: 136.

— Tuvalet çukurunun üzerinde tavan olduğu vakit, tavan terlese ve ter damlasa; dokunduğu elbise, kendisinde necâset eseri görülmedikçe pis olmaz.

— Bir kimsenin kilodu, terledikten veya su ile ıslandıktan sonra o kimse yellense, kilodu pislenmez.

İğne Ucu Gibi Olan İdrar Sıçrıntıları, Elbiseyi "Pis" Eder mi?

— Bu kadarı, zarûretten dolayı bağışlanmıştır. İğnenin ucu kadar değil de iğnenin arkası kadar olan, idrar sıçrıntıları hakkındaki hüküm de aynıdır.[1]

Bu hüküm, sıçrıntıların elbise veya bedene vâkiî olmaları hâlindedir. Fakat bunlar, suya sıçramış olurlarsa, onu pislendirirler ve bu durum bağışlanmış olmaz. Çünkü suyun temizliği, bedenlerin, elbiselerin ve yerlerin temizliğinden daha kuvvetlidir. İdrar serpintileri, büyük iğnenin başı kadar olursa, ondan men olunur, çünkü bu durumda o necistir ve bağışlanmaz.[2]

— Suya insan pisliği atılsa ve o oradan serpintiler çıksa ve bir elbiseye isabet etse, eğer onda onun eseri belli olursa necâsetlenir. Yoksa necâsetlenmez. İster su akan olsun, isterse durgun bir su olsun.[3]

Bir Kimsenin Yürürken, Pis ve Ardından Temiz Yere Değen, Uzun Elbisesi Hakkında Hüküm Nedir?

— Ümmü Seleme Validemiz -r.a.-:

"Ben eteğimi uzun tutan bir kadınımdır, pis yerlerde yürüdüğüm oluyordu. Resulullah -s.a.v.- bu duruma "Sonradan değen yerler onu temizler"[4] buyurdu, demiştir.

1- Fetâvâyı Hindiyye, 1-165.
2- Fetâvâyı Hindiyye, 1-162.
3- Halebî-i Sağir, s: 125.
4- İslâm Fıkhı Ansiklopedisi, 1-73.

— İmam-ı Şafiî Hazretleri kuru yerde görünen necâset hakkında bu görüştedir. Hanbelîler de necâsetin az olması kaydını koymuşlar, "necâset çoksa yıkanmalıdır" demişlerdir.

Kendisine Çamur Bulaşan Kimsenin Namazı Câiz Olur mu?

1. Kendisine çamur bulaşan veya çamurda yürüyen bir şahıs, ayağını yıkamadan namaz kılsa -bu çamurda- pislikten eser olmadıkça, kıldığı namaz câiz olur. Tedbir olarak abdest almak ise daha güzeldir.[1]

Köpek Bir İnsanın Elbisesini Tutmuş Olsa Tuttuğu Yer Pis midir?

— Köpek bir insanın elbisesini veya bir yerini tutmuş olsa, ıslaklık eseri görülmedikçe, sadece tutmuş olması sebebi ile tuttuğu yer pislenmiş olmaz. Köpeğin öfkeli hâli ile sâkin hâli de eşittir.[2]

— Bir köpek, üzüm salkımının bir kısmını yese, ağzına isabet eden kısmı 3 kere yıkanır -burası ağız suyu ile pislenmiştir.- Geri kalanı yenir.

Köpeğin Ağız Suyunun İsabet Ettiği Kap Kaç Kez Yıkanır?

— Kab, köpeğin dilinin ucuyla içmesinden dolayı üç kere yıkanır.

— Fakat diğer üç imam nezdinde ise köpeğin içmesinden dolayı köpeğin ağız suyunun isabet ettiği şey yedi kere yıkanır. Bir defası toprak ile yıkanır.[3]

— Bir hadis-i şerifte: Birinizin kabına köpek dilini soktuğunda onun -içindekini- döksün. Sonra yedi kez yıkasın.[4] buyrulmuştur.

1- Fetâvâyı Hindiyye, 1-165.
2- Fetâvâyı Hindiyye, 1-166.
3- Halebî-i Sağîr, s: 128.
4- Müslim, Tahâret.

Köpek Mescidin Hasırının Üstünde Uyusa Hasır Pis Olur mu?

— Üzeri ıslak olmayan köpek, mescidin hasırının üstünde uyusa, hasır pislenmez.

Köpek ıslak olsa dahi, pislik eseri görülmedikçe yine pislenmez.

Sütü Sağılırken, Deve, Koyun ve Keçinin -Kığısı- Süt Kabına Düşse, Süt Pis Olur mu?

— Deve koyun veya keçinin tersi -kığısı- o anda alınıp atılmış olsa, bunda bir sakınca yoktur. Eğer kığı, sütün içinde ufanmışsa süt pis olur. Ve daha sonra temizlenme imkânı da yoktur.[1]

Kedinin ve Farenin İdrarı Suya Düşecek Olsa O Suyu Pis Eder mi?

— Kedinin ve fârenin idrarı rivâyetlerin en zâhirine göre pistir, suyu ve elbiseyi pis eder.[2]

Kedinin Ağız Suyunun İsabet Etmiş Olduğu Şeyden Yenilir mi?

— Bir kedi, bir kimsenin avucunu veya bedeninden başka bir yerini yalasa onun için kediyi bunu yapmaya bırakması mekrûh olur. Çünkü onun ağız suyu mekruhtur. Mekrûh ile bulaşan bir şeyde mekrûhtur. Böylece, kedinin ağız suyunun isabet etmiş olduğu bir şeyden yemesi veya içmesi de mekrûh olur.

— Kedi bir insanın uzvunu yalasa ve bu uzvu yıkamadan önce namaz kılsa, namaz kılması câiz olur. Fakat en iyisi bu uzvu yıkamasıdır.[3]

Uyuyan Kimsenin Ağzından Çıkan Salya Temiz Sayılır mı?

— Normalde temiz sayılır. Fakat pis ve kokulu olursa durum değişir.

— Ölünün ağzından çıkan su ise pistir.[4]

1- Fetâvâyı Hindiyye, 1-166.
2- Halebî-i Sağir, 98.
3- Halebî-i Sağir, 127.
4- Fetâvâyı Hindiyye, 1-162.

Bir Testiye Pislik İsabet Etse Nasıl Temiz Olur?

– Pislik isabet etmiş testi eski ise üç kere yıkamakla paklanır. İster kurutulmuş ister kurutulmamış olsun. Çünkü bu pisliği içine çekmez.

Eğer yeni olur, pislik içecek şekilde kullanılmış olmazsa elbette üç kere yıkanması ve her keresinde damlaması kesilinceye kadar kurutulması lâzım gelir.[1]

İçinde İçki Bulunan Toprak Kap Nasıl Temiz Olur?

– İmam Ebû Yûsuf -r.a.- göre, eğer kap yeni ise, içkiyi dökmek, birer saat ara ile kabın içine üç defa su doldurmak -ve her süre sonunda bunu boşaltmak- lâzımdır.

– İçki kabı eski ve kullanılmış ise, üç defa yıkanınca temizlenmiş olur.

– Bu kabın temizlenmiş sayılması için, kendisinde, içki kokusu kalmamış olması gerekir.[2]

Akıcı Kandan, Ete Yapışan Kısım, Pis midir?

– Pistir.

– Etin içinde kalan ve akıcı olmayan kan temiz sayılır.

– Ciğer ve böbrek kanları pis değildir.

– Sivrisinek, pire, bit, kızıl böcek gibi hayvanların kanları, çok olsa dahi elbiseyi pislendirmez.

– Tuvalet sineği, bir elbiseye konmakla, onu pis etmez. Fakat sayı itibarıyla çok olur da -elbisenin, kondukları kısmını görünmez edecek kadar- galebe çalarlarsa, o zaman, pis eder.

– Balığın ve diğer, suda yaşayanların kanı, elbiseyi pis etmez.[3]

1- Halebi-î Sağir, 122.
2- Fetâvâyı Hindiyye, 1-152.
3- Fetâvâyı Hindiyye, 1-163.

Sarhoş Edici Sıvıların Hepsi Pis midir?

— Sarhoş edici sıvılar pistir. Bu sıvı ister üzüm şırasından, ister kuru üzüm ezmesi, ister hurma ezmesi, ister başka bir şeyden yapılmış olsun pistir.[1] Bir hadis-i şerifte: "Her sarhoş edici şey harâmdır."[2] buyrulmuştur.

Ateşle Yanan Pisliğin Külü ve Dumanı Necis midir?

— Hanefî mezhebine göre, ateşte, yanmış pisliğin hem külü, hem dumanı temizdir. Aynı şekilde yanmaksızın bir necâset kendiliğinden toprak hâline gelirse temiz olur.[3]

— Hayvan dışkısı kül oluncaya kadar yakıldığı zaman, İmam Muhammed'e -r.a.- göre temiz olmuş olduğuna hükmedilir.

— İnsan dışkısı da aynı hükme tâbidir.[4]

Bir Kadın Tandırını Pis Bir Bezle Silse, Pişirdiği Ekmek Pislenmiş Olur mu?

— Bir kadın, tandırını iyice ısıtıp kızdırdıktan sonra, onu pis bir paçavra veya bez ile silse ve sonra da o tandırın içinde ekmek pişirse, eğer ateşin harareti, suyun ıslaklığını; ekmeği tandıra yapıştırmadan önce yok etmiş ise ekmek pislenmiş sayılmaz.

1- Kitabu'l Fıkhı Ale'l Mezahibu Erbaa, 1-26.
2- Müslim, Esribe.
3- Kitabu'l Fıkhı Ale'l Mezahibil Erbaa, 1-26.
4- Fetâvâyı Hindiyye, 1-156.

MÜ'MİNİN, TEMİZLİĞİ VE GÖRÜNÜMÜ İÇİN DİKKAT EDİLEGELEN ON HUSUS

Hz. Âişe Validemiz -r.a.- anlatmıştır: Resûlullah -s.a.v.- buyurdular ki: "On şey fıtrattandır: Bıyığın kesilmesi, sakalın uzatılması, misvak, istinşak, mazmaza, tırnakları kesmek, parmak mafsallarını yıkamak, koltuk altını yolmak, etek traşı olmak, istinca yapmak."[1]

Bu hadis-i şerifte fıtrattan olan özelliklerden on adedi bir arada zikredilmiştir. Ulemanın ekserisi "fıtrat'tan" muradın "Sünnet" olduğunda ittifak etmişlerdir. Fıtrat, Peygamber tarafından ilk defa icâd edilen ve bütün şeriatlerde ittifakla benimsenmiş olan eski sünnetdir. Sanki bunlar fıtrî emirlerdir.[2]

Bıyığın Kesilmesi

Peygamber Efendimiz -s.a.v.- "... Bıyığı kısaltınız."[3] buyurmuştur.

Sakalın Uzatılması

Bir hadisî şerifte: "... Sakallarınızı uzatınız, mecusîlere uymayınız."[4] buyrulmuştur.

Sakalını traş etmek, erkek için yasaklanmıştır.

Bir kadının sakalı çıkarsa onları traş etmek müstehaptır.[5]

1- Tirmizî, Edeb.
2- Kütüb-i Sitte, Akçağ Yayınları, 7-35.
3- Camiu's Sağir, 1-13.
4- Müslim, Tahâret.
5- İmam-ı Nevevî, Müslüm Şerhi, 3-149.

Misvak

Beden temizliğinde Peygamber Efendimizin -s.a.v.- üzerinde önemle durduğu hususlardan biri de diş temizliğidir.

"Eğer ümmetim üzerine zahmet vermeyecek olsaydım, her namazda misvak kullanmalarını emrederdim."[1] buyurmuşlardır.

Sünnete göre dişleri temizlemenin en pratik ve en müessir vasıtası misvaktır.

Misvak, diş ve ağzı temizlemek için ağaçtan veya temizleyici başka bir şeyden yapılmış temizlik âletidir.

Hicâz'da bulunan "Erâk" isimli bir ağaçtan olması şart değildir. Ancak "Erâk" ağacının faydalı maddeleri ihtivâ ettiği ve Yüce Allah'ın -c.c.- Resûl'ü de -s.a.v.- onu kullandığı için daha faziletlidir.

Dinen fırça da misvak sayılır.[2]

Hz. Âişe Validemiz demiştir ki: "Rasûlullah -s.a.v.- bana yıkamam için misvağını verirdi. Ben de önce kendim kullanırdım. Sonra da yıkayıp ona verirdim.[3]

Peygamber Efendimiz -s.a.v.- misvak olmadığı zaman parmaklarını, misvak yerine kullanmıştır.[4]

Misvağın Faydaları

– Rabbi râzı eder,

– Melekleri sevindirir,

– Ecrin kat kat verilmesine vesile olur,

– Ağızdaki kokuyu giderir,

– Dişetlerini kuvvetlendirir,

– Dişleri beyazlatır,

– Sırtı düzler,

– Zekâyı parlatır,

1- Ebû Da'vud. Tahâret.
2- Günümüz Meselelerine Fetvalar, 1-27.
3- Ebû Da'vûd, Tahâret.
4- İmam-ı Birgivî Bürhanül Müttakîn s: 125.

— İhtiyarlamayı geciktirir,

— Ölüm anında ruhun bedenden çıkmasını kolaylaştırır.

— Son nefeste, kelime-i şehâdeti hatırlatır.[1] Bunlardan başka daha birçok faydaları vardır.

Misvak Kullanmanın Müstehab Olduğu Yerler

1. Abdest alırken,

2. Namaza kalkılacağı zaman,

3. Uykudan uyanıldığında,

4. Dişler sarardığında,

5. Ağzın kokusu değiştiğinde,

6. Toplantılara gidileceği zaman.

"Misvak toplantılara gidileceği zaman dahi müstehap olursa, Allah-u Teâlâ ile bir münacaat demek olan namaz için nasıl müstehap olmaz" denilmiştir. Misvakın, üst ve alt dişlere en az üçer defa sürülmesi lâzım geldiği bildirilmiştir.[2]

İstinşak

İstinşak; lûgatta kuvvetli koklamak mânâsına gelen neşeka'dan gelir ki, suyu buruna çekmek demektir. İstilâhta, suyu burnun yumuşak yerine ulaştırmaktır. Nefesiyle çekmek şart değildir.

İstinşak ile burun içi temizliği yapılmış olur.

Burun deliklerinde hiç bir pislik bırakılmamalıdır. İstinşak abdestin sünnetlerindendir.

Mazmaza

Mazmaza; lugatta, hareket demektir.

İstilâhta, mazmaza ağzın içini su ile doldurmak ve bu suyu ağızda dolaştırıp çalkalayarak dışarı atmaktır.[3] Abdestin sünnetle-

---

1- Muğni'l-Muhtâc, 1-57.
2- İbn-i Âbidin.
3- Ni'met-i İslâm, s:57.

rinden biri de mazmazadır. Fakihler oruçlu olmayanın, istinşak ve mazmazada mübalağa etmesinin sünnet olduğunda görüşbirliğine varmışlardır. Bunlarda mübalağa oruç için sünnet değildir, bilâkiç orucu bozma korkusundan dolayı mekruhtur.[1]

Tırnak Kesmek

Ellerin tırnaklarını, ayakların tırnaklarından önce kesmek müstehabdır.

El tırnaklarını kesmenin târifi: Önce sağ elinin şehadet parmağından başlayıp sonra sırasıyla orta parmağının, adsız parmağının, serçe parmağının, sonra da baş parmağının tırnağını kesmelidir.

Sonra sol elinin serçe parmağından başlayıp, sırasıyla baş parmağına kadar kesmelidir.

Ayak tırnaklarını kesmenin târifi: Önce sağ ayağının serçe parmağından başlayıp baş parmağında bitirmelidir.

Arkasından, sol ayağının baş parmağından başlayıp serçe parmağında bitirmelidir.[2]

Tırnaklar Cuma veya Perşembe Günü İkindiden Sonra Kesilmelidir

– İnsan hayatta iken yer üzerinde ikâmet eder, ölünce de toprağa gömülür. İşte insan vücudundan ayrılan şeyde "ölü" hükmünde kabul edildiğinden onları da yere gömmek lâzımdır. Kesilen tırnaklar atılsa da bir sakınca yoktur.

Fakat "Tuvalet"e ya da yıkanılacak mahalle -banyoya- atmak mekrûhtur.

– Bir kimse, tırnak kesmenin başka günlerde de câiz olduğunu bilip de uzun müddetle tırnaklarını kesmeyip cuma gününe tehir etse mekruhtur. Tırnağı uzun olanın rızkı az olur.[3]

1- İslâm Fıkhı Ansiklopedisi, 1-170.
2- Bürhanül Müttakhin, s: 132.
3- Bürhanül Müttakîn, s: 134.

– Tırnağını kesmiş olan, onun üzerine abdestini iâde etmesi lâzım gelmez. Tırnağın altında bulunan kısımları yıkamayı iâde etmesi de oraları meshetmesi de lâzım gelmez.[1]

Gece, Tırnak Kesmenin Sakıncası Yoktur

İmam-ı Ebû Yusuf mekrûh olmadığını söylemiştir. Kendisine "Bunun delili nedir?" diye soranlara "Hayır geciktirilmez" hadîs-i şerifini okumuştur.[2]

Parmak Mafsallarını Yıkamak

Parmak mafsallamada, bir elin parmakları, diğer elin parmakları arasına sokulur, hareket ettirilir, suyun parmak aralarına iyice girip, bu kısımların da temizlenmesi sağlanır.

Ayak parmakların araları da yıkanarak, oralarda temizlemeye tâbi tutulur.

Peygamber Efendimiz -s.a.v.- abdest alacağı zaman ayaklarının parmaklarını serçe parmağı ile hilâllerdi.[3]

– Kulağın etrafındaki ve içindeki kirleri de temizlemek sünnettir. Vücûdun hangi yerinde olursa olsun, bir kir oluşmuşsa gidermek lâzımdır.[4]

Koltuk Altındaki Tüyleri Yolmak

Koltuk altı kıllarının temizliği için hadîsi şerifler de "yolmak" tâbiri kullanılmıştır. Dolayısıyla âlimler bu temizliğin yolarak yapılmasının sünnet olduğunu söylemekte görüşbirliğindedir.

– Fakat acıma durumunda traş edilmek veya ilâç kullanılmak suretiyle temizlik yapılmasında âlimlerimiz bir sakınca görmemişlerdir.

1- Halebi-î Sağir, s. 95.
2- Fetâvâyı Hindiyye, 5-358.
3- Kütüb-i Sitte, 10-433.
4- Bürhanül-Müttekîn, s: 130.

Ot kullanmak suretiyle de temizlik yapılır. Koltuk altı tüylerinin giderilmesine sağdan başlanır, sol koltuk altı da temizlendikten sonra eller yıkanır.[1]

Kasığı Traş Etmek

Kasığı traş etmek de sünnettir. Kasığı traş etmeye, göbeğin altından başlamalıdır.

Cinsel organın ve dübürün etrafını bütünüyle traş etmek müstehabdır.

O kılları makasla kırkmak veya yolmak ya da otla gidermek câizdir.

Traş Etmenin Vakti

Haftada bir kere kasığını traş etmek ve vücûdunu yıkayarak temizlemek en fazîletlisidir.

Haftada bir kere yapılmazsa, 15 günde bir olsun bu işleri yapmalıdır. Bu orta hâldir.

15 günde de yapılamazsa, nihayet 40 günde yapmalıdır ki en son müddettir.[2]

İstinca

İstinca: Sözlük olarak, "İnsan dışkısının giderilmesi", anlamına gelir. Istılahı anlamı, önden ve arkadan çıkan pislikleri gidermek ve bunların çıkış yerini su, taş ve benzeri şeylerle temizlemektir.[3]

Erkeklerin idrar yaptıktan sonra, idrar sızıntısının kesilmesini beklemeleri gerekir ki buna "istibra" denir. Bu âdete göre, biraz yürümek veya öksürmek ya da ayakları biraz kımıldatmak gibi bir tarzla olur. İdrar tamamen kesildiğine kanaat geldikten sonra istinca yapmalıdır. İstibra yapmadan abdest alırda, bir damla idrar

---

1- Kütüb-i Sitte, 7-530.
2- Bürhanül-Müttakîn, s: 136.
3- Kitabu'l Fıkh Ale'l Mezahib'il Erbaa, 1-119.

damlarsa, abdestin bir faydası olmaz. İstinca'da temizliğe fazla dikkat edip idrar ve benzeri pislik eseri bırakmamaya istinka denir.

Bütün bu vesileler, pislikten tamamıyla temizlenmek içindir.[1]

– Yellenmek, taş düşürmek, uyku ve kan aldırmak gibi şeyler istincayı gerektirmez.

– İki yoldan başka yerden çıkan şeylerin temizlenmesine "İstinca" adı verilmez.[2]

İstincada Âdet Olan Şeyin Çıkması ile Âdet Olmayan Şeyin Çıkması Arasında Fark Yoktur

– Ön ve arka yollardan çıkan şey idrar ve dışkı olmaz da kan veya irin olursa, bunlar da taş veya diğerleri ile temizlenir.[3]

Bizden Önceki Ümmetlerde İstincâ, Sadece Suyla Yapılırdı

Rivâyet olunmuştur ki, suyla ilk istincâyı yapan Hz. İbrahim'dir. -a.s.- İslâm dinî, bir kolaylık olarak istincânın taşla ve benzeri, mak'ada zarar vermeyecek diğer şeylerle de yapılmasına izin vermiştir.[4]

– Suyun bol olduğu bölgelerde tedbire uymak için pisliği su ile yıkayıp temizlemek gerekir. Pislikler ve pis kokular ancak su ile temizlenip giderilebilir. Suların az olduğu yerlerdeyse İmam Âzam ile Ebû Yusuf'un görüşlerine uyulması gereği açıktır.[5]

Her Mükellef İstinca Konusunda Şunları Bilmelidir

1. Cünüplükten, âdet ve lohusalıktan dolayı çıkan pisliğin bedene yayılmaması için, pislik çıkış mahallini yıkamak vâcibtir.

2. Pislik, çıktığı yerin ötesine geçtiği vakit az olsun çok olsun İmam-ı Muhammed'e göre yıkanması farz olur. En tedbirli görüş de budur.

1- İslâm Fıkhı Ansiklopedisi, 1-135.
2- Gurer ve Dürer, 1-90.
3- Fetâvâyı Hindiyye, 1-167.
4- Kitabu'l Fıkh Ale'l Mezahib'il Erbaa, 1-119.
5- Kitabu'l Fıkh Ale'l Mezahib'il Erbaa, 1-120.

3. Pislik, çıkış yerinden, ileri geçmediği zaman -su ile- istinca sünnettir.

4. Dışkı yapılmayıp, sadece idrar döküldüğünde kadın ve erkeğin cinsel organını yıkaması müstehabtır.

5. Yellendikten sonra istincâ yapmak bid'attır.[1]

İstincânın Araçları

İstincâ su, ya da taş gibi kendisine hürmet edilmesi icap edilmeyen her katı, temiz, kazıyıcı şeyle olur, yaprak, bez parçası, kuru ağaç dalı gibi... Bunlarla gâye hasıl olur.

Daha iyisi katı ile suyun birleşmesidir. Çünkü taş gibi katı şeyle pisliğin kendisi giderilir. Eseri de su ile kaybolur.

Yalnız su kullanmak sadece taş vb. kullanmaktan daha iyidir, çünkü su, taş, kâğıt ve benzerlerinin aksine, pisliğin kendisini ve eserini de giderir.[2]

Taşla ya da Yaprak Ve Benzerleri İle İstincânın Şartları

– Çıkan pislik kurumamış olmalıdır. Kurumuş ise su ile yıkamak gereklidir.

– Taşlarla istincâ pisliğin az olduğu ve pislik çıkış yerinin etrafına dağılmadığı zaman câiz olur. Yoksa dirhem miktarından fazla olan ve mak'adın etrafına taşan pisliği, taşlarla temizlemek yeterli gelmez. Bu durumda su ile temizlik farz olur.

– Taş ve benzerleri ile istincânın câiz olması için, bunlar kuru, temiz, pislik giderici, eziyet vermeyecek şekilde olmalıdır.[3]

– İstincâ'da taş veya taşın yerine geçecek herhangi bir şeyi kullanan kişi, o şeyi istincâ yerine, temizleninceye kadar sürter.[4]

1- Fetâvâyı Hindiyye, 1-172
2- İslâm Fıkhı Ansiklopedisi, 1-137.
3- İslâm Fıkhı Ansiklopedisi, 1-140.
4- El-Hidâye, 1-81.

Bir hadis-i şerifte: "Herhangi biriniz helaya gittiği vakit kendini üç taş ile temizlesin."[1] buyrulmuştur. İstincâda şart temizliktir. Tek taşla[2] temizlik vâki olmuş olsa, sünnet yerini bulmuş olur. Fakat üç taşla temizlik olmamış olsa, sünnet de hasıl olmamış olur.

– Müstehâb olan, istincâ sırasında, kişinin temiz olan taşları sağ tarafına koyması, kullanılanların, pis olan kısımlarını alt tarafa getirmek suretiyle, sol tarafa bırakmasıdır.[3]

Kişinin Kendini Su ile Yıkaması Daha Sevaplıdır

Yüce Allah, Kur'ân-ı Kerîm'de, Medine'de ilk inşa edilen mescitten söz ederken: *"Orada temizlenmeyi seven kimseler vardır."*[4] buyurmuştur. Rivâyete göre bu âyet-i kerîme, kendilerini önce taşla temizleyip ardından su ile yıkanan kimseler hakkında inmiştir. Ayrıca yıkama gelenektir. Hatta kimisi "Bu devirde sünnettir" demiştir.

Kişi kendini su ile yıkadığı zaman, kaç kez yıkayacağı söz konusu olmayıp, temizlenmiş olduğuna kanaat getirinceye kadar, yıkamaya devam eder. Ancak vesvesesi olan kimseler hakkında 3 kez diye takdir edilmiş, kimisi de 7 kez demiştir.[5]

Su ile yıkamaktan kastedilen, mutlak sudur. Su mânâsında olan ve pisliği gideren her temiz sıvı ile tahâret sahih ise de mekruhtur. Çünkü bunda zarûret yokken, malı israf vardır.[6]

Tezek ve Kemik ile İstincâ Yapmak Mekruhtur

Tezek ve kemik cinlerin azığıdır. Cinlerin yiyeceği ile istinca câiz olmadığına göre insan yiyeceği ile öncelikle câiz görülmez.[7]

– Hayvanların beslendiği yiyecek için de mekrûhtur, mesela ot gibi. Çünkü onda zarûretsiz temiz bir yiyeceği pis etme vardır.[8]

1- Tirmizî, Tahâret.
2- Buhârî, Abdest.
3- Fetâvâyı Hindiyye, 1-168.
4- Tevbe, 108.
5- El-Hidâye, 1-82.
6- İbn-i Âbidin, 1-580.
7- İslâm Fıkhı Ansiklopedisi, 1-141.
8- Gurer ve Dürer, 1-92.

— Cam, parlak kumaş, gevşek çamur gibi dağınık şeyler -katı çamur böyle değildir- ile istincâ câiz değildir.

— Kömür gibi pisleyici, cam gibi zarar veren, ipek, pamuk gibi kıymetli olan bir malla istincâ edilmez.

Şer'ân kıymetli olan bir şeyle tahâretlenmek mekrûhtur. Şer'ân kıymetli olan ifadesinde, sudan maada kıymetli olan her şey dahildir. Anlaşıldığına göre bu söz bir kuruş kıymeti olan malı da kapsar. Çünkü israf mekruhtur.[1]

İstincâ Ne Şekilde Yapılır?

— Tahâret yapacak kimse oruçlu olmadığı takdirde mak'adını aşağıya salıverir -Oruçlu olursa mak'adını sıkı tutarak temizlenmelidir. Zira mak'adını salıverdiğinde içine su emer.[2]

— Erkek, pislik çıkış mahallinde idrar veya dışkı kalıntısının bulunmadığına kuvvetli bir zanla kanaat getirince temizliğe başlar. Bu kadına vâcib değildir. Ancak idrar veya dışkısını tamam ettikten sonra az bir zaman beklemeli, bunun ardından temizliğe girişmelidir.[3]

— Pisliğe değdirmeden kişi önce sol ele su döker, evvela ön tarafı yıkar, sonra özellikle pisliğin çıkış mahallini yıkar temizler.[4]

— Pislik çıkış mahallini bir, iki veya üç parmağının içiyle yıkar, parmakların ucuyla yıkamaz.[5] Tırnakların arasına pislik sızmaması için böyle hareket edilir.

— Kadın, erkekten daha açık oturur. İstinca esnasında, parmaklarını kaldırmaz, avcunun içi ile pislik çıkış mahallinin dışını yıkar. Parmaklarını pislik çıkış mahalline girdirmez. Kadınlar hakkında alimlerin tamamı böyle demiştir.[6]

1- İbn-i Âbidin, 1-584.
2- Mütleka, 1-78.
3- Kitabul Fıkhı Alel Mezahibu Erbaa, 1-120.
4- İslâm Fıkhı Ansiklopedisi, 1-139.
5- Mülteka, 1-78.
6- Fetâvâyı Hindiyye, 1-170.

— Kadın pislik çıkış mahallinin temizliğine erkek gibi parmağı ile başlasa ihtimaldir ki, parmağı, cinsel organına gider, istemeden de olsa iştahlanır. Bu durumda da üzerine gusül vâcib olur.[1]

— İstincâ sırasında, su gayet yavaş dökülür, pislik çıkış mahalline su sertçe çarpılmaz, yavaş yavaş ovalanır.[2]

— İstincâ'dan sonra, ayağa kalkmadan, temiz bir bez parçası ile veya sol el ile kurulanmalı, temizlik için kullanılan suyun kalıntılarını gidermeye çalışmalıdır.[3]

İstincâda Sol El Kullanılır

Peygamber Efendimiz -s.a.v.- sağ el ile istinca etmekten nehyettiği için sağ el ile istincâ yapılmaz.[4] Sol elinde istincâya mâni bir özür bulunan kimsenin, bu durumda sağ eli ile istinca yapmasında kerâhat yoktur.[5]

— Yemek yeme ve benzeri işlerde umumiyetle sağ el kullanılmaktadır. Sol eli pisliğe değdirmeden önce parmakları ıslatmak mendubtur. Bunu yapmakla pislik parmaklara kuvvetlice yapışmaz.[6]

Tuvalet İhtiyacı Gidermede Şu Hususlara Dikkat Edilir

— Tuvalet ihtiyacını giderecek kimse, tuvalete girmeden evvel "Eûzü billahi minel hubsi ve'l-habâis" duâsını okur.

— Tuvalete sol ayakla girer, tuvaletten sağ ayakla çıkar. Bu kez "Gufraneke el hamdü lillahillezi ezhebe annil ezâ ve âfâni" duâsını okur.

— Üzerine sıçramaması için kişinin oturarak ihtiyaç gidermesi müstehaptır. Özürsüz ayakta idrarını yapmak mekruhtur.[7]

1- Gurer ve Dürer, 1-91.
2- Fetâvâyı, Hindiyye, 1-170.
3- Burhanül Muttakîn, 139.
4- Buhâri, Abdest
5- Fetâvâyı Hindiyye, 1-172.
6- Kitabu'l Fıkh Ale'l Mezahibi'l Erbaa, 1-128.
7- İslâm Fıkhı Ansiklopedisi, 1-143.

– Tuvalette, ayakta iken pislik çıkış mahalli açılmaz. Selâm verenin selâmı alınmaz. Müezzinin okuduğu ezana icâbet edilmez. İhtiyaç olmaksızın pislik çıkış mahalline bakılmaz.

– Oturma hâlinde sol ayağa yüklenir, bu ihtiyacın giderilmesinde kolaylık sağlar.

– İhtiyaçtan fazla durulmaz.

– Tuvalet ihtiyacını gideren, idrar ve dışkısının üzerine burun ifrazatını çıkarmaz, tükürmez.

– Aksırma durumunda kalp ile hamdeder.

– Tuvalete girmek isteyen kimsenin, mümkünse, namaz kıldığı elbisenin haricinde başka bir elbise ile tuvalete girmesi, değilse, gücü yettiği kadar elbisesini pislikten ve kullanılmış sudan korumaya çalışması müstehabtır.

– Tuvalete başı örtülü girmekte müstehabtır.[1]

Tuvalet İhtiyacını Gidermenin Yasak Olduğu Yerler

– Ayakta veya yatarken ya da özrü olmadığı halde bir kimsenin soyunarak idrarını yapması mekruhtur. Kendisinin abdest aldığı veya yıkandığı yere idrarını yapması da mekruhtur. Bir hadîs-i şerifte: "Sakın biriniz yıkandığı yere idrarını etmesin! Zira umumiyetle vesvese bundan doğar" buyrulmuştur.[2]

– Fare, yılan ve karınca deliklerine tuvalet ihtiyacını gidermek mekrûhtur. Çünkü Katâde -r.a.-, "Resulullah -s.a.v.- deliğe idrar yapmayı nehîy buyurdu." demiştir. Katâde'ye "Deliğe idrar yapmayı mekruh saydıran nedir? diye sorulduğunda "Cinlerin meskenleri olduğu söylenir" diye cevap vermiştir.

1- Fetâvâyı Hindiyye, 1-173.
2- İbn-i Âbidin, 1-590.

Bazen, delikten bir hayvanın çıkması, tuvalet ihtiyacını gidermekte olan kimseyi ısırması ihtimali de vardır. Veya delikten çıkarak idrarı kişinin üzerine sıçratır.[1]

– Bir hadîs-i şerifte "Üç lânet yerinden sakınınız: Suların geliş yerleri, yol üzeri ve gölgelikler"[2] buyrulmuştur.

"Lânet yeri" denmesinin sebebi, buralarda tuvalet ihtiyacı gidermekte, başkalarının lâ'net okuyacağından ötürüdür.[3]

– Havuza, pınar etrafına, meyveli ağaç altına, câmi duvarına, bayram namazı kılınan yerlere -namazgâhlara- tuvalet ihtiyacı gidermek mekrûhtur.[4]

1- İbn-i Âbidin, 1-591.
2- İbn Mâce, Tahâret.
3- Kitabu'l Fıkh Ale'l Mezahibi'l Erbaa, 1-126.
4- Fetâvâyı Hindiyye, 1-173.

İSTİNCÂ İLE İLGİLİ MERAK EDİLEN MESELELER

Tuvalette Zikir Yapmak Olur mu?

– Tuvalette, Kur'ân-ı Kerîm okumak, zikir yapmak ve duâ etmek mekrûh olur.[1]

Üzerinde Yüce Allah'ın İsimlerinden veya Kur'ân'dan Yazılı Bir Şeyle Tuvalete Girilir mi?

– Parmağında, üzerinde, Kur'ân âyeti veya Allah-u Teâlâ'nın isimlerinden biri yazılmış yüzük bulunan bir kimsenin, bu yüzükle tuvalete girmesi mekrûhtur. Çünkü bu halde tâ'zimi terk vardır. Eğer bu yüzüğün kaşını avuç içine getirerek girerse bâzılarına göre mekrûh değildir.

Kur'ân-ı Kerîm'den bir parçanın veya Allah'u Teâlâ'nın isimlerinden birinin yazılı bulunduğu şey, bir kimsenin cebinde bulunursa, ya da bu yazı bir şey içinde sarılı olursa bununla tuvalete girmesi mekrûh değildir. Ancak bu durumlardan sakınması daha evlâdır.[2]

Tuvalet Kâğıdı ile Temizlenmek Câiz midir?

– Tuvalet ihtiyacını gidermek için tuvalete giden herkes, su veya taş gibi bir şeyle pisliği temizlemek mecburiyetindedir.

- Üzerine müstehcen ve ahlâk bozucu ibâre yazılmış kâğıt ile tuvalet kâğıdını istincada kullanmakta mahzur yoktur. Üzerinde dinî ibâre yazılı olan kâğıt ile temizlenmek câiz değildir.

- Ancak Hanefî âlimlerine göre; yazı yazmaya elverişli olan beyaz kâğıt ve üzerinde yazı -müstehcen de olsa- bulunan yaprak ile temiz-

---

1- Halebi-î Sağir, 1-41.
2- Halebi-î Sağir, 1-41.

lenmek câiz değildir. Fakat yazıya elverişli olmayan kâğıdı -tuvalet kâğıdı gibi- kullanmakta mahzur yoktur.[1]

Pislenmiş El Nasıl Pâk Olur?

— Ebû Yusuf -r.a.- demiştir ki, uzvu pak kılmakta, suyu uzvun üzerine dökmek veya suyun uzuv üzerine akması gibi bir dökme şart kılınır. Necisli bir uzvu bir kimse, üç yıkama teknesine soksa bunların hepsi pislenmiş olur. Ve akan bir suda yıkamadıkça veya üzerine su dökmedikçe pâk olmaz.[2]

— İstinca mahallinin temizlenmesi ile birlikte, istincâ yapan el de temizlenmiş olur. İstincadan sonra el yıkamak ise, daha önce yıkanmasında olduğu gibi, daha temiz ve daha nazif olur.

Peygamberimizin, istincadan sonra elini yıkadığı rivâyet olunmuştur.[3]

— Yolcunun eline bir necâset isabet ettiği zaman, İmam Muhammed demiştir ki: "O, necâseti toprak ile siler" Husûsî olarak yolcuyu zikretmesi, o kimsenin kendisiyle necâseti giderecek su bulamayacağını kuvvetle zannetmesindendir. Yolcu olmayanda su bulamadığında böyle yapar.[4]

Tuvalet İhtiyacını Giderme Esnasında Bir Kimsenin Kıbleye Doğru, Önünü veya Arkasını Dönmesinin Sakıncası Var mıdır?

— Hanefîler demiştir ki, tuvalet ihtiyacını giderme esnasında kıbleye yönelmek veya sırt çevirmek ister bu iş için yapılmış bir bina dâhilinde olsun, ister dışarıda olsun, tahrîmen mekruhtur. Eğer unutarak bu şekillerden birine göre oturursa sonra hatırlarsa, mümkün olduğunca başka tarafa yönelmeye çalışmalıdır. Mümkün olursa, yasak yöne doğru yapılmış olan tuvalete oturmamak gerekir. İdrar yapmak, dışkı yapmak, istinca v.s yapmanın bu husustaki hükmü

1- Günümüz Meselelerine Fetvalar, 1-30.
2- Halebi-î Sağir, s: 136.
3- Fetâvâyı Hindiyye, 1-171.
4- Halebi-î Sağir, s: 117.

aynı olup, hepsi de tahrîmen mekruhtur.[1] Bu hususta hanefiler delil olarak: "-Tuvalet için hazırlanmış olan geniş ve- alçak çukura geldiğinizde ne idrâr ne de dışkı yapmak için kıbleye yönelmeyin ve de sırtınızı çevirmeyin"[2] hadis-i şerifini naklederler.

— Kadınların, çocuklarını, kıbleye karşı tutup tuvalet ihtiyacını gidertmeleri mekruhtur.[3]

Tuvalet İhtiyacı Giderme Esnasında Konuşulur mu?

— Tuvalet ihtiyacını gidermekte olan bir kimsenin konuşması mekruhtur. Bunu yapmakla konuşmanın değeri küçük düşürülmektedir, Yüce Allah'ın -c.c.- ve Hz. Peygamber'in adlarınının diğer kutsal kelimelerin sözler ile söylenmesine aldırış edilmemektir.

Aslında, bu esnada gereksiz yere konuşmak mekrûhtur. İhtiyaç duyulduğu zaman konuşmak mekruh olmaz. Mesela ibrik veya necâsetten sonra kurulanmak için bez istemek mekrûh olmaz. Bir çocuğu tehlikeye düşmekten veya bir malı telef olmaktan kurtarmak için de konuşmakta bir sakınca yoktur.[4]

Bir Kap İçinde İdrar Bırakmanın Mahzuru Var mı?

— Odada bir kap içinde idrar bulundurmamalıdır. İçerisinde idrar olan kap bulunan odaya melekler gelmez.[5]

Mezarların Üzerine Tuvalet İhtiyacı Giderilir mi?

— Mezarların üzerine tuvalet ihtiyacı gidermek yasaklanmıştır. Mezarlıklar ibret ve nasihat alma yerleridir.

Hanefîler: Mezarlar üstünde tuvalet ihtiyacını gidermek tahrîmen mekruhtur demişlerdir. Her durumda bunu yapanın günâhkâr olacağı hususunda diğerleriyle görüşbirliği etmişlerdir.[6]

1- Kitabu'l Fıkh Ale'l Mezahibi'l Erbaa, 1-127.
2- Ahmed b. Hanbel, Mûsned, 2-247.
3- Fetâvâyı Hindiyye, 1-172.
4- Kitabu'l Fıkh Ale'l Mezahibi'l Erbaa, 1-127.
5- Burhanül Müttakîn, 138.
6- Kitabu'l Fıkh Ale'l Mezahibi'l Erbaa, 1-123.

Durgun Suya Tuvalet İhtiyacı Giderilir mi?

— Durgun suda tuvalet ihtiyacı gidermek câiz değildir. Dışkı da idrar gibi bu yasağın kapsamına alınmıştır. Çünkü o daha pis ve dolayısıyla yasağı daha şiddetlidir. Hanefîler demişlerdir ki: Az miktarda olan durgun suda tuvalet ihtiyacı gidermek şiddetle haram kılınmıştır. Eğer su çok ise bu, tahrîmen mekruh olur. Eğer su akar ise içine idrâr yapmak tenzîhen mekruhtur.

Su her ne kadar çok olsa da başkasının mülkü olur ve içine idrar yapılmasına izin verilmezse veya bu su vakıf malı ise içine pislemek haramdır.[1]

Kırlık Bir Yerde Tuvalet İhtiyacı Giderilirken Ayrıca Nelere Dikkat Edilir?

— Sahra, kır vb. yerlerde, kendisinden çıkacak şeylerin ses ve kokusunun duyulmaması için tuvalet ihtiyacını giderecek kimse, uzakça tenha bir yere gitmelidir.[2]

— Necâsetin kendi üzerine dönmemesi için, tuvalet ihtiyacını giderecek kimse rüzgârın estiği tarafa doğru yönelmemelidir.

— Gökyüzüne, pislik çıkış mahalline ve dışkısına ya da idrarına bakmamalı, başı öne eğmelidir.

— Sert bir yere idrarını yapmak zorunda kalan kimse, ya o yeri taşla vurarak yumuşatır veya oraya çukur kazar ki idrar sıçrantıları üzerine isabet etmesin.[3]

— Güneş ve aya doğru yönelmemelidir. İkisinde de Yüce Allah'ın -c.c.- nurundan vardır, ikisi de iki büyük âyettir.[4]

Fakat, tuvalette, duvar dibinde veya ay ve güneşin bulutlar içinde ya da henüz doğmadığı ışıkları insanın göbeğine vurmadığı takdirde önünü veya arkasını dönmekte hiç bir şer'i mahzur yoktur.[5]

1- Kitabu'l Fıkh Ale'l Mezahibi'l Erbaa, 1-125.
2- Neseî-Tahâret.
3- Fetâvâyı Hindiyye, 1-174.
4- Burhanül Muttakîn, s: 148.
5- Mülteka, 1-79.

– Güneşle aya karşı durmaktan maksat mutlak sûrette onların asıllarına karşı durmaktır. Bulundukları tarafa veya ziyalarına karşı durmak değildir.[1]

– Bir kimse kırda tuvalet ihtiyacını giderdiğinde onu örtmelidir.[2]

İstinca Etmeye ve Abdest Almaya Güç Yetiremeyen Kimse Ne Yapar?

– Böyle hasta bir adamın, hanımı yok da, oğlu veya kardeşi varsa, bunlar ona abdest aldırırlar. Fakat hastanın pislik çıkış mahalline el süremezler dolayısıyla o hastadan istincâ, düşer.

– Kendisi abdest almaya güç yetiremeyen, kocası olmayan bir kadın olsa, kızı veya kız kardeşi bulunsa, bunlar ona abdest aldırırlar. O kadın da istinca düşer.[3]

TEMİZLİĞİN ANA MADDESİ SUDUR

Bu sebepten pislikten kurtulmak için kullanılacak suların hükümlerini bilmek gerekir.

Sular, "Mutlak sular" ve "Mukayyed sular" olmak üzere iki kısma ayrılmıştır.

Mutlak Sular

Su denilince hatıra hemen yaratılışlarındaki vasıf üzerine duran sular gelir. Bunlara "Mutlak sular" denir. Bu su en önemli temizleyicidir.

Mutlak temizlik, mutlak olan su ile câizdir, cünüplük ile âdet ve nifas halleri, her çeşit pislik, temiz mutlak sularla giderilir.

1- İbn-i Âbidin, 1-589.
2- Burhanü'l Muttakîn, 148.
3- İbn-i Âbidin, 1-586.

Bu sulardan bulunmayınca, "Hades" hallerinde teyemmün yapılır.

Şu sular, mutlak sulardır:

– Yağmur suları,

– Deniz suları,

– Nehir suları,

– Kuyu suları,

– Kar suyu,

– Dolu suyu,

– Kaynak suları.[1]

Mutlak sular çeşitlidir.

Temiz ve Temizleyici Sular

Üç vasfı; rengi, tadı, kokusu bozulmamış ve kendisinde keraheti gerektiren bir şey bulunmamış olan herhangi bir mutlak su, temiz ve temizleyicidir. Bu su hem içilir, hem yemeklerde kullanılır, hem de onunla her türlü temizlik yapılır. -Radyasyonlu su renksiz, tadsız ve kokusuz olmakla beraber zararlıdır. Klorlu su, kokusuna rağmen temizdir. Burada kastedilen suyun doğal özelliğidir.-

Temiz, Temizleyici Fakat Mekruh Sular

Kedi gibi evcil bir hayvanın veya doğan, atmaca gibi yırtıcı bir kuşun ya da fâre gibi hayvanların artığı olan sulardır. Bunlar temizdir, temizleyicidir. Ancak başka su varken bunları kullanmak mekruhtur.[2]

Temiz, Fakat Temizleyici Olmayan Sular

Bunlar, bir hades-i-hükmî gidermek için insanın bedeninde ibâdet maksadı ile kullanılan sulardır. Temiz oldukları halde temizleyici değildirler. Bu sulara ma-i müstamel -kullanılmış su- denir. Böyle

---

1- Nurul İzah, s.8.
2- El-Fıkhu'l-Menheci, 1-64.

abdest ve gusül için kullanılmış olan sularla, maddî pislikler giderilse de bu sular bir daha abdest ve gusülde kullanılmaz.[1] Ama vücudda kullanırken etrafa sıçrayan sular, sıçradığı yerleri pisletmez, çünkü suyun kendisi temizdir.

Temiz Olmayan Sular

İçine pislik düştüğü kesin olarak veya fazla bir zan ile bilinen az miktardaki sulardır. Hanefîlere göre az, alan olarak yaklaşık 50 m^2'den -100 arşından- eksik olan yerdir. Necâsetin eseri görülmese de o su pistir.[2] Yüzölçümü yaklaşık 50 m^2 ve daha fazla olan sulara -bunlar büyük su hükmündedir- pislik düşünce, o suyun üç vasfından biri; tadı, kokusu, rengi değişirse o zaman bu büyük su da pis olur. Fakihlerin çoğunluğuna göre pislenmiş sudan yararlanılmaz, tahârette veya başka bir şeyde kullanılmaz. Hayvan veya ekin sulamada ya da susuzluk gibi bir zarûret hâlinde kullanılır.

Şüpheli Sular

– Bunlar merkep ve katırın artığı sulardır. Bu tür sular temiz ise de abdest ve gusül için kullanılıp, kullanılmayacağı şüphelidir.

– Artık, ıstılahta içildikten sonra kap veya havuzda geriye kalan su mânâsına gelir. Daha sonra yemek artığı için de kullanılmıştır.[3]

Mukayyed Sular

Mukayyed sular, yabancı bir maddenin mutlak suya karışmaları ile asıl vasıflarından çıkan ve özel bir isim alan sulardır. Gül suları, üzüm suları, et suları gibi...

Mukayyed sularla abdest ve gusül alınmaz.

1- El-Hidâye, 1-41.
2- İslâm Fıkhı Ansiklopedisi, 1-92.
3- İslâm Fıkhı Ansiklopedisi, 1-94.

SULARLA İLGİLİ MERAK EDİLEN MESELELER

Akarsu ile Abdest Alınır mı?

— Saman çöpünü götürecek kadar akıcı olan sulara akarsu denir.[1]

— Akıcı bir suyun içine laşe, şarap gibi bir şey atıldığı zaman, onun rengini, kokusunu veya tadını değiştirmezse su pislenmiş olmaz. Bu üç vasıftan biri değişmedikçe, akarsu ile abdest almakta bir sakınca yoktur.[2]

— Samanı götüren bir akarsuya, idrar, insan dışkısı gibi bir şey atıldığı zaman onun rengi veya tadı ya da kokusu değişmedikçe su necâsetlenmez. Çünkü bu necâset, suyun akmasıyla birlikte karar kılıp kalmaz.[3]

Durgun Su ile Abdest Almak Câiz Olur mu?

— Durgun su çok olduğu zaman akarsu durumundadır, onun derecesindedir. Bu durumdaki bir suya pislik girer ve fakat bundan dolayı o suyun; rengi, kokusu, tadı değişmiş olmazsa, bu su; pis olmuş sayılmaz. Abdest almakta bir sakınca yoktur.[4]

Uzun Süre Beklemiş Su ile Abdest Almak Câiz Olur mu?

— Çamur, toprak, kireç, alçı sebebi ile veya uzun süre beklemekten dolayı bozulmuş olan, mutlak su ile abdest almak câiz olur.

1- El-Hidâye, 1-41.
2- Fetâvâyı Hindiyye, 1-68.
3- Halebi-i Sağir, s: 64.
4- Fetâvâyı Hindiyye, 1-67.

Sel Suyu ile Abdest Almak Câiz Olur mu?

− Suyu galip olup, ince olduğu zaman, her ne kadar toprak karışmış olsa da sel suyu ile abdest almak câizdir. Sel suyunun acı veya tatlı olması arasında da bir fark yoktur.

− Fakat eğer çamur gibi katı bir kıvama ulaşmışsa, sel suyu ile abdest almak câiz olmaz.[1]

Suyunun Yüzü Tamamen Yosun Tutmuş Bir Havuzdan Abdest Alınabilir mi?

− Eğer bu yosunlar, suyun sallanması ile sallanıyorsa câizdir.

Sonbaharda Üzerine Ağaç Yaprakları Dökülen Sudan Abdest Alınabilir mi?

Sonbaharda, içine ağaç yaprakları dökülerek vasıflarından her üçü de bozulmuş olan sudan abdest almak, bütün âlimlerimize göre câizdir.[2]

Suda Doğan Hayvanlar, Ölünce Suyun Temizliğini Bozar mı?

− Suda doğan balık, yengeç, kurbağa hatta köpek balığı ve sudomuzu -suhınzırı- gibi hayvanların suda ölmesi o suyun temizliğini bozmaz. Ancak kara kurbağası müstesnadır.[3]

− Sivrisinek, sinek, arı, akrep ve benzerleri gibi akıcı kanı olmayan şeylerin suda ölmeleri, o suyun temizliğini bozmaz.[4]

1- Fetâvâyı Hindiyye, 1-78.
2- Fetâvâyı Hindiyye, 1-77.
3- İbn-i Âbidin, 1-276.
4- Fetâvâyı Hindiyye, 1-86.

Bir Çocuk Elini veya Ayağını Bir Kaba Girdirirse, O Kaptaki Su ile Abdest Almak Câiz midir?

— Bir su kabına elini veya ayağını girdiren çocuğun elinin veya ayağının temiz olduğu yakinen biliniyorsa, o kapta bulunan su ile abdest almak câizdir.

— Fakat elinin temiz olup olmadığı kesin olarak bilinmiyorsa, müstehab olan -varsa- başka su ile abdest almaktır. O su ile abdest almış olsa câizdir.[1]

Cünüp Bulunan veya Âdetli Olan Bir Kimse Temiz Elini Su Kabına Soksa, O Su Musta'mel Olur mu?

— Abdesti olmayan, cünüp bulunan veya âdetli bir kimse su almak için temiz olan elini bir su kabına soksa -zaruretten dolayı- o su, kullanılmış su -müsta'mel- olmaz.

— İbriği suya düşüren ve onu çıkartmak maksadı ile ellerini dirseklere kadar suya sokan kimsenin, ellerini sokmuş bulunduğu su da kullanılmış -müsta'mel- su olmaz.

— Bir kimse elini ya da ayağını serinlemek maksadı ile bir su kabına sokmuş olsa bu su kullanılmış -müsta'mel- su sayılır. Çünkü burada bir zarûret yoktur.

— İmam Ebû Yusuf'tan -r.a.- gelen bir rivâyette, suyun musta'mel sayılması için uzvun tamamının suya girmesi şart kılınmıştır.

— Bir veya iki parmağı sokmakla su müsta'mel sayılmaz; fakat avucun girmesi ile müsta'mel sayılır.[2]

Pislik Çıkış Mahallini, Diğer İnsanlara Göstermeden Bir Kimsenin Pisliğini Gidermesi İmkânsızsa Ne Yapar?

— Avretini hiçbir kimsenin yanında açmaz. Çünkü bunun açılması haramdır.

— Kişinin, eğer bir kimsenin yanında avretini açmaksızın su ile istincâ etmesi mümkün ise su ile istincâ etmesi efdaldir. Eğer bu mümkün olmazsa taşlarla istincâ ile yetinir.[3]

1- Fetâvâyı Hindiyye, 1-89.
2- Fetâvâyı Hindiyye, 1-81.
3- Halebi-î Sağir, 22.

– Pisliğin giderilmesi, pislik çıkış mahallini, diğer insanlara göstermeden mümkün olmuyorsa, o pislikle beraber namaz kılınır. Bir kimsenin, pisliğini temizlemek için, pislik çıkış mahallini açması fasıklıktır, büyük bir günâhtır.[1]

Pisliklerden Temizlenmek İçin Konan Hükümler Tartışmasız Bir Biçimde Zorunlu Olan İhtiyaçlardandır

Asrımızda hemen hemen her tarafta sıhhî su tesisatları ve su muslukları bulunuyorsa da dinen temizliğin nasıl olduğunun bilinmesi gerekmektedir. Ve hâlen suyun kıt olduğu bölgeler vardır. Yağmurların yağmadığı zamanlar olur.

Çöllerde ve suyu kıt yerlerde oturanlar, veya yolculuk edenler, hayatlarını bunlara ait hükümlerle sürdürme durumundadırlar.

İslâm dinî zamanla ve mekânla kayıtlanamaz.

HÜKMÎ TEMİZLİK-HADESTEN TAHÂRET

Hades: Bazı ibâdetlerin yapılmasına şer'an engel olan ve hükmen necâset sayılan bir haldir. İki kısma ayrılır:

– Hades-i asgar - küçük hades -: Yalnız abdest ile giderilen tahâretsizlik hâlidir. İdrar yapmak, vücudun herhangi bir yerinden kan çıkmak sebebiyle gelen abdestsizlik bu kısımdandır.

– Hades-i ekber - büyük hades -: Ağız ve burun dahil bütün vücûdun yıkanması -boy abdesti- ile giderilen tahâretsizlik hâlidir. Bu durum cünüplükten veya âdet ya da lohusa denilen hallerden meydana gelir. Hadesten tahâret, bedenle ilgilidir.

Hadesten tahâret üç bölümdür. Bunlar:

– Abdest

– Gusül

– Ve imkânsızlık halinde ikisine bedel olan teyemmümdür.

1- Fetâvâyı Hindiyye, 1-294.

Abdest

Abdest, maddi ve manevî kirlerden kurtulmayı temin eden bir temizlik şeklidir.

Abdest Farsça bir kelimedir, su mânâsına gelen "âb" ve el mânâsına gelen "dest" kelimelerinin birleşmesinden meydana gelmiştir. "El suyu" anlamına gelir. Arapça'da "Vudû" kelimesinin karşılığı olarak dilimizde kullanılmaktadır. Dînî terim olarak anlamı, belli organları usûlüne uygun olarak yıkamaktan ve meshetmekten ibarettir.[1]

Abdestin Kendisi Bir İbâdettir

Hem de diğer ibâdetlere geçiş sağlayan bir vasıtadır.

Abdest, tarihte, bütün dinlerde mevcut olmuştur. Peygamber Efendimiz -s.a.v.- abdest aldıktan sonra: "İşte bu abdest benim abdestimdir. Ve benden önce gelen peygamberlerin abdestleridir."[2] buyurmuştur.

Abdestin Farzları

Bir âyet-i kerîmede: *"Ey îman edenler! Namaz kılmaya kalktığınız zaman, yüzlerinizi, dirseklere kadar ellerinizi, başlarınızı meshedip, topuklara kadar ayaklarınızı yıkayın..."*[3] buyrulmaktadır.

Ebû Hanîfeye göre abdestin farzları âyet-i kerîmede belirtilen dört şeydir.

1. Yüzünü yıkamak.

2. Kollarını -dirsekleriyle beraber- yıkamak.

3. Başının dörtte birini meshetmek -elini su ile ıslatarak başına sürmek-

4. Ayaklarını -topuklarıyla beraber- yıkamak.

1- Delilleriyle Kadın İlmihâli, s: 191.
2- Gurer ve Dürer, 1-14.
3- Maide, 6.

Abdestin Sünnetleri

– Niyet etmek

– Eûzü ve Besmele ile başlamak.

– Evvela elleri bileklere kadar yıkamak.

– Misvak kullanmak.

– Ağzına ve burnuna üç kere su vermek.

– Kulakları meshetmek.

– Sağ taraftan başlamak: Sağ kol, sol koldan; sağ ayak sol ayaktan önce yıkanır.

– Parmakların arasını hilâllemek.

– Tertibe riâyet etmek: Abdesti; âyet-i kerîme'de belirtilen sıraya göre almak da sünnettir. Bu, önce elleri, sonra yüzü yıkamak, sonra başa meshetmek ve en son ayakları yıkamaktır.

– Başın tamamını bir kere meshetmek.

– Yıkanan bir uzuv kurumadan, diğerine geçmek.

– Elleri ve ayakları yıkarken ilk olarak parmak uçlarından başlamak.

– Abdest organlarını, üzerlerine dökülen suyla iyice ovmak.

– Yıkanması gereken uzuvları üçer def'a yıkamak.

– Boynu meshetmek: Başı ve kulakları meshettikten sonra iki elin arkaları ile ve üçer parmakla, yeni bir suya gerek kalmaksızın boyun meshedilir. Boğazı meshetmek bid'attır.

– Abdest suyunu bıyıkların ve kaşların altlarına ve yüzün çevresinden sarkmış bulunan fazla kıllara ulaştırmak.

– Sakalın çeneden aşağıya uzamış kısmını meshetmek ve sık olan sakalı bir avuç su ile alt tarafından el parmakları ile hillâlemek.

Abdestin Edepleri

– Abdesti yüksekçe bir yerde almak.

– Abdest alırken kıbleye karşı bulunmak.

– Su kabı küçük ise onu soluna almak. Büyükse yerinden kaldırılamadığı zaman da - suyu, kabın içinde avuç ile almak sûreti ile kullanacaksa, su kabını sağına almak.

– Kendi gücü yeterken kimseden yardım istememek. Ancak bir özürden dolayı yardım istemek hâriçtir.

– Abdest azasını yıkarken, İslâm büyüklerinden naklonunan duâları okumak.

– Her uzvun yıkanması veya meshi duâsında niyeti kalpte tutmak ve duâsıyla beraber "Bismi'llah" demek.

– Suyu çarparak değil, yavaşça kullanmak.

– El silkmemek.

– Abdest, ibrik ile alınmışsa boş bırakmayıp diğer abdeste hazır olmak üzere dolu bulundurmak.

– Bir kimse dar yüzüğünün altına su işlediğini bilirse onu oynatmak âdâptandır. Su işlediğini bilmezse oynatması farzdır.

– Abdest sonunda şahadet kelimelerini okuduktan sonra Kadir Sûresi'ni üç kere okumak. Bu süre bir veya iki kere de okunabilir. Sevabı ona göredir.[1]

Abdestin Alınış Şekli

– Mümkünse kıbleye dönülür. Suyun sıçramaması için uygun bir yer seçilir. Niyet edilir, Eûzü ve Besmele çekilir.

– Eller, bileklere kadar üç kez yıkanır. Parmaklar birbiri arasına geçirilerek hilâllenir. Parmakta yüzük bulunuyorsa, oynatılarak, altına su ulaştırılır.

– Besmele çekilerek ağıza su alınır. Varsa misvak kullanılır, yoksa baş ve şehâdet parmağıyla dişler temizlenir. Ağız iki defa daha temizlenir.

– Besmele çekilir, burna su verilir. Bir kimse oruçlu değilse suyu, burnunun yumuşağına kadar çeker. Burun sol el ile temizlenir. Bu iş iki kere daha yapılır.

– Besmele çekerek avuca su alınır, yüz saç bitiminden çene altına, yan taraflardan da kulak yumuşaklarına kadar yıkanır. Bu iş iki kere daha yapılır. Her yıkamada yüz ovalanır. Kaşların altı ıslatılır.

---

[1] İslâm İlmihali, 1-118-121.

– Besmele çekerek sağ kol dirsekle beraber ovalanarak yıkanır. Bu iş iki kere daha yapılır. Sol kol da, sağ kolda olduğu gibi üç kere ovalanarak yıkanır.

– Besmele çekerek sağ elle başın dörtte biri mesh edilir.

Sonra şehâdet parmaklarıyla sağ ve sol kulaklar, başparmaklarla da kulakların arkası meshedilir. Ellerin baş ve işaret parmakları hariç, diğer üç parmaklar ile de boyun meshedilir.

– Besmele çekerek, sağ ayağın ucundan yıkamaya başlanır. Ve ayak parmakları sol elin küçük parmağı ile hilâllenir.

Hilâllemeye sağ ayakta küçük parmaktan, sol ayakta ise baş parmaktan başlanır ve alttan üste doğru çekilerek yapılır.

Sol ayak da sağ ayak gibi Besmele ile yıkanır.

– Abdesten sonra artan sudan, kıbleye karşı ve ayakta birkaç yudum içilir. 1, 2 ya da 3 defa "Kadr Sûresi" okumak menduptur.

Abdest Çeşitleri

Farz Olan Abdest

– Farz olsun, nâfile olsun namaz kılmak için abdest almak farzdır.

Ayrıca, tilâvet secdelerinde ve Kur'ân-ı Kerîm'i elle tutmak için abdest alınır.[1]

Vâcib Olan Abdest

– Kâ'be'yi tavaf için alınan abdest vâciptir.[2]

Müstehab Olan Abdest

– Abdestli olmaya devam için abdest almak

– Uykudan uyandıktan sonra abdest almak.

– Cenaze yıkamak ve cenaze taşımak için abdest almak.

1- İbn-i Âbidin, 1-110.
2- İbn-i Âbidin, 1-109.

– Öfke hâlinde abdest almak.

– Hadis okumak, hadis rivâyet etmek için abdest almak.

– Ezan, ikâmet ve hutbe için abdest almak.

– Mutlak zikir yapmak için abdest almak.

– İlim öğrenmek için abdest almak.

– Abdest üzerine abdest için abdest almak.[1]

– Uyku için abdest almak.

– Gıybetten sonra abdest almak.

– Kahkaha ile güldükten sonra abdest almak.[2]

– Yalan, gıybet, zinâ iftirasında bulunma, küfretmek ve buna benzer haram sözler söylemekle abdest bozulmaz. Bununla birlikte bunlardan dolayı abdest almak mustehaptır.[3]

1- İbn-i Âbidin, 1-111.
2- Fetâvâyı Hindiyye, 1-36.
3- İslâm Fıkhı Ansiklopedisi, 1-202

ABDEST İLE İLGİLİ MERAK EDİLEN MESELELER

Ön ve Arka Pislik Çıkış Mahallinden Çıkan Her Şey mi Abdesti Bozar?

– İnsan bedeninde bulunan normal iki yoldan idrar, dışkı vesair akıntılar gibi alışılmış olan, veya solucan, az veya çok miktarda kan gibi alışılmamış türden çıkan her şey abdestli olan kimsenin abdestini bozar.[1] Fakat ölmüş insan için durum, farklıdır.

– Cenaze yıkandıktan sonra, bedeninden pislik çıksa, tekrar abdest aldırmak icab etmez. Sadece pisliğin çıktığı yer yıkanır.[2]

Normal İki Yolun Üzerinde Pislik Görünmesi Abdesti Bozar mı?

– Normal iki yolun üzerinde pislik görünürse, akmasa da abdesti bozar.[3]

– İnsanın pislik yollarında pisliğin akması değil, görünmesi dikkate alınır.

– Alışılmamış olarak çıkan şeyde, belirli bir ıslaklıkla çıkmakta ve bu ıslaklık abdesti bozmaktadır.[4]

İki Yolun Dışındaki Yerlerden Çıkan Kan Abdesti Bozar mı?

– Şehid üzerinde bulunan hariç, kan, her vakit pistir. Ön ve arka pislik çıkış mahallinden çıkan veya çıkarılan her ne olursa olsun abdesti bozduğu gibi, bedenin diğer yerlerinden çıkan veya çıkarılan kan da, Hanefîlere göre, temizlenme hükmü söz konusu olan herhangi bir yere akması şartıyla abdesti bozar.

1- İslâm Fıkıh Ansiklopedisi, 1-187.
2- İbn-i Âbidin, 1-192.
3- Gurer ve Dürer, 1-26.
4- İslâm Fıkhı Ansiklopedisi, 1-187.

— Söz konusu temizlenme hükmüne tabi olan yer bedendir. Yani, bunun genel olarak temizlenmesi gerekir. Temizlenmesi mendup olan yerde dahi durum böyledir.[1]

— Temizlenme; gusülde ve abdestte yıkamayı ve meshetmeyi kapsar.[2]

— Kulak deliğine akan kan abdesti bozar. Çünkü abdestte, kulak deliğini meshetmek sünnet ve gusülde, onu yıkamak farzdır.

— Burnun yumuşak kısmına akan kan abdesti bozar. Çünkü oruçlu olmayan kimse için buruna su çekerken, suyu oraya kadar ulaştırmak sünnettir.[3]

— Bir kimsenin başından, kulak ve burnun temizleme yerlerine kan inse, abdesti bozulur.[4]

— Bir kimsenin gözünde yara olsa da, bu yaradan çıkan kan gözün diğer bir tarafına varsa, o kimsenin abdesti bozulmaz. Çünkü o kan, yıkanması farz olan bir yere varmamıştır.[5]

Çıkan Kan Ne Zaman Abdesti Bozar?

— Kan, çıktığı yeri geçip yanlarına yayılınca abdesti bozar.

— Kan, yaranın üstünde yükseldiği zaman yaranın başından daha fazla bir yeri kaplamış olsa dahi-abdesti bozmaz.

— Seyelanın - akmanın haddi, yaranın başına yükselip, etrafa dağılmaktır.[6]

— Abdestli bir kimseye bir iğne batsa ve kan yaranın başı üzerine yükselse fakat akmasa, bu durumda abdesti bozmaz.[7]

1- İslâm Fıkhı Ansiklopedisi, 1-189.
2- İbn-i Âbidin, 1-192.
3- İslâm İlmihâli, 1-131.
4- Fetâvâyı Hindiyye, 1-41.
5- Fetâvâyı Hindiyye, 1-42.
6- Fetâvâyı Hindiyye, 1-40.
7- Gurer ve Dürer, 1-27.

İrin, Sarısu ve Diğer Akıntılar Abdesti Bozar mı?

— Bir dert ve illetten dolayı çıkan irin, sarısu ve diğer akıntılar da kan hükmündedir. Kanamak, kanatmak, yara ve çıban akmak, veya sıkıp ya da deşip, kan, irin ve sarısu akıtmak, kan aldırmak abdesti bozar.[1]

— Vücuttan çıkan kan, irin, normal yollardan çıkan diğer pislikler gibi olmayıp, abdest bozmaları için kan ve irinin çıktıkları yerden akmaları gerekmektedir.

— Deri veya -bir yaranın- kabuğun yırtılıp ve altındaki kan ya da irinin sadece dıştan görünerek, akmamaları hâlinde abdest bozulmaz. Bu durumda pis olan bir şey vücuttan çıkmış olmamaktadır.

— Eğer yaranın kabuğu sıyrılıp altından su[2] veya benzeri bir şey çıkarsa, kenarlara dağılırsa abdest bozulur, dağılmazsa abdest bozulmaz.

— Göbek, meme, göz ve kulaktan -dertten dolayı-[3] çıkan su en sahih kavle göre abdesti bozarlar.[4]

— Şafiîlere göre, önden ve arkadan başka, vücudun herhangi bir yerinden çıkan, kan, irin, sarısu ve diğer akıntılar abdesti bozmaz.[5]

Bir Yaradan Az Bir Miktarda Çıkmış Olan Kan, Silinirse Abdesti Bozar mı?

— Bir yaradan, az bir miktarda çıkmış olan kan, silinir ve sonra yine çıkarsa; ve tekrar silinip bu halde terk edilince yine akacak olursa, abdesti bozar. Ama akmazsa abdesti bozmaz.

— Ve yine, bu kanın üzerine kül veya toprak akıtılsa, fakat kan yine çıkmış olsa, tekrar kül ya da toprakla kapatılsa, sonra bu iş yine tekrarlansa bu durumlarda abdest bozulur.[6]

1- İslâm İlmihâli, 1-132.
2- El-Hidâye, 1-28.
3- El-Hidâye, 1-28.
4- Fetâvâyı Hindiyye 1-40.
5- İslâm İlmihal, 1-133.
6- Fetâvâyı Hindiyye, 1-41.

Bir Kabarcık Patlasa, Ondan Çıkan Şey Abdesti Bozar mı?

— Bir kabarcık patlasa da ondan sarı su, veya başka şey çıksa; eğer bu çıkan şey, yaranın başından akarsa abdesti bozar. Fakat akmazsa abdesti bozmaz. Bu durum, kabarcığın kendiliğinden patlaması ve içindekinin kendiliğinden çıkması hâlinde böyledir.

— Fakat, bir kimsenin kabarcığı sıkması neticesinde içindeki çıkmış olursa, bu hâl abdesti bozmaz. Çünkü çıkan o şey, çıktığı yerin dışına taşıcı değildir.[1]

Vücuttaki Kabarcıklardan Çıkan Sâfi Su Abdest Bozar mı?

— Vücuttaki kabarcıklardan çıkan sâfi su sahih olan görüşe göre kan hükmündedir.

Diğer bir görüşe göre bu su, abdesti bozmaz. Bu görüşte, çiçek ve uyuz hastalıklarına tutulanlar için bir genişlik, bir kolaylık bulunmaktadır. Zarûret hâlinde bu görüş ile amel edilmesinde bir sakınca olmadığı nakledilmiştir.

— Mayasıl rutubeti ve parmak aralarındaki pişinti abdesti bozmaz.[2]

Yaradan Çıkan Kurt Abdesti Bozar mı?

— Yaradan çıkan kurt abdesti bozmaz. Yaradan çıkan kurdun üzerinde olan pislik az bir şeydir. Bu ise ön ve arka yollardan başkasında hades değildir.[3]

— Bir kimsenin, arkasından kurt çıkmış olması hadestir, o kişinin abdesti bozulur.

— Kadının veya erkeğin önünden çıkan küçük taşçıklar da kurt gibi abdesti bozarlar.[4]

— Kulaktan, burundan veya ağızdan çıkan kurt, abdesti bozmadığı gibi, et parçasının düşmesi de bozmaz. Bunlar temiz sayılır.[5]

1- Fetâvâyı Hindiyye, 1-42.
2- Büyük İslâm İlmihali s. 116.
3- Gurer ve Dürer, 1-28.
4- Fetâvâyı Hindiyye, 1-40.
5- İbn-i Âbidin, 1-195.

Bir Kimsenin Ağzından Kan Çıkarsa Abdesti Bozulur mu?

— Bir kimsenin ağzından kan çıkarsa kan ile tükrüğün durumuna bakılır.

— Kan tükrüğe gâlip olursa veya eşit olursa abdesti bozar. Eğer tükrük gâlip olursa abdesti bozmaz.[1] Ayrıca bu hususta renge de itibar olunur: Eğer renk kırmızı ise abdest bozulur. Sarı ise abdest bozulmaz.

— Abdest alan bir kimse, bir şeyi ısırsa da ondan kan eseri görse veya misvak kullanırken misvakta kan eseri bulsa, kanın aktığı bilinmedikçe bu kimsenin abdesti bozulmaz.[2]

Bir Kimsenin Ağzından İrin Gelirse Abdesti Bozulur mu?

— İrin, ağızdaki tükürüğe galip olursa veya eşit olursa, abdesti bozar. Eğer tükürük irine galip olursa abdesti bozmazlar.[3]

— Abdestlinin kulağından irin çıksa, eğer ağrı ile çıktıysa onun abdesti bozulur. Çünkü yaradan çıkmıştır. Eğer ağrısız çıktıysa bozulmaz.[4]

Kan Görülmeksizin Doğum Yapan Kadının Abdesti Bozulur mu?

Bu durumda kadın lohusa olmaz. Lohusalık kan ile alâkalıdır. Kan ise görülmemiştir. Bu şekilde doğum yapan kadın ıslaklık olacağı için abdest alması gerekir. Ebu Hanîfe Hazretleri "Böyle bir kadına tedbir olarak gusletmek düşer. Çünkü ekseriya az veya çok olsun, kan olmadan doğum olmaz" buyurmuştur.[5]

1- Gurer ve Dürer, 1-29.
2- Fetâvâyı Hindiyye, 1-41.
3- Gurer ve Dürer, 1-29.
4- Gurer ve Dürer, 1-32.
5- İslâm Fıkhı Ansiklopedisi, 1-189.

Bir Kimse Kulağına Yağ Damlatır da O Yağ Geri Gelirse Abdesti Bozar mı?

— Bir kişi kulağına yağ damlatsa veya dökse, bu yağ dimağın da bir gün kaldıktan sonra, kulağından geri çıksa abdesti bozulmaz.

Bu yağ onun burnundan çıksa da abdest alması lazım gelmez. Çünkü dimağ pislik mahalli değildir.

— Ağızdan geri gelirse bozar.

— Aynı şekilde kulağa damlatılan ilâç da bir kaç günden sonra ağızdan geri gelirse abdesti bozar.

Ağızdan çıkan şey, ancak karın boşluğuna vâsıl olduktan sonra çıkar ki, bu karın boşluğu da pislik mahallidir.[1]

Bir Böcek Bir Kimsenin Kanını Emerse Abdesti Bozulur mu?

— Kene denilen böcek bir kimsenin herhangi bir uzvunu emerde, karnını kan ile doldurursa bakılır bu böcek eğer küçük ise -sivrisinek ve sinekte bozulmadığı gibi- bu böceğin emmesiyle abdest bozulmaz. Fakat kene denilen böcek büyükse abdest bozulur.

— Sülük bir kimsenin herhangi bir uzvunu emer de karnını doldururursa, o kimsenin abdesti bozulur.[2]

Bir Kimseden, "Mezî-Kazî" veya Vedî Çıkarsa Abdest Bozulur mu?

— Bulûğ çağına ermiş kimsenin dört çeşit suyu vardır:

1. İdrar.

2. Vediî: İdrardan sonra gelir. Koyu, beyaz veya bulanık kıvamlıdır.

3- Mezi: Beyazımsı ve ince bir sudur, şehvet hissi galebe çaldığı anlarda, erkeğin hanımıyla öpüşüp oynaşırken çıkan bir sudur.

Mezi'nin kadındaki karşılığı Kazi'dir.

1- Halebi-î Sağir, s:115.
2- Fetâvâyı Hindiyye, 1-42.

4. Meni: Beyaz, kalın ve çıkması ile şehvet kırılan bir sudur.

Kadının menisi sarı ve incedir.

Vedi ve Mezî'nin çıkmasından dolayı gusül lazım gelmez. Bunların çıkması ile sadece abdest bozulur.[1]

Kadınlardan Gelen Akıntı Abdest Bozar mı?

Akıntı, hemen hemen her yaşta hanımda rastlanabilmektedir. Akıntının abdesti bozup bozmadığının anlaşılmasında bazı hükümleri hatırlamak gerekmektedir.

– Hayatta olup abdest alan bir kimseden çıkan ve temizlikle hükmolunan -abdestte ve gusulde yıkanması farz olan- yere ulaşan her pislik, abdesti bozar. Çıkan pislik "alışılagelmiş" olsun, olmasın, normal iki yoldan -ön ve arkadan- gelsin gelmesin hükmen hep birdir.[2] Mesela bir kimsenin burnundan kan aksa, bu kan gusülde farz olan yere kadar inse, o kimsenin abdesti bozulur, inmezse bozulmaz.[3]

Bunun gibi bir kadının cinsel organının iç kısmından, cinsel organının dışına pislik çıktığında o kadının abdesti bozulur. Kadın cinsel organının dışı gusülde yıkanması farz olan yerlerdendir.

– İnsan bedeninde bulunan normal iki yoldan -ön ve arkadan- çıkan her şey abdesti bozar.[4] -Kadın cinsel organın önünden çıkan yel bundan müstesnadır.-

– Pislik çıkış mahallinin -ön ve arka- dışında bedenden çıkan necâsetlerin abdesti bozması için akıcı olması şarttır. Fakat ön ve arkadan çıkan pislikte akıcı olma şartı yoktur.

Muhit'te denmiştir ki: Çıkmanın tarifi içerden dışarıya intikaldir. Bu da yerinden akmakla olur. Dolayısıyla akmak tabiri yerine çıkmak kullanılmıştır. Ancak, pislik iki yoldan birinin başında görülecek olsa abdesti, bozar. Çünkü iki yolun başı pisliğin yeri değildir. Pislik, yerinden oraya intikal etmek suretiyle orada bulunur. Pisliğin orada -iki yolun başında ucunda- belirmiş olmasıyla, yerinden intikal ettiği

---

1- El-Hidâye, 1-37.
2- İbn-i Âbidin, 1-191.
3- Şerhu Muhtasarıl Kuduri, 10.
4- Tahtavi, 19.

anlaşılmış olur. İki yolun başında pisliğin belirip gözükmesi, çıkmak yerine geçer.[1] - İntikal, bir yerden başka bir yere geçiş demektir. -

İki yoldan çıkan pislikler az da olsalar, esas yerlerinden ayrıldıkları için çıkmış sayılırlar.[2]

İki Yolda, Rutubet Abdest Bozan Şeydir

— Kurt veya kum, iki yoldan birinden çıktığı zaman rutubeti de birlikte getirdiği için -ki bu rutubet, iki yolda -yani önde ve arkada -bir hadestir, abdest bozan şeydir- o kimse üzerine abdest vâcib olur.[3]

Hanımlar "Kürsüf-Pamuk" Kullanmalı mı?

Abdestli olduğu süre içerisinde akıntı çıkmadıkça kadın abdestli sayılır. Normal olan da, gerek yoksa pamuk vs. kullanmamaktır. Bu durumdaki bir kadın, beş vakit namazın tamamını dahî abdesti bozulmadıkça kılabilir. Ancak sürekli akıntı oluyor ve abdestini tutamıyorsa, pamuk vs. kullanır.

Vikâye şerhinde: Bâkire için âdet günlerinde, bâkire olmayan kadın için her zaman pamuk kullanmak müstehabtır, başka kitaplarda ise: "Bâkire olmayan kadının âdet zamanında pamuk kullanması sünnet, temiz zamanlarda kullanması müstehabtır." Bâkire'nin olsun, kadının olsun pamuk kullanmaksızın namaz kılmaları câizdir" denilmektedir.[4]

— Kürsüf lugatta, pamuk demektir.

1- Gurer ve Dürer, 1-12-13.
2- El-Hidâye, 1-28.
3- Halebi-i Sağir, 84.
4- El-Bahr'ûr-Raik, 1-203.

Kürsüf -Pamuk- Kullanma Nasıl Olur?

Bir hanımın cinsel organının dışından kastolunan, oturuş hâlinde görünendir.[1]

– İçten gelen herhangi bir şey oraya ulaştığında abdest bozulur.[2]

– Pamuğun konacağı yer bekâret yeridir.[3]

Pamuğun tamamının, kadının cinsel organının iç kısmına -oturuş hâlinde görünmeyecek şekilde- konulması mekrûhtur. Oruçlu ise orucu bozulur. Çünkü önden veya arkadan, herhangi bir şeyin tamamının dahil olması orucu bozar.

Tamamen, cinsel organın dışında konması hiçbir şey ifade etmez.

Bir Hanım Cinsel Organın Dış Tarafına Pamuk Koyar da, Islanırsa Abdest Bozulur mu?

Bu durumda kadının abdesti bozulur. Islaklığın pamuğun dışına çıkıp çıkmaması hükmen müsâvidir.

Zira yaşlığın cinsel organın iç kısmından geldiği yüzde yüz bellidir. Abdestin bozulmasında itibara alınan da budur.

Kadın cinsel organının dış kısmı kılıf durumundadır. Islaklık kadın cinsel organının iç kısmından dış kısmına çıkması ile abdest bozulur.

Velevki dışarıya akmasın, konulan pamuk ıslanmış olarak düşerse abdest bozulur. Zira az da olsa pislik çıkmıştır. Üzerinde hiç bir pislik eseri yoksa abdest bozulmaz.[4]

Velevki ayakta durduğunda pamuk gözükmese de, zira itibar, oturuş hâlinedir.

"Pamuk" ya da benzerinin bir kısmı kadının cinsel organının dışına, bir kısmı cinsel organının içine gelecek şekilde konmalıdır.

1- Kitabu'l Fıkh Ale'l Mezahibi'l Erbaa 1-125.
2- Damat, 1-18.
3- İbn-i Âbidin, 1-472.
4- İbn-i Âbidin, 1-214.

Pamuk bu anlatılan şekilde konulduğunda, pamuğun iç kısmı ıslansa, fakat kadının cinsel organının dışında kalan kısmı ıslanmazsa ve pamuk da düşmezse abdest bozulmaz. -Tabii ki başka bir sebeble bozulabilir.- Eğer pamuk düşerse bakılır, iç kısmında dahi hiçbir ıslaklık yoksa abdest bozulmaz; ıslaklık varsa abdest bozulur.[1]

Pamuk Kullanmak Zararlı Olursa Hanım Nasıl Hareket Eder?

Dezenfekte edilmiş hidrofil pamuğun normalde sağlığa zararlı olacağı pek sanılmamaktadır. Tabii ki bu konuda doğru karar verecek olan tabibtir. Pamuk kullanmanın zararlı olduğunu bir mütehassıs doktor söylerse, artık iki durum söz konusudur.

1. Akıntı zaman zaman gelmekle beraber, her namaz vakti abdest alıp namaz kılacak kadar gelmediği oluyorsa, bu gelmediği zamanlarda abdest alıp namazları kılmak gerekir.

2. Bir namaz vakti, o vaktin namazını kılacak kadar bir zaman bulamayacak şekilde geliyorsa, ondan sonra da her namaz vaktinde en az bir defa görülüyorsa, kişi özür sahibi demektir, her vakitte alacağı bir abdestle dilediği kadar namaz kılabilir.[2]

Abdestli Bir Erkekten veya Kadından Çıkan Yel Abdesti Bozar mı?

– Arka taraftan yel çıkması abdesti bozar. Yellenmenin abdesti bozması kendisi necis olduğu için değil, pislik yerinden kopup geldiği içindir.[3]

– Yellenme konusunda Peygamber Efendimiz -s.a.v.- "Biriniz namazda yellenirse, derhal namazdan çıksın, abdest alsın ve namazı iâde etsin."[4] buyurmuştur.

– Erkeğin ve kadının cinsel organından çıkan yel sahih olan kavle göre abdesti bozmaz. Çünkü bu bir yel değil "titreşim"dir. Yel dahi olsa onda necâset bulunmaz.[5]

1- Halebi-î Sağir, s: 85.
2- Hanımlara Özel Fetvalar, 1-21.
3- İbn-i Âbidin, 1-194.
4- Ebu Da'vud Salât.
5- İslâm Fıkıh Ansiklopedisi, 1-188.

– Ancak pislik çıkış mahallinin ön ve arka kısmı birleşmiş olan kadının bu durumda abdest alması müstehap olur.

– Kadında, açılmış bir yaradan yel çıkmış olsa -pis kokulu geğirmenin abdesti bozmadığı gibi- bu yelde abdesti bozmaz.[1]

Kişi, Yellenip Yellenmediğinden Şüphe Ederse Abdest Bozulur mu?

– Yellenmede, abdest bozmanın sebebi dübürden geldiğini bilmektir. Şüphelenmekte abdest bozulmaz. Hadîs-i Şerifte: "Yellenmenin sesini işitmedikçe veya kokusunu duymadıkça abdest bozulmaz." buyrulmuştur. Yelin dübürden geldiği bununla bilinir.[2]

Ter Abdesti Bozar mı?

– Ter abdesti bozmaz. Ancak devamlı içki içenin teri müstesnadır. O abdesti bozar.[3]

Bir Kimse Ayaklarına Yağ Sürünse Sonra Abdest Alsa, Onun Abdesti Câiz Olur mu?

– Bir kimse ayaklarına yağ sürünse, sonra abdest alsa ve ayaklarını yıkasa, ayak suyu kabul etmese onun abdesti câiz olur. Çünkü farz olan yıkamaktır. Bu ise suyu akıtmaktır ve hâsıl olmuştur.[4]

Gözyaşı Abdesti Bozar mı?

– Gözyaşının abdesti bozmaması bir hastalıktan dolayı olmadığı zamandır.[5]

– Gözde olan bir hastalık, yara durumundadır; ondan çıkıp akan şeyler abdesti bozar.

1- Fetâvâyı Hindiyye, 1-38.
2- İbn-i Âbidin, 1-195.
3- İbn-i Âbidin, 1-191.
4- Halebi-î Sağir, 114.
5- İbn-i Âbidin, 1-197.

Bir kimsenin gözlerinden devamlı su aksa, o akıntının sarı su olma ihtimali bulunduğu için, o kimse her namaz için abdest almakla emrolunur.[1]

– Ağlamaktan veya çok gülmekten dolayı gelen gözyaşı, soğuktan ve nezleden dolayı burundan gelen akıntı gibi temiz sayılır, abdesti bozmaz.[2]

Sarhoşluk Abdesti Bozar mı?

– Bayılmak ve yürümede sallantı getiren sarhoşluk abdesti bozar.

– Delirmek de abdesti bozar.

Bayılmak ve sarhoşluğun abdesti bozucu olmalarına sebep, bunlar ile şuur gücünün yok olmasıdır. Delirmenin abdesti bozmasının sebebi, başkasından, hadesi ayırt edemediğinden dolayıdır.[3]

– Baygınlığın azı da çoğu da abdesti bozar.[4]

Kusmak Abdesti Bozar mı?

– Bir kimse ağız dolusu acı su, yemek veya su kusarsa abdesti bozulur.

Ağız dolusu kusmanın hududu: Sahih görüşe göre, kusuntuyu, zorlamadan, meşakkat çekmeden, ağızda tutamamaktır.

– Su içmiş olan bir kimse, o suyu olduğu gibi -hiç karışmadan sâfî olarak- kussa yine abdesti bozulur.[5]

– Kan kusmak da abdesti bozucudur. Fakat onun, -sıvı olduğu için pisliği meydanda olduğundan- ağız dolusu olması şartı yoktur.[6]

– Pıhtılaşmış kanın abdesti bozmaması hususu, görüşbirliği iledir. Kan ya baştan iner veya mideden çıkar, ya pıhtı olur ya da akar.

1- Fetâvâyı Hindiyye, 1-42.
2- İslâm İlmihali, 1-132.
3- Gurer ve Dürer, 1-31.
4- Fetâvâyı Hindiyye, 1-46.
5- Fetâvâyı Hindiyye, 1-43.
6- Gurer ve Dürer, 1-29.

Baştan inen kan pıhtı olursa görüşbirliği ile abdesti bozmaz. Akarsa görüşbirliği ile abdesti bozar.

Mideden çıkan kan pıhtı ise ağız dolusu olmadıkça abdesti bozmaz. Akarsa, İmam A'zam'a göre mutlak surette abdesti bozar. İmam Muhammed'e göre ağız dolusu olmadıkça bozmaz.[1]

– İrin kusmak da abdesti bozucudur.[2]

Bir Kimse Burnunun İfrazatını Atarken Küçük Bir Parça Kan Pıhtısı Düşse Abdest Bozulur mu?

– Bu kimsenin abdesti bozulmaz. Çünkü pıhtılaşmış kan koyulaşıp donduğu için kan olmaktan çıkmıştır.[3]

– Eğer kan damlarsa, akması olduğundan dolayı abdesti onunla bozulur.[4]

Uyku Abdesti Bozar mı?

– Abdestlinin şuur gücünü yok eden uyku abdesti bozar. Bu uyku, oturağı yerden ayrılmış şekilde uyumaktır. Bu da yanı üstüne yatıp uyumak yani iki yanının birini yer üzerine koyarak uyumak veya iki oturağı -kaba eti-nın birisi üzere uyumak veya kafası üzere yattığı hâlde uyumak, ya da yüzü üzere kapanıp uyumaktır.

– Şüphesiz şuur gücü yok olduğu zaman âdeten, uyuyan kimse kendisinden çıkan bir şeyin farkına varmaz. Âdet ile sabit olan şey ise kesin bilgi gibidir.

– Ayakta veya oturma hâlinde ya da rükû veya secde hâlinde karnını iki uyluğundan kaldırıp, pazularını iki yanlarından uzaklaştırıp uyusa, bu şekillerde olan uyku, eğer şuur gücü gitmezse, mutlaka abdesti bozmaz. İmam-ı Şâfiî Hazretleri -r.a.- bunun aksi görüştedir.[5]

1- İbn-i Âbidin, 1-197.
2- Gurer ve Dürer, 1-29.
3- İbn-i Âbidin, 1-200.
4- Halebi-î Sağir, s: 91.
5- Gurer ve Dürer, 1-31.

Abdestli Bir Kimse Bir Şeye Dayanarak Uyur da O Şey Alınınca Düşerse Abdest Bozulur mu?

"Eğer o şeye dayanıp uyuyan kimsenin oturağı yer üzerine yerleşmiş değil ise, abdestsizlik vukubulur. Eğer yer üzerine yerleşmiş ise, abdestsizlik vukubulmaz. Sahih olan söz budur" denmiştir.

– "Abdestli, bir çıplak hayvan üzerinde uyuyorsa, eğer hayvan yokuş yukarı ve düz yerde giderken uyumuş ise abdestsizlik vukubulmaz. Yokuş aşağı yerde giderken uyumuş ise abdestsiz olur" denmiştir.[1]

– Bir kimse, üzerinde palan olan bir hayvanın üstünde uyursa, o kimsenin abdesti bozulmaz.[2]

Uyuklama Hâli Abdesti Bozar mı?

Bir kimsenin yatarak uyuklaması, ya ağır bir uyuklamadır veya hafif uyuklamadır.

– Uyuklama, ağır bir uyuklama ise bu abdesti bozar. Eğer hafif bir uyuklama ise, bu abdesti bozmaz.[3]

– Uyuklamanın hafifi ile ağırı arasındaki fark şudur: Uyuklayan bir kimse, eğer yanında söylenilerin çoğunu işitiyorsa hafif bir şekilde, fakat yanında söylenenlerin çoğunu işitmiyorsa, ağır bir şekilde uyukluyor demektir.[4]

Bir Kimse Taksi ve Otobüs Gibi Bir Vasıtaya Biner ve Uykuya Dalarsa Abdesti Bozulur mu?

Hanefî mezhebinde bazılarına göre bir şeye dayanıp, uyuyan kimsenin abdesti bozulur. Şâfi'î mezhebinde ise; mak'adı yere dayandıktan sonra bozulmaz. Ancak yol bozuk olduğunda araba sarsılıp mak'adı oturduğu yerden ayrılırsa o zaman bozulur.[5]

1- Gurer ve Dürer, 1-31.
2- Fetâvâyı Hindiyye, 1-46.
3- Fetâvâyı Hindiyye, 1-46.
4- İslâm İlmihali, 1-134.
5- Günümüz Meselelerine Fetvalar, 1-28.

Mübâşeret-i Fâhişe Abdesti Bozar mı?

Bu, çıplak olarak erkeğin cinsel organının kabarıp kadının cinsel organına dokunmasıdır. Bu takdirde, erkeğin ve kadının, ikisinin de abdestleri bozulur.[1] Zira mubaşeret çoğu kez mezi çıkmasından beri değildir. Tedbir gereken yerde bu çoğu kez, muhakkak vuku bulmuş hükmündedir.[2] Bir kadınla, başka bir kadın veya bir erkekle, genç çocuk, ya da iki erkek arasındaki mübâşeret -cinsel organlarını birbirine dokundurmak- Şeyhayn'e göre abdesti bozar.[3]

Erkeğin Kadına, Kadının Erkeğe Dokunması Abdesti Bozar mı?

– Erkeğin kadına, kadının erkeğe dokunması, abdesti bozmaz.

– Mezhebimize göre, kişinin kendi cinsel organına veya başkasının cinsel organına dokunması da abdesti bozmaz.[4] Cinsel organa dokunmak abdesti bozmaz ama elini yıkaması mendup olur.[5]

Eğer şehvetle dokunmadan dolayı cinsel organından mezi gelirse abdest bozulur.

Şafiîler'e göre, kadına ve cinsel organa dokunmak abdesti bozar.

Namaz Kılan Kimsenin Kahkahası Abdesti Bozar mı?

– Bâliğ olup namaz için aldığı abdest ile uyanık olarak kâmil bir namaz kılan kimsenin kahkahası abdesti bozar. Kahkaha lugatta "kah, kah" demektir. İstilahta; kendisi ve yanındakiler işitecek kadar gülmektir.[6]

Dıhk -gülmek- ise: Ancak kendisinin işittiğidir. Bu, abdesti bozmaz, ancak namazı bozar.

Tebessüm -gülümsemek- ikisini de bozmaz.

1- Gurer ve Dürer, 1-32.
2- İbn-i Âbidin, 1-211.
3- Fetâvâyı Hindiyye, 1-48.
4- Fetâvâyı Hindiyye, 1-48.
5- İbn-i Âbidin, 1-212.
6- İbn-i Âbidin, 1-208.

Namaz için aldığı abdest demek, gusül -boy abdesti- sırasında alınan abdestten ayırt etmek içindir. Çünkü bu abdest, kahkaha ile bozulmaz.

Kâmil namazdan maksat, rükû ve sücûd sahibi olan namazdır. Peygamber Efendimiz: "Haberiniz olsun ki, sizden biriniz kahkaha ile gülerse, abdesti ve namazı iâde etsin" buyurmuştur.

Bu mutlak olarak namaz hakkında rivâyet edilmiştir.

Uyuyanın, gusletmiş olanın kahkahası ve namazın dışındaki kahkaha abdesti bozmaz.

Cenaze Namazı'nda ve tilâvet secdesinde kahkaha ile gülmek, her ne kadar Cenaze Namazı ile tilâvet secdesini -bozarsa da- abdesti bozmaz.[1]

Eşler Birbirini Çıplak Olarak Gördüğünde Abdestleri Bozulur mu?

Abdesti bozan şeyler arasında böyle bir şey yoktur. Yani bu abdesti bozmaz.[2]

Televizyonda İzlenen Cinsel İçerikli Görüntüler -veya, Dergi, Gazete - Mecmualarda Yer Alan Cinsel İçerikli Resimler - Abdesti Bozar mı?

Bu görüntülere ve resimlere bakılması nedeniyle cinsel organda bir ıslaklık görülürse -mezi, kazî- abdest bozulur. Eğer şehvetle meni gelirse gusül abdesti almak gerekir.

Güneşte Isınan Su ile Abdest Alınır mı?

Demir, tunç ve bakır gibi madeni kaplarda ve sıcak memleketlerde güneş enerjisiyle ısıtılan suyla abdest almak ve gusletmek mekruhtur...

Fıkıh alimleri bu hususta şöyle demektedirler: Madenî bir kapta, sıcak bir memlekette, güneş enerjisiyle su ıtılırsa güneşin etkisiyle o

---

1- Gurer ve Dürer, 1-31.
2- Hanımlara Özel Fetvalar, 1-20.

kaptan küçükce parçalar kopar suya karışır. Bu su kullanıldığı zaman vücutta mesameleri kapatır ve vücut hava alamaz bir hâle gelir. Böylece vücudun her tarafında dolaşan kan kirlenir, bozulur ve hastalık meydana gelir.

Fakat su, altın, gümüş, ağaç, cam ve topraktan yapılmış çanak gibi kaplarda veya göl ve havuzda ya da sıcak olmayan bir memlekette güneş enerjisi ile ısıtılırsa, onu abdest ve gusülde kullanmakta bir sakınca olmaz.

Madenî kaplarda ve sıcak memleketlerde güneşte ısıtılan suyun abdest ve gusülde değil de, çamaşır yıkamak gibi şeylerde kullanılmasında bir sakınca yoktur.

Güneş enerjisi ile ısıtılan suyun, içinde bulunduğu kabın kapalı veya açık olması arasında fark yoktur. Her ikisi de mekruhtur. Yalnız kabın ağzı açık olursa keraheti daha şiddetlidir.[1]

Nehre Düşmek veya Kendisine Yağmur İsabet Etmekle Abdest Alınmış Olur mu?

Nehre düşen veya kendisine yağmur isabet eden kimsenin bu durumda bütün vücuduna su isabet ederse, abdesti de gusülü de câiz olur.

Bu durumda, o kimsenin sadece ağzına ve burnuna su vermesi kâfi gelir.[2]

Bir Kimsenin Bir Uzvunda Yanık Olduğu Zaman Onu Yıkamaktan Âciz Olursa, Abdest Alırken Nasıl Hareket Eder?

Bu durumda, o kimseden, o uzvunu yıkamasının farzıyeti düşer.

— O uzvun üzerine su dökmesi lâzımdır.

— Su dökmekten de âciz olursa meshetmesi kâfidir.

— Meshetmekten de âciz olursa o kimseden meshetmekte sâkıt olur -düşer.-

---

1- Günümüz Meselelerine Fetvalar, 2-30.
2- Fetâvâyı Hindiyye, 1-21.

— Sadece o yarığın etrafını yıkar, yarık olan yeri olduğu gibi bırakır.[1]

Makyajlı Olarak Abdest Almak Câiz midir?

Abdest almanın câiz olabilmesi için makyaj malzemelerinin, altına su, geçiren maddeler olması gerekir.

Bazı ruj ve kremlerin, suyun cilde temasına kesinlikle mani olduğu söylenmektedir.

Yüz kişiye bakıldığı zaman görülen kısımdır, uzunluk olarak saç bitimi ile çene arası, genişlik olarak da iki kulak yumuşakları arasını kapsar. Abdestte bu sınırlar içinde yüzün her yerine suyun değmesi için özen gösterilmelidir.[2]

Abdest Azalarında Bulunan Sinek veya Pire Pisliği Abdeste Mâni midir?

Bir kimse, bazı abdest azalarında sinek veya pire pisliği olduğu halde abdest alsa, su bunların altına geçmese dahi abdest câizdir. Onlardan kaçınmak mümkün değildir.[3]

— Bir kimsenin abdest azalarında balık derisi veya çiğnenmiş ekmek kurusu bulunsa da o kimse bu hâli ile abdest alsa; eğer su, bunların altına geçmezse, abdest câiz olmaz. Bunlardan kaçınmak mümkündür.[4]

Tırnaklar Ojeli Olduğu Hâlde Alınan Abdest Geçerli midir?

Abdestin geçerli olabilmesi için, suyun abdest organlarının tamamına temas etmesi icab eder. Oje insanın tırnağı üzerinde bir tabaka oluşturarak, altına suyun girmesine mânî olmaktadır. Bu durumda abdest geçerli olmaz. kına yakmada âzâda kalan şey sadece renktir, suyun temasına engel bir kalınlık -hacimli madde- yoktur.

1- Fetâvâyı Hindiyye, 1-20.
2- el-İhtiyar, 7.
3- Fetâvâyı Hindiyye, 1-20.
4- Nimet-i İslâm, s. 45.

Abdest Alırken, Başörtüsü Üzerine Mesh Yapılabilir mi?

— Kadının başörtüsüne meshetmesi câiz değildir. Fakat kadın başörtüsüne mesh ettiği zaman; su, geçer ve alttaki saçına damlarsa meshi câiz olur.[1]

Saçları Boyalı Kimse Başını Mesh Ederken Neye Dikkat Etmelidir?

— Saçını boyamış olan kimse, bu boyanın üzerine meshettiği zaman, yaşlık boya ile karışırsa, bu durumda başın meshedildiği su, "mâ-i mutlak" hükmünden çıkar ve yapılan mesh câiz olmaz.[2]

Uzun Tırnaklı Bir Kimse Abdest Alırken, Neye Dikkat Etmelidir?

— Gerçekten tırnak, parmak ucunu örtecek kadar uzun olursa, bu durumda onun altına suyun ulaştırılması vâciptir, eğer tırnak kısa ise vâcib değildir.

— Abdest azalarındaki tırnakların altında hamur bulunursa suyu, bu hamurun altına ulaştırmak vâciptir.

— Tırnaklarının altında kir bulunan veya çamurla uğraşan; parmaklarına kına yakan, hurma toplayan, boya boyayan kadınlar, bu gibi hallerden, kolaylıkla kaçınmaya güçleri yetmediği zaman, bunların hepsinin de abdesti câiz olur. Bunlar durum itibarıyla birbirlerine eşittir. Fetvâ bu gibilerinin -köylü, şehirli ayırmaksızın- abdestlerinin câiz olduğu üzerinedir. Tırnakları hamur olan ekmekçi de böyledir.

— Boya, toplanır ve bu da kurursa abdest ve gusüle mani olur.

— Bir kimsenin eline hamur bulaşsa ve bu hamurda kurusa, hamur az olduğu zaman o kimsenin abdesti câizdir.[3]

Bir Kimsenin Bazı Âzâlarının Derisi Soyulsa Abdesti Bozulur mu?

Bir kimsenin bazı âzâsında derisi kabarmış kabarcıklar bulunsa ve yıkama ya da meshetme onun üzerine yapılmış olsa, ardından, yani abdest veya gusülden sonra, kabarcıklar soyulsa, ya da ayağının derisinin bir kısmı veya başka âzâsından bir yer soyulsa bunların altındaki tahâret bâtıl olmaz.[4]

1- Fetâvâyı Hindiyye, 1-23.
2- Fetâvâyı Hindiyye, 1-23.
3- Fetâvâyı Hindiyye, 1-19.
4- Halebi-î Sağir, 96.

Peruk Üzerine Mesh Yapılabilir mi?

– Zamanımızda bazı kadınlar "peruk" denilen takma saç kullanmaktadırlar. İnsan saçından yapılmış peruk satmak, satın almak haram olduğu gibi takmak da haramdır.

Ancak peruk deve tüyünden, naylondan veya sun'i herhangi başka bir şeyden yapılmışsa onu takmakta beis yoktur. Mesela bir adamın başında hiç saç yoksa, bu çirkinliği kapatmak için sun'i peruk takmasında ne sakınca vardır?

Hadis-i Şerif'in lanetlediği şey, kadının saçına insan saçını eklemektir. Ama insan saçı olmazsa beis yoktur. Mesela bir kadının saçı kısadır, saçına deve tüyünden ilâve edip örgülerini çoğaltırsa asla günah sayılmaz.[1] Bir kadın, peruğu ile abdest aldığı takdirde onun üzerine mesh edilmez. Peruğa yapılan mesh, başa yapılmış sayılmayacağından abdest de sahih olmaz.

Kadınlar Çorapla Abdest Alabilir mi?

Hanefî mezhebinde abdestin farzları dörttür. Yüz, el ve ayakları yıkamak, başın dörtte birini mesh etmektir. Azaları yıkamaktan maksat üzerine suyu akıtmaktır. Bu nedenle bir kimse ayaklarını çoraplarıyla beraber musluğun altına tutsa şayet su üzerinden akmış ise mesele tamamdır. Yani abdest yerine gelmiştir. Eğer üzerine su akmamış olsa abdest tamam değildir. Hanefî mezhebinde ayak avret sayılmadığından çorapsız yıkansa da bir sakınca olmaz. Böyle bir durumda müteammiden -kasten- kadının ayağına bakan kimse günâhkâr olur.[2]

İğne Abdesti Bozar mı?

İğne yapılan yerden kan, irin vb. şeyler çıkmazsa iğne abdesti bozmaz.

Şırıngaya çekilmesi hâlinde, ancak bir sivrisineğin emeceği kadar olup, akıcı kabul edilmeyen miktarı da abdesti bozmaz. Daha fazla olursa abdest bozulur.[3]

1- Günümüz Meselelerine Fetvalar, 1-119.
2- Günümüz Meselelerine Fetvalar, 1-27.
3- Ni'met-i İslâm, s: 73.

Spiral Abdest ve Gusüle Mâni midir?

Abdestte ve gusülde yıkanması şart olan âzâlar, dış âzâlar ve bedenin dış kısmıdır.

Rahmin içini yıkama zorunluluğu yoktur ki abdesti ya da namazı olmasın.

Ancak kadının özür yokken spiral taktırmak için avretini bir kadına dahi açmayacağını da bilmek gerekir.[1]

Lens, Abdest ve Gusüle Mâni midir?

Gözlükten kurtulmak için gözlere takılan küçük lensler, gusül veya abdeste mâni değildir. Gusülde Hanefî mezhebine göre burun ile ağzın içini yıkamak gerekiyorsa da ne abdestte ne de gusülde gözün içini hiç bir mezhep de yıkamak icab etmez ve göze zarar verir.[2]

Saç Kremi Abdest ve Gusüle Engel Olur mu?

Saça sürülen krem, hacmi bulunan ve saçı kapladığından ötürü, altına suyun ulaşmasına mâni olan bir krem ise abdeste ve gusüle engel olacağından, kullanılması zaten câiz değildir. Engel değilse kullanılması câizdir.

İçinde alkol olan kremlere gelince; İslâm'ın yasakladığı, her cinsiyle alkol değil, "hamr", yani sarhoş edici olan alkol türüdür.

Alkolün, mesela, metil alkol gibi sarhoş etme özelliği olmayanı haram değildir. Bundan sebep, kullanılan alkol türü bilinmelidir.[3]

İçinde Alkol Bulunan Deodorantlar Abdesti Bozar mı?

Hangi türden olursa olsun, vücuda ya da elbiseye sürülen alkol, abdesti bozmaz.

Abdestin bozulması tamamen insanın vücudundan bir şey çıkmasına bağlıdır.

1- Hanımlara Özel Fetvalar, 1-22.
2- Günümüz Meselelerine Fetvalar, 2-31.
3- Hanımlara Özel Fetvalar, 1-25.

Ancak insanın üzerinde, ya da elbisesinde pis bir madde varken namaz kılması câiz değildir. Çünkü namaz için abdest şart olduğu gibi, üstünün başının temiz olması da şarttır.

Sözü edilen deodorantlar ve parfümlerdeki alkol ise Hanefî mezhebinin bazı imamlarına göre pis olan alkol türünden olmadığından, onlar namaza da mâni değildir.

Ancak diğer mezheplere göre onlar da pis sayıldığı için, onların değdiği yeri yıkayarak namazlarını kılanlar daha tedbirli davranmış olur.[1]

Şırınga Abdesti Bozar mı?

– Bir kimse şırıngayı dübürüne dahil eder, sonra çıkardığında eğer onun üzerinde bir yaşlık olmazsa onu dübürüne dahil etmekle abdesti bozulmaz. En ihtiyatlısı ise abdest almasıdır.

Çünkü yaşlığın olmaması nâdirdir. Yaşlık çok kere bulunur. Fakat farkedilmemekte, görülememektedir.[2]

– Dübüre yağ şırınga edilir de, yağ tekrar dışarı çıkarsa abdest bozulur.[3]

Dübürüne Batırılan Bir Şey Abdesti Bozar mı?

– Dübüre batırılan bir şeyin çıkması abdesti bozar. Üzerinde rutubet olmasa da. Çünkü giren şey bağırsaklara ulaşmıştır. Bağırsaklar ise pislik yeridir.

– Dübüre kaybeluncaya kadar daldırılıp sonra kişinin çıkardığı veya kendi kendine çıkan her şey abdesti bozar. Ama bir tarafını daldırıp bir tarafını dışarıda bıraktığı her şey bozmaz.

– Dübürüne parmağını sokan kimse, onu kayboluncaya kadar batırmamışsa abdesti bozulmaz.[4]

1- Hanımlara Özel Fetvalar, 1-24.
2- Halebi-i Sağir, 84.
3- İbn-i Âbidin, 1-214.
4- İbn-i Âbidin, 1-214.

"Oruç" girmekle, abdest ise çıkmakla bozulur. Onun için bir kimse' dübürüne kuru bir çubuk sokarsa iyice daldırmasa orucu bozulmaz. Zira çubuk tamamıyla girmemiştir. Parmak da onun gibidir. Çubuk kayboluncaya kadar girerse girmek tahakkuk ettiği için oruç bozulur.

Çubuk görünmez olup, çıkarıldığı vakit kişinin abdesti mutlak surette bozulur. Görünmez olmadan çıkarılırsa üzerinde ıslaklık veya koku bulunduğu takdirde abdest bozulur, aksi takdirde bozulmaz.[1]

Banyo ve Tuvaletin Birarada Olduğu Yerde Abdest Alınabilir mi?

Alınabilir. Ancak başka abdest alabilecek uygun yer varsa orada almalıdır.[2]

Pis bir mahalde abdest almak mekruhtur.

— Çünkü abdest suyu muhteremdir.[3]

Abdestten Sonra Kurulanacak Kimse Neye Dikkat Etmeli?

— Abdest âzâlarını, istincâ mahallini sildiği bez parçası ile abdest yerlerinin şerefini koruma bakımından silmemelidir.[4]

Abdest Alırken, Şüpheye Düşen Kimse Nasıl Davranır?

— Bir kimse, abdest alırken, bazı âzâlarını yıkayıp yıkamadığı hususunda şüpheye düşse, eğer bu şüphe, o kimsenin ilk şüphesi ise, sadece şüphe ettiği yeri yıkar. Fakat bu kimsede, bu şekildeki şüpheler çok kere oluyorsa, o şüpheye iltifat edilmez.

— Abdest aldıktan sonra vaki olan -bu gibi- şüphelere iltifat edilmez.

— Abdestinin bozulup bozulmadığı hususunda şüpheye düşen kimse abdestli sayılır.

1- İbn-i Âbidin, 1-216.
2- Hanımlara Özel Fetvalar, 1-22.
3- İbn-i Âbidin, 1-189.
4- Halebi-î Sağir, 23.

— Fakat abdest alıp almadığı hususunda şüpheye düşen kimse abdestsizdir. Bu durumda taharrî ile -abdestli olup olmadığını araştırıp, bir neticeye varmaya çalışmakla- amel olunmaz.[1]

Bir Kadın Abdest Alacak Tenha Bir Yer Bulamazsa Ne Yapar?

Bir kadın abdest alması gerektiğinde, kırda, yolculukta, çeşme başında, câmi şadırvanında, hatta kendi evinde, yabancıların avret mahallini göremeyeceği bir yer bulamazsa teyemmüm eder namazını öyle kılar.

Dişe Dolgu Yaptırırken veya Diş Kaplatırken Abdeste veya Gusüle Gerek Var mıdır?

Hanefî mezhebinde, abdest alırken ağzın içi yüzden sayılmaz. Şafiîler de aynı görüştedirler.

Hanefî mezhebinde gusülün farzları 3'tür.

1. Mazmaza -ağıza su vermek-
2. İstinşak -buruna su vermek-
3. Bütün bedeni yıkamak

Bu farziyet, suyu ulaştırmakta bir meşakkat, bir mâni olmadığındadır.

Yıkanması farz olan yere eğer suyu ulaştırmakta meşakkat olursa -yaranın üzerindeki sargı, kırık üzerindeki alçı gibi- o yeri yıkamanın farzı düşer. Yıkanması gereken bu yerlere mesh yapılır. Bu mesh -vakit tâyin olunmaksızın- meşakkat kalkıncaya kadar yıkama hükmündedir.

Bir dişin çürük olduğu zaman doldurulması veya icab ettiği zaman kaplatılması yukarıdaki hükümlere kıyas edilerek câiz görülmüştür. Abdeste ve gusüle hiç bir mânisi yoktur.[2] Çürüyen dişe yapılan dolgu veya kaplama hemen o dişin hükmünü almaktadır. Tıpkı yara üzerine sarılan sargı bezi gibi. Dolgu ya da kaplama dişe tabidir, tabiiyet de aslın hükmünü taşır. Abdestte olsun gusülde olsun, dolgunun veya kaplamanın ağıza alınan su ile ıslanması yeterlidir.

1- Fetâvâyı Hindiyye, 1-48.
2- Kaynaklarıyla İslâm Fıkhı, 4-63.

GUSÜL -BOY ABDESTİ-

Gusül -veya gasl- sözlük mânâsı olarak "yıkama işinin yapılması3, ya da "kendisi ile yıkanılan su" demektir.

Dinî terim anlamı "Özel bir şekilde vücudun tümüne temiz su dökmek" demektir.[1]

Islak bezle silmek suretiyle gusül olmaz. Gusül su döküp, akıtmakla yıkanmadır.

Kur'ân-ı Kerîm'de: *"Eğer cünüp iseniz iyice temizleniniz."*[2] buyurulmaktadır. Bu bedenin bütünü ile temizlenmesine dair bir emirdir. Şu kadar var ki gözlerin içi gibi suyun ulaşmasına imkân olmayan ve irade dışı kalan yerler bundan müstesnadır. Bu gibi yerlerin yıkanmasında eziyet ve zarar vardır.

Gusülün Maddi ve Mânevî Faydaları

— Gusül abdesti alan kimse Yüce Allah'ın -c.c.- emrini yerine getirmekle sevap kazanır.

— Cünüp olan kimse, üzerinde bir ağırlık hisseder, gusül abdesti alınca bu ağırlıktan kurtulur.

Gusül her ne kadar hükmî bir temizlik ise de maddî temizliği de içinde bulundurmaktadır, müslümanın kendisi madden ve mânen temiz hissetmesini sağlar.

— Yeniden canlılık kazandırır, çalışma arzusu verir, gayreti harekete geçirir.[3]

Gusülü Gerektiren Haller

Bir müslümanın "hades-i ekber" yani büyük hükmi kirlilik hâlinde bulunması ona gusülü gerektirir.

1- Keşşâfu'l-Kınâ, 1-158.
2- Mâide, 6.
3- İslâm Fıkhı Ansiklopedisi, 1-268.

Cünüplük

Cünüplük -cenâbet- lugatta, uzaklaşmak anlamına gelir. Fıkıhta ise; meninin gelmesi, cinsel ilişki veya bu hükümde olan şeyler nedeniyle erkek veya kadının bedeninde var olduğuna hükmedilen mânevi bir kirliliktir. Bu sebepten dolayı namazdan uzaklaştığı, bu durumda namaz kılamadığı için "cenâbet" kelimesi kullanılmıştır.[1]

Menînin gelişi iki durumda olur:

1. Uyanık iken menî gelmesi
2. Uykuda iken menî gelmesi

Uyanık iken cinsel ilişkiden başka nedenlerle gelen menî genel de lezzetle gelir. Bazan da bir hastalıktan veya acıdan sebep gelir. Oynaşmak, çıplak bedenle sarılmak, öpmek, kucaklamak, bakmak, düşünmek ve benzeri sebeplerden lezzetle gelen menî gusülü gerekli kılar. Lezzetle beraber gelmesiyle, lezzet duyulup sâkinleştikten sonra gelmesi arasında hüküm bakımından bir fark olmayıp her iki şekilde de gusül gerekli olur. Yine aynı şekilde hanımıyla oynaşıp onu öptükten sonra lezzet duymayan bir erkeğin bundan hemen sonra menîsinin akması hâlinde gusül yapması lâzımdır. Fakat bir hastalıktan dolayı veya sırta vurulan şiddetli bir darbeden sebep ve benzeri nedenlerle menî akacak olursa, gusül gerekli olmaz.[2]

– Uykuda iken menî akmasına ihtilâm denmektedir.[3]

Âdet Görme

Âdet kanının kesilmesi, veya âdet dönemi için öngörülen sürenin dolması, hanıma gusül abdesti almasını gerektirir.

Lohusalık

Lohusalıktan dolayı gelen kanın kesilmesi veya lohusalık için öngörülen sürenin dolması sonunda lohusa kadın gusül abdesti almak zorundadır.

1- el-Kamus el-Fıkhî, 68.
2- Kitabu'l Fıkh Ale'l Mezahibi'l Erbaa, 1-139.
3- Kitabu'l Fıkh Ale'l Mezahibiu'l Erbaa, 1-143

İnzal Olmasa Dahi Erkek Ve Kadının Sünnet Yerlerinin Kavuşması

Cinsel ilişki hâlinde, sünnet yerinin veya o kadar bir kısmının duhulü ile buluğ çağına ermiş kadın ve erkek gusletmesi gerekir. Bir hadîs-i şerîfte: "İki sünnet yeri birleştiğinde gusül gerekir."[1] buyrulmuştur.

Şehid Olmayan Müslümanın Ölümü

Her dört mezhepte de şehid olmayan ve cünüp de bulunmayan müslüman ölünün gusledilmesi kifâye yolu ile müslümanlara vâciptir.[2]

Kâfirin İslâm'a Girmesi

Hanefîlerle, Şafiîlere göre bu kişinin gusletmesi müstehaptır. Abdest alması da yeterlidir. Çünkü Hz. Peygamber -s.a.v.- Müslüman olan herkese gusletmesini emretmiş değildir.

Cünüp olarak İslâm'a girmesi hâlinde kâfire gusletmesi vâciptir. Bunun vücûbunu hükme bağlayan deliller vardır. Mesela: "Eğer cünüp olursanız iyice temizleniniz." âyet-i kerîmesi bunlardandır. Bu âyet-i kerîme'de kâfir ile müslüman arasında fark gözetilmemiştir.[3]

Gusülün Farzları

Gusülün farzları üçtür:

1. Bir kere dolu dolu ağzı su alıp çalkalamak.

2. Bir kere buruna su çekip yıkamak.

3. Tepeden tırnağa kadar iğne ucu kadar kuru bir yer kalmamak üzere bedenin tamamını yıkamak.

İmam-ı Şafiî'ye göre gusülün farzı ikidir:

1. Niyet.

1- Ahmed b. Hanbel, 6-239.
2- İslâm Fıkhı Ansiklopedisi, 1-224.
3- İslâm Fıkhı Ansiklopedisi, 1-274.

2. Bütün vücudu yıkamak.

Şafiî'lerde gusül alırken ağız ve burnu yıkamak sünnettir.[1]

Gusülün Sünnetleri

– Gusüle başlarken kalben niyetlenmek, dille de mesela; "Cünüplükten temizlenmek için gusletmeye niyet ettim." demek.

– Başlarken "Besmele" çekmek.

– Elleri bileklere kadar y.ıkamak.

– Üzerinde pislik olmasa dahi cinsel organı yıkamak.

– Gusüle başlamadan evvel vücut üzerindeki pislikleri gidermek.[2]

– Gusülden önce namaz abdesti gibi abdest almak.

– Suyu başına ve vücudunun diğer yerlerine dökerek üç defa yıkamak.

– Suyu guslederken önce 3 defa sağ omuza, sonra 3 defa sol omuza daha sonra da 3 defa başa ve diğer yerlere dökmek. Gusleden kimsenin ayaklarının altında su birikiyorsa, ayaklarını yıkamayı sonraya bırakır.

– Guslederken kıbleye dönmemek.

– Yıkanan yerleri ovalamak.

– Guslederken kimsenin görmeyeceği bir yerde yıkanmak.

– Guslederken konuşmamak.

– Guslettikten sonra, bir havlu ile kurulanmak.[3]

Tam Bir Gusülün Keyfiyeti Sünette Tarif Edilmiştir

Hz. Âişe Validemiz -r.a.- anlatmıştır: "Resulullah -s.a.v.- cünüplükten gusledeceği vakit, önce ellerini yıkamakla başlar, sonra sağ eliyle solunda -su- boşaltıp, avret yerini yıkar, sonra abdest alır. Ondan sonra su alarak parmaklarını saçlarının dibine kadar sokar. Daha sonra başına üç avuç su döker, ondan sonra da vücudunun diğer kısımlarına su dökerdi. Arkasından da ayaklarını yıkardı."

1- Mevkûfat, 1-30.
2- Kitabu'l Fıkhı Alâ Mezâhıbu Erbaa, 1-150.
3- Fetâvâyı Hindiyye, 1-53.

Âlimler, Resulullah'ın -s.a.v.- uygulamasına uyarak gusülden önce abdest almanın müstehap olduğu üzerine aynı görüştedirler. Diğer taraftan bu, gusülü daha bir kolaylaştırıcı ve daha bir güzelleştiricidir.[1]

Gusülün Çeşitleri

– **Farz olan gusüller:**

    Cünüplükten dolayı gusletmek

    Âdetten dolayı gusletmek

    Lohusalıktan dolayı gusletmek

– **Sünnet olan gusüller:**

    Cuma günü yapılan gusül

    Bayram günü yapılan gusül

    Arefe günü yapılan gusül

    İhram zamanı yapılan sünnet.

– **Mendup olan gusüller:**

    Mekke'ye girmek için gusletmek.[2]

    Müzdelife'de vakfe için gusletmek,

    Medine-i Münevvere'ye girmek için gusletmek,

    Mecnun için, cinnetten kurtulunca gusletmek

    Bulûğ yaşına erişen erkek veya kız çocuğunun gusletmesi.[3]

1- İslâm Fıkhı Ansiklopedisi, 1-275.
2- Fetâvâyı Hindiyye, 1-59.
3- Fetâvâyı Hindiyye, 1-60.

GUSÛL ABDESTİ İLE İLGİLİ MERAK EDİLEN MESELELER

Cünüp Olan Kimse Hemen mi Gusül Etmeli?

Cünüp olan kimse, vakit olduğu hâlde, gusülü namaz vaktine kadar tehir etmekle günâhkâr olmaz.[1] Fakat namaz vakti gelmeden yıkanması müstehaptır.[2]

Gusül Abdesti Ne Kadar Su İle Alınır?

— Gusletmek için bir sa' -yaklaşık olarak 4.240 kg- suyun, abdest için de bir müd -yaklaşık olarak 1.60 kg- suyun yeterli olacağını bildirilmiştir.

Doğru olan şudur; bu miktar, yeterli olan miktarın en aşağı derecesidir, kati takdir değildir. Yani gusül abdesti alacak kimseye bu miktardan azı kâfi gelirse, aşırı olmamak şartı ile suyu azaltır ve eğer bu miktar yetmez ise israf etmeksizin suyu çoğaltır.[3]

Gusül Abdesti Alınan Yerde Zikir Yapılır mı?

— Gusül abdesti alınan yerde, Kur'ân okumak, zikir yapmak ve duâ etmek mekrûh olur.[4]

Gusül Esnasında Kadının Örgülü Saçlarını Çözmesi Gerekir mi?

— Gusül esnasında eğer su, kadının saçlarının dibine ulaşıyorsa -saçların kökleri ve deri ıslanırsa- örgülü saçlarını çözmesi lazım gelmez.

1- Halebi-î Sağir, s: 59.
2- Ali Akın, İslâm İlmihali, 1-154.
3- Fetâvâyı Hindiyye, 1-60.
4- Halebi-î Sağir, 41.

— Kadının saçları örülü değilse ve su saçlarının dibine kadar ulaşmıyorsa bu durumda suyu saçlarının arasına girdirmesi gerekir.¹ Saçları örgülü değilse saçının her bir telinin gusül alırken ıslanması farzdır.

Gusül Esnasında Suyu Küpe Deliklerine Ulaştırmak Gerekir mi?

— Kadın, dar yüzükler, bilezik ve küpeler takınmışsa suyun alt taraflarına ulaşması için, bunları oynatması vâciptir.

— Kulakları delik olup, küpelerini takmamışsa suyu kulaklarının deliklerine girdirmesi gerekir. Su girmezse kadının, buraya suyu, kendisinin ulaştırması îcab eder. Fakat kadın -su kolay girsin diye- küpe deliklerine, çöp ve benzeri şeyleri sokmakla mükellef olmaz.²

— Çıkarılmışsa, küpe deliklerinin içini yıkamalıdır. Şöyle ki: Bu deliklerin ıslanmış olduğuna kuvvetli zann hasıl olmalıdır. Böyle bir zann hasıl olmazsa, onları elleri ile uğraşarak ıslatmaya çalışmalıdır.

— Eğer küpelerinin deliklerine su ulaşmayıp ancak güçlük ile girse ve yine küpelerini çıkardıktan sonra küpeleri, deliklere zorlukla girecek şekilde kapanmış olsa, bunda sıkıntı ve güçlük olduğu için yıkanması farz olmaz.³

Gusül Esnasında Suyun Göbeğe Ulaşması Gerekli midir?

— Gusül abdesti alırken, suyu göbeğin içine ulaştırmak farzdır. Çünkü bu bedenin dış kısmıdır.⁴ Suyu göbeğe ulaştırmak için bir kimsenin parmağını göbeğinin deliğine sokması uygun olur.⁵

— Parmağı göbek çukuruna koyup hareketlendirmek gerekir.⁶

1- Fetâvâyı Hindiyye, 1-50.
2- Fetâvâyı Hindiyye, 1-51.
3- Gurer ve Dürer, 1-34.
4- Halebi-î Sağir, 33.
5- Fetâvâyı Hindiyye, 1-51.
6- Erbaa, 1-145.

"Mezî-Kazî" ve Vedî Gusülü Gerektirir mi?

"Mezî-kazî" ve vedî çıkması hâlinde yalnızca cinsel organ yıkanır ve abdest alınması gerekir.[1] Çünkü Peygamber Efendimiz -s.a.v.- "Her erkekten mezî çıkar ve bundan dolayı abdest gerekir.[2] buyurmuştur.

İhtilâm Olan Kimse Gusül Abdesti Alır mı?

– İhtilâm olduktan sonra uykusundan uyanan bir kişi iç çamaşırında, vücudunda veya cinsel organının dışında ıslaklık görürse, gusül yapması gerekir. Ancak bu ıslaklığın menî olmadığına kesin kanaatı hâsıl olursa gusletmesi lâzım gelmez.

Bu ıslaklığın, menî mi, mezî mi, vedî mi olduğunda şüpheye düşerse, uykuda lezzet duyduğunu hatırlayıp hatırlamadığına bakmaksızın, gusül yapması farz olur.[3]

– Eğer yaşlılık görür fakat ihtilâm olduğunu hatırlamaz ve yaşlığında vedî olduğu kanaatine varırsa, o kimseye gusül gerekmez.

– Bu yaşlığın meni olduğuna kanaat getirirse gusletmesi icab eder. Eğer o kimse yaşlığın mezî olduğuna inanırsa yine gusletmesi gerekmez.[4]

Cin ile Cinsel İlişkide Bulunan Kimse Gusül Abdesti Alır mı?

Bir kadın; "Benimle beraber bir cin var. Bana çok defalar geliyor ve ben, kocamla cinsel ilişkide bulunduğum lezzeti onunla beraber olurken duyuyorum" dese kadına gusül lâzım gelmez.

Çünkü gusülün sebebi yoktur. Gusülün sebebi girdirme ya da ihtilamdır. Kadın ancak meni görürse gusül gerekir.

Cin kadına insan suretinde görünür ve cinsel ilişkide bulunursa yine gusül gerekir.[5]

1- Dinî Meselelerimiz, Mehmet Talû, 1-207.
2- Ahmed b. Hanbel, 4-342.
3- Kitabu'l Fıkh - Ale'l Mezahibiu'l Erbaa, 1-143.
4- Fetâvâyı Hindiyye, 1-55.
5- İbn-i Âbidin, 1-237.

İhtilâm Olduğunu Hatırlayan ve İnzâl Lezzeti Duyan Bir Kimse Gusül Abdesti Alır mı?

– İhtilam olduğunu hatırlayan ve inzâl lezzeti duyan bir kimse, bir yaşlık görmese o kimsenin gusletmesi lâzım gelmez. Hüküm kadın için de böyledir. Kadının, üzerine gusülün farz olması için, menisinin fercinin dışına çıkmış olması şarttır.[1]

Kadına, Eşiyle Oynaşmasından Dolayı Gusül Gerekir mi?

Kadına kocasıyla cinsel ilişki dışında sevişme ve oynaşmasından dolayı gusül abdesti alması lâzım gelmez. Gusülün farz olması için kadından meninin gelmesi gerekir. Sevişme ve oynaşmadan sonra ortaya çıkan "kazî"den sebep kadına gusül abdesti alması gerekmemektedir.

Meni Gelmeyen Cinsel İlişki İçin Gusül Gerekir mi?

Erkek, cinsel organının sünnet mahalline kadarını, isteyerek, ya da istemeyerek, uykuda veya uyanık iken eşinin cinsel organına sokarsa her iki tarafa da gusül gerekir. Boşalma olmasa dahi bu böyledir.[2]

Karı-koca, Yataklarında Islaklık Görürse Kime Gusül Gerekir?

Karı-koca, yattıkları döşekte meni görürler de ihtilâm olduklarını hatırlayamazsalar bir görüşe göre meniye bakılır. Beyaz ve koyu ise erkeğin, berrak sarı ise kadının menisi olduğuna hükmedilir. Bu durumda meni kime aitse o gusül alır. Ancak bu durum anlaşılamazsa, her ikisine de gusül abdesti, vâcip olur.

– O döşekte karı-kocadan başkası yatmışsa, görülen meni kuru olduğu takdirde "Her ikisine de gusül vâcip olmadığının" anlaşıldığı söylenmiştir.[3]

1- Fetâvâyı Hindiyye, 1-56.
2- İbn-i Âbidin, 1-237.
3- İbn-i Âbidin, 1-242.

Bir Kadın Şu İki Sebepten, Bir Kere Gusül Etse Olur mu?

Âdeti biten kadın, yıkanmaksızın eşiyle cinsel ilişkide bulunursa, iki sebep için bir gusül abdesti alması yeterlidir.[1]

Kadın Cinsel İlişkiden Sonra Âdet Görürse Gusül Gerekir mi?

Bir kadın eşiyle cinsel ilişkide bulunduktan sonra veya ihtilâm olduktan sonra âdet görse, yıkanıp-yıkanmamakta serbesttir. Ancak yıkanması daha uygundur.[2]

Henüz Baliğa Olmamış Kıza, Eşiyle Cinsel İlişkiden Sonra Gusül Gerekir mi?

Eğer erkek bulûğa ermiş bulunur, kız henüz baliğa olmamış olursa erkeğin gusletmesi lâzım gelir. Kızın gusletmesi gerekmez.[3]

Kadın, Gusül Esnasında Cinsel Organının İçini Yıkar mı?

Cünüplük, "âdet görme" veya lohusalık durumu sonrasında gusül abdesti alırken kadına, cinsel organının dışını yıkaması vâciptir.[4] İç kısmını yıkamak icab etmez, çünkü orası iç uzuvdur.

Gusülden Sonra Kadından Meni Çıkarsa Tekrar Yıkanması Gerekir mi?

– Eşiyle cinsel ilişkiden sonra, yıkanan kadından, yıkandıktan sonra eşinin menisi çıksa o kadına gusül değil abdest alması lâzım gelir.[5] Kadın yıkandıktan sonra kendisinden gelen meni yüzde yüz o kadına ait olduğu takdirde gusül abdestini tekrarlar.

1- İbn-i Âbidin, 1-250.
2- El-Mebsut, 1-70
3- Fetâvâyı Hindiyye, 1-57.
4- Gurer ve Dürer, 1-34.
5- Fetâvâyı Hindiyye, 1-55.

Kadının Cinsel Ogranına Herhangi Bir Cismin Girmesi Gusülü Gerektirir mi?

Kadının cinsel organına, erkeğin cinsel organından başka bir şey, mesela parmak, odun, plâstik alet, yapay organ sokulması hâlinde, seçkin görüşe göre, kadın, şehvet duymuş ya da bundan şehvet kastetmiş ise yıkanması gerekir; aksi hâlde gerekmez. Kadın cinsel organına giren parmağın kendisinin ya da erkeğin parmağı olması fark etmez.[1]

Oje Gusüle Mâni midir?

– Tırnakta veya vücudun herhangi bir yerinde bulunan hamur, balmumu, sakız, balık pulu oje vb. şeyler altlarına su geçirmemelerinden sebep gusüle mânidirler. Altlarının yıkanması gerekir.[2]

Sinek ve Pire Gibi Canlıların Pisliği Gusüle Engel Olur mu?

– Sinek ve pire gibi canlıların pisliği gusüle mâni değildir. Bunlardan korunmaya imkân yoktur.[3]

Saç Boyası Gusüle Mâni Olur mu?

Kadının saçının rengini değiştirmek için kullandığı boya, saç telleri üzerinde suyun altına geçmesine engel olacak bir tabaka oluşturuyor, saç telleri kuru kalıyorsa gusül sahih olmaz.

Kına Abdeste ve Gusüle Mâni midir?

Kına bitkisinin rengi, gerek abdest olsun gerek gusül olsun, temizliğe mâni olmaz. -Kınanın maddesi ise çamur gibi olduğundan mâni olur.-[4] Kına vurulup yıkandıktan sonra, saç tellerinde, eller veya ayaklarda sürüldüğü yerde tabaka hâsıl etmez.

1- Hanımlara Özel Fetvalar, 1-26.
2- İbn-i Âbidin, 1-225.
3- İbn-i Âbidin, 1-223.
4- Gurer ve Dürer, 1-19.

– Kadın, başına kokulu bir şey yapıştırmış olsa da bu sebeple su saçlarının dibine ulaşmasa; suyun, saçların dibine erişmesi için, o şeyi gidermek kadına vâcib olur.[1]

Bir Kimse Gusül Abdesti Aldıktan Sonra Vücudunda Olan Bir Yaranın Kabuğu Düşse Tekrar Gusül Abdesti Almak Gerekir mi?

– Bir kimsenin vücudunda bir yara bulunsa ve bu yaranın kabuğu kabarmış olsa, fakat etrafları henüz deriye bitişik bulunsa ve -bu sebeble- altına su ulaşmazsa bunda bir sakınca yoktur. Sonradan kabuk yerinden koparılırsa, tekrar yıkanması gerekmez.[2]

Cünüp Hâldeki Eşler Aynı Kaptan Yıkanabilir mi?

Erkek ve kadının bir kaptan gusül abdesti almalarında bir sakınca yoktur.[3] Bu bütün âlimlerin görüşbirliği ile câizdir. Birbirlerinden artan su ile yıkanmalarında da bir sakınca yoktur.[4]

Ezan Okunurken Cünüp Kimse Müezzinin Söylediği Sözleri Söyler mi?

– Ezan okunurken, cünüp olan bir kimseye müezzinin söylediği sözleri söylemek suretiyle tasdik ve şehâdet etmek lâzımdır.[5]

Cünüp Olan Kişi Yıkanmadan Uyuyabilir mi?

Bu durum Peygamber Efendimiz'e sorulduğunda:

– Evet -cinsel organını yıkadığı- namaz için abdest aldığı gibi abdest aldığı zaman- uyuyabilir."[6] buyurmuştur. Namaz vakti geçmeyecekse sakıncası yoktur.

1- Fetâvâyı Hindiyye, 1-51.
2- Fetâvâyı Hindiyye, 1-50.
3- Halebi-î Sağir, s: 27.
4- Sahih-i Müslim Tercüme ve Şerhi, 2-518.
5- Tahtavî, s: 117.
6- Sahih-i Müslim Tercüme ve Şerhi, 6-490.

Cünüp Yıkanırken, Su Kabına Su Sıçrarsa, Su İfsad Olur mu?

Cünüp bir kimse yıkanırken, bedeninden, su kabına su sıçrasa bu hâl, suyu ifsâd etmez. Fakat, cünüp kimsenin bedeninden akmakta olan su, akarak su kabına girmiş olsa suyu ifsâd eder.[1]

Cünüp, Elini Su Kabına Soksa Su Pis Olur mu?

Abdesti olmayan, cünüp bulunan veya âdetli olan bir kimse, su almak için, temiz olan elini, bir su kabına soksa -zarûretten dolayı- o su, müsta'mel -kullanılmış su- olmaz.

Cünüp Bulunan Kimsenin Vücudu Pis Olur mu?

Ebû Hureyre -r.a.- anlatmıştır: Cünüp iken Medine sokaklarından birinde Peygamber Efendimizle karşılaştım. Yanından savuşup gittim ve gusledip geldim.

Hz. Peygamber:

– "Ya Eba Hüreyre nerede idin?" diye sordu.

– Cünüp idim. Tahâretsiz olarak sizinle birlikte oturmak istemedim, dedim. Bunun üzerine:

– "Sübhâna'llah! Mü'mün -hiç- pis olmaz." buyurdu.[2]

Cünüp Kimse Yiyip-İçebilir mi?

Cünüp olan kimse yiyecek bir şeyler yemek veya su içmek isterse, önce elini ve ağzını yıkaması, sonra yiyip içmesi gerekir.

Elini ve ağzını yıkamadan yemesi, içmesi mekruhtur. Fakat âdetli veya lohusa olan kadın böyle değildir. Onların elini ve ağzını yıkamadan yemeleri ve su içmeleri mekrûh değildir. Çünkü kendileri o hâllerinde gusül etmekle emredilmiş değillerdir.[3]

1- Fetâvâyı Hindiyye, 1-83
2- Sahih-i Buhâri Muhtasarı, 1-214.
3- Halebi-î Sağir, s: 62.

Cünüp Kadın Çocuğunu Emzirebilir mi?

Emzikli kadın, âdet hâlinde çocuğunu emzirebildiği gibi cünüp iken de emzirebilir. Bu hususta görüş farklılığı yoktur.[1]

Cünüp Olan Kimse Tırnaklarını Kesebilir mi?

Bu konuda âdetli de cünüp hükmündedir. Vücudundan tırnak ya da tüy kesmesi mekruhtur. Bir zarûret yoksa temizlenmeyi beklemelidir.[2]

İmam-ı Gazalî, İhyâu Ulumi'd-Din'de: "Kişinin cünüp olarak tırnaklarını kesmemesi, sakak ve etek traşı olmaması, kan aldırmaması, vücudundan herhangi bir parçası ayırmaması gerekir. Çünkü âhirette vücudunun diğer kısımları ona iâde edileceği vakit, bunlar ona cünüp olarak iade edilir. Ve denildiğine göre her bir kıl, niçin cünüp bırakıldığını sorar.

TEYEMMÜM

Teyemmüm, lugatta kasd etme mânâsına gelmektedir.[3]

Şer'ân teyemmüm: Namaz ve benzeri tahâret gerektiren ibâdetleri mubah kılmak için abdest veya gusül temizliği yapma niyetiyle elleri ve yüzü meshetmek üzere toprağa kasdetmek demektir.[4]

Yüce Allah -c.c.- Kur'ân-ı Kerîm'de: *"Eğer hastalanır veya bir yolculuk üzerinde olup da su bulamazsanız temiz toprak ile teyemmüm ediniz."*[5] buyurmaktadır.

Bir hadîs-i şerifte de şöyle buyrulmuştur: "Müslüman su bulamadığı müddetçe teyemmüm, onun temizliğidir."[6]

1- Günümüz Meselelerine Fetvâlar, 1-31.
2- Hanımlara Özel Fetvalar, 1-68.
3- Gurer ve Dürer, 1-70.
4- Kütüb-i Sitte, 1-501.
5- Nisa, 43.
6- Neseî, Tahâret.

Teyemmüm, Kitap, Sünnet ve İcmâ-i Ummet ile sabittir.[1]

Teyemmüm su bulunmadığı zaman, abdestin yerine geçtiği gibi gusülün yerine de geçer.

Teyemmümün Farzları

1. Niyet etmek.

2. Hz. Câbir'den -r.a.- rivâyet edildiğine göre Peygamber Efendimiz -s.a.v.-: "Teyemmüm iki vurmaktan ibarettir, bir vuruş yüz için, ötekisi de dirseklere kadar iki ellerin -meshedilmesi- içindir."[2] buyurmuştur. Toprağın tüy diplerine ulaştırılması şart görülmemiştir.

Teyemmümün Sünnetleri

– Besmele ile başlamak.

– Elleri yere koyup ileri geri sürmek.

– Elleri birbirine vurarak silkelemek.

– İki elini, parmakların arası açık şekilde toprak üstüne koymak.

– Tertip sırasına uymak ve ara vermeden arka arkaya teyemmüm yapmak.[3]

Teyemmümü Meşru Kılan Sebepler

1. Suyun bulunmaması: Tahârete muhtaç olunan yerde, suyun, bulunmasına kuvvetli zann olduğu zaman, suyu o yerde aramak şarttır.

Bu durumda kişi, 300 adımdan 400 yüz adıma kadar sağ tarafa ve sol tarafa gidip, gezinir, su arar. Suyu aradığı hâlde bulamazsa teyemmüm eder.[4]

1- Gurer ve Dürer, 1-57.
2- Hâkim, Müstedrek Tehâret.
3- İbn-i Âbidin, 1-354.
4- Halebi-î Sağir, s: 65.

2. Suyu kullanmaya manî şer'î bir özrün bulunması: -Su bir milyani 400 adım- uzakta ise yok farzedilir.

– Su olsa dahi yıkandığı takdirde hastalanacak veya hastalığı artacak ise kişi teyemmüm eder. Bunu kendi tecrübesi veya müslüman bir doktorun tavsiyesi ile bilebilir.

– Bazen su yakındadır. Ancak suya ihtiyacı olan almaya gittiği takdirde mal, can veya ırzına ya da emânetindeki bir şeye bir tehlike gelmesi ihtimali bulunuyorsa, bu durum teyemmümü meşru kılar.

– Bazen de abdest veya gusüle yetecek su bulunsa da miktarca az olup, su sıkıntısı çekilecekse, teyemmüm câizdir.

– Su kullanıldığı takdirde geçen zaman sebebiyle bayram veya cenaze namazı kaçırılacaksa, bu durumda da teyemmüme cevâz verilmiştir. Cuma ve diğer namazlar gibi bedeli veya kazası olan namazlar için teyemmüme cevâz verilmemiştir.[1]

Teyemmümün Alınış Şekli

Teyemmüm etmekte, şekil ve yapılış bakımından hiç fark olmadan, cünüp, abdestsiz, âdetli ve lohusa olan kimseler eşittir.[2]

– Cünüp, abdestsiz, âdetli veya lohusalı, her kimse önce kollarını sıvar. Eûzü Besmele çeker. Mesela; cünüplükten temizlenmeye niyet eder.

– Sonra parmaklarını açar, ellerinin iç kısımlarını temiz toprağa veya toprak cinsinden bir şeyin üzerine hafifçe vurarak, önce ileri, sonra geri çekerek sürer -vuruştan maksad koymaktır.-

– Ellerini kaldırır, hafifçe birbirine vurur, silkeler. Bu ellerinin iç kısımları ile yüzünün her tarafını mesheder.

– Sonra ellerinin iç kısımlarını aynı şekilde tekrar toprağa vurur, silkeler.

– Önce sol elinin baş ve işaret parmaklarını ayırır, diğer parmaklarının iç tarafları ile sağ elinin parmak uçlarından başlayarak kolunun dış tarafını dirseklere kadar -dirseklerle beraber- mesheder.

1- Kütüb-i Sitte, 1-312.
2- Mülteka, 1-50.

– Sol el ile sağ elin meshedilişi gibi, aynen sağ elle de sol el meshedilir.

– Açıklandığı gibi, teyemmümde sıra gözetilerek, önce yüzü, sonra kolları meshetmeli ve bu işlemde kesinti yapmamalıdır.

– Teyemmüm eden kimsenin yüzük ve bileziği varsa, çıkartması ya da oynatması gerekir.[1] Ve parmaklarının arasını hilâllemesi lâzımdır.

Hanefî imamlarından gelen zâhir rivayette bu farzdır. Mesh olunmadık bir parça yer kalmış olsa mesh sahih olmaz.[2]

1- Fetâvâyı Hindiyye, 1-94
2- Halebi-î Sağir, s: 64.

TEYEMMÜM İLE İLGİLİ MERAK EDİLEN MESELELER

Teyemmüm Ne Gibi Şeylerle Yapılır?

— Teyemmüm yer cinsinden olan temiz şeylerle yapılır.

— Yanınca kül olan odun, ot ve benzerleri gibi şeylerle, ateşte yumuşatılıp, eritilebilen, demir, bakır, tunç, cam, altun, gümüş ve benzerleri gibi şeyler, yer cinsinden değildirler.[1]

— Altın ve gümüş toprakla karışık olduğu zaman, toprak fazla ise teyemmüm câizdir.[2]

— Ebu Hanîfe ve İmam Muhammed'e göre, teyemmüm arz -yer- cinsinden olan toprak, kum, bütün çeşitleriyle taş, hatta akîk, zeberced ve başkaları ile, kireç, alçı, aşı toprağı, kil ve emsâli gibi bu cümleden olan şeylerle, câiz olur.[3]

— Kiremit ile teyemmüm yapılır.[4]

Tuz ile Teyemmüm Câiz Olur mu?

— Teyemmüm, arz cinsinden temiz bir şey üzerine iki darbe -vuruş- ile câiz olur. Yeryüzü cinsinden olmayanı içine almaz. Arz cinsi demekle, sudan meydana gelen tuz hariç kalır.[5]

— Tuzlu çorak toprak, da tuz yerindedir, tuz gibidir. Eğer ona toprak galip olursa, teyemmüm câiz olur.[6]

1- Fetâvâyı Hindiyye, 1-94.
2- Fetâvâyı Hindiyye, 1-96.
3- Halebi-î Sağir, s: 53.
4- Halebi-î Sağir, s: 54.
5- Gurer ve Dürer, 1-59.
6- Halebi-î Sağir, s: 54.

Toz ile Teyemmüm Câiz Olur mu?

— Toz ile teyemmüm yapılırken, eller elbiseye veya üzerinde toz olan temiz yastık, örtü veya bunlara benzer herhangi bir şeye vurulur. Bu vuruşla ellere toz isabet ettiği zaman teyemmüm edilir.[1] Bir kimse elbisesinin tozuyla veya elbisesinden başka temiz olan şeylerin tozlarından bir tozla, teyemmüm etse -yani hasır, kilim, keçe ve benzerleri gibi- ya da rüzgâr esse de tozu getirse, yüzüne ve kollarına isabet ettirse ve o kimse de yüz ve kollardan, tozun isabet ettiği azaları teyemmüm niyyetiyle meshetse onun teyemmümü Ebû Hanîfe ve İmam Muhammed'e göre câiz olur. İster başka toprak bulsun ister bulmasın.

Ebû Yusuf'a göre ise başka bir toprak bulursa isabet eden tozlarla teyemmüm etmesi câiz olmaz. Çünkü toz her cihetten toprak değildir. Öyle ise zarûret esnasında câiz olur, zarûret olmadığı zaman câiz olmaz.

Ebû Hanîfe ve İmam Muhammed'e göre toz ince bir topraktır. Öyle ise kalın toprakla câiz olduğu gibi onunla da olur.[2]

— Teyemmüm etmek isteyen, bir duvar yıkmış olsa ya da buğday ölçse, yüzüne ve kollarına toz isabet edip mesh etse, teyemmüm câiz olur. Eğer mesh etmezse câiz olmaz.[3]

Düz Taş ile Teyemmüm Câiz Olur mu?

Ebû Hanîfe ve İmam Muhammed'e göre teyemmümün sıhhatinde şart, yer üzerine veya yer cinsi üzerine sadece eli koymaktır. Yerden veya yer cinsinden ele bir şeyin bitişmesini şart kılmazlar.

Hatta bir kimse, elini, üzerinde toz bulunmayan düz bir taş üzerine veya kendisinden toz ayrılmayan yaş bir yer üzerine koysa ve eline de bir şey bulaşmasa Ebû Hanîfe'ye ve İmam Muhammed'den de vâkî olan iki rivâyetten birine göre câiz olur.

Düz taş erimez fakat toprak gibi olur.[4]

1- Fetâvâyı Hindiyye, 1-96

2- Halebi-î Sağir, s: 54.

3- Gurer ve Dürer, 1-59.

4- Halebi-î Sağir, s: 53.

Arz cinsinden olan temiz şey, tozsuz olsa da onunla teyemmüm câiz olur.[1]

– Üzerinde toz bulunan taşla da teyemmüm yapılır.[2]

Pis Olan Elbisenin Tozu ile Teyemmüm Yapmak Câiz Olur mu?

– Pis olan bir elbisenin tozu ile yapılan teyemmüm câiz olmaz. Ancak bu elbise kuruduktan sonra -üzerinde- toprak vaki' olursa bu durumda teyemmüm câiz olur.

– Bir yere pislik isabet etse ve sonra o yer kurumuş olsa da orada pislik eseri de kalmasa; yine o yerde, teyemmüm etmek câiz olmaz.[3]

Toprak Bir Başka Şeyle Karışmışsa Onunla Teyemmün Olur mu?

1. Toprak kendi cinsinden olmayan bir şeyle karıştığı zaman bu karışımda, çok olana itibar edilir.

– Bir yolcu çamurlu bir yerde bulunmuş olsa, orada su ve toprak bulunmasa, elbisesinde ve eğerinde de teyemmüm yapacak toz bulunmasa, bu durumda, elbisesine veya bedenine çamur bulaştırır ve onunla teyemmüm eder.

– Fakat bu durumda vakit geçme korkusu olmadan, teyemmüm etmek doğru olmaz. Böyle yaptığı takdirde, zarûret olmadığı hâlde yüzüne çamur bulaştırmış olur.

– Ancak yine de böyle teyemmüm etmesi İmam A'zam -r.a.- ve İmam Muhammed'e -r.a.- göre câizdir. Çünkü çamur toprak cinsindendir.[4]

1- Gurer ve Dürer, 1-59.
2- Fetâvâyı Hindiyye, 1-95.
3- Fetâvâyı Hindiyye, 1-97.
4- Fetâvâyı Hindiyye, 1-97.

Toprak Cinsinden Olan Testi ile Teyemmüm Yapılır mı?

— Toprak cinsinden olan testi ile teyemmüm olur. Ancak; testinin üzeri toprak cinsinden olmayan bir şeyle boyanmışsa onunla teyemmüm yapılmaz.[1]

Donmuş Su -Buz- ile Teyemmüm Yapılır mı?

— Donmuş su ile teyemmüm edilmez.

— Kendisinde buzu delecek alet bulunan kimse, altında su bulunan buz tutmuş bir nehrin yanında, teyemmüm etmez. Bu hususta teyemmüm edebilir diyenler de olmuştur.

— Buz veya kar'ın yanında bulunan bir kimsenin onları eritecek bir aleti var ise, teyemmüm yapması câiz olmaz. Bu durumda teyemmüm edebilir diyenler de olmuştur; fakat doğrusu teyemmüm yapmasının câiz olmadığıdır.[2]

Yanında Su Bulunmayan Bir Kimse Teyemmüm Etmek İstediğinde Araştırmak Zorunda mıdır?

— Çöllerde ekseriyetle su bulunmadığı gibi, bulunduğunu gösteren bir belirti de olmaz. Bunun için böyle yerlerde kişi araştırıp da bulamamış sayılır.

— Yakınında su bulunduğunu tahmin eden kimse ise, araştırma yapmadan teyemmüm edemez.

Kişinin suyu araştırma alanı da bir ok atımı kadar olup, arkadaşlarından geri kalmaması için bir mile varmaz.[3]

— Bir adamın, su aramak için başka birini göndermiş olması, bizzat kendisinin araması gibi kâfi gelir.[4]

1- Fetâvâyı Hindiyye, 1-95.
2- Fetâvâyı Hindiyye, 1-101.
3- El-Hidâye, 1-59.
4- Fetâvâyı Hindiyye, 1-103.

Eğer Bir Kimsenin Arkadaşında Su Bulunuyorsa Teyemmüm Etmeden Önce Arkadaşından Su İstemeli midir?

– Arkadaşlar, ekseriyetle birbirlerinden suyu esirgemezler. Eğer arkadaşında su bulunuyorsa, teyemmüm etmeden, arkadaşından su istemelidir. O su vermezse, ondan sonra teyemmüm edebilir.

– İmam Ebû Hanîfe'ye göre, arkadaşından su istemeden teyemmüm ederse câizdir. Çünkü başkasına ait olan herhangi bir şeyi istemede mezellet -düşüklük- vardır. Diğer iki imam ise, su, mebzul -herkese dağıtılıp verilen- bir şey olduğu için onu istemede mezellet yoktur" demişlerdir.[1]

– Suyun sahibi değere göre karşılık isterse ve onun istediği miktar da kendisinde bulunduğu hâlde vermeyip, teyemmüm ederse teyemmümü câiz değildir. Çünkü suyu satın almaya gücü yettiği hâlde almayıp teyemmüm etmiştir. Fakat eğer istenen karşılık suyun değerinden fazla olursa, almayabilir. Zira hiçbir kimse, bile bile aldanmayı kabule mecbur değildir.[2]

Bir Kimse Soracak Kişi Bulamazsa Teyemmümü Câiz Olur mu?

– Bir kimse, soracak bir kişi bulamadığından ve kendisi de bilmediğinden dolayı, çok yakınında bulunan bir suyun yanında, teyemmüm edip namaz kılmış olsa, bu câizdir.

– Fakat eğer soracak kimse olduğu hâlde, sormadan teyemmüm eder ve namaz kılarsa; namaz kıldıktan sonra da bir kişiye sorar ve o da suyun, yakın olduğunu haber verirse, kılmış bulunduğu namaz câiz olmaz.[3]

– Bir yolcu, bulunduğu cıvarda su olduğunu kuvvetlice zannederse, bir ok atımı -400 arşın kadar- suyu sorup araması kendisine vâcib olur.

– Kendisine bir haber veren bulunmaz ve orada su bulunabileceğine kuvvetli zannı olmazsa; su araması, o kimse üzerine vâcib olmaz.

1- Fetâvâyı Hindiyye, 1-103.
2- El-Hidâye, 1-60.
3- Fetâvâyı Hindiyye, 1-103.

— O civarda -suyun bulunup, bulunmayacağı konusunda şüpheye düşerse, o kimsenin suyu araması müstahâb olur.

— Fakat böyle bir şüpheye düşmezse, teyemmüm eder. Fazîletli olanı -su aramayı- terk etmemesidir.[1]

Bir Hastayı, Bir Başkası Teyemmüm Ettirse, Niyeti Hangisi Yapar?

— Hasta olan bir kimseye, bir başkası teyemmüm ettirmiş olsa; niyyet etmek, teyemmüm ettirenin değil, hastanın vazifesidir.[2]

Âdetten Kesilen Kadın, Su Bulamayınca Teyemmüm Eder mi?

— Tam 10 günde de temizlense, daha azda da temizlense âdetten kesilen kadının su bulunmadığında teyemmüm etmesi sahihtir.[3]

Hasta Olan Bir Kimse Abdest Aldığı Takdirde Hastalığı Artıyorsa Teyemmüm Edebilir mi?

— Eğer su bulunuyor ve fakat kişi hasta olduğundan, abdest aldığı takdirde hastalığı artıyorsa, teyemmüm edebilir.

Fahiş fiyatla su almanın zararı, abdest almakla hastalığı artan kimsenin zararı kadar olmadığı hâlde, suyu fâhiş fiatla almayıp teyemmüm edilebilirken, abdest almakla hastalığı artan kimsenin abdest almayıp teyemmüm edebilmesi tabii ki lâzım gelir.

Abdest almakla hastalığın artması, ister suyu kullanmaktan, ister abdest almada zorunlu olan vücut ve kol hareketinden ileri gelsin, fark etmez. Her iki durumda da abdest almayıp teyemmüm edilebilir.[4]

1- Fetâvâyı Hindiyye, 1-102.
2- Fetâvâyı Hindiyye, 1-92.
3- İbn-i Âbidin, 1-368.
4- El-Hidâye, 1-54.

Hasta Olan Bir Kimse Suyu Kullanması Hâlinde Hastalığının Şiddetlenmesinden Korksa, Teyemmüm Eder mi?

— Bir kimse hasta olsa -abdest veya gusül için- su bulmuş olsa, fakat suyu kullanması hâlinde hastalığının şiddetlenmesinden veya hastalığının iyileşmesinin gecikmesinden korksa, bu kimse teyemmüm eder.

— Bu korkular ya delillerine bakılarak vuku bulacağına dair kuvvetli zann hasıl olmakla ya da tecrübe ile veya fasıklığı açıkca belli olmayan, müslüman, bilgili bir doktorun haber vermesi ile bilinebilir yahut ta sabit olur.[1]

Cünüp Olan Bir Kimse, Eğer Guslettiği Takdirde, Hastalanacak ya da Ölecekse Teyemmüm Eder mi?

— Böyle bir kimse teyemmüm eder.[2]

Suyu Bulacağını Uman Kimse Teyemmümü Geciktirir mi?

— Su bulamayan kimse, eğer namaz vakti çıkmadan su bulacağını umuyorsa, namazını vaktin sonuna kadar da olsa geciktirmek müstehaptır. Eğer bulursa abdest alır, bulamazsa teyemmüm edip namaz kılar.

Çünkü namazları erken kılmak her ne kadar daha faziletli ise de, bu kimse için -cemâati beklemede olduğu gibi- namazını, temizlemenin en kâmili olan abdest ile kılma umudu bulunduğundan, geciktirmesinde, daha üstün bir sevap vardır.[3]

— Fakat suyun varlığına ümidi olmayan kimse geçiktirmeyip, teyemmüm eder. Namazını da müstehâb olan -ilk- vakitte kılar.[4]

1- Fetâvâyı Hindiyye, 1-100.
2- El-Hidâye, 1-54.
3- El-Hidâye, 1-97.
4- Fetâvâyı Hindiyye, 1-110.

Teyemmümlü Kimse Abdestli Kimse Gibi midir?

— Teyemmüm ancak abdestsiz veya cünüp olarak yapılması câiz olmayan bir ibâdeti yapabilmek için temizleyici olmuştur.

— Abdesti bozan her şey teyemmümü de bozar. Zira teyemmüm abdest yerine kâim olduğu için onun hükmündedir.

Teyemmümlü Kimsenin, Abdestli Kimseden Farkı Nedir?

— Teyemmüm, teyemmümlü kimsenin suyu bulması ile bozulur. Bu da eğer suyu kullanabiliyorsa böyledir. Çünkü toprak, su bulunmadığı sürece temizleyicidir.

— Su bulunduktan sonra, abdest alma imkânı hâsıl olduğu için artık teyemmümün hükmü yoktur. Suyun bulunmasından maksat kişinin onu kullanabilmesidir. Bulunup da, kişinin onu kullanamaması hâlinde bulunmamış sayılır.

— Düşman veya canavarın saldırısına uğramaktan ya da bulunan su ile eğer abdest alırsa, susuz kalacağından korkan kimse de suyu kullanamayan kimsenin hükmündedir.[1]

MESH

Abdest alırken, ayakları yıkamayıp mestlerin üzerine meshetmek, sünnet ile sabit olup, câizdir.[2]

Çeşitli "mesh" etme vardır. Onlar şunlardır:

— Abdestte, farz olan mesh -başı meshetmek.-

— Abdestte, sünnet olan mesh -kulakları ve boynu meshetmek-.

— Teyemmümde farz olan mesh -toprakla yüz ve kolları meshetmek-.

— Abdestte kolaylaştırıcı bir hüküm olarak meşru kılınan mesh -mestler üzerine meshetmek-.

1- El-Hidâye, s: 57.
2- El-Hidâye, 1-60.

— Abdest ve gusül de bir zorunluluk sonucu ruhsat olarak meşru kılanan "sargı" üzerine "mesh"dir. Abdestte, farz ve sünnet olan mesh ile teyemmümde farz olan mesh daha önce geçti, şimdi, "mestler üzerine mesh" ile "sargılar üzerine mesh" konusuna değineceğiz.

Meshin Tanımı

"Mesh" kelimesi lugatta, eli bir şeyin üzerinden geçirmek anlamına gelir. Bu mânâdaki geçirmek teyemmümde murad olandır. Mestler de mesh ise: Islaklığın hususî bir zamanda hususî meste isabet etmesidir. Abdestte mesh de, ıslatılmış elin, mesh ile emr olunan şeye isabet etmesi murâd olunur.[1] Mestler üzerine meshetmek bir ruhsattır. Bir kimse[2] meshin câiz olduğunu görüp bildikten sonra azimet yolunu tercih etmiş olsa, yani ayaklarını yıkasa, bu daha evlâdır.[3]

Mest: Ayak topuklarını içine alan ve mesh edildiğinde suyu emip, ıslaklığı bedene geçirmeyen çarık, konçlu aba terlik, çizme ve benzeri gibi şeydir.[4]

Mestler Üzerine Meshetmenin Farz Miktarı

Her ayağın ön tarafına isabet eden mestin yüzünden, el parmaklarının en küçüğü ile 3 parmaklık yerdir. Bu kadar bir yeri meshetmekle farz yerine getirilmiş olur.

Mestler Üzerine Meshetmenin Sünneti

Abdest âzâlarını öğrendiğimiz şekilde yıkadıktan sonra, sıra ayağa gelince kişi, önce sağ elini su ile ıslatıp, sağ ayağının ucundan başlayarak inciğine doğru, topuklarını aşmak üzere mestinin dışını ıslak üç parmakla, parmaklar açık olarak ve el ayası dokunmayarak yukarı doğru mesheder, sonra sol elini ıslatıp, sol ayağını da böyle yapar.

1- İbn-i Âbidin, 1-412.
2- Halebi-î Sağir, 7.
3- Fetâvâyı Hindiyye, 1-115.
4- Mülteka: 1-53.

Mestin Müddeti

Yolcu olmayanlara -mukim-, bir gün bir gece yani 24 saattir. Yolcular için ise 3 gün 3 gece yani 72 saattir. Bu müddetin başlangıcı, mestler giyildikten sonra ilk abdestin bozulma zamanından itibarendir.[1]

Meshin Câiz Olmasının Şartı

— Mestleri, abdestte ayakları yıkadıktan sonra giymelidir.

— Mestler, ayakları, topukları ile beraber her taraftan örtücü olmalıdır.

— Ayağa giyilmiş mestler ile en az 3 mil -takriben 8 km- veya daha fazla bir mesafeye yürünebilmelidir.

— Mestlerin topuklarından aşağı kısmında, ayağın küçük parmağı ölçüsü ile 3 parmaklık delik, sökük ve yırtık bulunmamalıdır.

— Mestler, bağsız olarak ayakta durabilir derecede kalın olmalıdır.

— Mestler, dışarıdan aldıkları suyu hemen içine çekecek vasıfta olmamalıdır.

— Her ayakta ön taraftan elin en küçük parmağı ile en az 3 parmak miktarı bir yer mecut olmalıdır.

Hanefîler bu şartı, ayağın herhangi bir parçasının kopması hâlinde öngörmüşlerdir ki, mesh yerinde, meshi, farz olan bir miktarın bulunması söz konusu olabilsin.[2]

Mestler üzerine meshetmek abdestte ayakları yıkamanın yerine geçer.

— Abdestli iken mestlerini giyen ve sonra abdesti bozulup yeniden abdest almak isteyen kimse, ayaklarını yıkamak yerine mestlerini meshedebilir. Fakat guslen isteyen kimse için ayaklarını yıkamak yerine mestlerini meshetmesi câiz değildir.

1- El-Fıkhul - Menheci, 1-94.
2- İslâm Fıkhı Ansiklopedisi, 1-244.

"Abdestli iken mestlerini giyen"dendi, abdestli değilken, mestlerini giyen kimse, abdest alırken mestlerini çıkarıp abdest almak zorundadır.[1]

Mest giymiş müstahaza -istihaze sebebiyle özrü sabit olmuş- kadın, yeni namaz vaktinin girmesinde abdestini yeniler.

— Müstahaza olan kadın, eğer kanı akarken abdest almış ve ondan sonra mestlerini giymiş ise, namaz vakti çıktıktan sonra, bir daha abdest aldığında mestlerini meshetmez... Abdesti bozulmasa dahi, bu yeni namaz vaktinin girmesinde abdestini yenilemesi gerekir.[2] Zira özürlü yalnız vakit içinde mesh eder.[3]

Mestler üzerine mesh müslümanlara kolaylık olsun diye câiz kılınmıştır.

— Ruhsat olmak üzere meşru kılınmış bulunan mestler üzerine mesh, dört mezhepte de yolculukta ve ikâmette, erkekler ve kadınlar için câizdir. Bilhassa kışın soğukda ve yolculukta, ayrıca asker, polis, öğrenciler ve benzerleri kimseler için kolaylıktır.[4]

Mesheden kimse, mestlerini bir çeşit lüks maksadıyla giymemiş olmalıdır.

Mesela, ayağındaki kınanın bozulmasından korkması, veya sadece uyku için ya da pireden korktuğu için giymesi gibi hallerde "mesh" etmesi câiz değildir. Ancak, sıcak, soğuk, yolun bozukluğu, akrepten korkmak ve benzeri sebepler dolayısıyla giymiş ise o vakit "mesh" etmesi câiz olur.[5]

1- El-Hidâye, 1-60.
2- El-Hidâye, 1-60.
3- İbn-i Âbidin, 1-431.
4- İslâm Fıkhı Ansiklopedisi, 1-233.
5- İslâm Fıkhı Ansiklopedisi, 1-239.

MESTLER ÜZERİNE MESH İLE İLGİLİ MERAK EDİLEN MESELELER

Mest Üzerine Meshi Neler Bozar?

— Abdesti bozan her şey meshi bozar.

— Üzerine mesh edilmiş mestlerin ayaklardan çıkması meshi bozar. Burada mestlerin kendiliğinden çıkması ile çıkarılması birdir. Bu çıkartma, ayağının çoğunluğunun mestin boğaz kısmından çıkması suretiyle de olsa abdest bozulur. Çünkü mesh edilen yer kendisine has yerinden ayrılmış bulunur. Ekseri hakkında bütünün hükmü verilir.[1]

— Mestin içinde, iki ayaktan birine, ya tamamen veya ekseriyetine suyun isabeti etmesi meshi bozar. O vakit mestlerin çıkarılması ve ayakların yıkanması gerekir ki, hem meshin hem de yıkanmanın bir arada olmasından sakınılmış ve böylece kişi, bir ayağını yıkayıp öbürünü meshetmek durumunda kalmamış olsun.

— Mukim ve yolcuya göre mesih müddetinin sona ermesi meshi bozar.

— Mukim; vatanında veya o hükümdeki bir yerde oturan kimseye denir.

Mesh, Mestlerin Neresine Câiz Olur?

— Mesh, iki mestin dışı üzerine câiz olur. Mestin içine, ökçesine ve koncuna mesh câiz olmaz.[2]

— Mestler de mesih, mestlerin alt tarafına da değildir.[3]

1- İslâm Fıkhı Ansiklopedisi, 1-250.
2- Gurer ve Dürer, 1-67.
3- Halebi-î Sağir, 74.

Bir Kimse, Bir Parmağı ile, Suyu Tazelemeden Mestte 3 Yere Birer Defa Meshetmiş Olsa Bu Câiz Olur mu?

— Bu câiz olmaz. Fakat bir parmağı ile her defasında yeni su alarak, ayrı ayrı yerlere 3 defa meshetmiş olsa, yaptığı bu mesh câiz olur.

— Bir kimse 3 parmağını, mestinin üzerine koymuş olsa fakat onları sürterek çekmese, meshi yine câizdir. Yalnız bu hâl sünnete muhalif olur.

— Bir kimse, şayet baş parmağı ile şehâdet parmağının -iyice- açılmış hâli ile -aralarındaki avuç kısmını da batırarak-[1] mesh ederse câiz olur.[2]

Mestleri Avuç İçi ile Meshetmek Olur mu?

— Bir kimse, avuç içlerini, mestlerinin üzerine koyar, ve sürterek çekerse veya avuç içi ile birlikte, parmaklarını da koyar ve sürterek çekerse bu da güzeldir. En güzeli ise, elin tamamı ile meshetmektir.

— Avucun dış tarafı ile meshetmek de câizdir. Ancak, müstehab olan, avucun iç tarafı ile meshetmektir.[3]

Bir Kimsenin Mesti 3 Parmak Miktarı Islanmış Olursa Bu, Mesh Yerine Geçer mi?

— Meshedilmesi gereken yere su dökülmüş olur veya yağmur yağmış olmasından ya da otlakta yürümekten dolayı, mestler 3 parmak miktarı ıslanmış olursa, bu hâller, mesh yerine câizdir. Çiğ de yağmur gibidir.

— Bir kimse, mestlerini parmaklarının ucu ile meshettiği zaman, eğer parmaklarından su damlarsa, meshi câiz olur; damlamazsa câiz olmaz.

1- İbn-i Âbidin, 1-435.
2- Fetâvâyı Hindiyye, 1-118.
3- Halebi-î Sağir, 74.

Bir Kimse Abdest Alırken, Azaları Yıkadıktan Sonra Avuçlarının Üzerinde Kalan Yaşlıkla Meshetse, Meshi Câiz Olur mu?

— Olur. Çünkü yıkamadan sonra kalan yaşlık kullanılmış su -müstamel- değildir. Taharet konusunda geçmişti, bedende kullanılmış su, uzuv üzerine akan ve ondan ayrılandır.

Başını meshetse, sonra mesihten sonra kalan bir yaşlıkla mestlerini meshetse câiz olmaz. Çünkü bu yaşlık kullanılmış sudur. Zira mesihte kullanılmış su olan, mesholunan şeye isabet edendir.[1]

Mestlerin Hangi Miktar, Delik, Yırtık ve Söküğü, Meshe Mânidir?

— Mestlerin her birinde, topuktan aşağı kısmında, her neresinde olursa olsun, hatta ayağın altında ve ökçesinde olsun, ayak parmaklarının küçüğü ile 3 parmak miktarı, delik, yırtık veya sökük, bulunmamalıdır.[2] Eğer, mestte, delik, yırtık veya sökük bundan daha az olursa, onun üzerine meshetmek câiz olur. Güçlüğü gidermek için az miktar af olunmuştur. Büyük veya çok yırtık -ki ayak parmaklarının küçüklerinden, tam olanlarının 3 tanesi miktarıdır- Meshe mânidir. Yırtıktan, parmakların tamamıyla görünmesi şart koşulur.[3] Büyük yırtık, uzunluğuna ve genişliğine 3 parmak miktarı olandır.

— 3 küçük parmak miktarı yırtık, parmakların üzerinde olmadığına göredir. Parmakların üzerinde ise parmakların kendileri itibara alınır. Çünkü her parmak kendi yerinde esastır; başkasıyla ölçülmez. Baş parmakla yanındaki parmak açılsa da üç küçük parmak miktarını bulsalar, mesh câiz olur. Fakat baş parmakla yanındaki iki parmak açılırsa mesh câiz değildir.[4]

1- Halebi-î Sağir, 75.
2- İslâm İlmihali, 1-177.
3- Halebi-î Sağir, 77.
4- İbn-i Âbidin, 1-437.

Delik, Yırtık ve Sökük İki Mestte, Ayrı ayrı Bulunuyorsa Hüküm Nedir?

— Yırtık bir tek mestte mestin bir yerinde veya iki yerinde iki parmak kadar ise diğer mestte bir parmak veya iki parmak miktarında aynı şekilde varsa, meshetmek câiz olur. Çünkü mâni 3 parmak kadarın bir tek mestte olmasıdır. Yırtık iki mestte ise cem olmaz. Eğer bir parmak kadar yırtık, 2 parmak kadar yırtık ile birlikte bir mestte olursa, mâni, bir mestte 3 parmak miktarı yırtık olduğundan mesih câiz olmaz.[1]

İki Mestte Ayrı Ayrı Galiz Necâset Bulunuyorsa Hüküm Nedir?

Ayaklardan birinde dirhemin yarısı kadar galîz necâset, diğer ayakta da yarım dirhemin üstünde bir galîz necâset olursa, bunların toplamı, bu namâzın câiz olmasına mâni olur.[2]

Ayağı Göstermeyen Yırtık Mestin Meshine Mâni midir?

— Meshetmeye mâni olan yırtık, açılıp altı görünen veya bitişik olsa dahi, yürüyünce açılan ve ayağı gösteren yırtıktır. Yırtık, her ne kadar uzun olsa da eğer altı açılıp görünmüyorsa meshe mâni, değildir.

— Dışı açılmış olan mestin, iç kısmında dikilmiş deri veya bez astarı bulunsa, bu şekildeki yırtık da meshe mâni değildir.[3]

Bir Mestte Küçük Küçük Delikler Bulunursa, Meshe Mâni midir?

— Mestlerin bir tekinde bulunan küçük küçük deliklerin hepsi bir büyük delik kadar varsa, meshi câiz değildir. Mestlerde teklerden her biri kendi işini tek başına görmekte ve diğerleriyle bir ilgisi bulunmamaktadır.

1- Halebi-î Sağir, 77.
2- Halebi-î Sağir, 77.
3- İbn-i Âbidin, 1-436.

Ancak, bir tekin yırtık olduğu için çıkarılması gerektiği zaman, diğerinin de çıkarılması gerekir. Zira her iki ayak, abdestte bir uzuv sayıldığından birini yıkamak, diğerinin de mestini meshetmek, tek bir uzvun, bir kısmını yıkamak, bir kısmını meshetmek kabilinden olur ki câiz değildir.[1]

– Bir mestte, mestin önünde, ökçesinde ve yanında birer parmak miktarı yırtık bulunmuş olsa, bu mestin üzerine mesh etmek câiz olmaz.[2]

Mestin Yırtığı Aşık Kemiğinin Üstünde Olursa Meshe Mâni midir?

Mestin yırtığı, aşık kemiğinin üstünde, çok ta olsa meshe mâni olmaz. Çünkü mestin aşık kemiğinin üstüne gelen kısmını örtmek şart değildir.[3]

– Yırtık mestin boğaz kısmında bulunursa, o da meshin câiz olmasına mâni değildir.[4]

Çoraplar Üzerine Mesh Etmek Olur mu?

Kösele ile kaplanmış veya altlarına taban geçirilmiş olması hâlinde çoraplar üzerine meshin cevâzı konusunda fakıhler, ittifak hâlindedirler.

Kendileriyle bir fersah veya daha fazla yürünebilecek ve kendi kendisine ayakta durabilecek, altını göstermeyecek ve şeffaf olmayacak şekildeki kalın çoraplar üzerine meshin câiz olduğu anlaşılmış bulunmaktadır.[5]

1- El-Hidâye, 1-62.
2- Fetâvâyı Hindiyye, 1-122.
3- Halebi-î Sağir, 78.
4- Fetâvâyı Hindiyye, 1-121.
5- İslâm Fıkhı Ansiklopedisi, 1-254.

Mest Üzerine Çizme, Bot veya Benzeri Bir Şey Giyen Kimse, Mest Üzerine Giydiği Şeyi Mesh Edebilir mi?

— Meshedebilir. Hem de çizme, gerek kullanmada ve gerek gaye bakımından meste tabi olduğu için, ikisi bir arada olunca iki katlı mest gibi olur. Bunun için çizme, mestin değil, ayağın bedelidir.

Ancak eğer kişi, abdesti bozulduktan sonra, mest üzerine çizme giyerse, o zaman çizmeyi meshedemez. Zira abdestsizlik daha önce meste geçtiği için, ondan başka bir şeye geçemez. Eğer çizme kaba bir kumaştan olursa, ayak için bedel olmaya yaraşmadığından, mesh câiz değildir.[1]

— Bir kimse, çizmelerin üzerine meshettikten sonra, onları çıkartmış olursa, altta bulunan mestlerinin üzerini, yeniden mesheder.

— Bir kimse, çizmelerinden birini çıkartmış olsa -onun altından- açığa çıkan mestin üzerine mesheder ve diğer çizmeyede meshi yeniler.[2]

Cünüp Olduğu Hâlde Mestler Üzerine Mesh Câiz Olur mu?

— Cenâbet tam bir temizlemeyi gerektirir. Âyet-i kerîmede "Fettaherû" -"Tam temizlenin."- buyrulmuştur. Meshde, tam bir temizlik ortadan kalkar. Cünüp olduğu hâlde mestler üzerine mesh câiz olmaz.[3]

Bir Kimse Kendi Mestlerinin Meshini, Başka Bir Şahsa Emretse, Bu Câiz Olur mu?

— Bu şahısta, o kimsenin mestlerini meshetmiş olsa, bu mesh câiz olur.

1- El-Hidâye, 1-64.
2- Fetâvâyı Hindiyye, 1-124.
3- Gurer ve Dürer, 1-65.

Mestler Üzerine Meshetmek Hususunda Kadınlar da Erkekler Gibi midir?

— Mestlere meshetmenin câiz olup olmamasında, her ikisi de eşittir.[1]

SARGI -CEBÎRA- ÜZERİNE MESHETME

"Cebîra" veya "Cibhare" kırık veya çıkık yerlere eski hâline dönüp düzelmesi için konulan ve üzeri bağlanan tahta veya kamış parçasına verilen addır.[2]

— Kırıkların alçılanması da bu mânâya girer.

— Aynı şekilde baştaki yaranın sarılması, kan alınan ve dağlanan yerin sarılması, yaraya ve ameliyat yerine sarılan sargılar da bunun hükmündedir.[3] Fıkıhçıların ıstılahında "Cebîra", hastalanan bir organ üzerine sarılan sargı bezi veya bu organın üzerine konan ilâç demektir.

Sargılar üzerine meshetmek şer'ân meşru aklen câizdir.[4]

Hazret-i Ali -r.a.-, bileği kırıldığında Peygamber Efendimiz'e durumunu sormuş, o da sargıların üzerine meshetmesini emir buyurmuştur.[5]

Aklî delile gelince, ihtiyaç, sargıların üzerine meshetmeyi gerektirir. Çünkü bu sargıların çıkartılmasında zarar ve tehlike vardır. Sargının çıkarılmasındaki tehlike, mestin çıkartılmasındaki tehlikeden daha fazladır. Dolayısıyla sargının üzerine meshetmenin meşru

---

1- Fetâvâyı Hindiyye, 1-128.
2- Muğni'l - Muhtâc, 1-94.
3- İslâm Fıkhı Ansiklopedisi, 1-256.
4- Erbaa, 1-221.
5- İslâm Fıkhı Ansiklopedisi, 1-256.

olması daha evlâdır.[1] Sargının üzerine mesh etmek altındakini yıkamak gibidir.[2]

Bu konuda esas alınan husus, organın, kırık, çıkık, romatizma ve benzeri durumlardan herhangi biri nedeniyle hasta olmasıdır.

Mükellef bir kimsenin abdest veya gusül alırken yıkaması gereken organlarından birinde sargı veya ilâç bulunması hâlinde, bu organı yıkamaktan zarar görecekse veya acı hissedecekse, o kimse bu sargının veya ilâcın üzerine mesheder.[3]

Sargı Üzerine Mesh Edilmesi İstenen Miktar

Hanefîlere göre: Sargının çoğunluğunun sadece bir defa mesh edilmesi yeterlidir.[4] Bütünüyle meshedilmesi, tekrarı ve niyet edilmesi ittifakla şart kabul edilmemiştir.

Sargının yarısının veya yarısından daha az bir kısmının üzerine mesh etmek, câiz olmaz.[5]

Sargı abdestsiz veya gusülsüz sarılmış dahi olsa güçlüğü gidermek için mesh câiz olur.

– Zarar verirse yıkamak terk edildiği gibi meshetmekte terk edilir. Zarar vermezse terk edilmez. Sargı üzerine mesh sahih olabilmek için bizzat sargının yerine mesh etmekten âciz kalmak şarttır. Kişi yerine mesh edebilirse, sargıya mesh câiz değildir.

– Özetle, yarayı soğuk su ile yıkamak zarar verir de sıcak su ile yıkamak zarar vermezse, onu sıcak su ile yıkamak lâzım gelir.

– Yıkamak zarar verirse üzerine mesh eder.

– Bu da zarar verirse mesh aslından sâkıt olur -düşer-.[6]

1- Fethul Kadir, 1-109.
2- İbn-i Âbidin, 1-447.
3- Erbaa, 1-221.
4- Fethu'l Kadir, 1-109.
5- Fetâvâyı Hindiyye, 1-125.
6- İbn-i Âbidin, 1-450.

Sargılar İki Şekilde Bulunur

Sargı, ya altındaki yara, kırık veya dağlama yeri kadar olur ya da daha büyük olur.

– Sargı yaradan büyük olursa, çözerek yıkamak zarar verdiği takdirde kişi yaraya tabean -tâbi olarak- bütün sargının üzerine mesheder.

– Yıkamak zarar vermezse mesh edemez. Yaranın etrafını yıkar ve mesh zarar vermezse yaranın üzerine mesh eder. Bezin üzerine mesh edemez.

– Yaraya mesh zarar verirse, üzerindeki beze mesh eder; etrafını ve bezin yaradan artan kısmının altını yıkar. Çünkü zarûret icabı sabit olan bir şey zarûret miktarınca yapılır.

– Sargının aralığından örtülmeden kalan yeri yıkamak icab etmez.

Zira aralık yeri yıkamış olsa çok defa bütün sargı ıslanır ve ıslaklık yaraya nüfuz eder. Bu ifade güzeldir.[1]

1- İbn-i Âbidin, 1-452.

SARGILAR ÜZERİNE MESHETME İLE İLGİLİ MERAK EDİLEN MESELELER

Mestler Üzerine Mesh İle Sargı Üzerine Meshin Ayrıldıkları Hususlar Nelerdir?

— Mestler için meshin belirli bir süresi vardır. Sargı üzerine mesh için herhangi bir süre belirlenmemiştir. Yara iyileşip sargı kalkıncaya kadar sargı üzerine mesh edilir.

— Mestler üzerine mesh sadece abdestte geçerlidir. Sargı üzerine mesh, hem abdestte hem gusülde geçerlidir.

— Sargı üzerine mesh, bir özürden dolayı yalnız özürlü kimseye verilen bir ruhsat hükmüdür. Mestler üzerine mesh herhangi bir özür olmaksızın herkese geçerli bir hükümdür.[1]

— Mestleri abdestli iken giymek şart olduğu halde sargının abdestli iken sarılması şart değildir.

— Ayaklardan başka yerlerde olsa dahi sargılar üzerine meshetmek câizdir. Mestler üzerine mesh ise ayaklarını yıkamaktan, âciz olmasa dahi câizdir.[2]

Sargı Üzerine Meshi Bozan Hâller Nelerdir?

Sargı üzerine mesh, aşağıda bildirilen iki hâlden biriyle bâtıl olur.

1. Hades: Hades sebebiyle sargı üzerindeki meshin bâtıl olduğunda ittifak vardır.

2. Sargıyı çıkartmak veya sargının kendiliğinden düşmesi.

Hanefîlere göre: İyileştiği için sargı düşecek olursa sargı üzerine mesh bâtıl olur. Çünkü özür son bulmuştur. Sargı iyileşme söz konusu olmaksızın düşecek olursa mesh bâtıl olmaz. Çünkü özür varlı-

---

1- Fetâvâyı Hindiyye, 1-121.
2- İslâm Fıkhı Ansiklopedisi, 1-265.

ğını sürdürmektedir. Sargının bir başkasıyla değiştirilmesi câizdir ve yeni sargı üzerine tekrar meshetmek gerekmez, ancak yeni sargı üzerine meshi tekrarlamak daha efdaldir.[1]

Bir Kimse Namazda İken, Sargı Düşerse "Mesh" Bozulur mu?

Kişinin namazda bulunması hâlinde, sargı iyileşmeden düşecek olursa üzerine yapılan mesh bozulmaz.

Fakat namazda iken iyileşmeden ötürü sargısı düşmüşse ve düşmesi de son ka'de'den teşehhüt miktarı kadar önce olmuşsa namazı bozulur. Bu durumda sargının yerini temizleyip namazı iâde etmesi gerekir. Son ka'de'de, teşehhüt miktarı geçtikten sonra düşerse İmam Muhammed ile İmam Ebû Yusuf'a göre bu durumdaki namaz, artık tamamlanmış sayılmaktadır.[2]

Ayaklarının Birinde Çıban Olan Kimse, Onun Üzerine Meshetse, Sıhhatli Olan Ayağını Yıkasa Câiz Olur mu?

– Câiz olur. Çünkü bu, yıkamakla meshetme arasını cem etmek değildir. Öyle ise mesti sâdece sıhhatli olan ayağına giyse sonra abdesti kaçsa mest üzerine meshetmesi câiz olmaz. Çünkü bu yıkamakla, meshetmeyi cem etmek olur.

Eğer mesti ikisi üzerine, yani yıkanmış olan ayağı ile meshedilen sargı üzerine giyerse, onun için mestleri üzerine meshetmek câiz olur.[3]

Kırılan Tırnağı Üzerine İlâç Koyan Kimse Tırnağını Mesh Edebilir mi?

– Tırnağı kırılmış olan bir kimse, kırılan tırnağının üzerine, ilâç, koyduğunda veya meselâ; sakız yapıştırdığında, bunların kaldırılması zarar verirse, kaldırmaz üzerine mesheder. Meshetmekte zarar verirse, bu durumda onu da terk eder.

1- İslâm Fıkhı Ansiklopedisi, 1-263.
2- Erbaa, 1-225.
3- Halebi-î Sağir, 81.

— Abdest alan bir kimse, yaranın üzerinde bulunan ilâcın üzerine su sürse ve sonra da yaranın iyileşmesinden dolayı bu ilâç düşmüş olsa; o şahsın, bu yaranın yerini yıkaması gerekir. İlâç düşmemişse yıkaması gerekmez.[1]

Uzuvlarında Yarık Olan Kimse Abdest Alırken Nasıl Davranır?

— Uzuvlarında yarık olan bir kimse, gücü yeterse onların üzerine su dökerek yıkar; gücü yetmezse bunların üzerine mesheder. Ona da gücü yetmezse, terk eder ve yarıkların etrafını yıkar.[2]

Sargının Katı Düşerse, Alttan Çıkmış Olan Sargıya Mesh Etmek Gerekir mi?

— Sargıların üzerinde bulunan sargı katları düşse, alttan çıkmış olan sargıya yeniden meshetmek icâb etmez.[3]

— Bir sargı ile sarılmış bulunan yaranın kanı veya cerahatı; sargının dışına çıkarsa abdest bozulur. Fakat böyle bir ıslaklık -sargının dışına- çıkmazsa abdest bozulmaz.[4]

1- Fetâvâyı Hindiyye, 1-126.
2- Fetâvâyı Hindiyye, 1-126.
3- Fetâvâyı Hindiyye, 1-127.
4- Fetâvâyı Hindiyye, 1-128.

Üçüncü Bölüm

İBÂDETLER

İbâdet Ulu Allah'ın -c.c.- Sonsuz Yüceliğine, Kudret ve Hâkimiyetine İnanarak Bu Yüceliğe Teslim Olmaktır.[1]

Genel Olarak, İslâm'da Erkek ve Kadın da İbâdetle Mükelleftir.

1- İbâdet, 45.

İNSAN KUL OLARAK YARATILMIŞTIR, GÖREVİ İSE İBÂDETTİR

Kadın ve erkek, iki cinsin ibâdetlerinin bazılarında farklı hükümler bulunmaktadır. Bu farklar ibâdetin özünü değiştirecek nitelikte değil, ayrıntılardadır.

İbâdet Kelimesinin Dinî Terim Anlamı

"İbâdet" kelimesi, insanın Yüce Allah karşısında konumunu belirleyen "Abd-kul-" kelimesiyle aynı kökten gelmektedir. Sözlükte, boyun eğmek, itaat etmek, bağlanmak, köle olmak gibi anlamlara gelmektedir.

İbâdet, niyete bağlı olarak yerine getirilmesinde sevap olan, Cenâb-ı Hakk'a yakınlık ifade eden, özel bir şekilde yapılan taat ve fiillerden ibarettir.

Bu, bizi yoktan var eden, bize sayısız nimet bahşeden Allah-u Teâlâ Hazretlerini ta'zim amacını güden kulluk görevidir.[1]

"İbâdet" Geniş Kapsamlı Bir Kavramdır

Yüce Allah'ın râzı olduğu ve sevdiği gizli-açık bütün fiil ve sözleri içine almaktadır.

İbâdet, bazı müslümanların zannettiği gibi, sadece namaz kılmak, oruç tutmak, zekât vermek, Hacc ve Umre yapmak, duâ etmek ve zikretmekten ibaret bulunmamaktadır. Bunlara ilâveten; bütünüyle insan hayatını kucaklayan, yeme-içme âdâbından devlet idâresine, hükûmet siyasetinden maliye ve ceza hukukuna kadar tüm ter-

---

1- Hak Dinî Kur'ân Dili, 1-95.

biye ve ahlâk kuralları ile kanun, nizam ve gelenekleri de içine alan bir genişliğe sahiptir.[1]

Yüce Allah'ı -c.c.- ve O'nun Rasûlünü sevmek, nimetlere şükretmek, dînî amelleri, Allah'ın -c.c.- rızâsını kazanmak için yapmak, kaza ve kadere rıza göstermek, Allah-u Teâlâ'ya tevekkül etmek, azabından korkmak, rahmetini ümid etmek ve benzeri bütün haller "kulluk ve ibâdet" mefhumuna dahildir.[2]

İbâdet Bütünü İçinde "İslâm'ın Beş Şartı"nın Özel Bir Yeri Vardır

— Biz müslümanların, hepimizin bildiği gibi bunlar:

1. Kelîme-i Şehâdet getirmek,
2. Namaz kılmak,
3. Zekât vermek,
4. Ramazan orucunu tutmak,
5. Haccetmektir.

İslâm'ın temel rükünlarından sayılması ve buluğ çağından itibaren sorumlu olunulması nedeniyle "İslâm'ın beş şartı" her müslümanın üzerinde önemle durduğu bir konudur.

KELİME-İ ŞEHÂDET GETİRMEK

Kelime-î Şehâdet ve Kelime-î Tevhîd, imânın ve İslâm'ın sembolüdür.

Kelime-î Şehâdet

"Eşhedü en lâ ilâhe illallah ve eşhedü enne Muhammedün abdühü ve Resûlühü."

1- İslâm'da İbâdet, 74.
2- Kulluk, 22.

Mânâsı: Ben şehâdet ederim ki, Allah'tan başka hiçbir ilâh -tanrı- yoktur. Yine şehâdet ederim ki, Muhammed -s.a.v.- O'nun kulu ve peygamberidir.

"Eşhedü" lugatta üç mânâya gelir. Bu mânâların üçü de Kur'ân-ı Kerîm'de kullanılmıştır.

1. *Hazır bulunmak, görmek*[1]
2. *Şehâdet etmek*[2]
3. *Yemin etmek*[3]

İnsanın "Allah'tan başka ilâh yoktur" şehâdeti;

— Akıl ve kalble Allah'tan başka ilâh olmadığına görmüşcesine inanması,

— Buna dil ile şehâdet etmesi,

— Şehâdetin kendisiyle yemin edilebilecek derecede kesin olması ve hiç bir tereddüdü taşımamasıyla muteberdir.[4]

İnsan ancak Allah-u Teâlâ'nın peygamberini tanırsa "Lâ ilâhe illallah"ın gereklerini yerine getirebilir. Eğer peygamberlerin -a.s.- mübârek vücudları olmasaydı Allah-u Teâlâ Zâtını ve Sıfatlarını kimseye bildirmezdi. Kimsenin Yüce Allah'tan -c.c.- haberi olmazdı.

Kimse ona yol bulamazdı.[5]

Kelime-î Tevhîd

"Lâ ilâhe illallah, Muhammedün Rasüllüllah"

Mânâsı: Allah'tan başka hiçbir tanrı yoktur, Muhammed O'nun Rasûlüdür.

İmânın İki Rüknü Vardır

1. Yüce Allah'ın -c.c.- varlığına inanmak.
2. Hazret-i Muhammed'in -s.a.v.- peygamberliğine inanmak.

1- Mutaffifin, 21.
2- Talak, 2.
3- Münâfıkun, 1.
4- İslâm, trc.
5- Mektûbat, S. 63.

İmânın Esasları

İmânın esasları şöyledir:

1. Allah'a -c.c.- imân
2. Allah'ın -c.c.- meleklerine imân
3. Allah'ın -c.c.- kitaplarına imân
4. Allah'ın -c.c.- peygamberlerine imân
5. Öldükten sonra, yeniden dirilmeye ve ahiret gününe imân.
6. Kaza ve kadere, yani iyiliğin ve kötülüğün Allah'ın takdiri ve yaratmasıyla olduğuna iman.

Şehâdet kelimesine inanan, gerçekte imânın diğer bütün esaslarına da inanmıştır. Onun için bir insanın: Eşhedü en lâ ilâhe illallah ve eşhedü enne Muhammedün Resûlullah" demesi, o insanın İslâm'a girmesine yeterlidir. Sözünde samimi ise artık o mü'minlerdendir. Halbuki bu kişi imânın diğer esaslarını henüz diliyle söylememiştir. O'nun mü'min sayılması, imânın diğer alâmetlerinin, şehâdet kelimesinin içerisinde olmasındandır.

Akıl ve bâliğ bir insanın hakiki mânâda müslüman olabilmesi için bu altı esasa tam olarak iman etmesi, bunların hak olduğunu kalbiyle tasdik, dili ile ikrar etmesi şarttır.[1]

1- İslâm'da İbâdet, 21.

AKÂİD İLE İLGİLİ MERAK EDİLEN MESELELER

Bir Kimse "Allah -c.c.- Her Yerdedir" veya "Allah -c.c.- Her Yerde Hazır ve Nazır" Dese Ne Lazım Gelir?

Cenâb-ı Allah -c.c.- mekândan münezzehtir. Ne yerdedir, ne göktedir. Yer ve gökler olmazdan evvelde O var idi. Bir kimse Cenâb-ı Allah'ın -c.c.- zâtı ile her yerde mevcut olduğuna inanarak "Allah -c.c.- her yerdedir" derse, kâfir olur. Ama ilim ve kudreti ile her yerde mevcut olduğunu kasd ederek bu sözü söylerse kâfir olmaz. Yalnız bu sözü söylememeye dikkat etmek lâzımdır. Avam tabakası "Allah her yerde hazır ve nazırdır." sözünü çok söylemektedir. Bunun yerine "Yüce Allah -c.c.- her şeyi bilir" demek gerekir.[1]

Bir Kimse, Bilmeyerek Küfrü Gerektiren Bir Söz Söylerse Kâfir Olur mu?

Bilmeyerek küfrü gerektiren bir söz söyleyen kimsenin kâfir olup olmadığı hususunda ihtilâf vardır. Buhârâ ve Semerkand ulemasına göre cehâlet mazeret sayılmaz. Bilmeyerek de olsa kelime-i küfür söylemek küfürdür. Bazı ulemaya göre, küfrü gerektiren sözün muhtevasına inanmayan kimse, böyle bir kelime söylerse kâfir olamaz. Özellikle avam tabakası hangi kelimenin küfre vesile olduğunu, hangisinin olmadığını bilmedikleri için, onları tekfir etmemek daha uygundur.[2]

Küfür Ne Demektir?

Küfür kelimesi lugatta örtmek mânâsına gelir. Dinî bir terim olarak, Hz. Peygamberi, Allah-u Teâlâ'dan getirdiği kesinlikle sabit olan şeylerde yalanlayıp, tevâtüren bize ulaşmış bulunan esaslardan birini

---

1- Günümüz Meselelerine Fetvalar, 2-11
2- Günümüz Meselelerine Fetvalar, 2-12

veya bir kaçını inkâr etmek demektir. Bu inkârın sahibi olan kişiye de "kâfir" denir. Yani doğru ve gerçek inancı örten ve iman etmeyen demek olur ki çoğulu "küffâr"dır.

Başka bir tarifle küfür, mü'min olma yeteneğine sahip bir kimsede meydana gelen imansızlıktır.[1]

İman Nasıl Tazelenir?

Peygamber Efendimiz, -s.a.v.-:

– "İmanınızı tazeleyin!" buyurduğunda, sordular:

– Ya Resulüllah imanımızı nasıl yenileyebiliriz?

Peygamberimiz şu cevabı verdi:

– Kelime-î Tevhîd çok söyleyiniz."[2]

İmânın Azalması, Çoğalması Olur mu?

İmân kalbin tasdik ve yakînı olduğundan, azalması, çoğalması olmaz.

İbâdetleri; Allah-u Teâlâ'nın sevdiği şeyleri yapmakla imân cilâlanır, nurlanır, parlar. Haram işleyince bulanır. O hâlde çoğalmak ve azalmak, amelden dolayı imânın nurundandır. Fazlalık asılda değil sıfatlardadır.[3]

Peygamberler ile Diğer İnsanlar Arasındaki Fark Nedir?

İnsanlık bakımından arada bir fark yoktur. İnsan olmakta peygamberler ve diğer insanlar hep birdir. Aralarında azlık, çokluk yoktur. İnsanlık azalır, çoğalır denilemez. Fark kâmil üstün sıfatlardan ileri gelmektedir.[4]

1- İmam-i Birgîvi, Tarikat, Muhammediye, 102.
2- Buhârî, İman.
3- Mektûbat, S: 266.
4- Mektûbat, S: 266.

Dağda, Çölde Doğup Büyüyerek, Bir Din İşitmeden Ölenler, Âhirette Ne Olacaklardır?

Bu konuda çeşitli görüşler bulunmaktadır.

İmâm-ı Rabbâni ise, bunun cevabını şöyle vermektedir:

"... Bu müşrikler, ne cennette, ne cehennemde kalmayacak, ahirette dirildikten sonra, hesaba çekilip, kabahatları kadar mahşer yerinde azap çekeceklerdir.

Herkesin hakkı verildikten sonra, bütün hayvanlar gibi, bunlar da yok edileceklerdir. Bir yerde sonsuz kalmayacaklardır.

Peygamberleri ile haber vermeden, yalnız akılları ile bulamadıkları için, yüce Allah'ın kullarını sonsuz olarak ateşte yakacağını söylemek -imâm-ı Rabbâni'ye göre, bu fakire ağır geliyor. Böyle kimselerin sonsuz olarak Cennet'de kalacaklarını söylemek, nasıl, çok yersiz ise sonsuz azab çekeceklerini söylemek de öyle yersiz olur... Cennet'e girmek imân iledir.[1]

"Noel Gecesi" Hıristiyanlar Şenlik Tertip Eder, Çocuklarına Hediye Alır, Özel Yemekler Yaparken, Avrupa ve Amerika'da Yaşayan Müslümanların Onlar Gibi Yapmaları Câiz midir?

İslâm dinî müstakil bir dindîr. Hiç bir hususta başkasına tâbi olunmasını istemez.

İmâm-ı Rabbânî -r.a.- buyuruyor ki: Bir kimse, dinde inanılması lâzım olan şeylerden bir tanesine dahi inanmamış veya şüphe etmiş ise veya beğenmemiş ise imânı gider. Kâfir olur. Cehennemde ebedî yanacaktır. Bir kimse Kelime-i Tevhîd söyleyip, bunun mânâsını kabul eder, Muhammed -s.a.v.- Allah-u Teâlâ'nın Peygamberidir, her sözü doğrudur, güzeldir, deyip, ona uygun olmayanlar yanlıştır, fenadır diye inanırsa ve son nefesinde de öyle ölüp, ahirete bu mânâ ile giderse, bu kimse, kâfirlere mahsus olan âdetlere, bayramlara katılır, kâfirlerin mukaddes bildikleri günlerinde ve gecelerinde, onların

---

[1] Mektûbat, S: 266.

yaptıklarını yaparsa Cehennem'e girer. Fakat kalbinde zerre kadar imânı olduğu için Cehennem'de sonsuz kalmaz.[1]

"İslâm Dini, Dünya ve Ahirete Ait Olan Her Şeyi Kapsar" Ne Demektir?

İslâm dinî ilâhi bir nizam olup dünya ve ahirete ait olan her şeyi kapsar, yani ister dünya ister ahirete ait olsun her şeyin hükmü mutlaka İslâm dininde mevcuttur ve yüce İslâm dinî o hükmü açıklamıştır.[2]

Faydalı olduğu için "farz, vâcip ve sünnettir, zararlı olduğu için de mekrûh veya haram" demiştir. Ne faydası ne de zararı olmayanlar da mübahtır. Her şey ister dünyevi olsun ister uhrevî olsun, mutlaka dinîn şemsiyesi altındadır. Din ile ahiret arasında çatışma olmadığı gibi din ile dünya arasında da çatışma yoktur.[3]

Âdetli veya Lohusa Hanım Kelime-i Şehâdet Getirebilir mi?

Bu gibi kadınların Âmentü'yü okumaları, Kelime-i Şehâdet ve Peygamber Efendimiz'e -s.a.v.- salavat getirmeleri câizdir.[4]

1- Günümüz Meselelerine Fetvalar, 2-21.
2- Mektûbat, S: 259.
3- Günümüz Meselelerine Fetvalar, 2-17.
4- Fethu'l Kadir, 1-149

NAMAZ

Namaz; Farsça bir terimdir. Türkçe'de de kullanılmaktadır. Bu kelimenin Arapça'sı salat'tır.

İslâm'ın "Tevhîd"den sonra ikinci çağrısı "Namaz"dır. Kur'ân-î Kerîm'de Yüce Allah: *"Onlar ki gayba inanır, namazlarını kılarlar."*[1] buyurmaktadır.

İslâm'ın temel farzlarını açıklayan hadislerde de namaz müslüman için hayat boyu devam eden bir eğitimdir. Farziyeti, Kitap, Sünnet ve ümmetin icma' ile sabittir.

Namaz, tekbir ile başlayıp selâm ile tamamlanan özel hareketlerde, özel okuyuşlarla yerine getirilen bir ibâdettir.

Namaz kula, Yüce Allah'ın Rubûbiyyetinin Celâl'ini, kulluğun tevazuunu, zilletini, mükâfat ve ceza işlerini hatırlatır. Böylece, kulun Allah-u Teâlâ Hazretlerine itaatı, boyun eğmesi kolaylaşmış olur.[2]

Namazın Farz Olmasının Şartları

1. Müslüman olmak,
2. Akıl sahibi olmak,
3. Bulûğa -ergenliğe- ermiş olmak,

Akıllı ve ergin olan her müslüman üzerine günde beş vakit namaz kılmak borçtur.

Namazın Sebebi

Yüce Allah'ın onu farz kılmasıdır. Namaz, Hicret'ten bir buçuk yıl önce, Peygamberimiz'in -s.a.v.- Mi'rac çıktıklarında farz kılınmıştır.

1- Bakara Suresi, âyet: 3.
2- Tefsir-i Kebîr, 5-291.

Namaz, İlâhî Dinlerin Ortak Hükümlerindendir

Kur'ân-ı Kerîm'de: *"Görmedin mi; göklerde ve yerde bulunan her şey; güneş, ay, yıldızlar, dağlar, ağaçlar, hayvanlar ve insanların birçoğu Allah'a hakikaten secde ediyorlar."*[1] buyurmaktadır.

Namaz, Allah'ın -c.c.- yaratıklarının O'na yaptığı tüm ibâdet şekillerinin bir sentezidir. Yıldızlar, devamlı olarak belli hareketleri tekrar ederler, dağlar ayakta dururlar, hayvanlar sürekli olarak eğilmiş durumda bulunurlar, ağaçlar gıdalarını ağız vazifesi gören kökleriyle alırlar, şu hâlde devamlı secde hâlindedirler. Akan sular devamlı surette yıkar ve temizler - namazdan önce abdest alınır...[2]

Bütün hak dinler insanlara namaz kılmalarını emretmiştir. Namaz, sadece şekilden ibaret bir hareketler bütünü değildir. O, cismin, aklın ve kalbin iştirakıyla gerçekleştirilen mükemmel bir ameldir. Bu üç unsurun her biri adaletli bir şekilde ve yerli yerinde namazda temsil olunurlar: Cisim için kıyâm, rükû', sucûd, dikilme ve eğilme; dil için kırâet, tesbîh, zikir ve duâ; akıl için düşünme ve anlama; kalb için de huşû ve manevi lezzet vardır.[3]

En Faziletli Amel Namazdır

– Allah'ın -c.c.- en çok sevdiği amel, vakti gelince kılınan namazdır.[4]

– Cennet'in anahtarı namazdır.[5]

– Namaz mü'minin mi'racıdır.[6]

– Muhakkak namaz, insan ile küfür ve şirk arasında bir perdedir. Namazı terk etmek bu perdeyi kaldırmaktır.[7]

1- Hacc, 18.
2- İslâm Peygamberi, 2-54.
3- Dört Rükün, 39.
4- Tırmîzî, Salat.
5- Müslim, İmân.
6- Hadislerle Müslümanlık, M. Yusuf Kandehlevî, 4-1434.
7- Ahmet, b. Hanbel, 5-238.

Namaz, Hiçbir Surette Terki Mümkün Olmayan Bir İbâdettir

— Darlıkta da, bollukta da,

— Meşguliyette de, boş bulunulduğunda da,

— Sıhhatli iken de hastalıkta da,

— Zenginlikte de fakirlikte de,

— Kişi evinde ikâmet ediyorken de, yolculukta da,

— Gençlikte de ihtiyarlıkta da,

— Barışta da, savaşta da, mükellefler hâl, ortam ve durumlarına göre namaz kılarlar.

Namazı Dosdoğru Ve Huşû İle Kılmamız Emredilmiştir

Kur'ân-î Kerîm'de, namaz kılmayı emreden âyetlerde, "Kâme" fiilinden türeyen "ekîmu's-salâte", "Yukîmûne's-salâte" vb. gibi ifadeler dikkat çekmektedir.

"İkâme", bir şeyi kaldırıp dikmek, düzeltip doğrultmak, dosdoğru yapmak, özenle ve şartlarına riayet ederek uygulamak, devamlı ve itibarlı hâle getirmek anlamlarına gelmektedir.[1]

"Namazı ikâme etmek" huşû ve hudû içinde, dosdoğru bir şekilde, rükünların hakkını vererek, kılmak demek olmaktadır.

Kur'ân-î Kerîm'de: *"Namazlarında huşû içinde olan mü'minler muhakkak felâha ermişlerdir."*[2] buyrulmaktadır.

Huşû, fiil ve sözlerde tevazuun, aczin ortaya konmasıdır. Namazın huşûu, İmâm-ı Rabbânî -r.a.- göre, namazda, farzları, vâcibleri, sünnetleri ve müstehaplarını yerine getirmekle olur. Hudu da yine bunları tamam yapmakla olur.[3]

1- Müfredât: Kâğıb el-İsfahanî, 630.
2- Mü'minûn, 1-2.
3- İmâm-ı Rabbânî, Mektûbat, S: 305.

Peygamberimiz -s.a.v.- Namazın Şekli İle İlgili Çok Önemli Uyarılarda Bulunmuştur

Doğru namaz kılmayı öğrenmek isteyen bir kişiye Peygamber Efendimiz -s.a.v.- "Namaza durduğunda önce tekbir al. Sonra Kur'ân'dan kolayına geleni oku. Sonra rükua var, eklemlerin yerli yerinde -mutmain- oluncaya kadar dur. Sonra secdeye var, mutmain oluncaya kadar kal. Sonra başın kaldır, mutmain oluncaya kadar otur. Bunu namazının bütününde böyle yap."[1] buyurmuştur.

Namazlar Aldıkları Hükme Göre Üçe Ayrılır

1. Farz namazlar: Farz namazlar kesin ve açık bir dille mükellefe emredilmiş olan namazlardır.

Farz namazlar ikiye ayrılmaktadır.

– Farz-ı ayn olan namazlar: Beş vaktin farzı ve cuma namazı gibi.

– Farz-ı kifâye olan namazlar: Cenaze namazı gibi.

2. Vâcip namazlar: Hükmü kesin ve açık bir şekilde belirtilmeyen veya farz namazlarınki kadar kuvvetli bir ifadeyle emredilmeyen namazlardır. Vitir namazı, bayram namazları ve başlandıktan sonra bozulan nafile namazların kazası vâcib namazlardır.

3. Nafile namazlar: Bunlar, farz veya vâcib olmayan namazlardır.

Peygamber Efendimiz'in -s.a.v.- kıldığı, bir bağlayıcılık ve gereklilik olmaksızın kılınmasını istediği ve teşvik ettiği namazlardır.

Nafile namazlar da ikiye ayrılmıştır:

– Revâtib namazlar: Farz namazların öncesinde ve sonrasında kılınan belli bir süreklilik ve düzeni olan namazlardır.

Regâib namazlar: Revâtib sünnetlerin dışında kalan, farklı zaman ve durumlarda Allah'a -c.c.- yaklaşmak üzere kılınan namazlardır. Evvâbin namazı, teheccüd namazı... vs. gibi.

1- Fıkhu's - Sünne, 1-175.

Namaz Vakitleri

Sabah namazının vakti: İkinci tan yerinin ağarmasıyla başlar, güneşin doğuşuna kadar devam eder. Birinci tan yerinin ağarışında sabah namazı kılmak câiz değildir, zira bu ağarıklık biraz sonra kaybolur. Buna yalancı ağarış, -aldatıcı sabah- denir.

Öğle namazının vakti: Güneşin tam gök ortasına gelmesiyle başlar, her şeyin gölgesi kendisinin iki misli olunca öğle namazının vakti biter.

İkindi namazının vakti: Öğle namazının vakti bitince, ikindi namazının vakti girmiş ve başlamış olur. Bu ikindi vakti güneş batıncaya kadar devam eder. Güneş batınca akşam vakti başlar.

Akşam namazının vakti: Güneş battığından itibaren akşam namazı vakti girmiş olur. Güneşin battığı yerdeki beyazlığın kaybolmasına kadar devam eder.

Yatsı namazının vakti: Akşam namazının vakti sona erince başlar, sabah namazı vakti girinceye kadar devam eder.

Vitir namazının vakti: Yatsı namazının vaktidir. Vitir namazı daima yatsı namazından sonra kılınır.

Vakitleri giren namazları hemen vaktinde edâ etmek gerekir. Bu sevaptır.

Allah'ın emri olarak kıldığımız namazlara "Farz Namazlar" denir. Peygamberimizin emir ve tavsiye buyurdukları namazlara "Sünnet Namazlar" denir. "Vâcib Namazlar" da bu ikisi arasında bir mertebedir. Allah'a yakınlığın artması için kılınan namazlara ise, "Nâfile Namazlar" denir.

5 vakit namaz ve bu namazların rek'ât sayıları

Sabah namazı: 4 rek'âttır. 2 rek'âtı sünnet, 2 rek'âtı farz.

Öğle namazı 10 rek'âttır. 4 rek'ât sünnet, 4 rek'ât farz, 2 rek'âtı -son- sünnet.

İkindi namazı: 8 rek'âttır. 4 rek'âtı sünnet, 4 rek'âtı farz.

Akşam namazı: 5 rek'âttır. 3 rek'âtı farz, 2 rek'âtı sünnet.

Yatsı namazı: 13 rek'âttır. 4 rek'âtı sünnet, 4 rek'âtı farz, 2 rek'ât -son- sünnet, 3 rek'ât Vitir namazı, -Vâcibdir.-

Namaz Kılmanın Mekruh Olduğu Vakitler

Şu üç vakitte namaz kılmak câiz değildir:

1. Güneş Doğarken: Sabah namazını kılarken güneş doğsa, namaz bozulur.

2. Zevâl Vaktinde: Yani, öğle namazına 45 dakika kaladan öğle namazına kadar namaz kılmak mekruhtur. Çünkü bu 45 dakika zevâl vaktidir.

3. Grup vakti: Güneş batarken namaz kılınmaz. Ancak güneş batarken aynı-günün ikindi namazının farzını kılmak câizdir.[1]

Namazın Farzları

-Şartları ve rükünleri-

Namazın farzları on ikidir. Bunların altısı namaza daha başlamadan bulunması lâzım gelen farzlardır.

Namazın Şartları -dışındaki farzları- 6'dır.

1. Hadesten tahâret -abdest almak-, icab ediyorsa gusletmek.

2. Necâsetten tahâret -pisliklerden temizlenmek- namaz kıldığı yerde, üstünde görülen pislik varsa temizlemek.

3. Setr-i avret -avret yerlerini örtmek-.

4. Vakit: kılacağı namazı vaktinde kılmak.

5. Niyet etmek,

6. Kıble'ye -Kâbe'ye karşı- yönelmek.

Namazın Rukünleri -içindeki farzları- 6'dır.

1. İftitah tekbiri -baştan tekbir almak-

2. Kıyam -ayakta durmak-

3. Kıraat -Kur'ân okumak-

4. Rukû -eğilmek-

1- Fetâvâyı Hindiyye, 1-182.

5. Sucûd -secde etmek-

6. Kaade-i ahirede -son oturuşta- teşehhüd miktarı oturmak.

Namazın Vâcipleri

– Namaza "Allahu Ekber" lafzıyla başlamak

– Fatiha'yı tamamıyla okumak

– Nafile namazların her rekatında farz namazların ilk evvelindeki iki rekatında Fâtiha okumak.

– Farz namazların iki rekatında Fâtiha'dan sonra bir küçük sûre, yahut üç kısa veya bir uzun âyet okumak.

– Fatiha'dan sonra okunacak sûre veya âyetleri, üç veya dört rekatlı farz namazların ilk iki rekatında vitir namazıyla nafile namazların her rekatında okumak.

– Fâtiha'yı sûreden evvel okumak.

– Secde de burnunu alnı ile beraber yere koymak.

– İki secdeyi birbiri ardınca yapmak.

– Ta'dil-i erkan, -yani kıyamda iken dosdoğru, rükuda iken eğik durmak, rükudan kalkıldığı zaman beli iyice doğrultmak ve "sübhanallah" diyecek kadar öylece durmak; secdeden kalkıldığı zaman da iki secde arasında "sübhanallah" diyecek kadar oturmak.-

– Üç ve dört rekatlı namazlarda ikinci rekattan sonra oturmak.

– Gerek ikinci rekattan sonra ve gerekse selâm vereceği zaman oturulduğunda "et'Tehiyyatu"yü okumak -dört rekatlı namazların ikinci rekatından sonra oturmak ve "et'Tehiyyatu"yü okumak sahih kavle göre vaciptir.-

– Üç ve dört rekatlı farz namazlar ile vitir namazında ve öğle namazının ilk sünnetinde ikinci rekattan sonra "et'Tehiyyatü"yü okur okumaz hemen üçüncü rekata kalkmak.

– Öğle ve ikindi namazlarında içinden okumak.

Sesli okumak -cehr- okuduğunu başkasına işittirmektir. İçinden okumak da kendi sesini işitecek şekilde okumaktır.

– Cemaatle kılındığı vakit sabah, akşam, yatsı namazlarının birinci ve ikinci rekatlarında Cuma ve bayram namazlarında, imamın Fâtiha ve sûreleri açıktan okuması.

– İmama uyan kimsenin bu namazların hepsinde Fâtiha veya sûre okumayarak susması.

– Vitir namazında "Kunut" duâlarını okumak, cemaatle kılarken hem imamın, hem cemaatın kunut duâsını içinden okunması.

– Bayram tekbirleri. -Bayram namazına mahsus olan fazla tekbirlerle, bayram namazının ikinci rekatının rükû tekbiri vaciptir.-

– Namazın sonunda selâm vermek.

– Namazlarda yanılmalardan dolayı secdeyi gerektiren haller için sehiv secdesi yapmak.

– Namaz içinde okunan secde âyeti için namaz içinde "tilavet secdesi" yapmak.

Namaz içindeki farzların geciktirilmesi ve vaciplerinden birinin unutulması veya geciktirilmesi halinde namaz yine sahihtir, fakat sevabı noksandır. Bu noksanı tamamlamak için, -sehiv- yanılma secdesi yapmak vaciptir.

Namazın Sünnetleri

– İftitah tekbiri alırken erkeklerin ellerini kulaklarının hizasına kadar kaldırması.

– İftitah tekbirinde ellerini kaldırırken parmakları halinde açmak.

– İmama uyanın tekbirinin, imamın tekbirinin hemen arkasından olması. İmamı Azam'a göre uyanın imamla birlikte tekbir alması sünnettir.

– Erkekler için iftitah tekbirini aldıktan sonra ellerini yanlarına salıvermeksizin, göbeğinin üzerine koyup sağ elin baş ve serçe parmaklarını sol elin bileğine halka gibi geçirmek ve sağ elinin avucunu sol el üzerine koymak.

– İlk rekatta -sena etmek- subhaneke'yi okumak.

– İlk rekatta Sübhaneke'den sonra ve Fâtiha'ya başlamadan evvel "Eüzü billahi mineşşeytanirracim" demek.

— Her rekatta Fâtiha'dan önce besmele çekmek.

— Fâtiha'dan sonra -gizlice- Âmîn demek.

— Uyanın tahmid etmesi, tek başına kılan "Semiallahü limen hamideh" dedikten sonra tahmid etmesi -Rabbena lekel hamd demesi-.

— Sübhaneke'yi Eüzü besmeleyi Fâtiha sûresi bitince söylenecek Âmîn'i ve "Rabbena lekel hamd"ı gizlice okumak.

— İftitah tekbiri alırken baş eğmeyerek dimdik durmak.

— İmamın "Allahu Ekber" ve "Semiallahü limen hamideh"leri yüksek sesle söylemesi.

— Ayakta iken iki ayağın arasını dört parmak kadar açık bulundurmak.

— Mukim -yolcu olmayan- için Fâtiha'ya eklenecek suresinin sabah ve öğle namazlarında tıval-ı mufassaldan, ikindi, yatsı namazlarında evsat-ı mufassaldan, akşam namazında kısar-ı mufassaldan olması, misafir -yolcu- hangi sureyi dilerse okur.

— Yalnız sabah namazlarının birinci rekatlarındaki Fâtiha'ya eklenecek sureyi ikinci rekatlardakinden uzun etmek.

— Rükua giderken tekbir etmek.

— Rüku halinde üç kere "Sübhane Rabbiyel Azîm" demek.

— Rüku halinde diz kapaklarını elleri ile tutmak.

— Erkeklerin, rükuda dizleri üzerinde ellerin parmaklarını açması.

— Rükuda -erkeklerin- dizlerini dik tutması, belini düz tutması.

— Rükuda başı düz -sırtla aynı hizada- tutmak.

— Rükudan kalkmak.

— Rükudan sonra azalar sükûnetle kavuşup durulunscaya kadar ayakta beklemek.

— Secdeye giderken önce dizleri, sonra elleri en sonra da yüzü koymak.

— Secdeden kalkarken bunların aksini yapmak. -İlkin yüzü, sonra elleri sonra dizleri yerden kaldırmak.-

— Secdeye giderken tekbir almak -Allahu Ekber demek-.

– Secdeden kalkarken tekbir almak.

– Secdeyi iki ellerin arasında etmek.

– Secdede üç kere tesbih etmek. -Sübhaneke Rabiyel A'la demek-.

– Secdede erkeklerin karnını uyluklarından uzaklaştırması.

– Secde de -erkeklerin- dirseklerini yanlarından uzaklaştırması.

– Yine erkeklerin secdede kollarını yerden uzak tutması.

– Secdeden kalkmak.

– İki secde arasında oturmak.

– İki secde arasında oturmada, Ettehiyyatü'ye oturur gibi, iki elleri diz kapakları üzerine koymak.

– Her iki secdenin arasındaki oturma ve Ettehiyyatü okurken, erkeklerin sol ayağını yere yayıp sağ ayağını -parmaklar kıbleye dönük olmak üzere- dikip sol ayak üzerine oturması.

– Ettehiyyatünün kelime-i şahadet kısmını okurken yalnız sağ elinin işaret parmağı ile işaret etmek. İşaret: şahadet esnasında "eşhedü en la ilahe..." derken elinin şahadet parmağını kaldırmak, "illallah" derken indirmek suretiyle olur. -Diğer parmaklar halka şeklinde yapılır.-

– Üç ve dört rekatlı farzlarda ilk iki rekattan sonraki rekatlarda Fâtiha okumak.

– Son ka'dede Aleyhissalâtü Vesselam efendimize salavat okumak. Allahümmesalli ve bariki okumak.

– Salavattan sonra insan sözüne benzemeyen, Kur'an ve hadisin lafzına benzer bir duâ ile duâ etmek. -Rabbena atinâ ile Allahümmeğfirli'yi okumak-.

– Birer selâmda başını evvela sağ, sonra sola çevirmek.

– Her iki tarafa "Esselamu aleyküm ve rahmetullah" diye selâm vermek.

– İmamın her iki tarafa selâm verirken cemaati, koruyucu melekleri ve salih olan cinleri niyet etmesi, imama uyanın ise, her iki tarafa verdiği selâmda imamı, cemaat arkadaşlarını, koruyucu melekleri ve salih olan cinleri niyet etmesi.

– Tek başına kılan kişinin selâmlarda yalnız melekleri niyet etmesi.

– İmamın ikinci selâmı, birinciye nazaran alçak sesle vermesi.

– Cemaatın selâmının imamın selâmı ile beraber olması.

– Selâma sağdan başlamak.

– Mesbukun -namazın başında cemaate yetişmeyenin namazını tamamlamak için -imamın namazdan çıkmasını- ikinci selâm vermesini- beklemesi.

Namazın Edepleri

– Erkeklerin iftitah tekbirin alırken ellerini yenlerinden çıkarması.

– Ayakta iken secde yerine, rükuda ayaklarının üzerine, secdede burnun, iki kanadına ka'delerde -oturuşlarda- kucağa ve selâm verirken omuz başına bakmak.

– Gücü yettiği kadar kişinin öksürüğünü tutması, geri çevirmesi.

– Esneme geldiği vakit -dişleri birbirine kenetleyerek- ağzı kapalı tutmaya çalışmak.

– Müezzin "Hayya alesselah" derken namaza kalkmak.

– Müezzin "Kad kametisselah" derken namaza başlamak.[1]

1- Nurul İzah, 54.

NAMAZLA İLGİLİ MERAK EDİLEN MESELELER

Namaz Kılmanın Mekruh Olduğu Yerler Nerelerdir?

1. Yol üzerinde,
2. Deve ağıllarında,
3. Çöplüklerde,
4. Deve boğazlanan yerlerde,
5. Dışkı atılan gübreliklerde,
6. Guslediler yerde,
7. Hamamlarda,
8. Kabirlerde,
9. Kâbe'nin üzerinde namaz kılmak mekruhtur.

Kadının, Namaz Esnasında, Erkekten Ayrıldığı Hususlar Nelerdir?

– Kadının bütün uzuvları avrettir. Sadece yüzü, iki eli ve iki ayağı avret değildir. Kadının namazdaki avreti, yabancı erkeklere göre olan avreti gibidir.[1]

– Kadın ellerini iki omuzları hizasında kaldırdıktan sonra "Allah-u ekber" der.[2]

– Kıyamda iken kadın ellerini memelerinin altından koyar[3] el bağlar. İki ayağının arasını iki parmak açar.

– Rükûda kadın, hafifçe eğik durur, parmaklarını aç maksızın dizleri üzerine koyar.

– Celsede ellerini iki uyluğu üzerine parmakları dizlerine varacak şekilde koyar. -Celse, iki secde arasındaki oturuştur-

---

1- Gurer ve Dürer, 1-114.
2- Gurer ve Dürer, 1-124.
3- Halebî-i Sağir, 188.

— Secde ettiği zaman kadın büzülür. Ayak parmaklarını dikmez, pazu kısmını açmaz ve kollarını yere döşer. Karnını uyluklarına bitiştirir.[1]

— Teşehüd'de sol yanı üstüne oturup iki ayaklarını sağ tarafından çıkarır.

Kadının, Namazda Nasıl Örtüneceğinin Şekli ve Sınırı Belli midir?

— Gerek erkek, gerekse kadın olsun müslüman kişi namaz dışında da, yabancılara karşı belli yerlerini örtmek zorundadır. Bu örtünme şekli genelde her ikisinde de namazdaki ile uyuşur. Peygamber Efendimiz'e -s.a.v.-, bir kadının nasıl bir elbise içinde namaz kılması gerektiği sorulduğunda: "Başörtüsü ile ayaklarının üzerini kapatacak kadar uzun elbise içinde"[2] buyurmuştur. Bu durumda namaz kılarken kadının başı, saçları, boynu, kolları, bütün vücudu, bacakları kapalı olmalıdır. Bir hadis-i şerifte de: "Allah -c.c.- ergen bir kadının başörtüsüz olarak kıldığı namazı kabul etmez."[3] buyrulmuştur.

— Cildin rengini gösterecek derecede ince ya da seyrek dokunuşlu bir elbise ile avret mahalli örtülmüş sayılmaz. Böyle bir elbise ile kılınan namaz sahih olmaz. Elbisenin darlığından dolayı, avret mahallinin belli olması -mezmum ise de- namazın sıhhatine mâni değildir.[4] Namaz kılarken, örtünme emri ile ilgili olan şeylerin, yalnız ya da cemaatle kılma veya tenhada olma arasında hiçbir fark yoktur. Kişi her durumda, örtünme şartlarına uymalıdır.

— Kadına müstehab olan, şu üç elbise ile namaz kılmasıdır: Gömlek, izar ve başörtüsü.

— Kadının, başını ve bütün bedenini tamamen örten iki elbise ile ve hatta aynı şartları taşıyan bir elbise ile namaz kılması da câiz olur.[5]

1- Gurer ve Dürer, 1-160.
2- Ebu Davud, Salat.
3- Tirmîzî, Salat.
4- B. İslâm İlmihâli, 146.
5- Fetâvâyı Hindiyye, 1-209.

Ayakta Namaz Kıldığı Takdirde, Avret Mahallinden, Namaza Mâni Olacak Kadar Bir Yer Açılacak Olduğunda, Kadın Namazını Nasıl Kılar?

– Oturarak kılınca, böyle bir açılma olmayacaksa, o kadın, namazını oturarak kılar.

– "Bir kimse, secdeye vardığı zaman, avret yerlerinin dörtte biri açılıyorsa, o kimse secdeleri terk eder." denilmiştir. Kadın namazını ima -işaret- ile kılar.[1]

Namaz Kılarken Avret Mahallinden Ne Kadarı Açılırsa "Çok Açıklık" Hükmündedir?

– Bir Kimsenin, üzerinde bir giysisi bulunsa, o kimsenin üzerinde başka bir giysisi de olmasa, bu kimse secde ettiği zaman, hiç bir kimse avret yerini görmese; fakat, bir insan, o giysinin altından bakacak olunca, onun avret mahallini görecek olsa, işte bu -mahzuru olan- bir şey değildir. Az açıklık bağışlanmıştır. Çünkü bunda zaruret vardır.

Çok ve büyük açıklık, bağışlanmamıştır. Bir uzvun dörtte biri ve daha fazlası çok açıklık hükmündedir. Dörtte birden aşağısı ise, az açıklık hükmündedir. Seçkin görüşe göre, gerçekten ağır ve hafif avrette ölçü -uzuv- dörtte biridir.[2]

–Ağır avret, kadın da ve erkekte cinsel organ ile anüsün bulunduğu kısımdır–

"Uzuv" ile Nereler Kastedilmektedir?

– Kadının topuğu, dizi ile birlikte, bir tek uzuvdur.

– Sırt, karın ve göğüs, yalnız başlarına birer avrettirler, yan, karna dahildir. Dübür de bir avrettir.

– Kadının memesi, küçük olur ve göğüse yapışık bulunursa, işte o meme, kadının göğsüne tâbidir. Eğer, meme büyük olursa, o yalnız

---

1- Fetâvâyı Hindiyye, 1-209.
2- Fetâvâyı Hindiyye, 1-206.

başına bir uzuvdur. Bunların her birinin, yalnız başlarına avret olduklarına itibar edilir. Kulakları, başından ayrı bir uzuvdur. Hatta bir kadının kulaklarından birisinin dörtte biri açılmış olsa, bu kadının namazı bozulmuş olur.

— Bir kadının kulağının dokuzda biri ile, bacağının dokuzda biri açılmış olsa, bu hâl onun namazına mânidir. Çünkü açılmış olan yerlerin toplamı, kulağın dörtte birinden fazladır.[1]

Namaz Kılan, Avret Mahalli Açılır da Hemen Kapatırsa Namazı Câiz Olur mu?

— Bir kimsenin, namaz kılarken, avret mahalli açılırsa, onu hemen kapattığı takdirde, icma ile namazı câiz olur.

Hanefîlere göre; kadının veya erkeğin, örtülmesi gereken yerlerin dörtte biri bir rükun eda edebilecek kadar bir süre kişinin isteği dışında açıkta kalırsa namazı bozulur, yeniden kılması gerekir. Eğer bu açıklık organın dörtte birine ulaşmamışsa ya da açık kaldığı süre bir rükun eda edebilecek kadar uzun değilse namaz bozulmaz.

— Avret yerlerinin birer parçası açılıpta, toplamı en küçük bir avret uzvunun en az dörtte birine eşit olursa, ve bu açıklık müddeti de bir rüknü eda edecek kadar devam ederse namazın sıhhatine mâni olur.[2]

Hangi Açıklık Miktarı, Namazı Anında Fâsid Eder?

— Bir uzvun tamamı ya da onun yarısı kadarı açılacak olursa, o zaman mutlak olarak ve anında namaz fâsid olur. İsterse açık kaldığı süre bir rüknün edâsından daha az olsun. Avret organlarından birisinin dörtte biri namaza başlamadan önce açılmış ise, namaza başlamaya engeldir.[3]

1- Fetâvâyı Hindiyye, 1-206.
2- B. İslâm ilmihâli, 145.
3- Müslüman Kadının Fıkıh Kitabı, 113, 114.

Bir Uzvun Avret Sayılması Sahibine Göre midir?

Bir uzvun avret sayılması başkalarına göredir. Sahibine göre değildir. Başkaları tarafından görülmeyecek bir hâlde bulunması kâfidir. Meselâ: Bir kimse namaz kılarken geniş bir elbise giyinmiş olsa, elbisesinin yakasından, avret mahallini görecek olsa bununla namazı bozulmaz. Fakat başkası görecek olursa bozulur.[1]

Kısa Etekle, Paçasız Kilotla, İnce Çorapla Namaz Kılınabilir mi?

Namazda örtünmenin ölçüsü, elbisenin, avret sayılan yerleri başkasına göstermemesi ve vücudun rengini belli etmemesidir. Bu şartlar yerine getirildikten sonra elbise tek parça olsa, altında hiç kilot bulunmasa da namaza engel değildir. Çünkü elbise avret olduğu bildirilen yerleri örtmüş sayılır, bundan sebep onunla namaz kılınabilir.

Bacaklara geçirilen çoraplar, kadının cildinin rengini belli etmeyecek kadar kalın ise, kadın, kısa etek ve çorapla da namaz kılar. Yeter ki eğilmeleri esnasında başka yerleri açılmasın.

Ancak namahreme bu şekilde görülmesi mahzurludur. Cildinin rengi görülmüyor olsa da, bacaklarının şeklinin belli olmasıyla kötü duygulara sebep olabilir.[2]

Elbisenin vücut hatlarını belli edecek kadar dar olması, avret yerlerini örtmediğinden değil, fitne ve tahrike sebep olacağından dolayı haramdır fakat namaza engel değildir.

Elbette en güzeli kadının namazını ayağının üzerine kadar inen bol bir elbiseyle kılmasıdır.[3]

Gecelikle Namaz Kılınır mı?

Giyilen elbisenin, namazda iken avret mahallini örtmesi gerekmektedir. Gündüz ya da yatak kıyafeti veya iş elbisesi olması gibi durumlar hükmü değiştirmez. Temizliğinden emin olunduğu, ve örtülmesi lazım gelen yerleri örttüğü sürece her türlü elbiseyle namaz kılınabilir.

1- B. İslâm İlmihâli, 145.
2- Hanımlara Özel Fetvalar: 1-43.
3- Hanımlara Özel Fetvalar, 1-44.

Namazda Kadının Açıktan Okumasının Sınırı Ne Kadardır?

Açıktan okumanın en yükseğinin sınırı yoktur. Yavaş okumanın en az sınırı ise, kişinin kendi kendisinin sesini duyması veya yanında bulunan bir iki kişinin sesini duymasıdır. Harfleri tashih etmekle birlikte dilin hareket etmesi sahih olan kavle göre yeterli değildir.

Namazda açıktan okumanın hükmü açısından kadın ile erkek arasında herhangi bir fark söz konusu değildir. Ancak bu sesin, işiten erkeklerde şehvet uyandıracak şekilde nağmeli, yumuşak veya da ahenkli olmaması gerekir.

Eğer sesi bu durumda ise o takdirde avret olur ve böyle bir şekilde onun açıktan okuması namazını ifsâd eder -bozar.- Bundan dolayıdır ki kadının ezân okuması men edilmiştir.

Kadınlar, Beş Vakit Namazı ve Cuma Namazını Cemaatle Kılabilir mi?

Genç kadınların, bütün beş vakit ve Cuma namazı cemaatlerinde bulunmaları Tahrimen mekrûhtur. Çünkü bunda fitne korkusu vardır. Genç kadınlar şer'an 15 ile 29 yaş arasında olanlardır. Yaşlı kadınların da öğle, ikindi ve Cuma'da bulunmaları mekrûhtur. Çünkü fasıklar bu üç vakitte toplanırlar. Fasıkların aşırı şehvetleri bazan onları, yaşlı kadınlara arzuya sevk eder. Sahrada olan namazgâhda ise, genişlik bulunduğu için, yaşlı kadınların ayrı bir tarafta olmaları mümkündür. Öyleyse yaşlı kadınların bu şekilde cemaatte hazır olmaları mekrûh değildir.[1]

– Cuma namazı, kadına vâcip değildir. Çünkü kadın ev işiyle meşguldür. Bunun için mazurdur. Şayet kadınlar cuma namazına gidip, cemaatle birlikte kılarsa, kendileri için öğlenin farzı yerine geçer. Çünkü, güçlüğe kendi istekleriyle katlanmış olurlar. Nasıl ki yolculukta olan kimse, kendi isteğiyle güçlüğe katlanıp oruç tuttuğu zaman, tuttuğu oruç da onun için farzın yerine geçer.[2]

1- Gurer ve Dürer, 1-160.
2- El-Hidâye, 1-188.

Erkeğin Kadına İmâmeti Câiz midir?

— Kadına da imamlık yapmaya niyyet etmesi hâlinde, erkeğin kadına imameti câizdir. Ancak, imamın halvette -kadınla tek başına kapalı bir yerde- olmaması lâzımdır. Erkeğin, içlerinde hanımı, annesi ve kızkardeşi gibi bir mahremi veya başka bir erkek bulunmayan kadınlar topluluğuna imamlık yapması evde olursa mekrûhtur. Mahremi veya başka bir erkek bulunursa, ya da câmide olursa mekrûh değildir.[1]

Kadınların Cuma namazında -imam, kadınlara imamete niyyet etmemiş olsa dahi- erkeğe uyması câizdir. Bayram namazı için de hüküm aynıdır. Erkeğin kadına uyması câiz değildir.[2]

Kadının İmamlığı Câiz midir?

Bir kadının, erkeklere imam olması sözkonusu değildir. Kadınlardan oluşan bir cemaate imamlık yapması -cenaze namazı hariç- bütün namazlarda mekruhtur. Bununla beraber kadın, kadınlara imam olacak olursa öne geçmez, birinci safın tam ortasında durur. Erkek imam gibi öne geçecek olursa, namazları bozulmasa da bu, ayrıca mekruhtur.[3]

Kadınların tek tek namaz kılmaları daha efdaldır.[4]

İmama Uyanlar Bir Erkek, Bir Kadından İbaret Olursa, Namaza Nasıl Dururlar?

— Erkek, imamın sağına durur, kadın ise imamın arkasında durur. İmama uyanlar 2 erkek bir kadın olursa, erkekler imamın arkasında durur, kadın da erkeklerin ardında durur.[5]

1- el-Mebsût, 1-166.
2- Fetâvâyı Hindiyye, 1-297.
3- Dinî Meselelerimiz, 1-229.
4- Dinî Meselelerimiz, 1-297.
5- Dinî Meselelerimiz, 1-306.

Ziyafet Verilen Bir Evdeki Cemaate Kimin İmamlık Yapması Uygun Olur?

– Bu cemaate ev sahibinin imamlık yapması daha uygundur. Ancak, sultan veya hakim bulunursa, onlar imam olurlar.

– Hükümdar varsa onun veya ev sahibinin, misafirlerden herhangi birini imamlık için öne geçirmiş olmaları hâlinde, bu kimsenin tekbir alıp namaza başlaması efdaldir. Misafirlerden birinin, kendi başına ileri geçip namaz kılması da câizdir.

– Bir evde, o evde oturan kiracı, o evin sahibi ve misafir olan kişiler bulunmakta olsa; imamlık için izin vermeye ve kendisinden izin istenilmeye hak sahibi olan -o evde oturan- kiracıdır.[1]

Kadınlar, Namaz İçin Ezan Okur mu?

– Kadınlar, namaz için ezan okumazlar ve kamet getirmezler. Kadınlar -kendi aralarında- cemaatle namaz kılsalar dahi ezan okumazlar ve kamet getirmezler. Fakat, bunlar namazlarını ezanlı ve kametli olarak kılarlarsa, gerçi namazları câiz olur amma, günâhkâr olurlar.[2]

Bir Kimseyi İmama Uymaktan Neler Men Eder?

Şu üç şey men eder:

1. İmam ile imama uyan kimse arasında yol bulunur ve eğer bu yol dar olur, araba veya yüklü hayvan geçemezse bu yol imama uymaya mâni olmaz. Bu yol, geniş olur da arabalar ve yükle hayvanlar geçebilirse, bu yol imama uymaya mânidir.

Bu hüküm yola bitişik saflar olmadığı zamandır. Fakat saflar yola bitişmiş -kavuşmuş- olduğu zaman, bu yol imama uymaya mâni değildir.

Yol üzerinde, namaz kılan bir kişi bulunmuş olsa, onunla, "bitişik olma hâli" sabit olmaz. "Bitişik olma hâli, 3 kişi ile ititfakla sabit olur. 2 kişi de ise görüş ayrılığı vardır.

1- Fetâvâyı Hindiyye, 1-291.
2- Fetâvâyı Hindiyye, 1-187.

— Çölde, imama uymaktan men eden hâl, iki saf miktarında olan boşluktur.

2. Kendisinden geçmek, ancak kayık gibi bir vasıta ile mümkün olan nehir -ırmak- da imama uymaya mânidir. Eğer nehir küçük olur da, ondan kayık geçmezse, bu nehir imama uymaya mâni olmaz. Nehir üzerinde köprü bulunur ve onun üzerinde imama varana kadar saf bulunursa, bu durumda, nehrin arkasında kalan kimselerin, imama uymasında mâni bir hâl kalmamış olur.

3. Kadınlardan meydana gelmiş olan tam bir saf da imama uymaya mânidir.

İmamın arkasında, kadınlardan tam bir saf bulunursa, onların arkasında bulunan erkek saflarının tamamının namazları fesada gider.[1]

İmama Uyan, Mescid İçinde, Uzakta Bulunursa, İmama Uyması Câiz midir?

— İmam mihrabda iken, imama uyan, ona ne kadar uzakta bulunursa bulunsun, "uyması" câizdir.

— Mescid çok büyük olsa bile, içindeki fasıla, "uymaya" mâni değildir. Yani bir mescid içerisinde, imamla, "imama uyan" arasında ne kadar boş yer bulunursa bulunsun, "uyma" sahih olur.[2]

Kadınla, Erkeğin Bir Hizada Bulunması Erkeğin Namazını Bozar mı?

Kadınla erkeğin bir hizada bulunması, erkeğin namazını bozar. Bunun için aşağıdaki şu şartlar gerekir:

1. Erkekle bir hizada bulunan kadının cinsî münasebete elverişli ve iştah çekici kimselerden olması gerekir. Bu hususta yaşa itibar edilmez.

1- Fetâvâyı Hindiyye, 1-303.
2- Fetâvâyı Hindiyye, 1-305.

Namaz kılan erkeğin yanında fakat aynı hizada, iştah çekmiyen bir küçük kız çocuğu bulunsa ve bu kız çocuğunun, namaza da aklı yetiyor olsa, o erkeğin namazı bozulmaz.

2. Namazın rükûlu ve secdeli bir namaz olması gerekir. Bu namazı imâ ile kılıyor olsalar bile, kadının yanındaki erkeğin namazı bozulur.

3. Eda ve namaza başlama bakımından, namazın, erkekle kadın arasında müşterek olması gerekir. Yani; kadın ve erkeklerin aynı namazı aynı anda cemaatle kılması gerekir.

4. Kadınla erkeğin bir hizada bulunmalarının, erkeğin namazını bozması için, ikisinin de bir yerde bulunmaları gerekir. Hatta, erkek sekide olsa da, kadın da yerde bulunsa, eğer seki bir adam boyu yüksekte ise, erkeğin namazı bozulmaz.

5. Bu durumda, erkeğin namazının bozulması için, aralarında bir engelin, bir perdenin bulunmaması lazımdır. Mesela: Kadınla erkek bir yerde bulunsalar da, bu yer -veya seki-de aralarında bir direk bulunsa, bu durumda da, erkeğin namazı fasid olmaz.

6. Kadınla erkeğin bir hizada namaz kılmasından dolayı, erkeğin namazının bozulması için, kadının kıldığı namazın sahih olması da gerekir. Şayet kadın deli olursa, onunla aynı hizada bulunması, erkeğin namazını bozmaz.

7. Kadınla erkeğin aynı hizada bulunmasının, erkeğin namazını bozması için, imamın namaza başlamadan önce kadınlara da niyet etmesi gerekir. Niyetin sahih olması için, -niyyet esnasında- kadınların hazır olmaları şart değildir.[1]

8. Kadınla aynı hizada bulunmaktan dolayı erkeğin namazının bozulması için, aynı hizada bulunmanın, tam bir rükûn müddetince devam etmesi de gerekir. Hatta, bir kadın, bir safta tekbir almış olsa, ikinci bir saftada rükû yapsa ve üçüncü bir safta da secde etse, buralarda -sağında ve solunda, arkasında- namaz kılanların hepsinin namazları bozulur.

9. Kadınla aynı hizada namaz kılmaktan dolayı erkeğin namazının bozulması için, kadınla erkeğin yönlerinin aynı olması gerekir. Şayet, yönleri değişik olursa, erkeğin namazı bozulmaz. Namaz kılan

---

1- Fetâvâyı Hindiyye, 1-309.

bu kimselerin, yönlerinin değişik olması, ancak Kâbe'nin içinde namaz kılındığı zaman düşünülebilir. Veya bu çok karanlık bir gecede her biri kendi kıble istikâmetini araştırmasının neticesine göre namaz kılarken vuku bulabilir.

– Aynı hizada bulunmakta mu'teber olan ölçü, bacak ve topuklardır.

Bir Kadın Kaç Erkeğin Namazını İfsad Eder -Bozar-?

– Bir kadın ancak 3 erkeğin namazını bozar. Bunlar: sağındaki, solundaki ve arkasındaki erkeklerdir.

Bir kadın bundan fazla erkeğin namazını bozmaz.

– Bu durumda iki kadın 4 erkeğin namazını bozar: Birisi sağ taraflarında olan, diğeri sol tarafında bulunan ikisi de arkalarında bulunanlardır.

Eğer 3 Kadın Olursa Kaç Erkeğin Namazını İfsad Eder?

– Eğer 3 kadın olursa, sağ taraflarından üçer, sol taraflarından üçer; arkalarından da son safa kadar, kendi hizalarında bulunan kimselerin hepsinin namazlarını bozarlar.[1]

Evde Ailecek Namaz Kılınabilir mi?

Evli bir erkek eşiyle, mesela 8 yaşında bir oğlu varsa ve onunla bir cemaat oluşturarak namaz kılabilirler. Doğru bir deyişle öyle kılmaları gerekir. Çünkü içlerinde imam olması câiz birisi varken, namaz kılanların, aynı farz namazı, bir yerde ayrı ayrı kılmaları mekruh, yâni çirkindir. Birisinin mutlaka imam olması, diğerlerinin de ona uyması gerekir. Cemaat, imamdan başka mümeyyiz bir çocuğun bulunmasıyla da oluşur. Saf sırası önce erkekler, arkasında çocuklar, onların arkasından da kadınlar şeklinde olur.

Ancak erkek bu şekilde kılmakla cemaat sevabını almış olur, fakat câmiye gitme sevabını almaz.[2]

1- Fetâvâyı Hindiyye, 1-310.
2- Dini Meselelerimiz, 1-42.

Her Namaz Kılacak Kimsenin Sütre Edinmesi Gerekli mi?

– Namaz kılacak kimse, önünden geçilmesi muhtemel olan yerde namaza duracaksa, sütre edinmesi müstehaptır. Sütre namaz kılanın, önünden gelip geçene siper olmak üzere edindiği şeydir.

Sütrenin duvar ve direk gibi sabit şeylerden olması ile kürsü, değnek sabit olmayan şeylerden olması arasında bir fark yoktur.

– Bir insanın sırtını sütre edinmek de sahih olur. Meselâ namaz kılan kişinin önünde, arkası dönük biri oturmaktaysa, bunun sırtına doğru namaz kılarak sütre edinmek sahih olur. Oturan kişinin yüzü namaz kılana yönelikse sütre edinilmesi sahih olmaz. Tabiî önde oturanın kâfir bir erkek veya yabancı bir kadın olmaması şarttır.

Sütre Bir Arşın veya Daha Fazla Yükseklikte Olur

Bir arşından kısa olan şeyin sütre olup olamayacağı hakkında ise ihtilâf vardır.

Bazı büyüklerimiz "sütre en az bir parmak kalınlığında olur" demiştir. Çünkü eğer bir parmak kalınlığından da ince olursa uzaktan görülemediği için o sütreden gaye hasıl olmaz.[1]

– Namaz kılacak kimse, önüne dikecek veya koyacak bir şeyi bulamazsa, bir çizgi çeker.

Namaz kılan kimse sütrenin yakınında durur ve sütreyi ya sağ -efdal olan budur- veya sol kaşının hizasına getirir.

– Namaz kılınan yer, yola karşı değil ve gelip geçme korkusu yoksa, sütreyi yapmayıp, terk etmede bir beis yoktur.[2] İmamın sütresi, cemaat içinde sütredir.[3]

1- El-Hidâye, 1-147.
2- Fetâvâyı Hindiyye, 1-357.
3- El-Hidâye, 1-142.

Namaz Kılanın Secde Yerinden Geçme Meselesinin Dört Şekli Vardır

1. Namaz kılanın geçiş yerine durmadığı, geçen kimsenin uzaktan dolaşması mümkün olduğu hâlde, namaz kılanın önünden geçmek. Bunda ancak geçen kimse günâhkâr olur.

2. Bunun aksi yanı namaz kılanın geçiş yerine durmuş olması ve uzaktan dolaşmanın mümkün olmama hâlinde namaz kılanın önünden geçmek. Bunda günâh geçenin değil, namaz kılanındır.

3. Hem namaz kılanın geçiş yerine durması, hem de geçecek geniş yer varken, gecenin, özellikle namaz kılanın önünden geçmesi. Bunda her ikisi de günâhkâr olur.

4. Namaz kılanın geçiş yerine durmaması ve gecenin de geçecek geniş yer bulamadığı için namaz kılanın önünden geçmesi. Bunda hiç biri de günâhkâr olmaz.[1]

Namaz kılan kimseye önünden geçeni defetmeye ruhsat verilmiştir.

Bir hadis-i şerifte: Eğer namaz kılmakta olan bir şahsın önünden -secde mahallinden- geçmek isteyen, bunun ne büyük bir günah olduğunu idrak edebilseydi, 40 sene veya 40 ay beklemesi daha hayırlı olurdu."[2] buyrulmuştur.

Defetmek, tesbih, aşikâre okumak veya işaretle olur.[3] Hem tesbih, hem işarette bulunmak mekruhtur. Kişi büyük mescidde veya sahrada namaz kılıyorsa, ayaklarının bastığı yerle secde ettiği yer arasından geçmek mekruh geçiştir. Küçük câmide ise, arada direk ve sütun gibi bir mâni bulunmuyorsa, mutlak olarak önünden geçiştir.[4]

Küçük mescid, 60 ziradan -45,4 m^2'den- az-küçük olan mesciddir.

Bir görüşe göre de 40 zira -30.3 m^2'den- az olan mesciddir.

1- İslâm İlmihâli, 1-380.
2- Muhtaru'l Ehadisi'n Nebeviyye, 123.
3- İbn-i Âbidin, 11-567.
4- İslâm İlmihali, 1-380.

Küçük mescidde arada direk ve sutun gibi bir mâni bulunmuyorsa, namaz kılanın önü istikâmetinin hangi yeri olursa olsun, secde ettiği yer hükmündedir, geçmek günahı gerektirir.[1]

Namaz Hangi Zaruretler Sebebiyle Kesilir?

— Namaz kılan kimseyi ana-babasından birisi çağırsa, namazını bitirmeden ona cevap vermez. Ancak anne veya babası yardım isterse, namaz kılan kimse namazını bozar. Çünkü, zaruretsiz olarak namazı kesmek câiz değildir. Bu hususta, yabancılar da ana-baba gibidir.

— Bir kimse namaz kılarken, başka bir kimsenin çatıdan ve bunun benzerinden düşeceğinden veya ateşte yanacağından ya da suda boğulacağından korkar ve bu durumda olan kimse de namaz kılan kişiden yardım isterse, namaz kılan kişi namazını bozar.[2]

— Namaz kılan bir kimsenin, bir dirhem kıymetinde bir şeyi çalınırsa, namazını bozar ve hırsızı arar. Bu durumda namaz ister farz olsun ister nafile olsun müsavidir. Çünkü bir dirhem değerindeki şey, bir maldır.

— Bir kadın namaz kılarken, -ocaktaki- tenceresi taşarsa onu kurtarıp düzeltmek için namazını keser.

— Namaz kılmakta olan bir yolcunun, hayvanı giderse, namaz kılmakta olan bir çoban, koyununu kurdun yiyeceğinden ya da namaz kılan bir kimse gözleri görmeyen birinin meselâ kuyuya düşeceğinden korkarsa, bu kimseler, bu sebeplerden dolayı namazlarını keserler.[3]

— Bir insan herhangi bir şekilde saldırıya uğradığı yangın veya boğulma tehlikesi geçirdiği zaman bağırırsa, namaz kılanın namazını bozup yardıma koşması vaciptir.[4]

1- Damad, 1-119.
2- Halebî-i Sağir, 226.
3- Fetâvâyı Hindiyye, 1-372.
4- İbn-i Âbidin, 3-106.

Seferi Olanlar, Namazlarını Nasıl Kılarlar?

Sefer; lugatta herhangi bir mesafeye gitmektir. Şeriat bakımından sefer: Normal bir yürüyüş ile üç günlük, yani 18 saatlik bir mesafeden ibarettir. Normal yürüyüş, yaya yürüyüşüdür ve kafile arasındaki deve yürüyüşüdür. Denizlerde de yelken gemileriyle havanın normali muteberdir.

Karada 90 kilometrelik, denizde ise 60 millik bir mesafesi bulunan bir yere yolculuk yapana şer'an "müsafir" denir. Yani karada 90 kilometrelik, denizde ise 60 millik mesafesi olan bir yere gitmek niyeti ile köyünden veya ikâmet ettiği yerden çıkan yolcu, dinî bakımdan "seferî" sayılır.

"Sefer", yolculuk, "Müsafir"de yolcu demektir.

– Yolculukta olan kimse için dört rekatlı namazları iki rekat olarak kılmak farzdır.

– Yolculukta olan kimse, herhangi bir şehir, kasaba veya köyde onbeş gün veya daha fazla bir zaman için kalmaya niyet etmedikçe yolculukta sayılır.

Eğer bundan az bir süre kalmaya niyet ederse, yolcu olup, namazlarını kısaltmak zorundadır.

– Bir şehre, bir iki gün kalmak niyetiyle giden bir kimse, orada kalmaya niyet etmedikçe yıllarca da kalsa, namazlarını tam olarak kılamaz.[1]

Müsafir Kimse Seferde, Kalmış Kaza Namazlarını Nasıl Kılar?

– Müsafir dört rekatlı farzları iki kılar. Akşam namazının farzını vitir namazını ve dört rekatlı bütün sünnetleri kısaltmadan, tam olarak kılar.

– Müsafir bir kimse seferde kazaya kalmış olan dört rekatlı farzları, seferde veya memleketine döndüğünde iki rekat olarak kaza eder. Mukim iken kazaya bırakmış olduğu dört rekatli namazları ise seferde iken de dört rekat olarak kaza eder. Vatanında veya o hükümdeki bir yerde oturan kimseye mukim denir.

1- El-Hidâye, 1-181.

Uçak ve Tren Gibi Vasıtalarda Nasıl Namaz Kılınacaktır?

Uçak, tren gibi bir vasıta ile yolculuğa çıkacak bir kimse, vasıtanın henüz hareket etme vakti gelmemişse, normal olarak, yerde kıbleye doğru dönerek namazını kılar. Vasıta hareket etmişse, mümkünse ayakta -kıyam üzere- kıbleye doğru yönelerek namazını kılar. Bu şahıs namazda iken, vasıta hangi tarafa dönerse dönsün, o kıbleye yönelir.[1]

Ayakta namaz kılmak mümkün değilse kıble istikâmetine doğru ve oturarak namazını eda eder. Namaz vakti, mola yerine kadar geçmeyecekse böyle namaz kılmak câiz değildir. Mutlaka onu geciktirmek gerekir.[2]

Hamile Kadın Oturarak Namaz Kılabilir mi?

Dininin asgari, farzlarını yapan, âdil ve büyük günâhlardan sakınan bir doktor, hamile kadına, namaz kılarken ayakta durmasının sakıncalı olduğunu söylemişse, bu hamile kadın namazlarını oturarak kılabilir.[3]

Bir Kadının Bahçede, Tarlada Oturarak Namaz Kılması Câiz midir?

Farz ve vacib namazlarda kıyam -ayakta durmak- farzdır. Setr-i avret şartları mevcut bulunduğu hâlde, bahçede, tarlada namaz kılması -bir kadının ayakta durma- kıyamı farzını terk etmesi için bir özür değildir.[4] Ot, üzerinde namaz kılmakta bir beis yoktur.[5]

Namaz Kılmaya Duracak Kimse Kıblenin Hangi Tarafta Olduğunu Bilmiyorsa Ne Yapar?

– Farz, vâcib ve nafile namaz kılan, tilâvet secdesi yapan, cenaze namazı kılan kimselerden hiç birisinin bu namazların edaları ve kazaları esnasında, kıble istikâmetinin dışında başka bir yere dönmeleri câiz olmaz.

1- Fetâvâyı Hindiyye, 1-220.
2- Günümüz Meselelerine Fetvalar, 1-50.
3- Hanımlara Özel Fetvalar, 1-49.
4- Hanımlara Özel Fetvalar, 1-45.
5- Fetâvâyı Hindiyye, 1-220.

— Kâ'be'nin bulunduğu yere dönmek, derin kuyularda, yüksek dağlarda ve Kâ'be'nin dışında da câizdir.

Çünkü Kâ'be yedi kat yerin altından, yedi kat semanın üstüne ta arşa varıncaya kadar Kâ'be'nin hizasıdır.

— Kıble'nin hangi tarafta olduğu hususunda şüpheye düşen bir kimse, soracak bir kimseyi de bulamazsa araştırır; kalbinin kanaat ettiği yöne dönerek namazını kılar.

— Yanında, bulunduğu yerin halkından birisi olduğu halde, bir kimsenin ona sormadan namaz kılması câiz olmaz.

Kıble'ye Dönmeye Güç Getiremeyen Yatalak Hasta, Ne Yapar?

— Yatalak bir hastanın Kıble'ye dönmeye gücü yetmez ve onu döndürecek bir kimsede bulunmazsa, o hastanın yüzünü istediği tarafa çevirmesi câiz olur.

Gemide Namaz Kılan Kimsenin Yönü, Gemi Döndükçe Kıble'den Ayrılmış Olsa Ne Yapar?

— O kimse, namaz içinde Kıble'ye dönerek namazını tamamlar. Gemide, farz veya nafile namaz kılmak isteyen bir kimsenin Kıble'ye dönmesi lâzımdır.[1]

Üzerinde Mekke, Medine ve Kudüs Resimleri Bulunan Seccadede Namaz Kılmakla, Namaz İfsad Olur mu?

Fıkıh kitapları namazı bozan şeyleri teker teker saymışlardır. Kutsal şeylerin -Kâ'be vb.- resimlerine basmak namazı bozan şeylerden biri değildir. Üzerinde böyle resimler bulunan seccadede namaz kılmak mümkündür. Ancak müslümanlar Mescid-i Haram'a, Mescid-i Nebevi'ye ve Kudüs'ü Şerife çok hürmet ettikleri için resimlerinin dahi, ayaklar altına serilmesini hoş karşılamazlar.[2]

1- Fetâvâyı Hindiyye, 1-222.
2- Günün Meselelerine Fetvalar, 2-37.

Resim Bulunan Yerde Namaz Kılınır mı?

— Eğer namaz kılanın karşısında veya tavanda ya da yanlarında bir tane veya birden çok asılı resimler bulunursa, namazı mekruhtur.[1]

Zira Hz. Cibril -a.s.- Peygamber Efendimiz'e -s.a.v.- "Biz, içinde köpek veya da resim bulunan bir eve girmeyiz."[2] demiştir.

Eğer resim, bakan kimsenin dikkat etmedikçe ve düşünmeyince, göremeyeceği kadar küçük olursa, namaz mekrûh olmaz.

Üzerinde Hayvan Resmi Bulunan Bir Sergide Namaz Kılınabilir mi?

— İçinde insan veya hayvan resminin bulunduğu bir sergi üzerinde namaz kılmanın sakıncası yoktur. Çünkü bu durumda resim ayak altında kaldığı için ona saygı gösterilmiş olmayıp, tersine küçümsenmiş olur.

Kudûri'de "resim üzerinde secde edilse, edilmese resimli sergi üzerinde namaz kılmak mekrûhtur" diye kaydedilmektedir. Çünkü namazın kendisi bir saygı gösterişidir.[3]

— Baş kısmı olmayan resimler, resim sayılmaz.

— Canlı olmayan şeylerin resmi mekrûh değildir.

Namaz İçin Tertip Sâhibi Kime Denir?

Bir kimsenin "tertip sâhibi" sayılması için en az altı vakit namazı kazaya kalmamış olmalıdır. Altı vakit namazı kazaya kaldı mı, "tertip sâhibi" olma vasfını kaybeder. Artık onun ne kaza namazları arasında, ne de kaza namazlarıyla vakit namazları arasında tertibe riâyet etmesi icap etmez.

Tertip sâhibi olan bir şahıs, bir farz namazını veya İmam-ı A'zam'a göre vacip olan vitir namazını özürsüz yere veya âdet ve lohusalık gibi namazı düşürecek bir mahiyette olmayan bir özür sebe-

---

1- El-Hidâye, 1-145.
2- Tahtavî, 2-363.
3- El-Hidâye, 1-145.

biyle vaktinde kılmamış olsa, bu namazı, ilk vakit namazından evvel kaza etmesi icap eder.

Çünkü gerek kaçırılan namazların arasında ve gerek bunlar ile vakit namazlarının arasında tertibe riâyet, esasen şarttır.

Ancak kazaya kalan namaz, unutulup daha sonra hatıra gelmiş olursa veya vakit darlaşmış ya da kaçırılan namazlar çok olup sâhibi "tertip sâhibi" olmaktan çıkmış bulunursa o zaman tertibe riâyet şart değildir.[1]

Kaza Namazı Olan Kimse Sünnet Kılabilir mi?

Namaz, Kelime-i Tevhid'den sonra, İslâm'ın en mühim rüknüdür. Hiç bir surette terk edilmemesi gerekir. Cehalet ve gaflet sebebiyle terk edilirse fırsat bulunduğu anda kazası icab eder, geciktirilmez.

Şâfi'i mezhebine göre; kazası olan kimsenin sünnet ve cenaze namazı gibi farz-ı kifâye olan namazları kılması haram olduğu gibi, farz olmayan Kâ'be tavafını etmesi de haramdır. Çünkü, yemek, uyku, ticaret ve iş zamanı müstesna, bütün vaktini kaza kılmaya vermek mecburiyetindedir.

Hanefî mezhebinde ise; beş vakit namazın sünneti, duhâ -kuşluk- tesbih ve terâvih gibi, hakkında hadis varid olan sünnet, kaza olsa da kılınacaktır. Fakat diğer nafile namazı kılmaktansa kaza ile meşgul olmak daha efdaldır.[2]

Kazaya Kalan Namazın Kılınması Lâzım mıdır?

Bir namazı vaktinde kılmaya "eda", vaktinden sonra kılmaya da "kaza" denir.

Kazaya kalan bir namazın kılınması bizim için gereklidir. Biz bunu yerine getirmekle mükellefiz.

Bunu yapmaz isek azaba müstehak oluruz. Şu kadar var ki kazaya kalmış olan bir namazı Hak Teâlâ Hazretleri dilerse affeder ve

---

1- B. İslâm İlmihâli, 213.
2- Günümüz Meselelerine Fetvalar, 1-67.

dilerse affetmez ve herhangi bir ibâdet vesilesiyle sâhibine birçok sevaplar da verebilir. Bu hususlara kimse karışamaz ve kesin bir şekilde hüküm veremez.

Bir kimsenin namazı kazaya kalınca bakılır; eğer o kimse, "tertip sâhibi -sâhib-i tertib" ise bu kaza namazı ile vakit namazları arasında tertibe riâyet lâzımdır. Tertip sâhibi değilse bu namazı kaza etmeden diğer namazlarını kılabilir.[1]

Kaza Namazları Ne Zaman Kılınır?

— Vaktinde kılınmamış olan beş vakit farz namazların kazası farzdır. Vitir namazının kazası da vâciptir. Sünnetlere gelince, bir sabah namazının farzıyla beraber sünneti kaçırılmış olunca, o günde güneşin doğmasından sonra, istiva -kaba kuşluk- vaktine kadar bu sünnet, farz ile beraber kaza edilir.

Güneşin doğuşundan evvel, istivadan sonra kaza edilemez. İmam Muhammed'e göre bu sünnet, yalnız olarak kaçırılmış olsa, yine güneşin doğuşundan -kerahet vaktinden- sonra istiva zamanına kadar kaza edilir.

Sabah namazının sünnetini kılmadan farzını imamla beraber cemaatle veya tek başına kılan kimse farzdan sonra vakit de olsa güneşin doğuşuna kadar bu sünneti kılamaz. Çünkü sabah namazının farzı kılındıktan sonra güneşin doğuşuna kadar ki zaman içerisinde nafile namaz kılmak mekruhtur. Sadece kaza namazı kılınabilir. Kılınmayan bu sabah namazının sünneti işrak veya kuşluk vaktinde kılınabilir. Öğleden sonra ise kesinlikle kılınamaz.

— Kaza namazlarının muayyen vakitleri yoktur. Üç kerahet vaktinden başka istenilen her vakitte kaza namazı kılınabilir.

Kaza Namazları Fazla Olunca Bunlara Niyet Nasıl Olur?

Kaza namazları fazlaca olunca bunlara tâyin edilerek niyet edilmesi lâzım gelmez. Çünkü bunda külfet vardır. Bilâkis kazaya kalmış olan, meselâ ilk veya son sabah namazını ya da öğle namazını kılmaya niyet edilmesi yeterli olur.[2]

1- B. İslâm İlmihâli, s. 212.
2- B. İslâm İlmihâli, s. 215.

Bir Kimse Hastalığı Sırasında Kazaya Kalan Namazları İçin Fidye Verebilir mi?

Hastalığından dolayı kazaya kalan namazlarını düşürmek için bir kimsenin fidye vermesi doğru değildir. Çünkü iyileştiğinde bunları kaza etme imkânı vardır.[1]

Bir Hasta Nasıl Namaz Kılar?

Bir hasta takatine göre namaz kılmakla mükellef olur. Meselâ ayakta durmaya asla gücü yetmeyen veya ayakta durması hastalığının uzamasına veya artmasına sebep olacağı anlaşılan bir hasta, oturarak namazını kılar, oturmaya da gücü yetmezse gücüne göre yanı üzerine ya da arkası üstüne yatarak îma ile namazını kılabilir.

İma ki, namazda rükûya ve secdeye işâret olmak üzere başı eğmektir. Bu ayakta yapılabileceği gibi oturarak da yapılabilir. Bununla beraber bir şeye dayanarak ayakta yapılması mümkün olan îma, yatarak yapılamaz, bu câiz değildir.

İma ile de namaz kılmaya gücü yetmeyen bir hasta bir gün ve bir gecelik ve daha fazla olan namazları sonraya bırakır, iyileştiğinde bunları kaza etmesi lâzım gelir. Diğer bir rivâyete göre bir gün bir geceden fazla olan namazları büsbütün düşer. Aklı başında olsa dahi.

Hastalığı Sebebi ile Oturduğu Halde veya İma ile Namaz Kılabilen Kimse Bu Namazlarını Ne Şekilde Kaza Eder?

Bir kimse, hastalığı esnasında kılamamış olduğu namazlarını sıhhat bulduktan sonra kaza edince oturduğu halde ve îma ile kılamaz. Çünkü özür ortadan kalkmıştır.[2]

Terâvih Namazı Mutlaka 20 Rekat mı Kılınmalıdır?

Terâvih namazı sünnet-i müekkededir. Azı 2, çoğu 20 rekattır. Çeşitli hadislerden anlaşıldığına göre Hz. Peygamber -s.a.v.- terâvih namazını yalnız 8 rekat olarak kılmıştır. Ancak, Hz. Ömer'in zama-

---

1- Fetâvâyı Hindiyye, 1-410.
2- Büyük İslâm İlmihâli, s. 204.

nında 20 rekat kılınmış ve ondan sonra böyle devam etmiştir. Hz. Ömer'in yolu, Hz. Peygamberin yoludur. Hz. Peygamber -s.a.v.- "Benim sünnetime ve benden sonra gelen Hulefâ-i Râşidî'nin sünnetine yapışınız." buyurmuştur. Fakat bizim 20 rekat kılmamız şart değildir. Yalnız 2 rekat kılmak câiz olduğu gibi 20 rekat da câizdir.[1]

Bir Rükünde 3 Defa Bir Yerini Kaşıyan Kimsenin Namazı Bozulur mu?

– Namaz kılan kimse, bir rükünde 3 defa bir yerini kaşırsa, namazı bozulur. Bu hüküm her defasında elini kaldırdığı zamandır. Fakat, her defada elini kaldırmasa da, elini bir defa kaldırınca, tekrar tekrar kaşırsa, namazı bozulmaz.[2]

Namaz Kılanın Alnının Terini Silmesinde Sakınca Var mıdır?

– Namaz kılan kimsenin, alnının terini silmesinde bir beis yoktur.

– Namaz kılan kimsenin kendisine fayda veren bir ameli işlemesinde bir sakınca olmaz.

– Namaz kılan kimsenin, burnundan akan ifrazatı silmesi, onu yere damlatmaktan daha evlâdır.

– Namaz kılan bir kimsenin, kendisine faydalı olmayan bir şeyi yapması ise mekruhtur.[3]

Küçük Bir Çocuğu Sırta Alarak Namaz Kılmak Câiz midir?

– Sırtında küçük bir çocukla namaz kılmak câizdir, fakat mekrûhtur. Çocuğu koruyacak kimse olmaz ve çocuk da ağlıyorsa, bu durumda mekrûh olmaz.[4]

1- Günümüz Meselelerine Fetvalar, 1-60.
2- Fetâvâyı Hindiyye, 1-355.
3- Fetâvâyı Hindiyye, 1-360.
4- Fetâvâyı Hindiyye, 1-367.

Bir Çocuk Namaz Kılan Kadının Memesini Emerse, Kadının Namazı Bozulur mu?

Küçük bir çocuk, namaz kılan kadının memesini emer ve memeden de süt çıkarsa, kadının namazı bozulur; süt, çıkmazsa, kadının namazı bozulmaz. Çünkü, süt çıktığı zaman, kadın süt emzirmiş hükmünde olur; süt çıkmazsa bu hükümde olmaz.

– Çocuk, namaz kılan kadını 3 defa emerse, süt çıkmasa dahi, kadının namazı bozulur.[1]

Deodorant, Kolonya Gibi Alkol İhtiva Eden Şeyleri Abdestli İken Kullanan Kimse Namazını Kılabilir mi?

Önce hangi türden olursa olsun, vücuda ya da elbiseye alkol sürmüş olmanın abdesti bozmayacağını bilmek gerekir. Abdestin bozulması, tamamen insanın vücudundan bir şey çıkmasına bağlıdır.

Ancak, insanın, üzerinde, ya da elbisesinde pis bir madde varken namaz kılması câiz değildir. Çünkü namaz için, abdest şart olduğu gibi, üstünün başının temiz olması da şarttır.

Sözü edilen deodorant ve parfümlerdeki alkol ise Hanefî mezhebinin bazı imamlarına göre pis olan alkol türünden olmadığından onlar namaza mâni değildirler. Fakat diğer mezheplere göre onlar da pis sayıldığından onların değdiği yeri yıkayarak namazlarını kılanlar daha ihtiyatlı davranmış olurlar.

Bu konuda kolonya ve ispirto için de aynı şeyler söylenir.[2]

Kadın Makyajlı Olduğu Hâlde Namaz Kılabilir mi?

Makyaj, altına su geçiren maddelerle yapılmışsa veya makyaj malzemeleri abdest alındıktan sonra kullanıldıysa, içinde temizliğe engel necis bir madde bulunmuyorsa, o makyajla namaz kılınabilir.

1- Fetâvâyı Hindiyye, 1-355.
2- Hanımlara Özel Fetvalar, 1-24.

Alt veya Üst Kattan Müzik Sesi Geliyorken Namaz Kılınabilir mi?

Alt veya üst katta müzik gürültüsünün olması namazın sahih olmasına engel değildir.[1] Fakat namaz, tazim ve hürmetle, Yüce Allah'ın huzurunda durmaktır. O'na en yakın olunan bir zaman dilimidir. Bu yakınlığı engelleyecek her türlü şeyden sakınmak gerekmektedir.

Cebindeki Parada Resim Bulunanın Namaz Kılması Olur mu?

— Parmağındaki yüzükte veya cebindeki parada, küçük resim bulunan kimsenin, bu resimlerle namaz kılmasında bir beis yoktur. Çünkü küçük resimlerdir.[2]

Okunan Secde Âyetini Duyan Tilâvet Secdesini Sonraya Bırakabilir mi?

Zamanı bulunmadığından, Tilâvet secdesini, sonraya bırakmak, iyi olmamakla beraber, bu secde, duyulduğu zamandan sonra yapılabilir. Ancak kişinin o anda "Sami'nâ ve eta'nâ gufrâneke Rabbenâ ve ileykelmasîr" diyerek secdeyi kabullendiğini bildirmesi gerekir.

Radyo, Televizyon, Teypten Dinlenen Secde Âyeti İçin de Secde Yapmak Gerekir mi?

İhtiyatlı olan görüşe göre, radyo, televizyon, teypten dinlenen secde âyetinden ötürü de secde etmek gerekir. Çünkü "... Duyana da secde gerekir" hadis-i şerifinde duyulan ses kaynağının özelliğinden söz edilmemektedir. Bunların içinde özellikle radyonun ayrı bir özelliği vardır. Çünkü o sesi anında ve olduğu gibi iletmektedir. Dolayısı ile radyodan duyulan secde âyetinden ötürü secde yapılması gereği daha açıktır.

1- Hanımlara Özel Fetvalar, 1-48.
2- Fetâvâyı Hindiyye, 1-301.

Tilâvet Secdesi Nasıl Yapılır?

Kur'ân-ı Kerîm'in sûrelerinde 14 secde âyeti vardır ki, bunlardan birini okuyan veya işiten her mükellef için secde lâzım gelir. Şöyle ki; Tilâvet secdesi niyetiyle eller kaldırılmaksızın "Allah-ü Ekber" denilerek secdeye varılır. Secdede 3 kerre "Sübhane rabbiye'l a'lâ" denilir. Daha sonra "Allah-u Ekber" denilerek secdeden kalkılır.[1]

Bir Yerde, Birden Çok Ezan Duyuluyorsa Birini Dinlemek Yeterli Olur mu?

Sadece bir ezanı hakkıyla dinleyip, söyleneceklerin söylenmesi yeterlidir.[2]

Namaz Kılmayan Kişi Dinen Müslüman mıdır?

– Namazın farz olduğunu inkâr eden kişi dinden çıkar. Namaza inanmayan müslüman değildir. Onunla evlenilmez, kestiği yenilmez. Tembellikten dolayı namaz kılmayan ise, namaz kılmasa da müslüman sayılır. İslâm Hukuku'na göre suçlu sayılır ve cezayı hak etmiştir.[3]

Âdetli veya Lohusa Kadın Nafile Namaz Kılar mı?

Farz, vacib, sünnet... dahil hiçbir namazı kılamazlar.

Âdetli ve lohusa olandan, namazın edası da kazası da düşer.[4]

Namazın sahih olmasının şartlarından biri de cünüplükten, âdet ve lohusalıktan, temiz olmaktır. Şart olmayınca böyle bir kadının, namaz kılması sahih ve câiz değildir.[5] Eğer o hâllerde namaz kılacak olurlarsa haram işlemiş ve pek büyük bir günaha girmiş olurlar.[6]

1- Hanımlara Özel Fetvalar, 1-52.
2- Hanımlara Özel Fetvalar, 1-49.
3- El-Fıkhu'l-Menheci, 1-128.
4- İbn-i Âbidin, 1-476.
5- Molla Hüsrev, Dürer ve Şerhleri, 1-42.
6- Kadın İlmihâli, 64.

— Bir hanım, namazda secde âyetini okuyup secde etmeden evvel âdet hâline giriverirse namazı derhal bozulacağı gibi, artık bu secde de o kadından düşmüş olur. Lohusa olanlar da aynı hükme bağlıdır.[1]

Âdetli ve Lohusa kadından Tilâvet ve Şükür secdesi de düşer.[2] Secde dahi yapamaz.

Âdet Gören veya Lohusa Olan Bir Kadın Bunlara Mahsus Müddet İçinde Terk Edeceği Farz Namazları, Daha Sonra Kaza Eder mi?

Hanımların, âdet ve lohusalıklarının devam ettiği günlerin namazlarını sonradan kaza etmeleri lâzım gelmez.

Şer'i şerif kadınlara bu konuda kolaylık göstermiştir.[3] Hanımlar umumiyetle her ay âdet görürler. Özellikle kadın, kocasının ve çocuklarının hizmeti, evinin temizliğiyle vazifeli olduğu için her ay birçok namazları kaza etmekle uğraşmak şüphesiz ona güç gelir.

Âdetli veya lohusa hâllerinde namaz kılmak haram olduğundan, haramı da terketmek farz, yani ibâdet olacağı için, bu ilâhi emri yerine getirenlerin sevap kazanacakları şüphesizdir.[4]

Âdetli Kadın Namaz Vaktinde Ne Yapar?

Âdetli kadın için, her namaz vaktinde, abdest alarak, namaz yerinde o namazı kılacak kadar oturup, tesbih etmek -subhanallah-, tehlil getirmek -lâ ilâhe illallah-, tekbir -Allah-u Ekber- getirmek müstehaptır.[5] Bir rivâyete göre bu hanıma evvelce kıldığı namazların en güzelinin sevabı verilir.[6]

1- Tahtâvî, 82.
2- İbn-i Âbidin, 1-191.
3- Büyük İslâm İlmihâli, 99.
4- Kadın İlmihâli: 64.
5- Fetâvâyı Hindiyye, 1-135.
6- İbn-i Âbidin, 1-475.

Âdetli ve Lohusa Kadın Mübarek Gün ve Gecelerde Ne Yapar?

Kadınların bu hâlleri, Ramazan, Kadir, Bayram... gibi mübarek gün ve gecelere rastlayacak olursa -o mübarek gün ve geceleri ibâdetle geçirmek niyetinde iseler- hayırlı günlerin ve gecelerin rahmet ve bereketlerinden nasiplerini hem de eksiksiz olarak alacaklardır.

Hadis-i şeriflerde:

"Her kişiye muhakkak, niyetinin hakkı verilir."

"Mü'minin niyeti amelinden hayırlıdır." buyrulmaktadır. Hanımların namazsızlık hâlleri ellerinde olmayan bir özür kabilinden olduğundan, rahmetten mahrum kalmazlar. Niyet amelden hayırlıdır. Çünkü amele gösteriş karışabilir, fakat niyete hiçbir şey karışmaz.[1]

Âdet Görmenin Başlangıcında Namazla İlgili Hükümler Nasıldır?

— Bir hanım farz bir namazı kılarken, namaz esnasında âdeti başlasa, namazı bozulur ve o namazı kaza etmez.[2]

Kadının, âdeti başlamadan önceki -namaz kılma imkânı olduğu hâlde, kılmamış bulunduğu- vakitlerle ilgili namazların borcu sabit ve baki kalır.[3]

Fakat nafile bir namaz kılarken âdetli olsa temizlendikten sonra o namazı kaza eder.[4] Çünkü başlanan bir nafile yarım kaldığında, kılınması vaciptir.

— Bir kadın namaz vaktinin son kısmında âdet veya lohusa hâline uğrarsa, o kadına o namaz vacip olmadığından âdet veya lohusalık durumu geçtikten sonra o namazı kaza etmek lâzım gelmez.[5] Âdet veya lohusalık hâlindeki bir kadına namazın vacip olmaması, namazın kendisinden düşmesi, kaza gerekmemesidir.

1- Kadın İlmihâli, 69.
2- İbn-i Âbidin, 1-476.
3- İzahlı Kadın İlmihâli Ansiklopedisi, s: 186.
4- Bahrurraik, 1-215.
5- Kitâbu's-salât, 12.

Bir kadın temizlik müddetinin en azı olan onbeş gün tamamlanmış olduğu hâlde yatsıyı kılmadan temiz olarak pamuk tutunup yatsa, sabah kalktığında âdetli olduğunu görse o yatsı namazını kaza eder.[1]

Çünkü bu kadının âdetli olduğuna, uyandığında hüküm verildiğinden, önceki vaktin sonunda, temiz bulunduğu kabul edilir.

Âdet Görmenin Bitişinde Namazla İlgili Hükümler Nasıldır?

– Bir kadın âdetli bulunduğu hâlde yatsı olduktan sonra pamuk veya bez tutunup yatsa, kalktığında pamuk -ya da bezi- temiz bulsa o yatsı namazını kaza eder. Zira pamuğu koyduğu andan itibaren âdeti kesilmiştir.[2]

– Bir kadının âdeti on günden az zamanda kesilir içinde bulunduğu namazın vaktinin çıkmasına, bir gusül abdesti alıp, iftitah tekbiri getirecek kadar vakit varsa, o vaktin namazı kadının zimmetinde borçtur. Yani onu kaza etmesi icab eder.[3] Çünkü vaktin en son kısmı namaz kılmaya kâfi gelemeyeceği için, sonraki namazın vakti içinde kaza edilmesi elbette lâzımdır.[4]

Kadın temizlendiğinde, vaktin çıkmasına, gusül alıp, iftitah tekbiri, -"Allah-u Ekber"i- alacak kadar vakit yoksa o namaz üzerine vacip olmaz.

Mesela bir kadının âdeti, güneş batmadan önce sona erse, gusül abdesti alır, mümkünse -vakit varsa- namazını hemen kılar. Gusül abdesti aldıktan sonra, namaz için ancak "Allah-u Ekber" diyecek kadar vakit varsa o ikindi namazı üzerine borçtur.

Bu kadın, gusül abdesti alıp, ikindiyi kılmaya -farzını- başlasa, bu esnada -güneş batmakla- akşamın vakti girse, namazını tamamlar.

1- Mebsût, 3-152.
2- Mebsût, 3-152.
3- Mebsût, 3-152.
4- Tahtavî, 100.

Kadın, kerahat vaktinde kendisine farz olan namazı kamil bir vakitte tamamlamış olur.[1]

— İlk âdet gören bir hanımın, on günden önce ve âdetli olan bir hanımında, âdetinden daha kısa bir sürede hayzı kesilse, abdest almayı namazın son vaktine kadar geciktirir. Fakat bu geciktirme namazın kerâhet vaktine girmesine sebep olabilecek kadar, fazla olmamalıdır.[2]

Kadın Mescitlerde Namaz Kılabilir mi?

Kadının mescide gitmesinde herhangi bir sakınca yoktur. Bununla birlikte onun evinde namaz kılması mescitte namaz kılmasından çok daha hayırlıdır.

Fakat şu var ki mescitler Allah'ın evleridir. Bu mescitlerde mü'minler îmânın şuuruna daha bir varırlar. Bu bakımdan erkeklerin zevcelerini zaman zaman -hiç olmazsa haftada bir veya iki kez- mescide gitmekten men etmemeleri gerekir. Fakat bu takdirde fitneden korkulacak olursa, kadın mescide gitmekten men'edilmelidir.[3]

Kadın Cenâze Namazına Katılabilir mi?

Kadının cenâze namazına çıkması, açılıp saçılmayarak, erkeklerin dikkatini çekmeyecek şekilde, koku sürünmemiş ve tesettüre riâyet etmeleri şartı ile söz konusudur.

Kadın Cenâze ile Birlikte Yürüyebilir mi?

Âlimlerin çoğunluğu, kadınların herhangi bir şekilde cenâzenin peşinden gitmelerinin câiz olmadığını söylemişlerdir. Pekçok görüşe göre kadınların cenâzenin arkasından yürümeleri mekruhtur.[4]

1- Mebsût, 2-15.
2- Fetâvâyı Hindiyye, 1-139.
3- Müslüman Kadının Fıkıh Kitabı, 160.
4- Müslüman Kadının Fıkıh Kitabı, 174

Ayakkabı ile Namaz Kılmak Câiz midir?

Ayakkabı temiz olursa onunla namaz kılmak câizdir. Bugün Türkiye'nin her tarafında cenâze namazı ayakkabıyla kılınıyor. Cenâze namazıyla diğer namazlar arasında fark yoktur. Ebû Mesleme şöyle anlatmıştır: Enes bin Mâlik'e -r.a.- "Peygamber -s.a.v.- ayakkabı ile namaz kılar mıydı? diye sordum.

Enes: "Evet" dedi.

Ancak ayakkabı temiz olmazsa ne vakit namazı ne de cenâze namazı onunla kılınmaz.[1]

1- Günümüz Meselelerine Fetvalar, 1-47.

ZEKÂT

Zekât, lugatta, temizlik, bereket, çoğalma mânâlarına gelir. Şeriatta; veren kimsenin hiçbir bakımdan faydalanmaması şartı ile şeriat tarafından belirlenmiş malın, belirli bir miktarını, belirli bir zaman sonra fakir müslümana Allah -c.c.- rızası için vermeye Zekât denir.

Kur'ân-ı Kerîm'de: *"Namazınızı dosdoğru kılın, zekâtı verin."*[1] buyrulmaktadır:

Zekât, Kitap, Sünnet, İcmâ-i Ümmet ile farzdır.

– Fakir müslüman, kendisine zekât verilecek ya da zekât düşen kimsedir.

Zekâtın Farz Olmasının Şartları

1. Müslüman olmak,

2. Akıllı olmak,

3. Bulûğa -erginliğe- ermiş olmak.

Çocuk ile akıl hastasına zekât farz değildir. Çünkü, zekât bir ibâdettir. Çocuk ile akıl hastası ibâdetle mükellef değildir.[2]

4. Nisab miktarı malı bulunmak.

Her şeyin asıl ve başvurulacak kaynağı demek olan nisab, şeriat istilahında; -kavram anlamında- malın, zekâtı ilgilendiren miktarının adıdır.

Gümüşte 200 dirhem, altından yirmi miskal, devede 5, sığırda -ve mandada- 30, koyunda -ve keçide- 40 âdettir.[3]

1- Bakara, 110.
2- el-Hidâye 1-216.
3- Ni'met'i İslâm, 648.

5. Mala tam malik olmak. Kişi kendi malı üzerinde tam kullanmak hakkına sahip olmalıdır.

6. Havâic-i aslıyeden fazla mal bulunmak. Mal temel ihtiyaçlardan fazla olmalıdır.

7. Borçlu olmamak.

8. Nısabın artıcı olması. Zekât verilecek mal ya adet olarak ya da kıymet ve değer açısından artıcı olmalıdır.

9. Malın üzerinden bir yıl geçmiş olmak: Zekât verilecek malın üzerinden kamerî bir yılın geçmesi şarttır. Ancak tarım ürünlerinde bu şart yoktur.[1]

20 Miskâl altının, 200 dirhem gümüşün bugünkü ölçülere göre miktarı:

Bu hususta çelişkili sözler söylenmektedir.

Yûsüf el-Kardâvî, "Fıkh al-Zekât adlı kitabında diyor ki:

20 miskâl altın 85 gram,

200 dirhem gümüş 595 gramdır.

Menhel al - Azb al Mevrûd da şöyle diyor:

20 miskâl altın 93 gram,

200 dirhem gümüş 624 gramdır.

Teshîl al - Merâm da şöyle diyor:

20 miskâl altın 100 gram,

200 dirhem gümüş 700 gramdır.

Hanefî mezhebinde bu ihtilâf varken, altından 100 ile 80 arasındaki rakam olan 90'ı, gümüşte de 500 ile 700 arasındaki rakam olan 600'ü kabul etmek daha iyidir.

– Şafi'i, Hanbelî ve Mâlikî mezheplerine göre ise:

20 miskâl altın 75 gram

200 dirhem gümüş 504 gramdır.[2]

1- Fetâvâyı Hindiyye, 1-562.
2- Günümüz Meselelerine Fetvalar, 1-86.

Zekâtın Sebebi

Nisab'dır. Zekât, Hicret'in ikinci senesinde Oruçtan evvel farz kılınmıştır.¹

Zekât Verilecek Mallar

1. Altın ve gümüş
2. Paralar
3. Ticârî eşyalar
4. Maden ve defineler -yeraltı servetleri-
5. Ziraî ürünler -mahsulleri ve meyveler-
6. Sığır, koyun, develer, -gibi dört ayaklı otlak hayvanlar-

Zekât Vermek Mü'minin Vasıflarındandır

— Gerçekten mü'minler kurtuluşa ermiştir. Onlar; namazlarında huşû içindedirler boş ve faydasız şeylerden yüz çevirirler, zekâtı verirler.²

— Hidâyet ve müjde namaz kılan, zekât veren mü'minler içindir.³

— *"... Ve mallarında muhtaç ve yoksullar için bir hak vardır."*⁴

Mal ve Servet Bir İmtihan Aracıdır

Bir şeyin imtihan aracı olması, onun kötü olduğu anlamına gelmez. Çünkü imtihanda kaybetmek söz konusu olduğu gibi, kazanmak da söz konusudur. Helâl yollardan kazanıp onu yine helâl yollarda harcamak ihtiyaç sâhiplerine yardım etmek, Yüce Allah, -c.c.- tarafından mükâfatlandırılacak bir durumdur.⁵

1- B. İslâm İlmihâli, 435.
2- Mü'minûn, 1-4.
3- Lokman, 3-4.
4- Zâriyat, 19.
5- Kur'ân'ın Ana Konuları, 254.

Zekâtı Seve Seve Vermelidir

İmam-ı Rabbani -k.s.- buyurmuştur:

Zekât vermek, İslâm'ın beş şartından biridir. Zekât vermek elbette lâzımdır.

Zekâtı kolayca verebilmek için altından ve gümüşten ve ticaret eşyasından, fakirlerin hakkı olan kırkda biri, senede bir kerre zekât niyyeti ile ayırıp saklamalıdır. Sonra, bütün sene içinde, istendiği zaman, zekât verilmesi câiz olanlardan arzu edilene dağıtılır. Her verişte, ayrıca, zekât için niyyet etmeye gerek yoktur. Ayırırken, bir kerre niyyet etmek yetişir. Herkes, fakirlere ve hakkı olanlara, bir senede ne kadar vermesi lâzım olduğunu bilir, ona göre zekâtını ayırır saklar. Ayırırken niyyet etmezse, fakirlere verdikleri, zekât olmaz. Niyyet ederse hem zekât verilmiş olur, hem de her zaman muhtaçlara yaptığı yardım, yerini bulur. Bir sene içinde, fakirlere yaptığı yardım, zekât için ayrılandan az olursa, artan zekâtı, yine kendi malından ayrı saklamalı, gelecek sene ayrılacak olan zekâtla karıştırıp vermelidir. Her sene böyle ayırıp yavaş yavaş vermek câizdir. İnsanların nefsi bâhildir, cimridir, tama'kârdır. Allahu Teâlâ'nın emirlerini yapmakta inatçıdır. Onun için biraz aşırı yazdım. Yoksa, malı da, canı da, mülkü de hep o vermiştir. Onun verdiğine el uzatmaya, kimin hakkı vardır? O hâlde zekâtı seve seve vermek lâzımdır.[1]

Zekât olarak bir dank -yani bir dirhemin dörtde birini ki, bir gram gümüş demektir- bir müslüman fakire vermek, nafile olarak dağlar kadar altın sadaka vermekten, hayrat, hasenât ve yardımlar yapmaktan kat kat daha iyidir, kat kat daha çok sevabtır. Bu bir dank zekâtı verirken, bir edebi gözetmek, meselâ; akrabadan bir fakire vermek de, nafile iyiliklerden kat kat daha faidelidir.[2]

Zekât Verilecek Kimseler

1. Fakirler: Nisab miktarından az malı olanlardır.

2. Miskinler: Hiçbir şeyi bulunmayan, dilenmeye muhtaç durumda olanlardır.

3. Zekât toplayan memurlar.

1- Mektûbat, s. 73.

2- Mektûbat, s. 29.

4. Müellefe-i kulûb: Kalpleri İslâm'a ısındırılmak istenenlerdir.

5. Köleler: Hürriyetlerine kavuşmak isteyen kölelerdir.

6. Borçlular: Borcundan fazla nisab miktarı mala sahip olmayanlardır.

7. Mücahid, Allah -c.c.- yolunda bulunanlar.

8. Yolcular: Malı vatanında kalmış ve bulunduğu yerde hiçbir şeyi olmayandır.

Bu zamanda, Zekât toplayan memurlar, "Müellefe-i kulûb" ve köleler olmadığı için, zekât verilecekler 5 sınıfa inmiştir.[1]

Zekât Kimlere Verilmez

1. Bakmakla yükümlü olduğu kimselere zekât verilmez.

2. Zenginlere verilmez.

3. Hz. Muhammed'in -s.a.v.- yakınlarına verilmez.[2]

Zekât Öncelik Sırasına Göre Kimlere Verilir

1. Önce fakir erkek kardeşlere, sonra kız kardeşlere,

2. Kardeşlerin çocuklarına,

3. Amca ve halalara,

4. Sonra bunların çocuklarına,

5. Dayılara ve teyzelere,

6. Sonra bunların çocuklarına,

7. Diğer akrabalara,

8. Sonra komşulara,

9. Aynı mahallede oturanlara,

10. Aynı şehirde ya da aynı köyde oturanlara verilir.[3]

1- Günümüz Meselelerine Fetvalar, 1-84.
2- İbn-i Âbidin 4-185.
3- Fetâvâyı Hindiyye, 1-628.

ZEKÂT İLE İLGİLİ MERAK EDİLEN MESELELER

Zekât Konusunda Sık Sık Geçen Havâic-i Aslîye Nedir?

Havâic-i aslîye, normal olarak maddi ve manevi hayatı devam ettirmek için insanın muhtaç olduğu şeylerdir. Mesken, kişiye lüzumlu olan eşya, elbise, silâh, kitap, san'at aletleri, binek hayvanı ve yardımcı gibi şeylerdir. Havâic-i aslîyye zaman ve mekânın değişmesiyle değiştiği gibi şahsa göre de değişir.

İlim sahipleri için kitap bulundurmak, havâic-i aslîyeden sayılmaktadır.

Çamaşır makinası ve buzdolabı havaîc-i aslîyeden sayılmaktadır.

— Radyo ve teyp gibi araçlar da kötüye kullanmamak şartıyla havâic-i aslîyedendir. Çünkü insanın ufkunu açan bir çok kitaplardan daha fazla bilgi edinilmektedir. Fakat kötüye kullanılırsa havâic-i aslîyeden olması şöyle dursun, bulundurulmaları dahi haramdır. Burada bilinmesi gereken bir husus vardır. Şöyle ki; çoğalıcı olmayan havâic-i aslîye dışındaki eşya; ticaret eşyası olmadığı takdirde nisâba bâliğ olunca zekât almamaya, kurban kesmeye ve fitre vermeye sebeptir. Ama zekâta tâbi değildir.

Nisâba Bâliğ Olacak Kadar Hâcet-i Aslîyesinden Fazla, Ev Eşyasına Sahip Olan Kimse Zekât Vermekle Mükellef midir?

Hâcet-i aslîyesinden fazla ev eşyasına sahip olan kimse mesela: Evinde fazla üç halı, iki buzdolabı, iki dikiş makinesi bulunur, değerlendirildiği takdirde nisâba baliğ olursa, Hanefî mezhebine göre kurban kesmeye, fitre vermeye mecbur olduğu gibi zekât da alamaz. Fakat zekât vermeye mecbur değildir. Çünkü bu eşya, nâmi, yani çoğalan şeylerden değildir.

Şafi'i mezhebine göre ise çalışarak geçinmesi mümkün olmadığı takdirde nisâbın değeri yoktur. Yani zekât alabilir. Kurban kesme meselesi ise zaten bu mezhebde vacib değildir.[1]

İlim ile Uğraşanların Kitaplarına Zekât Düşer mi?

Mesken evleri, giyilen elbiseler, ev eşyası, binek hayvanları ve kullanılan silâhlara zekât düşmez. Çünkü bunların hepsi kişi için ihtiyaç maddeleridir. Ve aynı zamanda bunlardan gelir de sağlanamaz.

İlim ile uğraşan kimsenin kitapları ile san'atkârın sanatı ile ilgili aletleri de öyledir.[2]

Anne ile Babaya Zekât Verilir mi?

– Anne ile babanın durumları müsait olmazsa, nafakaları zengin evlâdına aittir.

Hanefî mezhebinde, evlâtları zengin iseler, onların zekâtını alamazlarsa da başkasının zekâtını alabilirler.

– Zekât veren kimse, zekâtını oğluna, ne kadar aşağı inse de oğlunun oğluna, babasına, dedesine, her ne kadar yukarı çıksa da dedesinin dedesine veremez.[3]

Zengin Bir Müslüman Fakir Olan Damadına Zekât Verebilir mi?

– Anne, baba, evlât ve torunlarına; evlât ve torunlar da anne ve babalarına zekât veremezse de damad hakiki evlât sayılmadığı için muhtaç olduğu takdirde kayın babasıyla kayın validesinin zekâtlarını alabildiği gibi, muhtaç kayın babasına ve kayın validesine de zekât verebilir.[4]

1- Günümüz Meselelerimize Fetvalar, 1-81.
2- el Hidâye, 1-217.
3- Mevkûfât, 302.
4- Günümüz Meselelerine Fetvalar, 1-71.

Zekât Alan Evli Bir Öğrenci, Hanımının Zinet Eşyası -Altını- Bulunsa, Bu Altınların Zekâtını Vermek Mecburiyetinde midir?

— İslâm dininde koca müstakil ve bağımsız olduğu gibi hanımı da zevciyat -eşlik- hakları müstesna, her hususta bağımsız ve müstakildir. Koca zengin, hanımı fakir olabildiği gibi, koca fakir, hanımı zengin de olabilir.

Soruda söz konusu olan öğrenci, koca, fakir olduğu için zekâtı hak etmiş olduğundan halkın yardımını alabilir. Ve onun hanımının özel servet ve zînet eşyaları ile hiç bir münasebeti yoktur. Onlara dokunamaz, zekâtlarını vermekle mükellef te değildir. Hanım eğer Şâfi'î ise, Şafi'î mezhebine göre zînet eşyası zekâta tâbi olmadığı için o da zekât vermekle mükellef değildir.[1]

Kadın Kocasına Zekât Verebilir mi?

— Menfaatleri müşterek olduğu için, zengin bir koca, fakir olan karısına zekât veremez. Bunun gibi zengin olan kadın da fakir olan kocasına zekât veremez. Bu, İmâm A'zam Ebû Hanîfe'ye göredir.[2]

— Zengin bir adamın, fakir olan karısına zekât verilir.

— Zengin bir şahsın büyümüş olan ve fakir bulunan kızına da eğer o, nafakasını temin edecek güçte değilse zekât verilir. Çünkü bu, kocasının veya babasının zengin olmasından dolayı zengin sayılmaz.[3]

Kadın Mehrinin Zekâtını Verir mi?

Kadın mehrini aldıktan sonra, bunun üzerinden bir yıl geçmişse bundan dolayı zekât vermesi gerekir.

— Bir kadının kocasından bin dinar mehir alacağı olsa da, seneler geçmesine rağmen, bu kadın, kocasından bu parayı almamış bulunsa, kadına bu bin dinardan dolayı zekât farz olmaz.[4]

1- Günümüz Meselelerine Fetvalar, 2-77.
2- Fetâvâyı Hindiyye, 1-623.
3- Fetâvâyı Hindiyye, 1-624.
4- Fetâvâyı Hindiyye, 1-570.

Kadınların Takı Olarak Kullandıkları Zinet Eşyalarının Zekâtını Vermeleri Gerekir mi?

– Kadınların, sahip oldukları mal, para ile altın ve gümüşten meydana gelen -bilezik, kolye v.s.- süs eşyaları nisab miktarına ulaşmış ve üzerinden de bir yıl geçmiş ise zekât vermeleri gerekir.

– İncilerde, la'l -kırmızı süstaşı- yakut, zümrüt ve bunların benzerleri gibi mücevherlerde zekât yoktur. Ancak, eğer o inciler ve mücevherler ticaret için olursa zekât vardır.[1]

İmam-i Şafii: "Kadın mücevheratı ile erkeğin gümüşten olan yüzüğüne zekât düşmez. Çünkü ikisi de mübah olduğu için giyilmesi zorunlu olan giyecekler hükmündedirler." demiştir.[2]

Birkaç Bileziğinden Başka Malı ve Parası Olmayan Bir Kadın Bunların Zekâtını Vermesi Gerekir mi?

Evi, eşyaları olmayan bir maaşla kıt-kanaat geçinen bir kadının altınlarının toplam ağırlığı yaklaşık 85 gr. kadar ya da daha fazla ise, borcu yoksa, altınlarını bozdurmayıp, tam bir yıl -355 gün- elinde bulundurmuşsa, başka bir şeyi olmasa dahi onların zekâtlarını vermesi gerekir.[3]

Zekâtı Fakir Olan Âlimlere mi, Fakir Olan Cahillere mi Vermelidir?

– Fakir olan âlimlere vermek daha efdaldir.[4]

– Nitekim zekâtı borçlu olanlara vermek, fakir olanlara vermekten daha efdaldir.[5]

– Nisaba mâlik bulunmadığı hâlde, dilenmeyen kimseye de zekât verilir.[6]

1- Gurer ve Dürer, 1-309
2- el-Hidâye, 1-232.
3- Hanımlara Özel Fetvalar, 1-59.
4- Fetâvâyı Hindiyye, 1-620.
5- Fetâvâyı Hindiyye, 1-622.
6- Fetâvâyı Hindiyye, 1-624.

Zekât, Bir Beldeden, Başka Bir Beldeye Nakledilir mi?

— Zekâtı bir beldeden, başka bir beldeye nakletmek mekruhtur.

Ancak bir kimsenin zekâtını, başka bir beldede bulunan akrabasına veya kavminden olan bir kimseye -onlar bulundukları beldenin fakirlerinden daha muhtaç bir durumda iseler- göndermesi câiz olur.

— Bir kimsenin zekâtını, başka beldede bulunan ve akrabası olmayan muhtaç kimselere göndermesinde de bir beis yoktur. Bu mekrûh olmakla beraber; böyle yapanların zekâtları yine de câiz olur.[1]

Zekâtı başka yere göndermenin mekrûh olması, zekâtın zamanının geçtikten sonra verilmesi hâlindedir. Fakat zekât, verilme zamanından önce, başka beldeye gönderilmiş olursa; bunda bir beis yoktur.[2]

Bir Kimse Zekât Niyyeti ile Akrabasının Çocuklarına Bir Şeyler Dağıtsa, Bunlar Zekât Olur mu?

— Bir kimsenin, zekât olarak, zekât niyyeti ile akrabasının çocuklarına bir şeyler dağıtması câiz olur. Bayramlarda ve başka zamanlarda zekât niyyeti ile kadın ve erkek hizmetçilere verilen şeyler de zekât olarak câiz olur.

Bir Kimsenin Bir Fakire Verdiği Zekât, Onun Eline Geçmemişse, Zekât Durumu Ne Olur?

— Bir kimse, zekâtını bir fakire verdiği zaman, eğer bu zekâtı o fakir -eline- almamışsa, bu zekât, câiz olmaz. Zekâtı, fakir veya onun namına velisi gibi birisi almadıkça zekât verilmiş olmaz.

Bir kimse, bir akrabasına zekâtını vermiş bulunsa, o şahıs bunu almadıkça, zekât verilmiş olmaz. Bu durum yabancılar içinde böyledir.

— Bulunan bir şey de sahibinin eline verilmedikçe, verilmiş sayılmaz.

Bunamış bir fakire verilen zekât da câiz olur.[3]

1- Fetâvâyı Hindiyye, 1-627
2- Fetâvâyı Hindiyye, 1-628.
3- Fetâvâyı Hindiyye, 1-629.

Zekâtı, Zekât Ehlini Araştırıp mı Vermek Gerekir?

Bir kimse, zekâtını, araştırıp, zekât verilebilecek kimse olduğunu zannettiği bir kişiye verir de, o şahsın zekâtı hakikaten alabilecek biri olduğu anlaşılırsa zekâtı ittifakla muteber olur. Fakat hâli anlaşılamazsa veya zengin olduğu daha sonra ortaya çıkarsa, İmam-ı Azam ile İmam-ı Muhammed'e göre zekât yine muteberdir. Ancak, bir kimse zekâtını araştırmaksızın, zekâta ehil ve verilebilecek bir kişi olup olmadığını hiç düşünmeden verecek olsa zekât yine muteber ise de, o kişinin zekât alabilecek kimse olmadığı daha sonra anlaşılsa, zekâtını yeniden vermesi icab eder. Çünkü araştırma konusunda kusur etmiştir.[1]

Zekât Verilip Verilemeyeceğinden Şüphe Edilen Bir Kişiye Karşı Nasıl Hareket Edilir?

Zekât verecek olan bir kimse, zekât vermek istediği kişinin durumundan şüphelenir ve bu hususta araştırma yapar; bu araştırması sonunda da o kişinin zekât vermeye lâyık bir şahıs olduğu kanaatine varırsa, zekâtını ona verir veya ona sorduktan sonra verir.

Bir kimse, fakirlerin arasında gördüğü bir kişiye zekâtını verir, sonradan da o kişinin zekât verilmesi uygun olan kimselerden olduğu anlaşılırsa bu kimsenin zekâtı ittifak ile câiz olur.

Bir kimsenin zekâtını verdiği sırada, zekât verdiği kişinin hâlini araştırmaması, onun zekât almaya hak sahibi olup olmadığını, tetkik etmemesi câizdir. Ancak, bir kişinin, kendisine zekât verilmesi uygun olmayan kimselerden olduğu ortaya çıkarsa, ona zekât verilmez.[2]

Ticaretle Meşgûl Olan Birinin Kazandığı Para ile Aldığı Gayr-i Menkulün Zekât Durumu Nedir?

— Ticaretle meşgûl olan kimse, kazandığı para ile eğer ticaret için yani kâr için satmak üzere gayr-ı menkul almışsa tabiatıyla bu ticaret malı sayılır. Ana sermaye üzerinden bir yıl geçtiğinde onunla -ana sermaye ile- beraber zekâtını verecektir.

1- Büyük İslâm İlmihâli, 418.
2- Fetâvâyı Hindiyye, 1-627.

Satmamak üzere satın almış ise zekâta tâbi değildir. Ancak kiraya verirde, kirasından elde edilen para nisaba ulaşır ve üzerinden bir yıl geçerse o paranın zekâtını verecektir.

Birkaç Dairesi Olan Kimse Zekâtını Kiralarına Göre mi, Dairelerin Maliyetine Göre mi Verir?

— Daire, dükkân ve otel gibi içinde oturulan ve kiraya verilen şeyler zekâta tâbi değildir. Ancak onlardan elde edilen mahsul nisaba baliğ olur ve üzerinden bir yıl geçerse onun zekâtı verilir.[1]

Bir Kimsenin, Bağı, Tarlası veya Birkaç Dairesi Bulunsa, Mahsulü Kendisine Yetmezse Zekât Alabilir mi?

— Bir kimsenin bağı, tarlası ve birkaç dairesi bulunduğu hâlde çocuk ve misafirleri fazla olduğundan geçim sıkıntısı çekse, İmam Muhammed'e -r.a.- göre zekât alabilir. Fakat İmâm Ebû Hanîfe ile İmam Ebû Yûsuf'a göre nisâba sahip olduğundan elindeki eşyanın bir kısmını satmakla mükelleftir. Fetvâ İmam Muhammed'in görüşüne göredir.[2]

Müteâhhidin Sahip Olduğu Dozer ve Kepçe Gibi İş Makinelerinin Zekât Durumu Nedir?

— Müteâhhidin sahip olduğu dozer ve kepçe gibi iş makineleri ticaret eşyası olmadığı -satmak üzere satın alınmadığı- için zekâta tâbi değildir.

Bunun gibi kum taşımak için elde bulunan kamyon ve arabalar da böyledir.

Peygamber Efendimiz -s.a.v.- "Çalışan Develer Zekâta tâbi değildir." buyurmuştur.[3]

1- Günümüz Meselelerine Fetvâlar, 2-75.
2- Günümüz Meselelerine Fetvâlar, 2-75.
3- Günümüz Meselelerine Fetvâlar, 2-75.

Bir Kimsenin Elinde Ticaret Malı Bulunsa, Onu Satmayıp Ev İçin Alıkoymaya Karar Verse, Onun Zekât Durumu Ne Olur?

— Elinde bulunan ticaret malını, bir kimse satmayıp ev içinde alıkoymaya karar verse, artık o ticaret malı olmaktan çıkar ve zekâta tâbi olmaz.[1]

Bir Tüccar, Elindeki Ticaret Malını, Senelerce Satamayıp Kalsa, O Mal Yine Zekâta Tâbi midir?

— Bir Tüccarın, elindeki ticaret malı senelerce kalıp satılmasa dahi, o tüccar mutlaka her sene malı değerlendirip zekâtını vermelidir.

— Yine bir kimsenin malı çalınır veya gasbedilir de üzerinden birkaç yıl geçtikten sonra eline geçse, bütün o geçmiş senelerin zekâtını vermek zorundadır.[2]

Birisinin Meselâ 200 Milyon Değerinde Bir Fabrikası Olsa, Her Sene Zekât Verecek midir?

Satmak üzere alınmış olan eşya, ticaret eşyası olduğundan üzerinden bir sene geçerse nisâba bâliğ olduğu takdirde zekâtı verilecektir. Fakat fabrika gibi bir şeyi satmak için değil, çalıştırıp onunla para kazanmak maksadıyla satın alınmışsa zekâta tâbi değildir.[3] Fakat fabrikada işletip satmak üzere satın alınan ham madde, ticaret eşyası olduğundan zekâta tâbidir. Dükkân, daire ve taksi gibi şeyler de ticaret malı olmazsa zekâta tâbi değildir. Bunların gelirlerinden zekât verilir.[4]

1- Günümüz Meselelerine Fetvâlar, 2-72.
2- Günümüz Meselelerine Fetvâlar, 2-76.
3- Günümüz Meselelerine Fetvâlar, 1-82.
4- Günümüz Meselelerine Fetvâlar, 1-83.

Bir Kimse, Üzerine Ticarethane Yapmak Maksadıyla Bir Arsa Satın Alırsa Onun Zekâtını Verecek midir?

Bir kimse satmak için değil, ilerde kiraya vermek veya bizzat içinde oturmak ya da ticaret yapmak niyetiyle üzerine ticarethane inşa etmek kasdıyla bir arsa alırsa zekâta tâbi değildir.[1]

Câmi, Medrese ve Dernek Gibi Topluma Hizmet Eden Müesseselere Zekât veya Fitre Verilir mi?

Dört mezhebe göre zekât ve fitre, ancak Kur'ân-î Kerîm'de zikri geçen sekiz sınıfın mevcutlarına verilir ve mal sâhibi yapılır. Başka yere vermek câiz değildir...[2]

Hükümete Verilen Vergi Zekât Sayılır mı?

İslâmi esaslara dayanan İslâm devleti, nisaba mâlik olan müslümanlardan muayyen bir nisbette mallarının bir kısmını zekât niyetiyle alıp muhtaç kimselere verir. İslâm devleti olmadığı takdirde, mükellef bizzat onu, verilmesi gereken yerlere verir.

İslâmi esaslara dayanmayan bir devletin, mükelleflerden aldığı şey zekât olarak kabul edilmez.

Ayrıca devlet zekât adıyla değil, vergi olarak almak da ve aldığı vergiyi de zekâtın verilmesi gereken ve Kur'ân-ı Kerîm'de belirtilen sekiz sınıfa vermemektedir.

Hülasa: Devlete verilen vergiyi zekât olarak kabul etmek yanlıştır. Devletin, ihtiyaca binaen adilâne bir şekilde zenginlerden aldığı şey yine zekât sayılmaz. Çünkü zekât niyetiyle almıyor.[3]

Meşru Olmayan Servet Zekâta Tâbi midir?

Çalmak, gasbetmek, zinâ ve kumar gibi gayr-ı meşru yollarla elde edilen servet zekâta tâbi değildir. Çünkü gayr-i meşru malın sahibi belli ise ona, o malı iâde etmek lâzım gelir, aksi takdirde fakir ve hakeden kimselere dağıtmak icab eder. Meşru olmayan yollarla servet

---

1- Günümüz Meselelerine Fetvâlar, 1-63.
2- Günümüz Meselelerine Fetvâlar, 1-84.
3- Günümüz Meselelerine Fetvâlar, 1-84.

kazanmak haram ve günah olduğu gibi, onu elde tutup sahiplerine iâdesini veya muhtaçlara dağıtımını ertelemek de haramdır. Ancak ölüm sebebiyle varislere intikal etmiş olan gayr-ı meşru servet, sahibi bilinmediği takdirde, bazı Hanefî ulemasına göre onlar için mübah sayılır.[1]

Zekâttan Borçlu Olan Kimse Vefat Ederse Varisler Terekesinden Zekâtını Vermeye Mecbur mudurlar?

– Zekâttan borcu olan kimse, imkân bulduğu hâlde zekâtını vermeden önce vefat ederse, Şâfi'î mezhebine göre vasiyet etmese de terekesinden verilmesi gerekir. Çünkü hayatta iken zimmetinde sabit olmuştu. Sâir kul hakları gibi vefatıyla sâkıt olmaz.

Hanefî mezhebine göre ise vasiyet etmemiş ise terekesinden alınmaz. Çünkü vefatıyla tereke varislere intikal eder. Fakat varisler baliğ oldukları takdirde teberru ederek -karşılığı beklenmeyen iyilik olarak- o kimsenin zekâtını çıkarabilirler.

Zekâtı, Mutlaka Ramazan Ayında mı Vermek Gerekir?

Zekâtın farz olmasının şartlarından biri, üzerinden bir yılın geçmesidir.

Mal sahibi hangi tarihte nisâba mâlik olmuşsa, o andan itibaren kamerî ay hesabıyla üzerinden bir yıl geçtiği vakit onun zekâtını vermeye mecburdur. Zekâtın Ramazan ayı ile hiç bir münasebeti yoktur. Hatta Recep ayında bir yıl tamam olursa zekâtı, Ramazan'a kadar te'hir etmek doğru değildir.[2]

Hakeden Kimseye Zekât Verilirken, Verilen Şeyin Zekât Olduğunu Söylemek İcab eder mi?

– Zekât verilecek durumda olan kimseye zekât verilirken, verilen şeyin zekât olduğunu Hanefî mezhebine göre söylemek icab etmez.

1- Günümüz Meselelerine Fetvâlar, 1-87.
2- Günümüz Meselelerine Fetvâlar, 1-83.

Şafi'î mezhebine göre verilen şeyin zekât olduğunu bildirmek lâzımdır.[1]

Sadaka-i Fıtr Nedir?

"Fıtra" sözlükte yaratılış, "fıtr" orucu açmak anlamına gelir. Türkçe'de sadaka-ı fıtr, fitre şeklinde söylenir.[2]

Sadaka-i Fıtır, Ramazan bayramına ulaşan havâic-i asliyesinden fazla nisab miktarı mala sahip bulunan, hür ve müslüman olan her ferde vâcibtir.[3]

Fıtır sadakası için zekâtta olduğu gibi malın artıcı olması şart değildir. Fıtır sadakasının vâcip olması için Ramazan Orucunu tutmuş olma şartı da yoktur.

Fıtır Sadakası Dört Şeyden Vâcib Olur

Buğday: Fıtır sadakası buğdaydan yarım sa'dır. "1.460 gr."

2. Arpa: Arpadan bir sa'dır. "2.920 gr."

3. Hurma: Hurmadan bir sa'dır.

4. Kuru üzüm: Kuru üzümden yarım sa'dır.

Bunların yerine kıymetlerinin verilmesi de câizdir. Hatta daha faziletlidir.[4]

Fıtır Sadakası Bir Yardımdır

Orucun kabulüne bir vesiledir. Bayram gününün neş'esinden fakirlerinden faydalanmasına yönelik bir insanî hayırdır.

Fıtır sadakasını hemen -acele- vermek mendûbtur. Hemen vermekten maksad, bayram namazı için, namazgâha çıkmadan önce eda edilmesidir. Bir hadis-i şerifte: "Böyle günde siz, fakirleri dilenmeye muhtaç etmeyin." buyrulmuştur.

1- Günümüz Meselelerine Fetvâlar, 1-79.

2- Prof. Dr. İbrahim K. Dönmez, İslâm'da İbadet ve Günlük Yaşayış Ansiklopedisi, 2-53.

3- Mülteka, 1-246.

4- İbn-i Âbidin, 4-215.

Peygamber Efendimiz, -s.a.v.-, bu hadis-i şerif ile fakirlerin dilenmeye ihtiyaçlarının kalmaması ve ailelerinin nafakasını düşünmeden Bayram Namazı'nda bulunmalarını temin etmek için, namazgâha çıkmazdan öne fıtra verilmesinin evlâ olduğuna işaret etmiştir.[1]

Nisaba sahip olan hür bir müslüman hem kendi nefsi için hem de fakir olan bunak veya deli ya da küçük evlâdı için "fitre" vermekle yükümlüdür.

Bir kimse kendi hanımının ve büyük, akıllı olan evlâdının fitresini vermekle mükellef olmaz. Çünkü bunlardan her biri kendi nefsinde tam bir velayete, mallarında müstakillen tasarruf hakkına sahiptirler. Her biri nisaba sahib ise, zekâtını kendi malından vereceği gibi, fitresini de kendi malından vermesi gerekir.

Bir koca, hanımına ait bir ibâdet vazifesini yüklenmek için evlenmemiştir. İmam-ı Şafi'i'ye göre kadının fitresi zengin olsa da kocasına aittir.

Bir kimse kendi malından hanımının veya büyük evlâdının fitrelerini izinleriyle verecek olsa yeterli olur.

– Bu kimseler kendi ailesi içerisinde, idaresinde bulunduğu takdirde, izinleri olmaksızın vermesi de kâfidir. Çünkü bu hâlde örf-âdet bakımından izin vardır.

Aile arasında bulunan diğer şahıslar hakkında da hüküm böyledir. Fitre hususunda, hakikaten veya örf-adet bakımından izne lüzum vardır. Zira fitre sadakasının verilmesi niyetle beraber olmalıdır, niyetsiz verilemez. Bahsettiğimiz izin ise niyet hükmündedir.

Bir kimse, kendi ailesi içerisinde bulunsalar dahi babasının, annesinin fitresini vermekle yükümlü değildir. Ancak babası fakir bulunduğu hâlde deli olursa, o durumda mükelleftir.

Bir kimse, kendi küçük kardeşlerinin fitresini vermek mecburiyetinde değildir.

Bir kimseye -aynı aileden olmalarına rağmen- küçük kardeşlerinin ve diğer akrabalarının fitresini vermek vâcip değildir.[2]

1- Gurer ve Dürer, 1-343.
2- Fetâvâyı Hindiyye, 1-638.

— Mal varlığı şartını taşıyan bir müslüman, dedelerinin, ninelerenin ve torunlarının fitresini vermek mükellefiyetinde değildir.[1]

Fıtır Sadakasını Ödeme Zamanı

Hanefîlere göre fıtır sadakası ile yükümlü olma vakti, Ramazan Bayramı'nın birinci günü, tanyerinin ağarması anıdır. Ancak Bayram gününden önce, verilmesi de câizdir.

Hanefî mezhebinde, fıtır sadakası Ramazan ayının girmesinden itibaren ödenebilir. Bu, Şafiî mezhebinde de böyledir. Fıtır sadakasını bayramdan sonraya erteleyecek olan kimsenin üzerinden bu borç sâkıt olmaz. Bütün âlimlerimize göre, fıtır sadakasının eda vakti, bütün ömür boyudur.[2]

Mükellefin nisap miktarı malı, fıtır sadakasının vâcip olmasından sonra, telef olsa da fitre düşmez. Çünkü verilmesi için evvelce bir verme gücüne sahip bulunmuştur.

Fıtır Sadakası Kimlere Verilir?

— Fıtır sadakası, kendilerine zekât verilebilecek herkese verilir. Fıtır sadakasının sarf edilebileceği yerler, zekâtın sarf edileceği yerlerin aynıdır.

— Bir kişinin fıtır sadakası ancak bir kişiye verilir. Bir fıtır sadakasının iki veya daha fazla fakire taksim edilmesi câiz olmaz.

— Bir ailenin veya topluluğun fıtır sadakası, bir fakire verilebilir.[3]

Fıtır sadakası, zekât gibi, niyetle birlikte fakirlere mülk yapmak suretiyle verilir.

Fitre Verirken İhtiyatlı Olmalıdır

— Fitre verilecek fakirin adil olması söz konusu değildir.

Yalnız, ihtiyaten, açıkça günah işleyen, içki içen ve namaz kılmayan şahısa verilmemelidir.

1- Fetâvâyı Hindiyye, 1-638.
2- Fetâvâyı Hindiyye, 1-635.
3- Fetâvâyı Hindiyye, 1-639.

ORUÇ

"Oruç" kelimesi de Farsça'dan Türkçe'ye geçmiş bir isimdir. Kelimenin aslı Ruze'dir. "Oruze" şeklinde kullanılırken "oruç" denmeye başlanmıştır.

"Oruç", Arapça "savm ve siyam" kelimelerinin karşılığıdır. Savm: Lugatta, her neden olursa olsun, her vakitte kendini tutmak mânâsına gelir. Savm -oruç- Şeriatta, ehil olanın, tanyeri ağarmadan niyet edip başlayarak, güneş batıncaya kadar, yiyip, içmekten ve cinsi münasebetten, kendisini tutmasıdır. Başka bir tarifle, yukarıda bildirilen zaman içinde oruç tutmaya ehil olanın orucu bozan şeylerden ibâdet niyeti ile nefsini alıkoymasıdır.

Yüce Allah -c.c.- Kur'ân-ı Kerîm'de: *"Üzerinize oruç farz kılındı."*[1] buyurmaktadır.

Orucun farziyeti, Kitap, Sünnet ve İcmâ-i Ümmet ile sabittir.

Orucun Farz Olmasının Şartları

– Müslüman olmak.

– Akıllı olmak. Akıl hastalarına oruç farz değildir.

– Bâliğ olmak. Çocuklara orucun farz olması için ergenlik çağına ulaşması gerekir. Ancak çocuğu 7 yaşından itibaren alıştırmak lâzımdır.[2]

Ramazan Orucunun Sebebi

Ramazan ayına erişmektir. Ve her gün, o günde eda edilecek orucun sebebidir. Ramazan ayında oruç tutmak, Hicret'ten bir buçuk yıl sonra şaban ayının 10'da farz kılınmıştır.[3]

1- Bakara, 183.
2- Fetâvâyı Hindiyye, 2-9.
3- İslâm İlmihâli, 1-258.

Ramazan Ayının Sabit Olması

Ramazan ayı, iki halden biri ile sabit olur. Böyle iki halden birinin bulunması ile Ramazan ayı girmiş olur ve oruç tutmak da farz olur.

1. Gökte bulut, duman ve toz gibi görmeyi engelleyerek herhangi bir mânia bulunmadığı zaman Ramazan ayının "hilâlini" görmekle bu ay sabit olur ve girmiş sayılır.

2. Gökte, görmeyi engelleyecek şekilde anılan mânialar bulunduğu zaman, Şaban ayını otuz güne tamamlamakla Ramazan ayı girmiş sayılır.

Peygamber -s.a.v.- Efendimiz buyurmuşlardır:

"Ramazan ayının hilâlini gördüğünüz zaman, oruç tutunuz ve yine -Ramazan sonunda Şevvale ait- hilâli gördüğünüz zaman iftar ediniz. Eğer gökyüzü size kapalı olursa, Şaban ayının günlerini otuz güne tamamlayınız.[1]

Oruç İbâdeti Çok Eski Geleneklerden Biridir

— Dinlere göre hedef ve amacı değişik olmasına rağmen, oruç tüm dinlerde gerek din adamları gerekse halk tarafından tutulmuştur.

Araplar, İslâm henüz gelmeden çok önceleri Ramazan ayını kutsal kabul ederlerdi. Bu ay süresince Araplar, oldukça hassaslaşır, eski borçları ve ihtilâfları bir tarafa bırakır, komşularına iyiliklerde ve hayırlarda bulunurlardı. Konsantire oldukları ince duygu ve düşünceleri muhafaza edebilmek için evlerinde, ya da ibâdethanelerde inzivaya yönelirlerdi. Sonra İslâm, Ramazan ayının kutsallığına yakışır ibâdetleri en güzel biçimde Hz. Muhammed -s.a.v.- vasıtasıyla insanlığa sundu.[2]

Oruç Yüce Şeriatın En Kuvvetli Kanunlarındandır

Oruç, kalp amelleri ve bütün gün yiyecek, içecek, cinsel temaslar gibi arzulardan nefsin el çekmesinden meydana gelen, mukaddes bir cihaddır. Hayatın ve iradenin kıymetini arttırır.[3]

Akıl da 3 yönden orucun meşruiyyetine hüküm verir.

1- Şerh-i Kastalânî, 3-357.

2- İsmail Farukî, İslâm, 56.

3- Hak Dinî, Kur'ân Dili, 1-493.

– Oruç, insanı yemekten, içmekten ve şehevî arzulardan engeller. Bu nimetlerden mayyen vakitlerde mahrum olmak, insana, bu nimetlerin kıymetini öğretir.

– Oruç takvaya götüren bir ibâdettir. İnsanı fenâlıklardan ve günâh işlemekten alıkoyar.

– Oruç insanın şehevî duygularını kırar ve irade hâkimiyetini sağlar.

Oruç Tutmanın Müslümana Pek Çok Faydaları Vardır

– Oruç, sabrın yarısıdır.[1]

– Kim iman ederek ve sevabını Allah'tan -c.c.- umarak Ramazan Orucu'nu tutarsa, önceki günâhları affedilir.[2]

– Oruçlu için biri iftar ettiği, diğeri de Rabbi ile karşılaştığında olmak üzere iki sevinci vardır.[3]

– Bir kimse Ramazan'ın faziletine inanarak ve mükâfatını Allah'tan -c.c.- umarak oruç tutarsa geçmiş günahları affolunur.[4]

– Oruç şehveti kırar, öyle şehveti ki o asiliğin başıdır.[5]

– Manevi hikmetlerin dışında sağlık ve tıp yönünden orucun pek çok faydaları sayılabilir.

Tecrübeye dayanan tıp ilmi bu gerçekleri ispatlamaktadır.

Orucun Farzları Üçtür

1. Niyet etmek,

2. Niyetin ilk ve son vaktini bilmek

3. İkinci fecirden itibaren güneş batıncaya kadar, orucu bozan şeylerden, kendini tutmaktır.

1- Tirmizî, Da'avât.
2- Buhârî, Savm.
3- Buhârî, Savm.
4- Riyazül-Salihin 2-489
5- Suyûtî, Celâleyn Tefsiri, 37.

Orucun Vakti

Orucun vakti ikinci, yani hakiki fecirden güneşin batışına kadar olan zamandır. Bu ikinci fecrin ilk doğuşu mu, yoksa aydınlığının ufukta uzanıp dağılmaya başladığı zamana mı itibar edileceği konusunda âlimler arasında ihtilâf vardır. Bazı âlimlere göre, fecrin ilk doğuş anı mûteberdir. İhtiyata en uygun olan da budur. Diğer bazı âlimlere göre ise aydınlığın biraz uzayıp dağılmaya başladığı zaman mûteberdir. Oruç tutacaklar hakkında daha müsait olanda budur. Fecrin doğuşundan şekkeden kimse için efdal olan, yiyip içmeyi terk etmektir. Bununla beraber yiyip içecek olsa da orucu tamamdır. Meğerki, fecirden sonra yiyip içtiği daha sonra anlaşılsın. O takdirde kaza etmesi lâzımdır.

Oruçlu kimse güneşin battığından şekketse, iftar açması helal olmaz. Bu durumda iftar açıp da gerçek hâl anlaşılmazsa, üzerine kaza lâzım gelir. Bunun için keffaretin lüzumu konusunda ise iki rivayet vardır. Ancak güneşin batışından evvel iftar açtığı anlaşılırsa, üzerine keffaret de vâcib olur. Güneşin battığı kuvvetle tahmin edip de buna binaen iftar açan kimse hakkında da hüküm böyledir.

Taharri -araştırma- ile sahur ve iftar etmek caizdir. Şöyle ki: Oruç tutacak kimse, başka vasıta bulunmayınca, kendi galip zannına göre sahur yer ve fecrin doğuşuna kani olunca oruca başlar. Akşam güneşin batışını da araştırıp yine kuvvetli zannına göre iftar açabilir.

Bununla beraber fecrin doğup doğmadığını iyice kestiremeyen kimse için bir an evvel oruca aykırı hallere son verip oruca başlamak ve güneşin battığını kestiremeyen için de hemen orucunu bozmamak ihtiyat gereğidir.

Davul ve top sesi ile veya kandil yakılmak sureti ile oruç tutmaya başlayabilmek veya iftar açabilmek için de bu işaretlerin itimat edilebilecek şekilde muntazam olmasına ve her taraftan görülüp işitilir bir hâlde bulunmasına dikkat etmek lâzımdır.

Saate göre oruca başlayabilmek ve iftar açabilmek için de saatin muntazam ve doğru çalıştığı tecrübe ile sabit ve malûm olmalıdır.[1]

1- İslâm İlmihâli, 2-621.

Niyyet Etmeden Oruç Tutmak Sahih Olmaz

Niyyet için kâfi olan miktar kalp ile hangi orucu tuttuğunu bilmektir.

Niyyetin vakti: Her gün, güneş battıktan sonra gün ortasına yakın bir zamana kadar devam eden müddettir. Bu zaman içinde oruç için niyyet etmek sahihtir. Akşam olduktan sonra oruca niyyet etmeksizin yatıp sabahlayan kimse, öğle öncesine kadar niyyet edebilir. Gece sahura kalkmak niyyet yerine geçer; ancak sahura kalktığı hâlde oruç tutmamayı niyyet etmek hâlinde niyyet bulunmaz.

Bir kimse, güneş battıktan sonra ertesi gün için oruca niyyet ettikten sonra, fecir doğmadan önce niyyetinden dönerse, bu dönüşü bütün oruç çeşitleri için sahih olur. Ramazan ayı orucu, zamanı tayin edilmiş sadak oruçları ve nafile oruçlar için yapılacak niyyet, yukarıda belirtildiği gibi, güneş battıktan sonra, gün ortası öncesine kadar geçerlidir ve sahihtir.

– Geceleyin niyyet yapılması daha faziletlidir. Bu üç kısım oruç tayin yapmaksızın, "Allah rızası için oruca niyyet ettim", yahut "Nafile oruca niyyet ettim" şeklindeki mutlak niyyetle de sahih olur.

Bununla beraber tutulacak orucun cinsini tayin etmek daha faziletlidir.

Geceleyin niyyet edilmesi şart olan oruçlar: Kazaya kalan oruçlar, keffâret oruçları, vakti belirlenmeyen adak oruçları için geceden niyyet etmek şart olduğu gibi, orucun cinsini de tayin etmek gerekir.

– Biz Hanefilerce Ramazan'da her gün için oruca niyyet etmek lâzımdır. Hanefilerin delili; her günün orucu başlı başına bir ibâdettir. Zira, iki günün arasına gece girer.

Orucun Çeşitleri

Farz oruçlar

Bunlar Ramazan orucunun edası, kazası ve keffâret oruçlarıdır.

Vâcip oruçlar

– Belirli bir günde tutulması adanmış olan oruçlar ve herhangi bir gün tutulması adanmış oruçlardır. Ayrıca bozulan nafile orucun kazası da vâciptir.[1]

1- Fetâvâyı Hindiyye, 2-5.

Sünnet olan oruçlar

Muharrem ayının dokuzuncu günüyle -ya da on birinci günüyle beraber onuncu günü -aşûre- tutulan oruçlar.

Mendup olan oruçlar

Mendup oruçlara gelince:

a. -Her Arabî- ayın üç gününde oruç tutmak. Bu üç günün -geceleri parlak, aydınlık mânâsına gelmek üzere- beyaz günler adı verilen -yani ayın on üç, on dört, on beşinci- günleri olması -ayrıca- mendubdur.

b. Her haftanın Pazartesi ve Perşembe günlerinde oruç tutmak.

c Şevval ayında altı gün oruç tutmak. -Bu altı günlük orucun- bazılarına göre -Bayramın arkasından başkaca- ara vermeksizin tutulması, bazılarına göre ise Bayramın arkasından başkaca- ara vererek tutulması daha faziletlidir.

d. Tutulması ve karşılığında elde edilecek sevap vâdi hadisle sabit olan oruç. Bu da -Davut Aleyhisselâmın orucu gibi ki, o bir gün oruç tutar bir gün yerdi.- Bu oruçların en faziletlisi ve Cenab-ı Allah'ın en çok hoşuna gidenidir.

Nâfile oruçlar

Şimdiye kadar saydığımız oruçların dışında -belli bir vakit olmayıp- mekruh olduğuna dair delil bulunmayan oruçlardır.

Mekruh olan oruçlar

Mekruh olan oruçlar, tenzihen ve tahrimen mekruh olmak üzere iki bölüme ayrılır.

Birinci kısım -tenzihen mekruh olanlar- Muharrem'in dokuzuncu veya onbirinci günlerini ilâve etmeksizin yalnız onuncu aşûre günü tutulan oruçtur.

İkinci kısım -tahrimen mekruh olanlar- Bayram ve teşrik günlerinde -tutulan oruçlar yalnız Cuma günü ve -yine- yalnız Cumartesi günü ile Nevruz ve Mihrican günleri oruç tutmak da mekruhtur.

Şu kadar ki -Cuma, Cumartesi, Nevruz ve Mihrican günler- oruç tutmayı adet edindiği günlere rastlarsa -bu günlerde oruç tutmak- mekruh değildir. İsterse -sadece- iki gün olsun Visal orucu ile -tahrimen mekruh olan günlerin dışında- bütün sene boyunca oruç tutmak -tenzihen- mekruhtur. -Visal orucu, akşam ezanında hiç iftar etmeksizin gece de oruçlu olarak- bir günün orucunu, ertesi güne bağlamak suretiyle tutulan oruçtur.[1]

Orucu Bozmayan Şeylerin Bir Kısmı

– Kendiliğinden gelen ve yine kendiliğinden geri dönen kusuntu

– Kendi isteğiyle ağız dolusunca kusmuk orucu bozar.

– Saçlara yağ -boya, briyantin gibi şeyler- sürmek.

– Orucu bozmaya niyet edip -fakat- bozmamak.

– Kişinin ağzına koyduğu ilâcın -yutmaksızın- tadını boğazında duyması.

– Hanımını sadece öpmek.

– Burun akıntısını bilerek -ağıza- çekerek yutmak. İmam-ı Şafiî'ye göre: Orucu bozmamak için -akıntıyla dolunca- akıntıyı burundan boşaltmak lâzımdır.

– Dişler arasında kalan nohut tanesinden küçük olan şeyi yemek -yutmak.[2]

Orucu Bozan ve Kazayı Gerektiren Şeylerin Bir Kısmı

İbâdet olan her oruç, başlanılmasıyla kişinin üzerine vâcip olur. Bozulmasına kaza gerekir. Kaza, kaçırılmış veya geçirilmiş olan işi elde etmek demektir. Ramazan orucu ile ilgili olsa da, orucu bozup kefareti gerektirmeyen şeylerin kuralı şudur: Kendisinde gıdalık yahut o benzerde olan ilâçlık, eğlencelik veya meyvelik olmayan, olsa da âdet hali gibi özüre veya ağızdan çıkan çiğnenmiş lokmayı tekrar yutmak -ki bu gıda yönünden değersiz olup nefis ondan iğrenir- gibi kusura yakın olarak oruçlunun boğazına veya dimağına ulaştırdığı

1- Nur'ül İzah, 123-124.
2- Şerh-i Nur-ül İzah, 129.

şeyler kazayı gerektirir. Dışkıyla ilgili hususta yiyecek olma özelliği taşımayan şeylerde orucu bozup kazayı gerektiricidir, kefareti gerektirici değildir. Kaza: Gününe gün tutmaktır.[1]

Bu genel kuralların ayrıntısı şunlardır:

— Çiğ pirinç yemek

— Sade -başka şey karıştırılarak yoğurulmayan- hamur yemek

— Sade un yemek

— Bir kere ağıza alışta, çok tuz yemek

— Çekirdek yemek.

— Ham ayvayı, pişirmeksizin yemek.

— Henüz içi olgunlaşmamış, ham ceviz yemek.

— Şırınga yaptırmak.

— Buruna ilâç çekmek.

— Boğaza -honi veya başka bir şey ile- bir şey akıtmak.

— Kulağın içine -iç kulağa- yağ veya su damlatmak.

— Karın hizasında -ve dıştaki bir- yaraya ilâç koyup -bu ilâcın- mideye ulaşması -işlemesi.-

— Dışta baş yarasına konan ilâcın beyine ulaşması -işlemesi-.

— Boğaza düşen yağmur damlasını -istemeyerek- yutmak.

— Boğaza düşen kar tanesini -istemeyerek- yutmak.

— Abdestte ağıza su verirken, -mazmaza ederken karına yanlışlıkla su kaçırmak.

— Cinsi temasta bulunmak dahi olsa -başkası tarafından- zorlanarak oruç bozmak.

— -Kadına- zor kullanarak erkeğin cinsi temasta bulunması.- Bu oruç bozulma yalnız kadına aittir. Erkeğin hem orucu bozulur ve hem de kefâret gerektirir.-

— Gerek köle gerek nikâhlı bir kadının çalışmaktan hasta olmak korkusuyla orucunu bozması.

— Oruçlu uyurken başkasının ağzına su akıtması.

1- Ni'meti İslâm, sh: 593.

– Geceden niyet etmemiş olup gündüzün niyet ettikten sonra orucu bozmak.

– Geceden niyetli bir oruçlunun -mukim iken sabahtan sonra yola çıkıp -yolda- bir şey yemesi.

– Ne oruçlu olmaya, ne de oruç tutmamaya niyet etmeksizin -aç susuz olarak- oruçlu -gibi- akşam etmek.

– Tan yeri -fecir- ağarmışken, -kişinin- ağarmadığını sanarak sahur yemeği yemesi.

– -Kişinin- tan yeri -fecir- ağarmış olmasına rağmen, ağarmadığını sanarak cinsi temasta bulunması.

– -Kişinin- güneş henüz batmamışken -akşam olmadan- battığını sanarak iftar etmesi.

– Kadının pamuk -gibi bir şeyi- tenasül uzvunun iç kısmına sokması.

– -Kişinin- kendi isteği ile boğazına -tütün gibi bir şeyin- dumanını çekmesi.

– Kişinin kendi isteği ile ağız dolusundan daha az kusması. İmam Yusuf'a göre, ağız dolusu olması şarttır.

– -Kişinin- kendiliğinden ağız dolusu kadar gelen kusmuğunu oruçlu olduğu hatırına gelmesine rağmen -isteğiyle- geri çevirmesi.

– -Kişinin- dişleri arasında kalan nohut tanesi büyüklüğündeki bir şeyi yemesi.

– -Kişinin- gündüzün niyet etmeden önce unutarak bir şeyi yedikten sonra -oruca- niyet etmesi.[1]

Orucu Bozup Hem Kazayı Hem Kefareti Gerektiren Şeylerin Bir Kısmı

Kefaretin gerekliliği, şartlarının gerçekleşmesinde tam teşekkül etmiş bir suça dayanır ki, bu Cenâb-ı Hakk'ın gününü belirlemiş olduğu orucun özürsüz olarak o günde kasten ve bilerek yenilmesiyle bozulmuş olmasındandır.

1- Nur'ül İzah, 132-133.

Özürsüz olarak bile bile oruç yemenin günâhı tevbe ile düşmeyip kefarete muhtaçtır.

Orucu bozmasının yanında kazayı veya şartlarının gerçekleşmesi durumunda aynı zamanda kefareti gerektiren şeyler şunlardır:

– Cinsi münasebette bulunmak.– bilerek–

– Yiyecek cinsinden bir şey yemek.– bilerek–

– İçecek cinsinden bir şey içmek.– bilerek–

– Ağzına giren yağmuru, karı, doluyu yutmak.– bilerek–

– Sigara içmek, öd ve anberle tütsülenmiş dumanı boğazına ve genzine çekmek.– bilerek–

– Enfiye çekmek.– bilerek–

– Buğday tanesini veya başağından yeni çıkarılmış arpa tanesini yemek, yani yutmak veya çiğneyip tadını almak.– bilerek–

– Susam tanesini veya yiyecek cinsinden olan o kadarcık başka bir şeyi dışarıdan ağzına alıp yemek.– bilerek–

– Biraz tuz yemek.– bilerek–

– Gıybet ettikten sonra "orucum bozuldu" diye oruç yemek -bilerek-.

– Kan aldırdıktan sonra "orucum bozuldu" diye oruç yemek -bilerek-.[1]

Kefâret ve Kefâreti Düşüren Şeyler

1. Orucunu bozup kefâretin gerektiği gün içinde -kadın- âdet veya lohusa kanı görse yahut -kişi- orucu bozmayı mübah kılan bir hastalığa tutulsa kefaret düşer.

2. Kefâret ödemesi üzerine borç olan kimsenin -kefâretin gerektiği gün içinde zorla yola çıkarılması- bu kişinin üzerinden kefâret borcunu düşürmez.

Kefâret

– Kefâret şu 3 yoldan biriyle ödenir.

1. Mü'min olmasa bile, bir köle azat eder. Zamanımızda köle azat etmek gibi bir şey kalmamıştır.

1- Nimet-i İslâm, 501-604.

2. Buna gücü yetmezse ara vermeden bayram ve teşrik günleri dahil olmaksızın iki ay oruç tutar.

3. Oruç tutmaktan da âcizse sabah akşam veya iki sabah yahut iki akşam ya da akşam ve sahur -olmak üzere günde iki kere- altmış fakirin karnını doyurur.[1]

– Bütün bu durumlarda kefâret ödeyenin ikinci defa yedirdiği kimseler birinci kere yedirmiş olduğu grubun aynısı olması gerekir. Eğer kişi altmış kişilik bir gruba bir öğün yemek verse de arkasından bir başka altmış kişilik grup yedirse bu gruplardan birine bir öğün daha yemek vermezse kefareti ödenmez. Eğer kişi bir tek fakiri günde iki öğün olmak üzere altmış gün doyurursa bu şekilde kefaretini ödemiş olur. Çünkü fakirin değişen her günle yenilenen ve tekrarlanan yiyecek ihtiyacı altmış günün her birinde onu ayrı bir kişi saymamıza imkân veriyor. Verilen yemeğin o öğün için fakirlerin karnını doyurması şarttır. Yemeğin çeşidi, önemli değildir. Yalnız sert ve boğaz tırmalayıcı olduğu için arpa ekmeği mutlaka yanında bir katıkla verilebilir. Veya herbir fakire yarımşar fitre buğday veya buğday unu veyahut kavrulmuş buğday unu veya bir fitre arpa veya bunlardan herhangi birinin kıymetini verir.[2]

1- Nur-ül İzah, 131.
2- Nur'ül İzah, 131.

ORUÇ İLE İLGİLİ MERAK EDİLEN MESELELER

Sahura Kalkmadan Oruç Tutmak Olur mu?

Sahur, seher vaktinde yenecek yemektir. Bu yemeğin yenmesine "sahur yemek" denir.

Bu, seherde ikinci fecirden biraz öncesine kadar olan vakittir.

Peygamber Efendimiz -s.a.v.- "Sahura kalkınız. Zira sahurda bereket vardır."[1] buyurmuştur.

Buradaki "bereket"ten maksad şunlardır:

— Sünneti yapmakla müslüman ecir kazanır veya ecri artar.

— Ehli Kitab'ın orucu ile bizimki arasında ayırt noktası sahur yemeğidir.[2]

— Sahur yemeğinde gündüzün, oruç, kaylulede -gündüz uykusunda- gecenin namazı için istifade edilir.[3]

— Bir yudum su, bir hurma tanesi, bir kaç üzüm tanesi ile de olsa sahur yapana melekler salât eder.[4]

— Sahur, duâların kabul olunduğu seher vaktinde yapılmaktadır. Sahura kalkmanın, bu zamanda, duâ etme, zikir ve istiğfarda bulunmak gibi faydaları vardır.

İftarı, Akşam Namazından Evvel mi Yapmalıdır?

— Hz. Enes -r.a.-: "Ben Peygamber'i -s.a.v.- bir yudum suyla olsun iftar etmeden akşam namazı kılarken hiç görmedim" demiştir.[5]

1- Nesâi, Siyam.
2- Ramüz El-Ehadis, 2-322.
3- Müslim, Siyâm.
4- Müslim, Siyâm
5- Müslîm, Siyam.

İftarda Ne Demelidir?

Oruca başlama zamanına "imsak", orucu açmaya da "iftar" denir.

– Peygamber Efendimiz -s.a.v.- iftarda "Allah'ım senin için oruç tuttum, rızkınla orucumu açtım, yarın oruç tutmaya niyet ettim." buyururlardı. Bizim de Peygamber Efendimize -s.a.v.- uyarak bunu söylememiz sünnettir. Biliyorsak Arapça'sını bilmiyorsak, Türkçe'sini söyleriz.[1]

Ne İle İftar Etmelidir?

Peygamber -s.a.v.- Efendimiz, buyurmuşlardır ki: "Oruçlu olan kimse, hurma ile iftar etsin. Çünkü hurma bereketlidir." Peygamberimiz -s.a.v.- hurma ile iftar ederdi. Hurmanın bereketli olması şöyledir ki onun ağacına -Nahl- denir. Bu ağacın yaradılışında topluluk ve adalet vardır. İnsanın yaradılışı da böyledir. Bunun içindir ki, Peygamberimiz -s.a.v.-: Nahle ağacına "Ademoğullarının halasıdır" demiştir. "Halanız olan Nahleye saygı gösteriniz! Çünkü bu ağaç Adem Aleyhisselamın çamurundan yaratılmıştır" buyurmuştur. Bildirildiği gibi, Nahle, Adem Aleyhisselâmın çamurundan yaratılmıştır. Nahleye bereket buyurması, bunda her şeyin bulunduğu için olsa gerektir. Bunun için Nahlenin meyvesi olan hurma yenince, insanın parçası dokusu olur. Böylece hurmada bulunan her şey insana da aktarılmış olur. Hurmada bulunan sonsuz üstünlükler, bunu yiyende de bulunur. Hurmayı yiyen herkes böyle olur ise de, oruçlu kimse iftar zamanında, şehvetlerden ve dünyanın geçici zevklerinden temiz olduğu için hurmadan pek çok istifade eder. Anlattığımız faydalar daha tam ve daha olgun olur.

Hurmanın bu faydası, ancak şeriate uygun olarak yenildiği, şeriatten kıl ucu kadar ayrılık bulunmadığı zamandır. Tam faydasına kavuşmak için, bir ağacın bir meyvesi olarak değil, bildirdiğimiz topluluğunu, bereketini düşünerek yemek lazımdır. Yalnız bir meyve olarak yenirse, yalnız madde, kalori faydası elde edilir. İşin iç yüzü bilinerek yenirse, bereketine kavuşulup bâtını besler. Bereketine ka-

---

1- Günümüz Meselelerine Fetvâlar, 2-85.

vuşmadan yemek kusur olur.[1] Bir hadisi şerifte de "Sizden biriniz iftar ederken hurma ile eğer hurma bulamazsa su ile iftar etsin. Zira su da tahirdir."[2] buyrulmuştur.

Güneşin Battığı İyice Anlaşıldıktan Sonra İftar Açmada Niçin Acele Edilir?

— Bir hadîs-i şerifte: İftarı acele yapıp sahuru geçiktirdikleri müddetçe ümmetim hayır üzerinedir."[3] buyrulmuştur.

— Üç şey Peygamberlerin ahlâkındandır: İftarı acele etmek, sahuru geciktirmek, namazda sağ eli sol el üzerine koymak.

— Ramazan-ı şerifte, iftarı erken yapmak, sahuru da geç yapmak sünnettir. Fakat fecrin doğuşundan şüphe edecek kadar sahuru tehir etmek mekrûhtur.[4]

— İftarda acele etmek ve sahuru geciktirmek, belki insanın aczini, yiyip-içmeye ve dolayısı ile her şeye muhtaç olduğunu göstermektedir. İbâdet etmekte zaten bu demektir.[5]

İftar Oldu Zannederek Orucunu Açana Ne Gerekir?

— Güneş battı, vakit tamam zannıyla veya bazı bölgelerde uygulandığı şekliyle top patladı zannederek, ya da yanlışlıkla topun erken patlaması, ezanın erken okunması sonucunda iftar edenlerin oruçları bozulur ve kaza etmeleri gerekir.[6]

— İmsak vaktinin dolmadığı zannedilerek yemek yemeye devam edilse, fakat sonradan imsak vaktinin bittiği anlaşılsa, o günün orucu kaza edilir, keffaret gerekmez.[7] Ramazan ayına hürmeten günün geri kalan kısmında yenilmez ve içilmez.

1- Mektûbât, 162.
2- Riyazü's-Salihîn, 3 - 500.
3- Neylü'l-Evtâr, 4-221.
4- İslâm İlmihâli, 2-665.
5- Mektûbat, S. 45.
6- İbn-i Âbidin, 4-305.
7- İbn-i Âbidin, 4-306.

Oruç Tutmamayı veya Tuttuktan Sonra Bozmayı Mübâh Kılan Şer'i Özürler Nelerdir?

– Yolculuk: Yolculuk esnasında oruç tutmakta zorlanacak olanın oruç tutmaması câizdir. Ancak zarar görmeyecekse seferi olanın oruç tutması daha faziletlidir.

– Hastalık: Hastalığının artmasından veya iyileşmesinin gecikmesinden ya da oruç tuttuğu takdirde insan, ölmesinden korkarsa, oruç tutmayabilir. Daha sonra kaza eder.

– Hamilelik ve emziklilik: Hamile ve emzikli kadınların kendilerine ya da çocuklarına bir zarar gelmesinden korkmaları durumunda, oruç tutmamalarına müsade vardır. Daha sonra kaza ederler.

– İhtiyarlık: Yılın hiçbir mevsiminde oruç tutabilecek durumda olmayan çok yaşlı erkek ve kadınların oruç tutmamaları icma ile câizdir.

Bunların oruçlarını kaza etmeleri de söz konusu edilmez. Çünkü oruç tutacak durumları yoktur. Bunların hergün için bir fakiri doyuracak kadar fidye vermeleri gerekir.

– Açlık veya susuzluk tehlikesi: Ölüm veya akıl noksanlaşması ya da bazı duyguların gitmesinden korkulacak derecede şiddetli açlık ve susuzluk tehlikesinin meydana geldiği kişilerin oruç tutmamaları ve oruçlarını bozmaları câizdir.

– Zorlama, tehdit altında kalmak: Tehdit altında olanın orucunu bozması mübahtır. Alimlerimize göre bu kişinin orucunu kaza etmesi gerekir.

– Âdet ve lohusa hâli: Âdet ve lohusa hallerinde bulunan kadınlar iftar ederler.[1]

– Nâfile oruç tutanlar hakkında "ziyafet" bir özürdür. Gündüz ziyafete çağrılmış kimsenin, böyle oruçlu bulunmasından davet sahibi hoşnud olmazsa, orucunu bozup, sonra kaza etmesi câizdir.[2] Bir güne bir gün kaza eder.

Farz veya vâcip oruçlar için ziyafet özür olmaz.

1- İbn-i Âbidin, 4-337.
2- Fetâvâyı Hindiyye, 2-50.

Bir Fidye Ne Kadardır?

Yüce Allah, Kur'ân-ı Kerîm'de: *"Oruca gücü yetmeyenlerin bir fakiri doyuracak kadar fidye vermeleri gerekir."*[1] buyurmaktadır.

Oruç tutmaktan aciz olan ihtiyar kadın ve erkeklerin iyileşmesi umulmayan hastaların fidye vermeleri vâciptir. Fidye, farz ve vâcib oruçlar için verilir.[2]

Bir fidye, bir fıtır sadakası ölçüsündedir. Tutulamayan oruçların sayısınca verilmesi gerekir.

Fidye yalnız bir fakire verilse de olur. Fidye verecek kimse, isterse akşamlı, sabahlı bir fakiri bir ay doyurur. İsterse eline para verir; isterse toptan, isterse de ayrı ayrı verir.

Fidye herhangi bir fakire verilebilir. Bir kimse fidye vermeye de kaadir değilse Allahu Teâlâ Hazretlerinin bağışlamasını ve mağfiretini diler.

— Oruç tutamayacak kadar hasta olan veya iyileşmelerinden ümit kesmiş kimseler, sonradan iyileşir de oruç tutacak hâle gelirlerse, fidyenin hükmü kalkar ve bu şahısların tutamadıkları günler kadar kaza etmeleri gerekir.[3]

Bir Kimse Hasta veya Misafir Olduğundan, Orucunu Tutamayıp, Kazaya İmkân Bulmadan Vefat Ederse Ne Lâzım Gelir?

— Bu kimse hasta veya misafir olduğundan oruç tutamaz, kaza etmeye de fırsat bulmadan vefat ederse, günâhkâr olmadığı gibi fidyesini de vermesi icab etmez.

— Fakat hastalıktan iyileştiği, seferden dönmüş bulunduğu hâlde, oruçlarını kaza etmeden vefat ederse günâhkâr olur. Fidyesinin verilmesi için vasiyet etmesi lâzımdır.[4]

1- Bakara, 184.
2- Fetâvâyı Hindiyye, 2-48.
3- El-Hidâye, 1-126.
4- Günümüz Meselelerine Fetvâlar, 2-90.

Unutarak Yemek, İçmek, Cinsi Temasta Bulunmak, Orucu Bozar mı?

Unutmak, Arapça'da nisyan kelimesiyle ifade edilir. İnsan oruçlu olduğunu unutabilir. Unutarak yemek hakkında Peygamberimiz -s.a.v.- şöyle buyurmuştur. "Oruçlu unutarak yediği zaman, O Allah'ın kendisine gönderdiği bir rızıktır."[1] Bundan dolayı, unutarak yiyene kaza yoktur. İçmek, yemek gibidir. Cima etmek te yemek ve içmek anlamındadır. Aynı zamanda başka bir hadiste: Kim Ramazan'da unutarak orucunu açarsa, ona ne kaza ne de kefaret yoktur."[2] buyurulmuştur ki orucu bozan şeylerin hepsini içine almaktadır. Oruçlu olduğunu hatırlarsa, derhal yeme, içmeden kendini alıkoyar. Unutarak orucunu yiyen, orucu tamamlamaya gücü yeten bir kimse ise görenin onu uyarması gerekir. Uyarmaması mekruhtur. Orucu tamamlamaya gücü yetmeyen birini görenin ise uyarmaması daha iyidir.[3]

Çiçek Koklamak Mekrûh mudur?

Misk veya gül gibi bir şey koklamak oruçluya mekrûh değildir.[4]

Oruçlunun Boğazına Su Kaçarsa Orucu Bozulur mu?

Oruçlu olduğunu bilen bir kimsenin elinde olmayarak boğazına su kaçsa, orucu bozulur; ama sadece kaza gerekir.[5]

Yıkanmak, Denize Girmek Orucu Bozar mı?

Ağızdan ve burundan dimağa veya mideye su kaçırmamak şartıyla yıkanma, denize girmek orucu bozmaz. Serinlemek ve sıcaktan korunmak için ıslak bir elbiseye sarınmak ta orucu bozmaz.[6]

1- Buhârî, Savm.
2- Fethu'l Kebir, 3-167.
3- Nimet-i İslâm, 588.
4- Nimet-i İslâm, 611.
5- Nimet-i İslâm, 597.
6- Nimet-i İslâm, 611.

Gıybet Etmek Orucu Bozar mı?

Oruçlu iken gıybet etmek, yalan söylemek, iftira etmek gibi davranışlar orucu bozmaz ancak bu gibi davranışlar, orucun sevabını büyük ölçüde azaltır. Peygamber Efendimiz -s.a.v.- bir hadis-i şerifte: "Her kim yalan, iftira, gıybet, koğuculuk, küfür, la'net gibi kötü sözleri söylemeyi ve onunla iş görmeyi terk etmezse, Allah-u Teâlâ'nın onun, yemesini, içmesini bırakmasına ihtiyacı yoktur."[1] buyrulmuştur.

Oruçlu Kimsenin Kan Vermesi Orucunu Bozar mı?

— Oruçlu olan kimse kan verebilir. Ancak kan vermekle zayıf düşme ihtimalı varsa, kan vermesi, yani kan aldırması mekrûhtur. Bu durumda iftardan sonra kan aldırması daha uygundur.[2]

Boğaza Kaçan Toz, Duman Orucu Bozar mı?

Oruçlunun isteği dışında boğaza, duman, un gibi tozlar, sinek vb. şeyler kaçarsa oruç bozulmaz. Çünkü bunlardan kaçınmak mümkün değildir.[3]

Oruçluyken, Burnuna veya Kulağına İlâç Damlatan Kimsenin Orucu Bozulur mu?

Bozulur, ancak kefaret gerekmez. Fakat kulağa giren su orucu bozmadığı gibi, kulağa dökülen su da orucu bozmaz.[4]

Oruçlu İken Göze İlâç Damlatılır mı?

Göze ilâç damlatmak orucu bozmaz. Göze sürme çekmek de orucu bozmaz.[5]

1- Buhârî, Savm.
2- Fetâvâyı Hindiyye, 2-23.
3- Fetâvâyı Hindiyye, 2-35.
4- Fetâvâyı Hindiyye, 2-23.
5- Fetâvâyı Hindiyye, 2-36.

Peygamber Efendimiz'e -s.a.v.- bir zat geldi, şöyle sordu: Gözüm ağrıyor, oruçlu olduğum halde, sürme çekebilir miyim? Peygamberimiz: "Evet" buyurdu.¹

İhtilam Olmak ve Cünüp Olarak Sabahlamak Orucu Bozar mı?

Oruçlu iken ihtilam olmak orucu bozmaz. Cünüp olarak sabahlayan kişinin orucu bozulmaz, bütün gün cünüp kalsa dahi. Ancak böylesi kişilerin yıkanması gerekir. Namazlarını kaçıracaklarından, büyük günah işlemiş olurlar.²

Dokunma, oynaşma ve öpmek olmaksızın sadece bakmak ve düşlemekle boşalmada oruç bozulmaz. Bu durumda o kimse, yıkanır ve orucuna devam eder.

Karı-Kocanın Sevişmesi Orucu Bozar mı?

– Karı-kocanın, her ikisinin de çıplak olarak birbirlerine sarılmaları, birbirinin dudaklarını öpmeleri ve emmeleri mekrûhtur.³

– Bu haller esnasında erkekten meni, kadında yaşlılık meydana gelirse ikisinin de orucu bozulur ve kaza gerekir.⁴

Kadının Kürsüf-Pamuk Kullanması Orucunu Bozar mı?

Hanefî mezhebinde, herhangi bir şeyin önden veya arkadan, tamamının -duhulu- girmesi orucu bozar.⁵ Kadın pamuğu, cinsel organına, otururken görünmeyecek şekilde koyarsa orucu bozulur. Kadın, pamuğu, bir kısmı dış cinsel organında kalacak şekilde kullanırsa orucu bozulmaz.

1- Tirmizî, Savm.
2- İbn-i Âbidin, 4-288.
3- Fetâvâyı Hindiyye, 2-23.
4- İbn-i Âbidin, 4-328.
5- Halebî-i Sağir, 84.

Cinsel Organına Bir Şey Sokmak Orucu Bozar mı?

– Parmağı ıslak veya yağlı olduğu halde bir hanım parmağını fercine sokarsa orucu bozulur. Ancak bu, oruçlu olduğunu unutarak yapılmışsa bozulmaz.[1]

Bir Hanımın, Oruçlu İken Jinekolojik Muayene Olması Orucunu Bozar mı?

Hanımın, cinsel organını muayene esnasında, kullanılan âlet ıslak ya da ilâçlı olursa orucunu bozar.

Ramazan'da mümkünse vajinal muayene için doktora gece gitmelidir. Mümkün değilse gündüz de gidilebilir.

Ramazan'da oruçlu iken, rahimine ilâç idhal edilerek muayene olmak zorunda kalan kadın, orucunu kaza eder. Kefaret gerekmez.

Kadın doktor varsa ve erkek doktorun yapabileceği tedaviyi o da yapacaksa vajinal muayene için erkek doktora gitmek câiz olmaz.

Kadın doktor yoksa ya da muayene ve tedaviye ona gitmek için para bulunmadığında mecbur kalınınca erkek doktora gitmek câizdir.

İğne Yaptırmak Orucu Bozar mı?

İmam-ı Azam'a göre ağız gibi doğal giriş yerinden mideye bir şey almak orucu bozduğu gibi vücudun herhangi bir yerini delmek ve yırtmak suretiyle doğal olmayan bir giriş yerinden ona bir şey sokmak veya zerk etmek de orucu bozar. Fakat Ebû Yûsuf, Muhammed ve İmam-ı Şafi'î mezhebine göre fıtrî bir menfez olmayan bir yol ile vücudun içine bir şey sokulur veya zerk edilirse, orucu bozmaz.

Hasta olan kimse imkânı varsa gündüz değil, gece vaktinde iğnesini yaptırmaya gayret sarf etsin. Fazla rahatsız olur veya gece vaktinde yaptıracak kimsesi olmazsa Hanefî olan kimse imameyne göre orucunu bozmadan iğnesini yaptırır. Daha sonra, ihtiyaten gününe gün kaza ederse iyi olur.[2]

1- Fetâvâyı Hindiyye, 2-38.
2- Günümüz Meselelerine Fetvâlar, 1-95.

Dişleri Misvak veya Fırça ile Temizlemek Orucu Bozar mı?

Dişleri, özsuyunun tadı hissedilecek kadar taze bir misvakla temizlemek orucu bozmaz, fakat mekruhtur. Tadı duyulmayan misvakla ya da fırçayla dişleri yıkamak oruca hiçbir zarar vermez.

Dişlerin macunla fırçalanması veya tuzlu suyla gargara yapılması durumunda, macunun ve tuzun tadı boğaza kadar ulaşmış olursa, oruç bozulur. Misvaktan kopan ve yutulan parçalar buğday tanesi kadar veya daha fazla olursa orucu bozarlar.[1]

Dişlerin Kendiliğinden Kanaması Orucu Bozar mı?

Dişlerin kendiliğinden kanaması halinde, kan, tadı duyulacak kadar olur ve bilerek yutulursa oruç bozulur. Az olur, farkına varmadan yutulursa bozulmaz. Bütün bu durumlarda orucun bozulması halinde sadece kaza gerekir.[2]

Diş Çektirme Orucu Bozar mı?

Diş çektirme bizzat orucu bozan bir şey değildir. Ancak dişin çıktığı yerden akan kan, tadı ağzın her tarafına dağılacak kadar çok olur ya da karıştığı tükrüğün yarısından fazla ise ve yutulursa orucu bozar, kaza gerekir.

Fakat diş çekimi için yapılan iğne, İmam Ebû Hanîfe'ye göre orucu bozar. Onun arkadaşı olan diğer imamlar, vücuda yararı olmayan ve tabiî yollarla vücuda girmeyen şeyler orucu bozmaz görüşündedirler. Bu durum karşısında, diş çektirmeleri acil olmayanların, iğne ve diş çekimi işini akşama bırakmaları tavsiye edilir. Ama gecikmeleri ile zarar görecek olanlar, oruçlu iken de iğne yaptırır, dişlerini çektirirler. Oruçlarını, sonradan kaza etmeleri ihtiyata daha uygun olur.[3]

1- Hanımlara Özel Fetvalar, 1-56.
2- Hanımlara Özel Fetvâlar, 1-56.
3- Hanımlara Özel Fetvâlar, 1-56.

Oruçlu İken Dişe Dolgu Yaptırılır mı?

Diş dolgusu konusu, vücudun herhangi bir yerindeki yaraya ilâç koyma gibidir: Normal dolgu maddeleri sıvı olmayıp, dimağa ve karın boşluğuna ulaşmadıkları için oruç bozmazlar. Ancak kanal dolgularında, kanala zerkedilen ilâç, ya da dolgu maddesi, sıvı olur ve beyne ulaşırsa, İmam Ebû Hanîfe'ye göre oruç bozulur, diğer imamlara göre yine bozulmaz.[1]

Oruçlu İken Dudaklara Ruj Sürülürse Oruç Bozulur mu?

Dudaklara sürülen rujun maddesi tükrüğe karışıp, yutulursa oruç bozulur. Tükrüğe karışmaz, yutulmazsa oruç bozulmaz.

Bir Kadın Kocasından İzinsiz Nafile Oruç Tutabilir mi?

Nafile oruç tutmak isteyen bir kadın, kocasından izin almak zorundadır.

Peygamber Efendimiz -s.a.v.- şöyle buyurmuşlardır: Evli bir kadın kocasının yanındayken, onun izni olmadan Ramazan orucu dışında oruç tutamaz.[2] Ancak, kocası hasta ise veya oruçlu ise ya da Hac veya Umre için ihramlı bulunursa, kadın o zaman izin almadan nafile oruç tutabilir.[3]

Başkasının Yerine Oruç Tutulabilir mi?

Namaz kılmak, oruç tutmak, beden ile yapılan ibâdetlerdir. Beden ile yapılan ibâdetlerde vekâlet câiz değildir. Bu ibâdetler bizzat mükellef tarafından yapılması lâzımdır. Bundan sebep, bir müslüman diğer müslümanın yerine namaz kılamaz ve oruç tutamaz.

1- Hanımlara Özel Fetvâlar, 1-55.
2- Buhârî, Nikâh.
3- Fetâvâyı Hindiyye, 2-38.

Ramazan'da Yemeğin Tadına Bakılabilir mi?

– Bir kadının kocası kötü huylu ise o kadının yemeğin tadına bakmasında bir sakınca yoktur.[1]

Türkiye'den, İki-Üç Saat Önce Akşam Olan Pakistan Gibi Bir Doğu Ülkesine Uçak ile Giden, Kimse, Orucunu Nereye Göre Açar?

– Oruca niyet edip, kendi memleketinden birkaç saat önce akşam olan doğu ülkelerinden birisine uçak ile giden kimse, her ne kadar gününden birkaç saat kısalırsa da gittiği memlekete göre orucunu açar. Orada güneş battığı zaman iftarını eder. Namazlarını da oranın halkı gibi kılar.

Türkiye'den, Batı Ülkelerinden Birisine Giden Bir Kimse Orucunu Nereye Göre Açar?

– Bu kimse de gittiği ülkeye göre -gün uzasa da- orucunu tutacak, namazını da bu ülkeye göre kılacaktır.[2]

Ramazan-ı Şerifte, Geceden Oruca Niyetlenmiş Bir Kimse Şafaktan Sonra Uzun Bir Yola Çıkarsa Orucunu Bozabilir mi?

– Bu kimsenin orucunu terk edebilmesi için şafaktan önce bilfiil seferde olmalıdır. Bir kimse, Ramazan-ı Şerifte gece vaktinde oruca niyet eder ve şafaktan sonra uzun bir yola çıkarsa orucunu bozamaz.[3]

1- Fetâvâyı Hindiyye, 2-22.
2- Günümüz Meselelerine Fetvâlar, 2-86.
3- Günümüz Meselelerine Fetvâlâr, 2-87.

Şehirler Arasında Sürekli Yolculuk Yapan Bir Şoför Zamanında Oruç Tutamadığı Gibi, Devamlı Seferi Olduğundan Oruçlarının Kaza Borcunu da Ödeyemiyorsa Ne Yapması Lâzım Gelir?

— İslâm dinî, hasta ve yolcuları mazeretten dolayı oruç tutmakla sorumlu kılmamıştır. Mazeret ne kadar devam ederse şer'i ruhsat da o kadar sürer. Bu gibi kimseler, bir sene veya 10 sene sonra, mazeretleri ortadan kalkınca, oruç tutamadıkları günleri tesbit edip, kaza ederler.[1] Kur'ân-ı Kerîm'de: *"Sizden bir kimse hasta veya yolcu olursa oruç tutmadığı günler sayısınca kaza edecektir."*[2] buyrulmaktadır.

Ramazan-ı Şerifte Sıcak Bir Ülkede, ya da Hararetli Yüksek Bir Maden Ocağında Çalışanlara Herhangi Bir Ruhsat Var mıdır?

— Bu gibi kimselerin işlerini Ramazan-ı Şerif'ten sonraya bırakmaları mümkün ise yani geçim hususunda sıkıntı çekmeyerek veya malları telef olmayacaksa muvakkaten işlerine son vermelidirler. Çalışmadıkları takdirde kendileri ya da çocukları sefalete maruz kalacaklarsa veya ekin gibi bir malları telef olacaksa, her gece oruç tutmak için niyet getirir, çalışamayacak hale gelirlerse oruçlarını bozarlar.

— Ancak çalıştığı iş kendine ait olmayan, muhtaç kalmayacak kadar mâli durumu iyi kimsenin, oruç tutması mümkün olmadığı takdirde, çalışıp orucunu bozması câiz değildir.

— Mısır'da, bazı alimler, "fabrikalarda çalışan işçiler, mecburiyet altında kaldıkları takdirde, "misafir" gibi oruçlarını başka bir zamanda kaza ederler" demişlerdir.[3]

1- Günümüz Meselelerine Fetvâlar, 2-95.
2- Bakara, 194.
3- Günümüz Meselelerine Fetvâlar, 1-96.

Gece ve Gündüzleri Çok Uzun Örneğin Kutuplara Yakın Ülkelerde Oruç Nasıl Tutulur?

– Namazlarında olduğu gibi böyle ülkelerin insanları oruç ibâdetlerini de, kendilerine yakın bir ülkenin vaktini ölçü olarak ifa ederler.[1]

Bir Çocuk Ramazan'da Bülûğa Ererse Nasıl Davranır?

Eğer bir çocuk Ramazan'da gündüz bülûğa ererse, günün geride kalan kısmında oruç tutar. Daha sonraki günleri oruçlu geçirir.

Çünkü sebep ve ehliyet gerçekleşmiştir. Oruca ehil oldukları günü kaza etmezler. Bunun gibi Ramazan'ın daha önceki günlerini de kaza etmezler. Çünkü o günlerde sorumluluk çağına ulaşmamışlardı.

Ramazan Ayında En Çok Ne ile Meşgul Olmalıdır?

– Ramazan'da en çok Kur'ân-ı Kerîm okumakla meşgul olmalıdır. Ramazan ayında, Kur'ân-ı Kerîm'i hatmetmek mühim sünnettir.

Mukabelenin Anlamı Nedir?

Kur'ân-ı Kerîm'in bütün özellikleriyle indiği gibi korunması, tek kelimesinin, bir harfinin dahi değişmemesi için büyük bir özen gösterilmiş ve bu nedenle de Hz. Cebrâil -a.s. her Ramazan ayında inip, Peygamber Efendimizle -s.a.v.- karşılıklı Kur'ân okumuşlar, kusursuz bir ölçü ve anlamda hatim yapmışlardır. Peygamberimizin -s.a.v.- vefat edeceği senenin Ramazan ayında ise bu karşılıklı okuma -mukabele- baştan sonuna kadar iki kez yapılmıştır.

Kur'ân-ı Kerîm'in hem Ramazan ayında indirilmesi hem de Hz. Cebrâil ile Peygamber Efendimiz'in -s.a.v.- her Ramazan mukabele okuması bize bu güzel sünneti getirmiştir. Özellikle Ramazan ayında

---

1- Günümüz Meselelerine Fetvâlar, 1-97.

Kur'ân-ı Kerîm'i hatmetmeli, mümkünse mukabeleyi dinleyip izlemelidir.[1]

Ramazan Ayının Geceleri Nasıl İhya Edilir?

— Geceyi ihya etmek, yirmi rekât terâvih namazını kılmakla olur.[2]

— Terâvih namazını kılmak erkek ve kadınlara müekked bir sünnettir. Onu, cemaatla kılmak sünnet-i kifâyedir.[3]

Terâvih Namazı Ne Zaman Kılınır?

— Ramazan-ı Şerife mahsus olan Terâvih namazı bir gece namazıdır. Terâvih'in vakti yatsıdan sonradır. Terâvih'in vitirden önce veya sonra kılınması arasında bir fark yoktur.

— Yatsı namazından sonra, fecire kadar müddeti vardır.[4]

— Vakit geçtiği zaman, terâvih asla kaza edilmez.[5]

— Ramazan boyunca teravihi bir hatim ile kılmak sünnettir.[6]

— "El-İhtiyar" isimli eserde "Bizim zamanımızda efdal olan cemaata ağır gelmeyecek kadar okumaktır" denilmiştir.[7]

— Ayakta durmaya kudreti varken, terâvihi oturarak kılmak mekruhtur.

— Cemaatla kılındığı zaman, cemaat hem terâvihe, hemde imama niyet eder.[8]

1- Asrın Kur'ân Tefsîri, 1-485.
2- Abdülkâdir Geylânî, Gunyetü't Tâlibîn, 317.
3- Ni'meti İslâm, 422.
4- İbn-i Âbidin, 3-89.
5- İbn-i Âbidin, 3-92.
6- İbn-i Âbidin, 3-96.
7- İbn-i Âbidin, 3-97.
8- İbn-i Âbidin, 3-98.

Ramazan Orucunu Kazası Ne Zaman Tutulur?

Oruç borcunu ödemek için kazada acele etmek menduptur. Ramazan sona erdikten sonra gelecek Ramazan'a kadar geçen zaman içinde ödemek lâzımdır.[1]

Ramazan orucunda olduğu gibi, kaza oruçlarının art arda olması gibi bir zorunluluk yoktur.[2] Fakat kişinin borcundan bir an önce kurtulması için art arda tutması daha iyidir. Borçlu, kaç gün oruç tutmamışsa, bu günler sayısınca oruç tutar.

Ramazan Ayında Tutamadığı Orucun Kazasını Tutarken, Bir Kimse Orucunu Bilerek Bozsa Kefaret Gerekir mi?

– Kefaret, yalnızca Ramazan orucunun, edası esnasında belli şekilde ve kasıtlı olarak bozulması durumunda gerekir. Sadece Ramazan ayında keffaret gerektirecek şekilde, yeme içme, cinsel ilişkide bulunma kefaret icab ettirir.

Ramazan orucunun kazası, ya da kefaretlerin bozulması, nafile oruç, kefaret gerektirmez.

Kaza Orucunun, Kazası Olur mu?

– Kaza orucunu tutmakta olan kimse bu orucunu bozduğu takdirde, yalnızca yarım kalan bu orucu yeniden tutmak durumundadır. Kaza orucu ve kaza orcunun kazası olmak üzere iki oruç tutmaz.

Kadın İtikafa Girer mi?

İtikaf: Lugatta bir yerde mutlak şekilde durmak demektir. Fıkıh dilinde, ibâdet niyetiyle oruç tutarak belli bir süre mescidde kalmak anlamına gelmektedir.[3]

İtikaf, Ramazan-ı Şerif'in son 10 gününde sünnet-i müekkede'i kifâyedir.[4]

1- Fetâvâyı Hindiyye, 2-71.
2- Buhârî, Savm.
3- el-Kamus el-Fıkhî, 260.
4- İbn-i Âbidin, 4-382.

Peygamber Efendimiz -s.a.v.- Ramazan-ı Şerif'in son 10 gününde itikafa girerdi. Bunu vefat edinceye kadar sürdürmüştür.[1]

Peygamberimizin -s.a.v.- vefatından sonra aynı durumu hanımları devam ettirmişlerdir.

İtikaf erkekler için kendisinde ezan okunup, kamet getirilen ve içinde 5 vakit namaz kılınan câmide olur. Ta ki 5 vakit namazı cemaatla kılabilsinler.

Kadının İtikaf Yapacağı Yer Evidir

Kendi evinin mescididir, yani evinde namaz yeri edindiği odası veya köşesidir.[2]

Kadınların itikaf için mescidlere girmeleri mekruhtur.[3]

Kadın, kocasından izin almadan itikafa giremez.[4]

İtikafın Sahih Olmasının Şartları

Birincisi: Niyettir.

İkincisi: İtikafın mescidde yapılmasıdır -erkekler için-

Üçüncüsü: Oruçlu olmalıdır.

Dördüncüsü: Cünüplükten, âdetten, lohusadan temiz bulunmaktır.

İtikaf için bülûğ şart değildir. Akıllı olan bir çocuğun yaptığı itikaf sahih olur.[5]

İtikafa Giren Kimsenin Yemesi İçmesi Ve Uykusu Mescittedir

İtikafa giren kimse mescitten çıkmaz, ancak, tuvalet ihtiyacını gidermek için, abdest olmak, gusül etmek için çıkar. Veya sünneti ile beraber Cuma'ya yetişebilecek bir vakitte çıkar. Fakat câmide Cuma

---

1- Müslim, İtikaf.
2- Nur'ul İzah, 138.
3- Fetâvâyı Hindiyye, 2-60.
4- Fetâvâyı Hindiyye, 2-59.
5- Fıkhi Meseleler, 1-355

namazının edasından fazla durmaz. Eğer itikafa giren kimse özürsüz bir saat mescitten dışarıya çıkarsa, İmam'ı Azam'a göre itikafı fâsid olur. İmam'ı Ebu Yusuf ile İmam-ı Muhammed'e göre ise, bir günün ekserisinde dışarda bulunmadığı müddetçe itikaf fâsit olmaz.[1]

— Gündüz veya gece, itikafta iken, öpüşmek, sevişmek, boynuna sarılmak, kucaklaşmak gibi şeyler haramdır.[2]

İtikaf Esnasında Hayırdan Başka Hiçbir Söz Söylememelidir

Molla Hüsrev: "Susmanın mekrûh olması, itikaf yapanın, bunun ibâdet olduğuna itikad etmesi halindedir. Aksi halde mekruh olmaz. Çünkü Resûlullah "Kim susarsa kurtulur" buyurmuştur. Konuşmak da mekruhtur, ancak hayır konuşmak mekruh değildir." demektedir.[3]

İtikaf Esnasında Hangi Ameller Yapılır?

İtikafa giren kimse, Kur'ân-ı Kerîm okumaya, Hadis-i Şerifler üzerinde tefekkür etmeye ve Peygamber Efendimizin -s.a.v.- siyerini -cihad ve diğer mücadelelerini- Hz. Adem'den -a.s.- itibaren, Peygamberimiz'e kadar gelmiş, geçmiş diğer peygamberlerin ve salih kimselerin hayatlarını öğrenmeye gayret göstermelidir.[4]

İtikafın Güzelliği Şundandır:

— İtikafa giren kalbini dünya işlerinden, düşüncelerinden beri edip nefsini Mevlâ'sına teslim etmiştir. Allah-u Teâlâ'nın evine ibâdet için kapanarak, O'nun sağlam kapısına sığınmıştır. İtikafa giren kendisini tamamen Yüce Allah'a ibâdete hasretmiştir.[5]

1- Mülteka, 1-274.
2- Fetâvâyı Hindiyye, 2-66.
3- Gurer ve Dürer, 1-368.
4- Fıkhı Meseleler, 1-357.
5- Nuru'l İzah, 140.

Hal diliyle: "Rabbim beni bağışlamadıkça bu kapıdan ayrılmam" demiş olur.¹

Âdetli veya Lohusa Kadın Oruç Tutar mı?

Âdetli, bir de lohusa olan kadınlar, namaz kılmadığı gibi oruç da tutamaz.

Âdet ve lohusalık, namazın, hem vâcip olmasına, hem câiz olmasına ve hem de sahih olmasına mânidir, Oruç ise yalnız sahih ve câiz olmasına mânidir.

Âdetli veya lohusa olan bir kadın oruç tutsa orucu sahih olmaz, -câiz olmadığından- günâhkâr olur.

— Farz veya nafile oruç tutmakta olan bir kadın böyle oruçlu iken âdet görse ya da lohusa olsa o orucu, âdet veya lohusalık hallerinden sonra kaza eder.²

Hz. Aişe -r.anhâ- "Bize âdet veya lohusa halleri geldiğinde, Peygamber -s.a.v.- oruçları kaza etmemizi emrederdi. Namazları kaza etmemizi ise emretmezdi."³ buyurmuştur.

Âlimlerin görüşü bunun üzerinedir.

Kadının, her ay âdet görmesi, bir gün içinde beş vakit namazın bulunması sebebiyle, onca namazı kaza etmesinde güçlük vardır. Oruç ise senede bir aydır.⁴

Orucun kaza edilmesinde güçlük yoktur.

Bir hanımın âdet gördüğü günlerde, kılamadığı namazları bağışlanmış, kazaları istenmemiştir.

Lohusalığa gelince, bir hanım, Ramazan ayında çocuk dünyaya getirecek olursa, lohusalık günlerinde tutmadığı oruçlarını sonra kaza edecektir.⁵

1- Ni'meti İslâm, 634.
2- Tahtavî, 371.
3- Kütûb-u Sitte.
4- Hidaye ve Şerhleri, s: 31.
5- Kitâbu's Salât, s: 184.

Âdetli veya Lohusa Kadın, Oruç Tutmadığı Halde Oruçluymuş Gibi Olabilir mi?

Âdetli veya lohusa kadının oruçlu gibi olmasına gerek yoktur.[1]

"Âdetli veya lohusa kadının oruç tutması haram olduğu gibi, yemeyerek, içmeyerek oruçlu gibi bulunması da haramdır"

Âdetli veya lohusa hâlinde olan bir kadının, namaz kılamadığı günlerde, abdest alıp evinin namaz kıldığı yerinde, kıbleye yöneldiği hâlde tesbih ile meşgul olarak, namaz kılanlara benzemeye çalışması hakiki değildir. Bu ancak Yüce Allah'ı, ibâdetin zevk ve lezzetini kaybetmemek ve unutmamak için her ihtimale karşı yapılan bir yönelmeden ibarettir.

Oruç ise böyle değildir. Oruçta benzeme, hakiki oruca pek büyük bir benzeyiş olduğundan yasak edilmiştir.[2]

Bununla beraber, meşru bir mazerete dayanarak oruç yemeye izin verilen kimsenin, açıkca yemeyip, içmeyip mümkün oldğunca gizli yemesi içmesi, din terbiyesinin icablarındandır.[3]

— Oruca niyet edip de tan yeri ağardıktan sonra âdetli veya lohusa olan kadına akşama kadar hiç bir şey yemeyerek oruçlu gibi geçirmesi câiz değildir.[4]

— Bir kadın âdet günü diye, başladığı orucu bozsa ve o gün âdet olmasa, bu kadına kefaret lâzım gelir.[5]

Âdetli veya Lohusa Kadın Temizlenince Nasıl Davranır?

Tan yeri ağardıktan sonra temizlenen âdet veya lohusa hâlindeki bir kadına, vaktin hakkını kazaya hürmet ve benzeyiş olsun diye, o günün geri kalan kısmını, yani akşama kadar yemeyerek ve içmeye-

---

1- Fetâvâyı Hindiyye, 2-73.
2- Kadın İlmihâli, s: 71
3- Tahtavî, 394.
4- Kadın İlmihâli, 73.
5- Fetâvâyı Hindiyye, 2-47.

rek oruçlu gibi geçirmesi bir görüşe göre vâcip, diğer bir görüşe göre de müstehap olur.[1]

– Ramazan-ı Şerifte tanyeri ağardıktan sonra temizlenen âdet veya lohusa hâlindeki bir kadının o günün orucunu kaza etmesi lâzımdır.[2]

– Ramazan ayının girmesi ile doğum yapan bir kadın, on gün sonra lohusa kanından temizlenmiş olsa, orucuna başlar. İlla 40 günü beklemek şart değildir.

Kadın Bugün Âdet Günüm Diyerek Oruç Tutmazsa, Hüküm Nedir?

Âdeti belirli olan bir hanım, âdet olması mümkün olan günde oruç tutmaması câizdir. Çünkü âdet görme ihtimali yüksektir. Az yukarıda geçtiği gibi, ancak kadın kan görmeden "Bugün benim âdetim" der orucunu bozar da o gün kan gelmezse hem kaza hem de kefaret gerekir.[3]

Bir Kadının Âdet Görmesi, Kefaret Orucunun Devamını Keser mi?

– Bir kadının âdet görmesi, oruç kefaretinin ve kazayla adam öldürme kefaretinin arasını ayırmaz. Yani; kefaret tutarken, âdetli olunca, ara verir, âdetin bitiminde orucuna yine devam eder, bu şekilde 60 günü tamamlar.[4]

Fakat âdet görmeden kurtulunca daha, kaldığı yerden kefaret oruçlarını bitiştirmeyip bir veya iki gün, günlerin aralarını ayıracak olursa o tuttuğu oruçlar, kefaretten sayılmayıp 60 günü yeni baştan tutmak lâzım gelir.[5]

– Üzerine kefaret orucu lâzım gelen kimseye, kefaret orucunu bozduğu aynı günde oruç tutmasını ve yiyip içmesini gerektiren bir hastalık gelse veya böyle bir kimse kadın olup âdet görse ya da lohusa olsa bu kimseden kefaret düşer.

Mesela bir kimse Ramazan orucuna niyet ettikten sonra, o orucu isteyerek bozduğundan dolayı kendisine 60 gün kefaret orucu tutmak lâzım gelmişken, aynı günde oruç yemeği mübah kılacak bir surette

---

1- Kitâbu's-Savm, 53.
2- Tahtavî, 394.
3- Fetâvâyı Hindiyye, 2-23.
4- İbn-i Âbidin, 1-475.
5- Bahrurraik, 1-204.

hastalansa, ya da o kimse kadın ise âdetli veya lohusa olan uğrasa, bu kimselerden kefaret düşer yalnız o günü kaza etmek lâzım gelir.[1]

– Kadınların âdetli günleri kefaret orucunun arasına gelse de "ara" teşkil etmez. ancak lohusalı günler bundan müstesnadır. Çünkü 60 gün hiç âdet görmemek mümkün değilse de, lohusalık müddetini hesap ederek ona göre, doğumdan evvel ya da sonra, kefaret oruçlarına başlamak mümkündür.[2]

Üzerine Kefaret Orucu Lâzım Gelen Bir Kadın Bu Orucu Tutuyorken Ramazan Ayı Gelse Durum Ne Olur?

Kefaret borcu olan bir kadın, Receb ayının dördüncü günü kefaret için -60 gün- oruca başlayıp 56 gün oruç tuttuktan sonra Ramazan ayı gelse, bu kadın 4 gün de Ramazan ayından oruç tutsa son 4 gün tuttuğu oruç, Ramazan'dan sayılır. Fakat kefaret oruçları bozulduğundan dolayı, Ramazan ayı çıktıktan sonra bu oruçlara -60 güne- yeni baştan başlamak lâzımdır.[3]

Âdet Görme, Yemin Kefaretinin Arasını Ayırır mı?

Yeminini bozan bir kadın, yemin kefareti olan "üç gün" oruca başlasa, üç günü tamamlamadan âdet görse veya lohusa olsa, temizlendikten sonra tekrar başlar.[4]

Bir Kadın Oruç Adadığı Gün Âdet Görse, Bu Adak Doğru Olur mu?

Kadın "Yarın oruç tutmak adağım olsun" deyip o günde âdet görse, bu adak doğru olur. O günü oruç tutamazsa da âdetten kurtulduktan sonra kaza etmek vâcib olur.[5]

1- Tahtavî, 389.
2- Tahtavî, 390.
3- Kitâbu's-Savm, 63.
4- Bahrurraik, 1-204.
5- Kadın İlmihâli, 75.

HACC

Hacc lugatta, muazzam bir şeyi kastetmektir.

Hacc Şeriatta; belirli yeri, belirli zamanda, belirli fiillerle ziyaret etmekten ibarettir.

Belirli yer; Kâ'be-i Muazzam'a ile Arafat'dır.

Belirli zaman, Hacc aylarıdır.

Belirli fiiller; Hacc fiilleridir.[1]

Umre ise lugatta, ziyaret mânâsınadır. Şeriatta, Kâ'be-i Muazzama'yı tavaftan ve Safa ile Merve arasında sa'yetmekten ibarettir.

Hacc, kat'i farzlardandır, Umre ise sünnettir.[2]

Üzerine Hacc, farz olan kişi, Hacc ibâdetini yapmadan ölürse, borçlu gider.[3]

Kur'ân-ı Kerîm'de: *"Beytullah'ı ziyaret etmek, buna gücü yetenler için, Allah'ın insanlar üzerinde bir hakkıdır."*[4] buyrulmaktadır.

Hacc'ın farziyeti, Kitap, Sünnet, İcmâ-i Ümmet ile sabittir.

Hacc'ın Farz Olmasının Şartları

1. Müslüman olmak.
2. Akıllı olmak.
3. Baliğ olmak.
4. Hür olmak.

1- Mevküfat, 2-8.
2- El-Fıkhu'l - Menheci, 1-359.
3- Fetâvâyı Hindiyye, 2-61.
4- Bakara, 97.

5. Aslî ihtiyaçlarına ve evine, dönünceye kadar aile ferdlerine yetecek, yol ve vasıta masraflarını karşılayacak kadar bir paraya sahip bulunmak.

6. Hacc'ın farz olduğunu bilmek.

İslâm ülkesinde bulunmayan müslüman, Hacc'ın farziyetini bilmiyorsa ona Hacc etmek farz değildir.

Fakat bu farziyyeti öğrendiği zaman ona Hac farz olur. İslâm ülkesinde bulunmak, Hacc'ın farziyetini bilmek demektir. Burada mazeret yoktur.

7. Yol emniyetinin olması

8. Kadının yanında mahreminin bulunması

9. İddet bekleyen kadının iddetinin bitmiş olması

10. Vakit: Arafat'ta vakfe ve ziyaret tavafını yapacak bir vakit bulamayan -bu Hacc'ın farz olmasının şartı olduğundan- Hac farz değildir.[1]

Hacc'ın Sebebi

Kâ'be'i muazzamadır. Hacc Hicret'in 9'uncu yılında farz olmuştur.[2]

Vakti ve şekli belirlenmiş temel ibâdetlerden biri de Hacc'dır.

Hacc olayı, İslâm'ın eşitlik ve evrensellik yönlerini beliğ bir şekilde somut olarak gözler önüne serer.

Dünya'nın dört bir yanından Hacc'a giden müslümanlar orada aynı ibâdeti, aynı vazifeleri ve aynı merasimi yerine getirmek için adeta yarışırlar.

Aralarında ırk, sınıf ve kültür farkı olan insanlar bir araya gelerek ilâhi çağrıya en olumlu biçimde cevap vermeye çalışırlar.

1- Ni'meti İslâm, 693.
2- İslâm İlmihâli, 2-286.

Yüzyıllardır, bu muazzam ve düzenli beraberlik gittikçe artarak sürüp gitmektedir.

Hacc'da cihat sevabı vardır.

— Orada hem sefer hâli var, hem nefisle mücadele var, hem eziyet ve yorgunluklara tahammül vardır. Hacc sebebi ile çeşitli ülkelerde oturan müslümanlar birbirleri ile tanışır, karşılıklı olarak sevgi ve saygı husule gelir. Bütün hacıların aynı günde kefene bürünmüşçesine Arafat'da toplanmaları, mahşer gününde insanların Allah'ın huzurunda bulunacakları hâli andırır ve o dehşet günü için bir ibret vesilesi olur.

Hüküm Yönünden Hacc 3 Kısımdır

1. Farz olan Hacc: Belirli şartları taşıyanların ömründe bir defa Hacc yapmaları farzdır.

2. Vâcip olan Hacc: Başlanmışken bozulan veya adanan nafile bir Hacc'ın yerine getirilmesi vâciptir.

3. Nâfile olan Hacc: Farz olan Hacc'ı yerine getirmiş olanlarla, sorumluluk çağına girmemiş çocukların yaptığı Hacc'lardır.

Yapılış Yönünden Hacc'ın Çeşitleri

1. İfrad Hacc'ı: Umreye niyet etmeden yapılan Hac'dır. İhrama girerken sadece Hacc'a niyet edilir.

2. Temettu Hacc'ı: Mükellef, Hacc mevsiminde, önce Umre için ihrama girer, Umresini yapar ve İlram'dan çıkar. Hacc günlerinde yeniden ihrama girerek Hacc vazifesini yerine getirir. Şükür kurbanı kesmesi, vâciptir.

3. Kıran Hacc'ı: Bir Hac mevsiminde, Umre ile Hacc'ı birleştirerek bir tek ihram giymek ve bir tek niyetle her ikisinin birlikte yerine getirilmesine denir. Kıran Hacc'ı yapanların şükür kurbanı kesmesi gerekir.

Hacc'ın Vakti

Hacc'ın vakti Şevval ve Zilkâde ayları ile Zilhicce ayının ilk on günüdür.[1]

Hacc ve Umre Yapanlar İkiye Ayrılır

1. Mekkeli olanlar.
2. Âfâki -taşralı- olanlar.

Mekkeli, Mekke-i Mükerreme ile civarında oturanlardır. Âfaki de, bizim gibi hariçten gelenlerdir.

Hacc'ın Farzları

- İhrâm giymek,
- Arafat'ta Vakfe,
- Kâ'be'yi Tavaftır.

İhrâm, namazda olan tahrime -açık tekbir- gibi şarttır.

Arafat'ta vakfe ve Kâ'be'yi tavaf, Hacc'ın rükünleridir.

İmam Safi'i'ye göre ihrâm da rükündür.[2]

Hacc'ın Vâciplerinin Bir Kısmı

- Safa ile Merve arasında sa'y etmek.
- Müzdelife'de vakfe -durmak-
- Şeytan taşlamak.
- Saçları tıraş etmek veya kısaltmak.
- Sader tavafı -veda tavafı- yapmak.

Hacc'ın Sünnetlerinin Bir Kısmı

- Kudüm tavafı yapmak.
- Bayram geceleri Mina'da yatmak.
- Arefe günü, güneş doğduktan sonra, Mina'dan Arafat'a gitmek.

1- Nur'ül İzah, 166.
2- Gurer ve Dürer, 1-372.

— Müzdelife'den Mina'ya, bayram sabahı güneş doğmadan hareket etmek.

— Müzdelife'de gecelemek.

— Şeytan taşlama esnasında tertibe riâyet etmek.[1]

Hacc'ın Adabı

— Hacc'ı helâl kazançla yapmak.

— Kul haklarını ödemek.

— Günahları için tevbe etmek.

— Çalışmış olduğu kimselerle helalleşmek.

— Hacc yolculuğu esnasında gösterişten sakınmak.

— İyi yol arkadaşı seçmek.

— Yolculuğa çıkacağı zaman 2 rekat namaz kılmak.

— Hacc ziyaretinde başından sonuna kadar ibâdet, zikir, tesbih vb. hâl üzere bulunmak.[2]

Hacc Esnasında Yasak Olan Şeyler

— Cinsel ilişkide bulunmak, öpmek, okşamak.

— Traş olmak.

— Koku sürünmek.

— Tırnak kesmek.

— Erkeğin başını ve yüzünü örtmesi.

— Dikişli elbise giymek -Bu erkekler içindir.-

— Harem bölgesinde ve dışında avlanmak.

— Haremin ağaç ve otlarını yolmak.[3]

Mekke ve etrafında, bitkileri koparılmamak ve hayvanları avlanmamak üzere sınırları belirlenmiş bölgeye "Harem" denir.

1- Fetâvâyı Hindiyye, 2-92.
2- Fetâvâyı Hindiyye, 2-93.
3- İbn-i Âbidin, 4-485.

HACC İLE İLGİLİ MERAK EDİLEN MESELELER

Hacc Mükellefin Ömründe Sadece Bir Defa mı Farzdır?

– Peygamber Efendimiz'e -s.a.v.-

– Hacc her yıl mı vardır, yoksa bir kez midir? diye sorulduğunda:

– Hayır, yalnız bir kezdir. Bir kezden fazlası isteğe bağlıdır.[1] buyurmuştur.

Hacc'ın farz olmasına sebep Beytullah'tır.

Hacc İbâdeti Acele mi Eda Edilmelidir?

İmam Ebû Yusuf'a göre: Hacc vâcip olduğu ilk yılda yerine getirilmesi gerekir. Aksi takdirde günah işlenmiş olur. İmam Ebû Hanîfe'den de bu görüşte olduğunu gösteren bir söz naklolunmuştur.[2] İmam Muhammed'e göre ise ömrî -ömür boyunca-dır.[3]

Kâ'be Ne Zaman İnşa Edilmiştir?

Kâ'be -Beytullah-: Mekke'de, "Mescid-i Haram" denilen cam-i şerifin ortasında yaklaşık 13 m. yüksekliğinde, 12 m. boyunda ve 11 m. genişliğinde taştan yapılmış dört köşe bir binadır.

Hacc'ın sebebi ve bütün namazlarda kıblegâhımız olan bu mübarek bina, Hz. İbrahim ve oğlu Hz. İsmail tarafından yapılmıştır.[4]

Yüce Allah'a ibâdet olunmak üzere, yeryüzünde ilk yapılan bina Kâ'be'dir. Üzeri, her sene Hacc mevsiminde yenilenen siyah bir örtü ile örtülüdür. Doğu köşesine "Rükn-i Hacer-i Esved" veya "Rükn-i

---

1- Ahmed b. Hanbel, 1-352.
2- El-Hidâye, 1-292.
3- Gurer ve Dürer, 1-371.
4- Bakara, 127.

Şarkî", güney köşesine; "Rükn-i Yemân-i", batı köşesine, "Rükn-i Şâmî"; kuzey köşesine de "Rükn-i Irâki" denir.

Altın Oluk

Kâ'be üzerine yağan yağmur sularının dışarıya aktığı altından yapılmış oluktur. Beytullah'ın bu kısma bakan duvarının üst kenarının ortasında bulunur.[1]

Kâ'be Kapısı

Kâ'be'nin kuzey doğu duvarında -"Rükn-i Hacer-i Esved" ile Rükn-i Irâki arasında- zeminden 2 m. kadar yükseklikte, "Kâ'be kapısı" vardır.

Hicr -Hıcr-ı Kâ'be -

Kâ'be'nin kuzey batı duvarı -Rükn-i Irâki ile Rükn-i Şâmî arasının karşısında, zeminden 1 m. kadar yüksek, 1.5 m. kalınlığında yarım daire şeklinde bir duvar ile Beytullah arasındaki boşluğa "Hıcr", "Hıcr-ı Kâ'be", "Hıcr-i İsmail" denir.

Hıcr-i Kâ'be'de namaz kılınır, duâ edilir, fakat kıble olarak buraya karşı namaz kılınmaz.

Hz. İbrahim'in yaptığı Kâ'be binasına bu kısımda dahildir. Peygamberimizin nübüvvetinden 5 yıl kadar önce, Kâ'be'nin Kureyş, kâbilesi tarafından yapılan tamiri sırasında, inşaat malzemesi yetmediği için, bu kısım binanın dışında kalmıştır.

Hz. İsmail ile annesi Hz. Hacer'in buraya defnedilmiş oldukları rivâyet edilmiştir.

Kâ'be'ye dahil olduğu için, tavafın, bu duvarın dışından yapılması vâciptir.

1- Hac Rehberi, 18.

Zemzem

Zemzen kuyusu, Mescid-i Harâm içinde, Hacer'i Esved köşesi karşısındadır. Zemzem, Cenâb-ı Hakk'ın, Hz. Hacer ile oğlu Hz. İsmail'e ihsan buyurduğu suyun yerindeki mübarek kuyunun suyudur. Bol bol içildiği gibi abdest ve gusülde de kullanılabilir. Ancak pisliklerin giderilmesinde mekruh görülmüştür.

Makam-ı İbrahim

Hz. İbrahim'in Kâ'be'yi inşa ederken iskele olarak kullandığı veya halkı Hacc'a davet ederken üzerine çıktığı taşın bulunduğu yerdir. Mümkün olursa tavaf namazının burada -makam-ı İbrahim'in arkasında kılınması efdaldir.

Tavaf Ne Demektir?

Tavaf, Beytullah'ın etrafını dolaşmak demektir. Hacer-i Esved'in yanından, Kâ'be'yi sola alarak gidilip, başlanılan yerde bitirilmek üzere Kâ'be'nin etrafı 7 defa dolaşılır. Her dönüşe bir "şavt" denir. Her 7 şavt bir tavaftır. Onun 4 şavtı rükün ve diğer 3 şavtı ise vâciptir.

Her tavaftan sonra kerahet vakti hariç, 2 rekat namaz kılınır. Bu namaz, Hacc'ın vâciplerindendir. Tavafta telbiye edilmeyip, tekbir ve tehlil -Lâ ilâhe illallah- edilir. Ve salâvat-ı şerîfe okunur.

Tavafta Iztıba ve Remel

Tavafa başlamadan önce ihramın üst parçasının bir ucunu sağ koltuğun altından alarak sol omuz üzerine atmaya ıztıba denir. Bu erkekler için sünnettir.

Remel, ıztıba hâlinde, tavafın ilk üç şavtında adımları kısaltmak ve omuzları silkelemek sûreti ile süratli ve çalımlı yürümektir.

Tavafta İstilâm

İstilâm selâmlamadır. Tavafta gerek yeni başlarken, gerekse tavaf esnasında Hacer-i Esved karşısına geldikçe ona yönelip, namaza durur gibi el kaldırmak, tekbir ve tehlil ile Hacer,i Esved'e el sürmek ve bu, mümkün olmadığı zaman da uzaktan el sürme işaretini yapmaktır.

Tavaftan sonra kılınan namaz bitince yine Hacer,i Esved istilâm olunur.[1]

Haceru'l Esved

Haceru'l Esved: Kâ'be'yi Muazzama'nın doğusunda ve kapısının yanındaki köşedir.

Haceru'l Esved 18-19 cm ebadında, kırmızımsı esmer, parlak bir taştır. Hz. Ömer: "Çok iyi biliyorum ki sen faydası da zararı da olmayan bir taş parçasısın. Eğer Resulullah'ın öptüğünü görmeseydim seni öpmezdim."[2] demiştir.

Tavaf ederken her şavt'ın başında fazla kalabalık olmadığı zaman Haceru'l Esvedi öpmek veya ona el sürmek sünnettir. Kalabalık olursa Haceru'l Esved'in karşısında durmak, onu öpmek veya ona el sürmek yerini tutar.[3]

Hacc'da Kaç Tavaf Vardır?

Hacc ile ilgili 3 çeşit tavaf bulunmaktadır.

1. Kudûm Tavafı: Mekke'ye varıldığında yapılan tavaftır.

2. Ziyaret Tavafı: Arafat'tan dönüldükten sonra yapılan tavaftır. Hacc'ın rükûnlarından olan tavaf işte bu tavaftır. Hacc eden her kişiye farzdır. Onun için bu tavafın ismi rükûn tavafıdır.

3. Sader Tavafı: Veda tavafı da denilen bu tavaf, şeytan taşlama işi bittikten sonra, Mekke'ye gelindiğinde yapılan tavaftır. "Sader", geri dönmek anlamına gelmektedir.[4]

1- İslâm İlmihâli, 2-717.
2- Buhârî, Hacc.
3- el-Hidâye, 1-307.
4- Ni'met-i İslâm, 683.

Vakfe Yeri Olan Arafat Nerededir?

Arafat Mekke'nin kuzey doğusunda bulunur. Mekke'den sonra Mina, ondan sonra Müzdelife, daha sonra da Arafat gelmektedir. Hacc ile ilgili kavramlardan olan "Arafat'ta Vakfe" Zilhicce ayının dokuzuncu -Arefe günü- zeval vaktinden Kurban Bayramı'nın birinci günü fecrin doğuşuna kadar olan zaman içinde bir süre Arafat'ta durmaktır. Vakfe: İbâdet yapmak için durmaktır.[1]

– Bir de "Müzdelife Vakfesi" vardır ki bunun için Bayram günü sabahı, Müzdelife'de bulunulur.

Arafat'ta Vakfe, Hacc'ın esas rükûnlarındandır. Müzdelife'de Vakfe Hacc'ın vâciplerindendir.[2]

Müzdelife, Mina ile Arafat arasında yer alır.

İhram Ne Demektir?

İhrâm, Hacc veya Umre niyetini getirip, vazîfelere girmektir.[3] İhrâm, Hacc veya Umre'ye niyet eden bir kişinin diğer zamanlarda helâl olan bazı davranış ve fiilleri, Hacc ya da Umre'nin sonuna kadar kendine haram kılmaktır. Aynı zamanda hacıların giydikleridir.

İhrâma girecek kimse, beden temizliğini yaptıktan sonra abdest alır veya gusleder. Maksad temizlik olduğu için, gusletmek daha efdaldir.

Âdet gören ve lohusa olan kadınlar da guslederler.

İhramın rükûnları ikidir: Telbiye ve niyet. Yasaklar, niyet ve telbiye ile başlar.

İhrama Giriş Yerleri Nereleridir?

İhrama giriş yerlerinin her birine mikat denir.

Mikatları ihramsız geçmek Hacc ile ilgili bir cinayettir. Mikatlar, şu beş yerdir:

1- Gurer ve Dürer, 1-381.
2- Nimet-i İslâm, 718.
3- Günün Meselelerine Fetvâlar, 1-102.

1. Medineliler ile Medine'den geçenler için Zü'l-Huleyfe...
2. Iraklılar ile Irak yolunu takip edenler için Zâtı-ı Irk...
3. Mısır, Şam, Türkiyeliler için Cuhfe-Rabiğ.
4. Necd halkı için Karnü'l menazil
5. Yemenliler için Yelemlem'dir.

Bu mikatlara uğrayanlar, ihrama girmeden önce bu yerleri geçemezler. Mikatlara gelmezden önce ihrama girilebilir ve bu daha faziletlidir. Haremin hudutları mikattır.

Hill[1]

Harem ile mikatlar arasındaki yere Hill denir. Hill'de bulunanlar Hacc için Hill'den, Harem'de bulunanlar, Harem'den ihrama girerler; ancak Harem'de bulunanlar Umre için Hill'den ihrama girerler.

Sa'y Mahalli Olan Safa ve Merve Tepelerinin Arası Ne Kadardır?

Mescid-i Haram'ın doğusunda bulunan Safa ve Merve yaklaşık 350 m. aralıklı iki tepedir. Güneydeki Safa, kuzeydeki ise Merve'dir.

Sa'y, Mekke'nin içinde ve Harem'i şerifin dışında bulunan Safa ve Merve arasında, Safa'dan başlayarak, Merve'den Safa'ya 7 defa gidip gelmektir.

Sa'y da 7 şavttır; Safa'dan Merve'ye her gidiş bir şavt olduğu gibi, Merve'den Safa'ya her dönüş de bir şavttır. Şavt bir gayeye koşmak demektir. Sa'y da 4 gidiş ve 3 dönüş olmuş olur. Sa'y'a Safa'dan başlanır ve Merve'de biter. Her şavtında Kâ'be görününceye kadar basamaklara çıkılır.[2]

Hervele

Sa'y'ın her şavtında erkek için bir hervele yani bir sünnet vardır. Safa ile Merve arasındaki her gidiş gelişte, iki yeşil direk arası -Mileyn-i Ahdereyn- süratle geçilir, sonra yavaş yürünür.

1- İslâm İlmihali, 2-713
2- İslâm İlmihali, 2-717.

Ancak Hacc Veya Umre İçin Sa'y Yapılır

Her zaman Kâ'be'yi tavaf etmek câiz ve ibâdet olduğu gibi, Safa ile Merve arasında her zaman sa'y etmek câiz değildir.[1]

Şeytan Taşlama Nedir?

Haccetmekte olanların Bayram günleri Mina'da Küçük Cemre, Orta Cemre ve Akabe Cemresi denilen yerlere küçük taşlar atmaları Hacc'ın vâciblerindendir.

Cemre, ateş parçasına dendiği gibi ufacık taşlar mânâsına da gelir. "Misbah" isimli eserde kaydedildiğine göre "Cemre", ufak taş kümesi demektir. Remy kelimesi atmak anlamına gelir. "Remy-i Cimar", ufacık taşlar atmak, ya da ikinci mânâya göre taş yığınlarına, ufacık taşlar atmak demektir.[2]

– Akabe Cemresi -Cemre-i Akabe veya Cemre-i Kübra- Buna halk arasında büyük Şeytan denir.

– Orta Cemre: Cemre-i Vüsta: Halk arasında "orta şeytan" denir.

– Küçük Cemre: Cemre-i Ulâ: Halk arasında küçük şeytan denir.

Hacc'ı Ekber Ne Demektir?

Bir görüşe göre "Hacc-ı Ekber, Haccü'l kırân'dır. İhrama girerken hem Hacc, hem Umre niyetini getirip, her iki menâsiki birlikte yürütmektir. Bir başka görüşe göre ise, "Hacc-ı Ekber" Hacc mevsiminde eda edilen vazîfelerdir. Hac-ı asgar da Umre'dir.[3]

Üçüncü bir görüş ise Cuma günü ile Arefe gününün birleştikleri yılda eda edilen Hacc'a, "Hacc-ı Ekber" denilir.[4]

Hacc Nasıl Yapılır?

Hacc ibâdetinde esas şekil Hacc-ı ifradtır -Farz Hacc-

Hacc yapmak isteyen kimse helâlinden kazandığı para ile borçları varsa öder, kazaya kalmış ibâdeti mevcutsa tamamlamaya çalı-

---

1- Günümüz Meselelerine Fetvâlar, 1-106.
2- Ni'met-i İslâm, 689.
3- Ni'met-i İslâm, 683.
4- Günümüz Meselelerine Fetvâlar, 1-98.

şır. Tevbe, istiğfar eder ve iki rekat namaz kılar. Niyet eder, eşi ve diğer aile fertleri ile helâlleşir, Hac yolculuğuna başlar.

• Hacc'a niyet eden, mikatta ihrama gireceği zaman, gerekli temizliğini yapar. Abdest alır. Gusletmek daha faziletlidir. İhrama girer. Güzel koku sürünür. -Artık bundan sonra, ihramdan çıkıncaya kadar koku sürünmek yasaktır.- Sonra iki rekat namaz kılar; namaz sonunda şöyle der: "Allah'ım! Ben Hacc etmek istiyorum, onu bana kolaylaştır ve benden onu kabul et." Ardından telbiye getirir: "Lebbeyk Allahümme Lebbeyk, Lebbeyk, Lâ şerike Lek. Lebbeyk inne'l -hamde ve'n- nimete Leke ve'l mülk. Lâ şerike Lek."der.

Bu telbiyeyi getirince ihrama girmiş olur. Telbiyeyi getirmedikçe yalnız niyet ile ihrama girilmiş olmaz.

Zaman zaman telbiyeye devam eder. Salat ve selâmda, duâlarda bulunur.

Kudûm Tavafı

Mekke'ye girmek için gusletmek müstehaptır -Âdetli ve lohusa olanların da gusletmeleri müstehaptır.-[1] Kişi Mekke'ye gündüz girmeye çalışır, Kâ'be'yi görünce bol bol duâ eder. Mekke'ye girince -eşyalarını yerleştirdikten sonra- ilk defa Mescid-i Haram'dan, ziyarete başlar.

Mescid-i Haram'ın ortasında bulunan Kâ'be'yi gördüğünde tekbir ve tehlil getirir. "Bismillahi ve'llahu ekber. Lâ ilâhe illallah" der. Kudüm tavafında bulunur. Hacer-i Esved'den, tavafa başlamak üzere Hacer'i Esved'in karşısında durur; yine tekbir getirir, ellerini omuzları hizasına kaldırır. Eğer müsait bir durum olursa, başkasına eziyet vermeden Hacer-i Esved'i öper.

Sonra sağ tarafa doğru yönelir, tavafa başlar. Kâ'be'nin etrafını 7 defa dolaşır. Tavaf, Hatim'in dışında yapılır. Tavaf Hacer-i Esved'i istilâm ile sona erer...

Tavafını yapan, imkân bulursa, Makam-ı İbrahim denilen yerde, 2 rekat namaz kılar, değilse mescidde münasip bir yerde kılar. Sonra tekrar Hacer-i Esved'e dönüp istilamda bulunur. İşte bu tavafa "Kudûm tavafı" denir ki Mekkeli'ler için bu tavaf yoktur.

1- Fetâvâyı Hindiyye, 2-114.

Safa İle Merve Arasında Sa'y

Tavafı tamamlayan, sonra Safa denilen yere çıkar ve Kâ'be'ye dönerek, tekbir, tehlil ve salat-ü selâm getirir, ellerini kaldırır istediği duâyı yapar, Allah-u Teâlâ Hazretlerine yalvarır.

Sonra Merve'ye doğru vakarla yürümeye başlar. Meylin sonuna doğru yeşil işaretli yerlere varınca koşmaya başlar. Sa'y yerini geçince yine vakarla yürüyüşüne devam ederek Merve'ye çıkar. Burada da Safa'da yaptığını yapar yani, Kâ'be'ye yönelerek, Tekbir, Tehlil, salât-ü selâm getirir. Bu suretle bir devir -bir şavt- bitmiş olur. Böylece Safa'dan başlamak ve Merve'de bitirmek şartı ile yedi şavt -gidiş ve dönüş- yapar.

Her defasında yeşil işaretler arasında koşar.

Mina'ya Çıkış

Hacc farizasını yerine getirmekte olan, bundan sonra ihramlı bulunduğu hâlde Mekke'de kalır ve istedikçe müsait zamanlarda tavaf yapar. Her tavafın sonunda iki rekat namaz kılar. Ancak Safa ve Merve arasında sa'y etmez, çünkü sa'y bir defa meşru kılınmıştır. Terviye günü -Arefe gününden bir gün önce- Sabah namazını Mekke'de kıldıktan sonra, Mekke'den 6,5 km. mesafede bulunan Mina'ya gider ve Arefe gününün sabah namazını, kılıncaya kadar burada kalır.

Arafat'a Çıkış

Sabah namazından sonra, Mina'ya 15 km, mesafede olan güneydoğu istikâmetindeki Arafat meydanına gider ve orada bekler. Güneş zeval bulunca imam öğle ve ikindi namazlarını kıldırır: Önce hutbe okur. İnsanlara Arafat ve Müzdelife'de yapılacak vakfeleri, taş atışlarını, kurban kesmeyi, traş olmayı -erkeklere- ziyaret tavafını anlatır. Tek başına bulunduğu yerde namaz kılan, ikindi namazını, ikindi vaktinde kılar.

İmameyn'e göre tek başına namaz kılanda, her iki namazı bir arada kılabilir.

Sonra imkân varsa, Cebel-i Rahme yakınlarında vakfe yapılır. Arafat meydanının her tarafı vakfe yeridir. Yalnız Batn-ı Urâne denilen yerde vakfe yapılmaz. Ayakta kıbleye dönülür, şevkle duâ edilir, zaman zaman telbiye getirilir.

Müzdelife'ye Gidiş

Güneş batınca akşam namazını kılmadan Müzdelife'ye doğru yola çıkılır. Müzdelife, Mekke'ye 10 km mesafede bir yerdir. Müzdelife'ye varılınca, akşam ve yatsı namazları bir ezan ve bir ikâmetle eda edilir. Bu iki namazı bir arada kılmak için cemaat olmak şart değildir. Gece Müzdelife'de geçirilir.

Kurban Bayramı sabahı, fecir doğunca, hemen sabah namazı kılınır, vakfeye durulur ve duâ edilir. Müzdelife'nin her yeri vakfe yeridir. Yalnız Muhassir vadisinde vakfe olmaz.

Mina'ya Varış

Hac etmekte olan kişi güneş doğunca Mina'ya doğru yola çıkar. Mina'ya ulaşınca, daha önce Müzdelife'de toplamış olduğu nohut büyüklüğündeki -yıkanmış 70 adet taşlardan- 7 taşı Akabe cemresi olarak atar. Her taşı atarken tekbir getirir. Akabe'de beklenmez. İlk taşı atmakla telbiye kesilir. Atılan taş 2-3 metre yakınına düşse, bu câizdir. Fakat daha uzak yere düşerse câiz olmaz. Taş atarken birbirine eziyet vermemeye, itip-kakmamaya dikkat etmelidir.

7 taş birden atılırsa tek taş atılmış sayılır. Taşlar her yerden toplanabilir, ancak cemre yerinden olmak mekruhtur.

Kurban Kesmek

Bundan sonra kişi isterse kurban keser. Çünkü yalnız farz Hacc'a niyet eden müfridler için kurban kesmek vâcip değildir, nafiledir. Eğer kurban kesecekse, kurbandan sonra traş olur, veya saçlarını kısaltır. Traş olmanın en az miktarı, başın dörtte birini traş etmektir. Saç kısaltmanın en az miktarı da parmak uçları kadar kesmektir. Bundan sonra cinsî münasebetten başka her şey helâl olur.

Ziyaret Tavafı -Farz Tavaf-

Hacc etmekte olan, aynı günde -Bayramın birinci gününde- veya ikinci günde veya üçüncü günde Mekke'ye gider ve "Kâ'be'yi Ziyaret Tavafı" olarak, 7 devir tavaf eder. Bu tavaf, "Kurban kesme" günlerinde yapılır. İlk vakti, "Kurban Bayramı" gününün fecri doğduktan itibaren başlar; üçüncü gün akşamına kadar devam eder.

"Ziyaret Tavafını" bu günlerden sonraya bırakmak mekrûhtur ve İmam-ı A'zam'a göre ceza olarak kurban kesmeyi gerektirir.

Bu tavaftan sonra artık, kişiye eşiyle cinsi münasebette bulunmak da helâl olur.

Mina'ya Dönüş

Kişi sonra Mina'ya döner, bayramın birinci gününden itibaren 3 gün Mina'da kalır. Burada gecelemek sünnettir.

İkinci gün, güneşin zevalinden sonra üç yerde -Suğra, Vusta ve Akabe denilen yerlerde- taşları yine yedişer adet olarak atar.

Taşları Atış

Önce Mescid-i Hayf yanındaki "Suğra" taşlarını, sonra Mekke istikâmetinde aynı yol üzerinde biraz ileride olan "Vusta" taşlarını, daha sonra "Akabe" taşlarını, hep yedişer adet, toplam olarak 21 adet atar.

Her atışta tekbir getirir. Suğra ve Vusta taşları atılınca bu yerlerde imkân olursa biraz beklenir. "Akabe" taşları atıldıktan sonra beklenmez.

İlk iki bekleyişte kişi Allah'a -c.c.- hamd ve sena getirir, tehlil ve tekbir, selâtü-selâm getirir. Ellerini kaldırır mevladan istekte bulunur.

"Kurban Kesme" günlerinin üçüncü gününde yine güneşin zevalinden sonra, ikinci gündeki sıraya göre, 3 yerde atılması icab eden taşları yedişer adet olarak ve her birinde tekbir getirerek atar.

70 Adet Taşın Atışının Tamamlanması

1'inci Günde Akabe'de 7,

2'nci Günde Suğra'da 7, Vusta'da 7, Akabe'de 7-21

3'üncü Günde Suğra'da 7, Vusta'da 7, Akabe'de 7-21 toplam 49 taş atılmış olur.

Hac etmekte olan bundan sonra Mekke'ye dönmek isterse, artık geri kalan 21 taşı atmadan döner. Eğer Mina'da kalırsa, o vakit dördüncü günde yine önceki günde olduğu gibi, 3 cemre taşlarını toplam 21 adet atarak 70 adet taş atışını tamam eder. 4'üncü gün zevalden önce ve fecirden sonra atmakta kerahet yoktur.

Taş atıldığı günlerin gecelerini Mina'da geçirmemek mekrûhtur; fakat kasden başka yerlerde gecelemiş olsa, ceza olarak bir şey lâzım gelmez.

Mekke'ye Dönüş -Veda Tavafı-

Veda tavafı Mekkeli olmayanlar için vâciptir. Mekke'ye dönen, Vedâ Tavafı'nı yine 7 savt -devir- olarak yapar. Bu tavafta Remel yoktur. İki rekat namaz kılar, sonra Zemzem suyuna gider, oradan içer. Tekrar döner, Kâ'be'nin kapısına varır ve eşiğini öper. İsteyen Peygamber Efendimizin -s.a.v.- kabrini ziyaret için Medine'ye gider oradan da memleketine döner.[1]

Hac Esnasında Kadının, Erkekten Ayrıldığı Hususlar Nelerdir?

Kadın, ziyaret tavafında remel yapmaz, yani çalımlı ve süratli yürümez.

Ziyaret tavafında erkek, ihramının bir ucunu sağ koltuğunun altından, bir ucunu da sol omuzunun üstünden geçirir. Kadın için böyle bir şey yoktur.

Kadın Safa ve Merve arasındaki süratli yürüyüşü yapmaz.[2]

Kadın, telbiye, tekbir ve duâlarda sesini yükseltmez.

1- Hac Rehberi, 121-127.
2- Fetâvâyı Hindiyye, 2-92.

Kadın, ihramdan çıkmak için saçlarını tamamen traş etmez, uçlarından biraz kısaltır.[1]

Kadın, erkekler arasında sıkışıp kalmamak için Haceru'l-Esvedi uzaktan selâmlar.

Kadınlar İhramlı İken Nasıl Giyinir?

Erkeklere yasak olan dikişli elbise, çamaşır, çorap, eldiven, kapalı ayakkabı gibi giysiler kadınlara yasak değildir. Kadınlar dikişli elbise giyer, başlarını örter, yüzlerini açarlar. Kadın ihramda iken istediği elbiseyi giyebilir.[2]

Kadınların iç amaşırı giymeleri muhakkak gereklidir

Mescidü'l-Haram'ın İçinde, Uzaktan, Kâ'be'yi Tavaf Olur mu?

– Tavafta büyük bir kalabalık olduğu zaman, olmadığında da, Kâ'be ile kişinin kendi arasında bir duvar olmamak şartıyla Kâ'be'den uzak bir dairede Kâ'be'yi tavaf etmenin bir sakıncası yoktur.[3]

Tavaf Esnasında Kamet Getirilecek Olursa Namaza mı Durulacak Yoksa Tavafa mı Devam Edilecektir?

Tavaf esnafında kamet getirilecek olursa, mutlaka tavafı bırakıp namaza durmak icab eder. Namaz bittikten sonra kişi kaç şavt yapmış ise onu üzerine ilâve eder.[4]

Telbiye Ne Zaman Yapılır?

Telbiye, ihram hâlinde, sünnetlerden olmak üzere "Lebbeyke" duâsını okumaktır. Telbiye ihramlı bulunulduğu sürece, ayakta, otururken, yürürken, binek üzerinde her hâlde yapılabilir. Özellikle, za-

---

1- el-Hidâye, 1-321.
2- el-Hidâye, 1-332.
3- Mebsût, 4-49.
4- Mebsût, 4-48.

man, mekân ve durumda yenilik ve değişiklik olduğunda, yokuşta, inişte, kafileye rastlanışta, namazlardan sonra, seher vakitlerinde, gece, gündüz her fırsatta yapılmalıdır.

Telbiye söylenirken, her defasında 3 kere tekrarlamak sonra tekbir, tehlil ve salâvât-ı şerîfe okumak ve Cenâb-ı Hakk'a niyazdan bulunmak müstehaptır. Telbiye Hacc'da bayramın birinci günü Akabe Cemre'sine taş atmaya başlamakla son bulur. Ancak kadının telbiyede bulunurken sesini yükseltmemesi gerekir.

Mikât Haricinden Gelen Kimse, İhrama Girmeden Mikatı Aşar Sonra İhrama Girip Vazifeleri İfa Ederse Câiz midir?

Bir âfâkî, ihrama girmeden mikâtı aştıktan sonra Mekke'de veya başka bir yerde ihrama girip menâsiki ifa ederse Hacc'ı sahih sayılır. Yalnız günâhkâr olur. Ayrıca kurbanı cezâ kesmek zorundadır. Kurban kesmekle günâhtan kurtulmaz. Eğer mikatı geçip Mekke'ye varır ve ihrama girmeden tekrar mikata döner, ihrama girerse kurban sâkıt olur -düşer- ihrama girdikten sonra mikata dönerse kurban sâkıt olmaz.[1]

-Hacc'ın, farz, vâcip ve sünnet olan herhangi bir fiiline "nüsük" denir. Çoğulu "menasik"tir.-

İhram'da Olan Kimsenin İsteği ve Gücü Dışında Saç ve Sakalından, Kıl Düşerse Bir Şey Lâzım Gelir mi?

İhramda olan kimsenin isteği dışında saç ve sakalından kıl düşerse bir şey icab etmez. Fakat kılların düşmemesi için saç ve sakalını kaşımaktan kişi çekinmelidir. Eğer saç ve sakalını, kaşır da 3 veya daha fazla kıl düşerse bir kurban lâzım gelir. Ebû Hanife'ye göre başın dörtte birinden az olursa sadaka lâzım gelir.[2]

1- Mebsût, 4-170.
2- Günün Meselelerine Fetvâlar, 2-99.

İhramda Olan Kimsenin Hamam vs. Yerlerde Sabun ile Yıkanması Câiz midir?

İhramda olan kimsenin Hanefî mezhebine göre sabunsuz veya kokusu olmayan sabun ile yıkanmakta bir sakınca yoktur. Fakat kokulu sabunla yıkanmak haramdır.[1]

İhramda Olan Bir Kimse Hasta Olursa İhramdan Çıkabilir mi?

İhramda olan kimse hastalanır, menâsike devam edemezse Hanefî mezhebine göre ihramdan çıkmak niyetiyle harem mıntıkasında bir kurban kestirir ve arkasından ihramdan çıkar.[2]

İhramda Olan Kimsenin Medine Hareminde Bulunan Ağaç ve Bitkileri Kesmesi Haram mıdır?

İhramda olan kimsenin Mekke haremindeki ağaç ve bitkileri kesmesi ve avını avlaması haram olduğu gibi Medine haremindeki bitki ve ağaçları kesmek ve avını avlamak da haramdır.

Peygamber Efendimiz -s.a.v.-: "İbrahim'in haremi Mekke'dir. İbrahim, Mekke'yi yasak bölge olarak ilân ettiği gibi ben de Medine'yi yasak bölge ilân ediyorum. Ne avı ürkütülür, ne ağaç kesilir, ne otu yolunur."[3] buyurmuştur.

Bir Kimse Mekke'de Gecesini Geçirip Gündüz, Mina'ya Gidip Cemrelerini Zamanında Taşlarsa Ne Lâzım Gelir?

– Bir kimse Mekke'de gecesini geçirip gündüz de Mina'ya giderek Cemre'leri taşlarsa, Hanefî mezhebine göre bir şey lâzım gelmez. Ancak Hz. Peygamber'in -s.a.v.- sünneti olan Mina'da gecelemeyi terkettiği için iyi yapmamış olur.

Şâfi'î mezhebine göre Mina'da gecelemek vâcib olduğu için onu terk eden kimse günâhkâr olur. Ayrıca kurban kesmek de vâcip olur.

1- Mebsût, 4-8.
2- Günümüz Meselelerine Fetvâlar, 2-96.
3- Günümüz Meselelerine Fetvâlar, 2-100.

Kalabalıktan Dolayı Cemrelere Taş Atmak Zor Olursa, Kadın, Yerine Taş Atması Maksadıyla Bir Vekil Tâyin Edebilir mi?

Kalabalıktan dolayı, Cemre'leri taşlamak zor da olsa yerine taş atması maksadıyla bir vekil tâyin edemez. Böyle bir ruhsat ile ilgili bir şey varid olmamıştır. Erkek ile kadın arasında fark yoktur.[1]

Bir Kimsenin Cemre'ye Attığı Taş, İçeri Düşmeyip Yanına Düşerse Sayılır mı?

— Bir kimse uzaktan taşlarını atar, bu taşlar, Cemre çukurunun içine düşmez yanına düşerse sayılıp sayılmadığı hususunda ihtilâf vardır. Hanefî mezhebine göre, eğer taşlar Cemre'ye yakın bir yere düşerse sayılır, Cemre'den uzak yere düşerse sayılmaz. Şâfi'î mezhebine göre ise içine düşmedikten sonra muteber değildir.[2]

Bir Kimse Minâ'da Cemre Taşlamasını Son Güne Bırakırsa Ne Lâzım Gelir?

Bir kimse Minâ'da Cemre taşlamasını son güne bırakırsa, son günde bütün geçen günlerin taşlamasını, telâfi etmesi icab eder. Geciktirmeden dolayı İmam-ı A'zam'a göre bir kurban kesmesi icab eder. İmâmeyn'e göre bir şey lâzım gelmez.[3]

Cemre'ye Atacak Taşı Kalmayan Kimse Cemre'nin Yanında Bulunan Taşlardan Alıp Atması Câiz midir?

Atacak taşı kalmayan kimse için en isabetli hareket Cemre'den uzaklaşıp taş toplamak, onları atmaktır. Eğer Cemre'lerin yanında bulunan taşlardan atarsa mekrûh olmakla beraber câizdir.[4]

1- Günümüz Meselelerine Fetvâlar, 2-95.
2- Günümüz Meselelerine Fetvâlar, 2-99.
3- Mebsût, 4-650.
4- Mebsût, 4-67.

Hac ile Umre Arasındaki Farklar Nedir?

Umre, ihramlı olarak, Kâ'be'nin etrafında 7 defa veya daha fazla dolaşmak, Safa ile Merve arasında sa'y edip traş olmaktan ibarettir.

Umre, çoğu hareketlerde Hacc gibidir, bazı hususlarda ondan ayrılır.

- Umre'de Kudûm -varış- tavafı yoktur.
- Umre için Arafat'ta duruş ibâdeti yoktur.
- Umre için Müzdelife'ye inmek yoktur.
- Umre için şeytan taşlamak yoktur.
- Umre'de iki vakit namazını birarada kılmak yoktur.
- Umre'de veda -ayrılış- tavafı yoktur.

Umre Ne Zaman Yapılır?

Umre yapmak için muayyen aylar yoktur. Senenin her ayında ve günlerinde yapılır.

Yalnız Arefe günü ile Kurban Bayramı gününde ve teşrik günlerinde -bu beş günde- yapılması mekrûhtur. Bir de farz Hac yapacakları yılda Mekkelilerin, Hac ayları içinde Umreleri mekrûhtur. Böylece Umre'nin zaman olarak mikatı, senenin tamamıdır.[1]

Umre İçin İhrama Girilecek Yer Neresidir?

Umre'de ihrama girilecek yer, herkes için Hıll'dir.[2]

Uzaktan Gelen Kimse, Mekke-i Mükerre'me'ye Gidip Bir Kaç Gün Kaldıktan Sonra Arafat'a Çıkarsa, Orada Namazını Seferi Olarak mı Kılacaktır?

Hanefî olan kimse, 15 günden az Mekke'de kalmış ise, henüz mukim sayılmadığı için, Mekke'de, sefer namazı kılar.

1- İslâm İlmihâli, 2-313.
2- Nur'ül İzah, 176.

15 gün ve daha fazla Mekke'de kalmış ise Mekke'de mukim sayılır. Hac vazifelerini ifa ettikten sonra memleketine dönmek niyetinde olarak, Arafat'a çıkmak üzere Mekke'yi terk ettiği gibi seferi namazı kılar.[1]

Peygamber Efendimiz'i -s.a.v.- Ziyaret Mutlaka Lâzım mıdır?

Hz. Peygamber'i ziyaret etmek Hacc'ın farz veya vâciplerinden biri değildir. Hac vazifeleri ile ilgisi yoktur. Hatta Hz. Peygamber'i ziyarete gitmeden Hacc'ın gereği yerine getirilirse, Hac sahih olur. Ancak Hz. Peygamber'i ziyaret âlimlere göre müstakil bir sünnet-i mü'ekkede'dir.

-Hâfız İbn Hacer: "Peygamber'i ziyaret etmek en faziletli ve ümit verici vesilelerden biridir. Başka bir şekilde inanmak, İslâm halkasının boyundan çıkmasına sebep olduğu gibi, Yüce Allah -c.c.-, Resûlüllah ve büyük ulemâya ters düşmektir" demiştir.

Hz. Peygamber -s.a.v.- en şerefli ve en büyük mahlûk olmakla beraber, Allah-u Teâlâ'dan istenilmesi gereken şeyleri ondan istemek ve onu Ulûhiyet derecesine yükseltmek, büyük bir hatadır. Küfre götüren bir tavırdır. Ayrıca, Hz. Peygamber'in kabri etrafında dolaşmak, tavaf etmek, Ravza-yı Mutahhara duvarına yapışmak, demirlerine el sürmek ve öpmek câiz değildir.

Hz. Peygamber'i Ziyaret İçin Medine-i Münevvere'de 8 Gün Kalmak İcab Eder mi?

Hz. Peygamber'i ziyaret için Medine-i Münevvere'de 8 gün kalmak icab etmez. Ziyaret, bir defa Ravza-yı Mutahhara'ya gidip Hz. Peygamber'e selâm vermekle hasıl olur.

Bir hadis-i şerîfte: "Ara vermeden şu mescidimde kırk namaz kılan kimse için ateşten ve azabdan berâet yazısı yazılır. Ve nîfaktan da kurtulmuş olur." buyrulmuştur.

1- Günümüz Meselelerine Fetvâlar, 1-107.

Demek ki kırk namazın -ki 8 günün namazıdır- fazileti meselesi Hz. Peygamber'in ziyaretine değil, Mescid-i Nebevî'nin ehemmiyetine ma'tuftur.[1]

Fakir Bir Kimse, Başkasının Yardımı ile Umre'ye Giderse Kendisine Hac Farz Olur mu?

Fakir bir kimse, başkasının yardımı ile Umre'ye giderse Mekke-i Mükerreme'ye vardığı zaman Hac mevsimi yani eşhürü'l-hac olan Şevvâl, Zilkâde ve Zilhicce'nin ilk 10 günü girmiş ise şüphesiz, kendisine Hac farz olur. Çünkü Hacc'ın vâcip olmasının şartlarından biri vakittir. Yani Hacc aylarıdır. Hacc mevsimi girmemiş ise bazı ulemâya göre Mekke-i Mükerreme'ye varmakla Hac farz olur. Ama tercih edilen görüşe göre, farz olmaz. yukarıda beyan edildiği gibi Hacc'ın farz olmasının şartlarından biri Hacc mevsimini idrak etmektir.[2]

Kendi Yerine Başkasını Hacc'a Göndermek Câiz midir?

Yeterli mal varlığına sahip bulunduğu hâlde, hastalık ve benzeri bir sebepten dolayı bizzat hacc etmesine imkân olmayan kişinin, kendi adına başkasına Hacc ettirmesi gerekir. Böylece farz Hacc, yerini bulmuş olur.

Hacc'da vekillik, ancak âciz kalmak ve bu âczin de ölünceye kadar sürmesi durumunda mümkün olmaktadır.[3]

Hacc Farizasını İfâ Etmeyen Kimse Başkasının Yerine Hacc'a Gidebilir mi?

Hacc farizasını ifâ etmeyen kimsenin başkasının yerine Hacc'a gitmesi doğru değildir.

Bununla beraber Hanefî mezhebinde böyle bir Hacc yapılırsa sahihtir, bâtıl değildir. Ancak tahrimen mekrûh sayılır. Şafiî mezhe-

---

1- Günümüz Meselelerine Fetvâlar, 1-109.
2- Günün Meselelerine Fetvâlar, 1-107.
3- Fetâvâyı Hindiyye, 2-216.

binde ise Hacc'a gitmeyen kimsenin başkasının yerine Hacc'a gitmesi sahîh değildir.[1]

Mahremi Bulunmayan Bir Kadın, Hacc Edebilmek İçin Belli Bir Süreliğine Bir Erkekle Nikâhlanabilir mi?

Sadece Hacc etmek için belli bir süre, bir kadınla bir erkeğin nikâhlanmasına hiçbir müctehid imam cevâz vermemiştir. Ancak kadın dul olur da cidden evlenmek ister, erkek te hayat boyunca o kadınla yaşamayı düşünerek nikâhlanırlarsa, tabiî ki bunda bir sakınca yoktur.[2]

Velisi Olmayan Bir Kadının Hacc'a Gitmesi Câiz midir?

Hanefî mezhebine göre, yanında mahremi veya kocası bulunmayan kadının 90 km kadar uzak olan bir yere gitmesi câiz değildir. Bu hususta Hacc, Umre, başka yolculuklar arasında fark yoktur. Mahrem veya kocanın bulunması Hacc'ın eda şartlarından biridir. Ancak ilk Hacc olursa, sadece yolculuk hususunda Şafi'î mezhebini taklid edebilir.[3]

Şafi'î mezhebine göre ise, Hacc'ın kadına vâcip olabilmesi için kocası veya mahremi veya güvenilir bir kaç kadının bulunması gerekir. Kadının kocası veya mahremi varsa onunla birlikte Hacc'a gider, yoksa birkaç kadın bulunduğu takdirde onların refakatıyla Hacc'a gitmeye mecburdur. Birkaç kadın bulunmazsa, emniyet olduğu hâlde Hacc'a gitmeye mecbur değildir. Amma isterse gider.

Hacc farizasını yalnız olarak edâ etmiş, kadın nafile olarak Hacc'a gitmek isterse, ancak kocası veya mahremi ile birlikte gidebilir. Kadınlarla birlikte gitmesi câiz değildir.[4]

1- Günümüz Meselelerine Fetvâlar, 1-103.
2- Kaynaklarıyla İslâm Fıkhı, 2-295
3- Günümüz Meselelerine Fetvâlar, 2-102.
4- Günümüz Meselelerine Fevtâlar, 1-103.

Kendisine Hacc, Farz Olan Kadın, Kocasından İzin Almadan Hacc Ederse, Kabul Olur mu?

Yanında mahremi bulunan ve kocası kendisine Hacc için izin vermemiş olan bir kadın, Hacc etmiş olsa, bu Hacc'ı İslâmi bir Hacc'dır. Fakat bu durumda olan kadın, kocası izin vermedikçe nafile Hacc'a gidemez.[1]

Mahreminin Masraflarını, Kendisine Hacc Farz Olan Kadın mı Öder?

Genç olsun, yaşlı olsun, Hacc etmek isteyen bir kadının yanında kocası ya da kendisine ebediyen mahremi olan bir erkeğin bulunması şarttır. Ve mahremin emniyetli, akıllı ve bülûğa ermiş olması da şarttır.

Yanındaki mahreminin Hacc masraflarını kadının vermesi gerekir.[2]

İddet Bekleyen Kadın, İddet İçinde Hacc'a Gidemez mi?

Yüce Allah -c.c.-, Kur'ân-ı Kerîm'de: *"Onlar -kadınlar iddetli iken-, "Evlerinden çıkarmayın ve kendileri de çıkmasınlar."*[3] buyurmaktadır.

Hacc yolculuğu esnasında herhangi bir şehirde -kocasının orada ölmesi gibi- bir sebeple iddet beklemesi icab eden bir kadının, bulunduğu yer ile Mekke arasında 90 km -sefer müddeti- kadar bir mesafe varsa, iddeti bitmedikçe, buradan ayrılamaz.

Hamile kadının iddeti doğuma kadardır.[4]

Bir kadın Hacc için seferde bulunuyorken, kocası ric'i talâkla -dönüşü olabilen talak- boşamışsa bu kadın kocasından ayrılmaz, Efdal olan, kocanın karısına hemen müracaat etmesidir. Fakat koca,

---

1- Fetâvâyı Hindiyye, 2-90.
2- Fetâvâyı Hindiyye, 2-90.
3- Talak, 1.
4- Kaynaklarıyla İslâm Fıkhı, 2-297.

baîn talâk -kesin boşama- ile boşamışsa, karı-koca artık yabancı gibidirler.¹

Âdetli veya Lohusa Kadın Kâ'be'yi Tavaf Edebilir mi?

Âdetli veya lohusa kadına, Hacc'ın farzlarından olan ziyaret tavafı da, nafile olan tavaf ta haramdır. Bir kadın, Mescid-i Haram'a girip tavafa başladıktan sonra âdet görse, Kâ'be'yi tavafı helâl değildir.²

Kâ'be'yi tavaf için temiz bulunmak vâciptir.³

– Âdetli veya lohusa bulunana, dıştan da olsa, Kâ'be'yi tavaf etmek haramdır.

– Cünüp olan da Kâ'be'yi dıştan dahi tavaf edemez, bu da haramdır ve memnudur -yasaktır-⁴

Âdetli Kadın, Tavaftan Başka Hacc'ın Diğer Bütün Rükünlerini Yapabilir mi?

Hazret-i Ayşe vâlidemiz -r. anha- anlatmıştır:

"Resûlullah ile birlikte çıktık. Maksadımız Hacc etmekti. Serif denilen yere vardığımızda âdet oldum. Ben ağlarken Resûlüllah yanıma geldi ve:

– Nen var, Hayız mı oldun? diye sordu.

– Evet, dedim. Resûlüllah -s.a.v.-da:

– "Bu Allah'ın -c.c.- kadınlara has kıldığı bir özelliktir. Hacc'ın Beytullah'ı tavaf dışındaki bütün icaplarını yerine getir." buyurdu.⁵

Peygamber Efendimiz -s.a.v.- daha sonra Hz. Ayşe için bir sığır kurban etmiştir.⁶

1- Fetâvâyı Hindiye, 2-91.
2- İbn-i Âbidin, 1-475.
3- İbn-i Âbidin, 1-478.
4- Fetâvâyı Hindiyye, 1-136.
5- Bakâra Sûresi, âyet: 127.
6- Sünen-i Nesâî, 1-183.

Âdet hâlinde olan bir kadın, tavaftan başka Hacc'ın bütün rükünlerini yapabilir. Hacc'ın farzlarından olan tavafı, mecburi olarak âdetten temizleninceye kadar geciktirir. Zira bu tavafı, mânevi kirlilik hâlinde yapan, büyük günâh işlemiş olur ki, onun bir deve veya sığır gibi büyücek bir hayvan kurban etmesi gerekir.[1]

– Bir kadın âdetli bulunduğu hâlde, ihrama girerken Hacc'ın sünnetlerinden olan gusülü -bu gusül vücudun temizliği için yapıldığından- yapabilir. Lohusa olsa da gusül eder. Fakat Mescid-i Şerife girmesi câiz değildir. Tavafını te'hir eder.[2]

- Ziyaret tavafını yapmayan âdetli kadın temizlenmesini bekler. Tavafı yapmadıkça ihramdan çıkmaz.[3]

Âdetli Bir Kadın Arafat Vakfesini Yapabilir mi?

Âdet hâlinde olan bir kadın Arafat vakfesini yapabilir, Müzdelife'de durup duâ edebilir ve Minâ'da Cemre'lere taşlarını atabilir. Bu husus için hiç bir sakınca yoktur. Yalnız Mescidü'l-Haram ve başka câmilere giremez. Dolayısıyla Kâ'be'yi tavaf etmesi haramdır. Şâfi'î mezhebinde yapılan tavaf sahih değildir. Hanefî mezhebine göre sahih ise de tahrimen mekruhtur. Ceza olarak bir deve kesmek de icab eder.[4]

Âdetli Kadın, Hacc'da Safa ile Merve'yi Sa'y Edebilir mi?

Âdet görmek, cünüplük, sa'yetmeye mâni değildir.

Bu hususta genel kâide şudur: Hacc menasikinden Mescid-i Hâram dışında yapılanların hiçbirinde taharet -manevî temizlik- şart değildir.

Mesela: Sa'y etmede, Arafat'ta vakfede, Müzdelife'de vakfede, Mina'da cemrelere taş atmada ve benzeri ibâdetlerde taharat şartı yoktur.

Ne var ki bunları taharet üzere yerine getirmek daha fazîletli ve sünnete daha uygundur.

1- Umdetü'l Kari, 2-81.
2- Umdetü'l Kari, 2-144.
3- Umdetü'l Kari, 2-144.
4- Günümüz Meselelerine Fetvâlar, 2-94.

Mescid-i Haram'da yapılan her ibâdet için ise taharet şarttır.[1]

Fakat evvelden Safa ile Merve, Mescidü'l-Haram'ın dışında oldukları için âdet hâlinde olan kadın sa'y edebilirdi. Şimdi ise Safa ile Merve, Mescidü'l Haram'ın müştemilatından oldukları için sa'y etmesi de haramdır.[2]

Ziyaret Tavafını Yapmayan Âdetli Kadın İhramdan Çıkmaz mı?

Bir hadis-i şerifte: "Kâ'be'yi tavaf etmek, ibâdet hususunda tıpkı namaz gibidir ki Kâ'be'yi temiz olmadan tavaf etmek haram olmuştur."[3] buyrulmuştur.

Hz. Aişe Validemiz demiştir ki: "Ben, Huyey kızı Safiye'nin âdet gördüğünü Resûlüllah'a haber verdim. Resûlüllah -s.a.v.-:

"Sakın bizi yolumuzdan alıkoymasın. Acaba ziyaret tavafını sizinle birlikte yapmamış mıydı?" buyurdu.

Bundan, ziyaret tavafını yapmayan âdet hâlindeki kadının temizlenmesini bekleyeceği anlaşılmıştır. Ve kadın, ziyaret tavafını yapmadıkça ihramdan çıkmaz.[4]

Bir Kadın Ziyaret Tavafını Yapmadan Evvel Âdet Kanını Görse, Onun Âdetinin Kesilmesini Arkadaşları Bekleyemeyecek, Memleketlerine Dönecek Olsalar, Böyle Bir Durum Karşısında Bu Kadın Ne Yapmalıdır?

Ziyaret tavafını yapmadan âdet gören kadın, arkadaşları, onunla kalır, gitmezlerse, zaten âdetten temizleninceye kadar beklemek zorundadır. Sonra normal olarak tavafını yapacaktır.

Arkadaşları kendisini beklemezlerse, Şâfi'î mezhebine göre onlarla birlikte geri dönecek, tavafı zimmetin de -üzerine borç- kalacaktır.

Hanefî mezhebine göre ise böyle bir kadın ya âdet kanından temizleninceye kadar bekler ya da tahrimen mekrûh da olsa âdetli bulunduğu hâlde ziyaret tavafını yapar ve ceza olarak bir deve keser.[5]

1- Celâl Yıldırım, Kaynaklarıyla İslâm Fıkhı, 2-327.
2- Günümüzün Meselelerine Fetvâlar, 2-94.
3- Tahtavî, 83.
4- Ahmed, b. Hanbel, 13-9.
5- Günümüz Meselelerine Fetvâlar, 2-97.

– Mekke'nin değil de başka bir yerin halkından olan bir kadın, Hacc'a gitse, ihramdan ve Arafat'ta vakfeden sonra âdet görse, Ziyaret Tavafı'nı etmeyip, âdeti uzadığından dördüncü günü de geçse, yine temizlenemediğinden, tavafı etmeden memleketine dönse kadının Hacc'ı tamam olmaz.[1]

Âdetli veya Lohusa Kadının Veda Tavafının Hükmü Nedir?

Mekke dışından Hacc'a gelenler için bu tavafı yapmak vâciptir.

Mekke'den ayrılacağı sırada âdetli ya da lohusa olan kadına vâcip değildir, böyle kadınların mescide girmeleri haramdır.

– Bir kadın, farz olan ziyaret tavafını yaptıktan sonra âdet görürse, ondan veda tavafı düşer. Ve terk ettiği için de bir şey lâzım gelmez.

– Ancak Mekke'den ayrılmadan temizlenirse veda tavafı yapması gerekir. Mekke evlerinin seferi sayılan sınırı aştıktan sonra temizlenirse dönmesine lüzum yoktur. Âdeti kesildiği hâlde gusletmeyip bir namaz vakti geçmeden Mekke'den çıkan kadına, veda tavafı için Mekke'ye dönmek gerekmez. Âdetli olarak çıkan bir kadın, henüz mi'katı geçmeden yıkanmış ve geri dönmüş olsa, bu kadının veda tavafı yapması lâzımdır.[2]

– Veda tavafı, âdetli, lohusa veya Cünüp olarak yapılırsa ceza olarak bir kurban gerekir. Eğer Mekke'de bulunduğu müddet içinde iade edilirse ceza düşer. Abdestsiz yapılırsa sadaka vermek icab eder.[3]

Hacc'a Gidecek Kadınlar, Âdeti Kesmek veya Geciktirmek İçin İlâç Alabilir mi?

Tavafını eda edebilmek için âdet kanının erken kesilmesi ya da âdetinin gecikmesi için hap veya başka bir ilâç kullanmakta bir sakınca ve mesuliyet yoktur. Yalnız tıbben böyle bir ilâcın zararı sabit olursa, Hacc vazifelerine halel gelmekle beraber buna teşebbüs eden bir kadın vebale girer.[4]

1- Mülteka, 1-292.
2- Kaynaklarıyla İslâm Fıkhı, 2-344.
3- Cevheretünneyyire s: 222.
4- Günümüz Meselelerine Fetvâlar, 2-98.

KUR'ÂN-I KERÎM OKUMAK İBÂDETLERİN EN ÜSTÜNÜDÜR

"Kur'ân", sözlük olarak toplayıp biraraya getirmek mânâsına geldiği gibi, kıraat, okumak anlamına da gelmektedir. Terim olarak Yüce Allah -c.c.- tarafından Hazret-i Cebrâil vasıtasıyla, peygamber Efendimizin -s.a.v.- kalbine indirilen; lafız ve mânâsının indirildiği gibi korunduğu tevâtür yoluyla sabit olan kitabın özel ismidir.

Kur'ân-ı Kerîm'e bu isim bizzat Allah-u Teâlâ tarafından verilmiştir. Buna işaret eden pek çok âyet vardır.

"Doğrusu o kitap, Kur'ân-ı Kerîm'dir."[1]

Kur'ân-ı Kerîm Üç Genel Durumla İlgili Bilgi Vermektedir

1. Başlangıç; evrenin, insanın ve diğer yaratıkların yaratılmış olduğu dönem.

2. Günümüz; insanın da bulunduğu bu evrende yaşam şekli, davranış çözümleri, doğru-yanlış tanımları.

3. Gelecek; bu evren sonrasındaki yeni bir hayatın nasıl oluşacağı, orada vuku bulacak olaylar ve insanın bugünün bu sonsuzluğa bağlanması sonuçları, oradaki yaşamın kuralları ve şekli.

Kur'ân-ı Kerîm, tüm yaratılmışları -canlı-cansız- bir tek sistem içinde ele alır. Tüm varlıkların Allah'a -c.c.- tabiyet -kulluk- içinde olduğu bir evrensel yaklaşım içindedir. Gerçekten de sistem dışında -Allah'ın -c.c.- kudreti dışında- hiçbir şeyin bulunmadığı bu yaklaşım gerçek evrensel yaklaşımdır.[2]

1- Vakı'a, 77.
2- Yaşam Tarzı İslâm, 59.

KUR'ÂN-I KERÎM OKUMAKLA İLGİLİ MERAK EDİLEN MESELELER

Kur'ân-ı Kerîm'e Bakarak mı Yoksa Ezberden mi Okumak Daha Sevaptır?

Her mükellef için, namazı câiz olacak miktar Kur'ân-ı Kerîm'den ezber etmek farz-ı aynıdır. Fâtiha sûresi ile diğer bir sûre ezber etmek de vâciptir.

Kur'ân-ı Kerîm'in diğer kalan kısmını da ezberlemek farz-ı kifayedir. Kur'ân-ı Kerîm'i namaz dışında Kur'ân-ı Kerîm'e bakarak okumak ezber okumaktan daha fazîletlidir. Böyle yapmakla okuma ibâdeti ile Kur'ân-ı Kerîm'e bakma ibâdeti toplanmış olur.[1]

Kur'ân-ı Kerîm Okurken Nasıl Bir Hâl Üzere Olmalıdır?

Tahâret üzere, temiz güzel bir elbise giyinmiş olarak kıbleye doğru oturarak, huşu üzere ve mânâsını düşünerek okumak sünnettir.[2] Evvelinde "Eüzü" ve "Besmele" okumak da müstehaptır.

Kur'ân-ı Dinlemek Onu Okumaktan Efdal midir?

Kur'ân-ı dinlemek onu okumaktan daha fazîletlidir. Kur'ân-ı Kerîm'i okumak, nafile ibâdetten, âşikâr okumak, riyâ karışmadıkça sessizce okumaktan efdaldır.[3]

1- Halebî-i Sağir, 295.
2- Fetâvâyı Hindiyye, 5-323.
3- Halebî-i Sağir, 296.

Namaz Kılınması Mekrûh Vakitlerde Kur'ân mı Okumalı?

Bu vakitlerde, duâ, zikir, tesbih, Peygamber Efendimiz'e -s.a.v.- salât-ü selâm getirmek daha faziletlidir.[1]

Kur'ân-ı Kerîm'i Ne Kadar Zamanda Hatim Etmek İyidir?

Kur'ân-ı Kerîm'i ayda bir kere hatim etmek daha iyidir, diyenler olduğu gibi, senede 2 kere, 40 günde bir, haftada bir hatim edilmesini tercih edenler de vardır. 3 günden az bir müddette hatim edilmesi müstehap değildir. Az müddette okununca Kur'ân-ı Kerîm'in yüksek mânâlarını düşünmek mümkün olmaz, belki tecvidine de riayet edilmez.[2]

Bir hadisi şerifte: "Güzel Kur'ân okuyan müslümanlar, Cennet ehlinin en arif olanlarıdır."[3] buyrulmuştur.

Kur'ân-ı Kerîm'in Tercümesi Câiz midir?

İki çeşit tercüme vardır.

1. Harfî tercüme: Yani ilâve ve açıklama yapmadan tertip ve mânâlarına tam riâyet ederek, eş anlamlı kelimeler getirmek sureti ile bir dildeki sözleri, başka bir dile nakletmek.

2. Manevî tercüme: Bir dildeki sözleri, tertip ve murad olan tüm mânâlarına riâyet etmeden başka bir dil ile izah ve şerh etmektir.

Kur'ân-ı Kerîm'i, harfiyen tercüme etmek mümkün değildir.

Kur'ân-ı Kerîm'in nazmı, üslûbu ve kelimelerinin yerine başka bir nazm, üslub ve kelimeler koyup, Kur'ân-ın yüklendiği bütün mânâ ve maksatları, tercümeye katmak imkânsızdır. Kur'ân-ı Kerîm'in manevî tercümesi câizdir. Bütün İslâm uleması bunu câiz görmektedir. Vaizler, vaaz ettiği zaman, Kur'ân-ı Kerîm'den, âyet okuyarak Türkçe olarak meâilini vermektedirler. Bu, manevî tercüme kabilindendir. Tercüme sırasında, istikâmet değiştirmemeye,

---

1- Halebî-i Sağir, 295.
2- Halebî-i Sağir, 295.
3- Dârimi: Fezâilül-Kur'ân.

Kur'ân-ı Kerîm'in murad etmediği şeyleri eklememeye çok dikkat etmelidir.[1]

Kur'ân-ı Kerîm Okuyan Kimseye Selâm Verilir mi?

Kur'ân-ı Kerîm okumak ve namaz gibi ibâdetle meşgûl olan kimseye selâm vermek câiz değildir.[2]

Kur'ân-ı Kerîm'i Dinleyen Bir Kimse Aynı Zamanda Tesbih Çekebilir mi?

Kur'ân-ı Kerîm'i dinlemek çoğunluğa göre farz-ı kifayedir. Kur'ân-ı Kerîm okunurken, dinleyen velev bir kişi dahi varsa, diğerleri dinlemese de olur.

Tesbih ile meşgul bulunmak dahi olsa, dinlemeye mâni olacağından, tek dinleyicinin bunu terk etmesi ve sadece kıraatı dinlemesi gerekir.

Başka dinleyenlerin bulunması hâlinde, çoğunluğun görüşüne göre, tesbih ile meşgul olunabilinir ise de bunun sevabı hiçbir zaman Kur'ân-ı Kerîm dinlemenin sevabına denk değildir.

Bazılarına göre, Kur'ân-ı Kerîm'i dinlemek farz-ı ayndır, işiten herkesin, her türlü meşguliyeti bırakıp onu dinlemesi gerekir. Çünkü Kur'ân-ı Kerîm okunurken susmamız istenmektedir. Susmak ise, konuşma âleti olan dili hiç hareket ettirmemekle mümkündür.[3]

Yürürken veya Bir İş ile Meşgulken Kur'ân Okumak Câiz midir?

Yürürken ya da bir işte iken eğer bu yürüyüş veya iş o kimsenin kalbini meşgul etmezse, Kur'ân okumak mekrûh olmaz, yoksa mekrûh olur.[4]

1- Dârimi: Fezâilül-Kur'ân.
2- Günümüz Meselelerine Fetvâlar, 1-211.
3- Hanımlara Özel Fetvâlar, 1-31.
4- Halebî-i Sağir, 295.

Yatanın Yanında Kur'ân Okunur mu?

Kur'ân-ı Kerîm okunurken saymamak ve hafife almak gibi bir tavırla yatan birisinin yanında okumamak, o kişiyi saygısızlıkta sabitleştirmemek için gereklidir. Başka bir yerde okumalıdır.

Kur'ân-ı Kerîm okunurken, yatmayıp oturmayı ona saygı ile alâkalı görmediği için yatan birinin yanında okumanın ise bir sakıncası olmasa gerek.

Uyuyanın yanında okumakta ise herhangi bir beis yoktur.[1]

Yatarken Kur'ân-ı Kerîm Okumak Câiz midir?

Yanı üzere yatarken Kur'ân Kerîm okumakta bir beis yoktur. Ancak okurken ayaklarını bir arada tutması gerekir. Yatakta yatarken başını yorganın altından çıkarmış olmalıdır. Bu hâlde o kişi giyinmiş gibidir.[2]

Kur'ân-ı Kerîm'i Öpmek Bir Meclise Getirildiği Zaman Ayağa Kalkmak, Câiz midir?

Şüphesiz Kur'ân-ı Kerîm, İslâm'ın mukaddes kitabı olup, ona tâ'zim edip, saygı göstermek gerekir. Yalnız ona karşı tâ'zim ve saygı, Kur'ân-ı anlayarak okuyup, ahkâmını tatbik etmekle, müslümanlığı rûh ve kalbe sindirmekle olur. Sadece zevâhiri kurtarmak kâfi gelmez. Kur'ân-ı Kerîm ile âmel etmeyip, hududunu aşmak, sonra onu öpüp, bir meclise getirildiği zaman ayağa kalkmak, baş üstüne koymak, anlamsızdır. Kur'ân-ı Kerîm'i en fazla seven ve onunla amel eden, Hz. Peygamber -s.a.v.- ile ashâbı, Kur'ân-ı Kerîm'i öpmedikleri gibi, onun için ayağa da kalkmamışlardır. Bununla beraber, Kur'ân-ı Kerîm'i öpmenin, onun için ayağa kalkmanın iyi bir şey olduğunu söyleyen fakihler de olmuştur.[3]

1- Hanımlara Özel Fetvâlar, 1-34.
2- Fetâvâyı Hindiyye, 5-316.
3- Günümüz Meselelerine Fetvâlar, 2-16.

Bir İsteğin Yerine Gelmesi için 41 Yâ-sin Okumanın Dinde Yeri Var mı?

Yâ-sin sûresi hakkında Peygamber Efendimiz -s.a.v.- "Her şeyin bir kalbi vardır. Kur'ân'ın kalbi de "Yâ-sin"dir.", "Onu ölülerinize okuyun", "Onun, ümmetimin her ferdinin ezberinde bulunmasını arzu ediyorum." buyurmuştur. Bunlardan dolayı âlimlerden biri: "Bu sûrenin özelliklerindendir ki, zor bir iş anında okunursa, Allah -c.c.- o işi kolaylaştırır." demiştir.

"41" rakamı hakkında ise bir rivâyet bilinmemektedir. Hasan Basri Çantay, bu konuda rivâyet edilen sözlerin çoğuna güvenilemeyeceğini söylemiştir.[1]

Kur'ân-ı Kerîm'in Küçük Sûreleri Okunduğu Zaman, "Tekbir" Getiriliyor. Bunun Aslı Var mıdır?

— Kur'ân-ı Kerîm'in küçük sûreleri okunduğu zaman tekbir getirmek sünnettir.

Übey bin Ka'b -r.a.- Kur'ân-ı Kerîm'in küçük sûrelerini, Hz. Peygamber'in -s.a.v.- huzurunda okudu. Hz. Peygamber her sûrenin sonunda "tekbir" getirmesini emretti. Hz. Ebû Bekir -r.a.- "Dûhâ" sûresinden itibaren her sûrenin sonunda "tekbir" getirilmesini hoş görmüştür.[2]

Kur'ân-ı Kerîm'in Hatmi Münasebetiyle Cemaat Hâlinde, Duâ Etmek Hususunda Bir Şey Vârid Olmuş mudur?

Kur'ân-ı Kerîm'in hatminden dolayı cemaat hâlinde duâ etmek müstehabdır.

Ahmed b. Hanbel'in rivâyetine göre Enes bin Mâlik Kur'ân-ı Kerîm'i hatm ettiği zaman zevcesini ve çocuklarını toplar, duâ ederdi.[3]

1- Hanımlara Özel Fetvâlar, 1-35.
2- Günümüz Meselelerine Fetvâlar, 1-202.
3- Günümüz Meselelerine Fetvâlar, 1-202.

Çocuğu Kur'ân-ı Kerîm'i Hatmeden Bir Babanın, Çocuğunun Hocasına ve Arkadaşlarına Ziyafet Vermesinin İslâm'da Yeri Var mıdır?

Kur'ân-ı Kerîm hatmedildiği veya bazı sûreler ezberlendiği zaman bir ziyafet vermek müstehaptır. Hz. Ömer -r.a.- "Bakara" sûresini ezberlediğinde bir deve kesmiş ve müslümanlara ziyafet vermiştir.[1]

Bir Sergi veya Namazlık Üzerinde Âyet-i Kerîm'e veya Allah -c.c.- İsmi Yazılı Bulunsa Onun Üzerine Oturmak veya Namaz Kılmak Câiz midir?

Bir sergi ya da namazlık üzerinde âyet-i Kerîm'e yazılı olsa, onun üzerine oturmak veya namaz kılmak câiz değildir. Âyet-i Kerîm'eye ve Yüce Allah'ın -c.c.- ismine karşı sû'î edeptir -edepli olmaktan beridir-.[2]

Bir Kimse, İçinde Kur'ân-ı Kerîm ve Dinî Kitaplar Bulunan Bir Çanta veya Valizi Başının Altına Koyabilir mi?

Bu kimse içinde Kur'ân-ı Kerîm ve dinî kitaplar bulunan bir çanta veya valizi, başının altına hırsızlardan korumak için koyarsa bir sakıncası yoktur. Böyle bir durum yoksa günâhkâr olur.[3]

Mezarlıklarda Ücret Mukabili Kur'ân Okutmak Câiz midir?

Hanefî mezhebine göre, mezarlıkta veya evde, ücret karşılığında Kur'ân-ı Kerîm okunması doğru olmaz. Çünkü, Namaz, Oruç, Kur'ân-ı Kerîm okumak gibi şahsî ibâdetlerin, ücret mukabilinde eda edilmesi câiz değildir.[4]

1- Günümüz Meselelerine Fetvâlar, 1-152.
2- Günümüz Meselelerine Fetvâlar, 1-199.
3- Günümüz Meselelerine Fetvâlar, 1.
4- İbn-i Âbidin, 5-35.

Şafi'îlere göre mezarlıkta ücret karşılığında Kur'ân-ı Kerîm okutmak câizdir. Bu okunan Kur'ân-ı Kerîm'in sevabı okuyucuya ait olsa da okunan yere inen Yüce Allah'ın -c.c.- rahmetinden, kabir sahibi faydalanır.[1]

İslâm Aleminin Birçok Yerinde Ölü İçin Kur'ân-ı Kerîm Okunur ve Okutulur. Bu Ölüye Fayda Verir mi?

Duâ, hayatta olan kimseye fayda verdiği gibi ölüye de verir. Bu husus, hem âyet, hem hadis ile sabit olmuştur.

Kur'ân-ı Kerîm'de: "Rabbimiz! Bizi ve bizden önce iman eden kardeşlerimizi bağışla!"[2] buyrulmaktadır.

Bir hadis-i şerifte: "Ademoğlu ölürse ameli kesilir, ancak üç şey müstesna, devam eden sadaka, kendisinden faydalanılan ilim ve kendisine duâ eden salih evlâd." buyrulmuştur.

Fukaha ölüye okunan Kur'ân-ı Kerîm'in ona fayda verip vermeyeceği hususunda ihtilaf etmişlerdir. Bazı ulemaya göre -duâya kıyasla- Kur'ân-ı Kerîm'i tilâvet etmek ölüye fayda verir.

Hanefî mezhebi, Kur'ân-ı Kerîm'i tilâvet etmek ölüye fayda verir demekle beraber, onu ücret mukabilinde okutmayı katiyetle yasaklamaktadır. Ücretle okuyan kimse vebale girdiği gibi, okutan da vebale girer.[3]

Hicret'ten 300 sene sonra gelen âlimler, Beytü'l-malın -devlet hazinesinin- yardımı kesilip, dine bağlılık gevşedikten sonra, imâmet, ezân, va'z ve Kur'ân-ı Kerîm öğretmek mukabilinde ücret almaya ve vermeye cevaz vermişlerdir.[4]

Âdetli veya Lohusa Kadın Kur"ân Okuyabilir mi?

Peygamber Efendimiz -s.a.v.- "Hayız ve cünüp olan Kur'ân-ı Kerîm'den bir şey okuyamaz."[5] buyurmuşlardır.

1- Muğnil-Muhtaç, 2-341.
2- Haşr, 10.
3- Günümüz Meselelerine Fetvâlar, 1-65.
4- Günümüz Meselelerine Fetvâlar, 1-136.
5- Fethul Kadir, 1-148.

Lohusa hâlinde olanlar da âdet hâlinde olanlar gibidir...[1]

Âdetli veya lohusa kadın Kur'ân niyetiyle Kur'ân okuyamaz, haramdır.[2]

Bir hadis-i şerifte de: "Sizden birinize cünüplük hâli isabet etmediği zaman Kur'ân-ı Kerîm'i okuyunuz. Eğer cünüp olursanız Kur'ân-ı Kerîm'den bir harf te olsa okumayınız."[3] buyrulmuştur.

Şu hâlde âdet veya lohusa ya da cünüp hâllerinde olanların Kur'ân-ı Azîmüşşan'dan uzunca bir âyeti, Allah -c.c.- kelâmı niyetiyle okumaları haram olduğu gibi, kısa bir âyeti, hatta bir âyetin daha azını, yani bir kelime, hatta bir harf dahi okumak yasaktır.

– Peygamber Efendimiz, -s.a.v.- Rum Kralı Herakliyüs'e yazdıkları mektuba, Kur'ân-ı Kerîm'den aldıkları bir âyet-i celîleyi kaydetmişlerdir. Bu hareketleri, âyetten alınmış ve tilâvet kastedilmeyen ibarelerin temiz olmayanlarca tutulup okunmasının câiz olduğuna delil olmuştur.[4]

Âdetli veya Lohusalı Kadın Öğretmek İçin Kur'ân-ı Nasıl Okuyabilir?

Âdetli veya lohusa hâlinde bulunan bir kadın, çocuklarına veya başkalarına Kur'ân okumasını öğretmek için, kelimelerin arasını ayırarak yâni kelime kelime okuması câizdir.[5] O kadının, Kur'ân-ı heceleyerek okumasında ve okutmasında kerâhet yoktur. Âdetli veya lohusa olanların Zebûr, Tevrât ve İncil'i okumaları da mekruhtur.[6]

Çünkü bu kitaplar da Yüce Allah'ın Kelâmı'dır. Değiştirilmeyen kısımları da vardır.[7]

1- Mebsût, 3-152.
2- Fetâvâyı Hindiyye, 1-136.
3- Aynî Umdetül-Kari, 2-82.
4- Kadın İlmihâli, s: 79.
5- Fethul Kadir, 1-149.
6- Fetâvâyı Hindiyye, 1-137.
7- Halebî-i Sağir, s: 62.

Âdetli Kadının Yanında Kur'ân Okunabilir mi?

Meymûne Validemiz, -r. anha- anlatmıştır. Resûlullah bizden biri âdet olduğunda onun yanına girerde başını onun kucağına kor ve Kur'ân okurdu..."[1]

Âdetli, Lohusalı, Cünüp ve Abdestsiz Kimse Kur'ân'a Bakabilir mi?

Böyle kimselerin, Kur'ân-ı Kerîm'e bakmaları mekruh değildir. Çünkü cünüplük göze işlemez.[2]

Âdetli, Lohusalı ve Cünüp Olanlar Başkalarının Okuduğu Kur'ân-ı Kerîm'i Dinleyebilirler mi?

Bu kişiler, Kur'ân-ı Kerîm'i okuyamazlar, fakat başkalarının okuduğu Kur'ân-ı dinleyebilirler, kalplerinden geçirebilirler.

Câmi ve mescitlerde değil de -buralara girmezler- evlerde okunan Mevlid-i Şeriflerde bulunabilirler, Kur'ân-ı Kerîm ya da Mevlid-i Şerif okunduğunda dinleyebilirler.[3]

Ramazan ayında, dokunmamak şartıyla, âdetli ve lohusa hâlinde olanlar, mukabeleyi gözleriyle takib ettiklerinde veya sadece dinlediklerinde o cüzleri temizlendikten sonra okumaları gerekmez. Onlar temizken mukabele takip ederken de dinleyiciydiler, okuyucu değildiler.

Âdetli veya Lohusa Olan, Başkasının Okuduğu Secde Âyetini Duymakla Secde Yapması Gerekir mi?

Âdetli veya lohusa kadının Kur'ân-ı Kerîm'den âyet okuması haram olduğu için, okumakla günâhkâr olur. Fakat bu hâllerden birinde olan bir kadın, Kur'ân okurken, secde âyetini okusa veya secde âyetini başka bir okuyandan dinlese, o kadına o secdeyi yapması gerekmez. Hatta bu hâllerde, vâcip olmayan şükür secdesini dahi yapmak yasaktır.

1- Sünen-i Nesâi, Taharet.
2- İbn-i Âbidin, 1-259.
3- Kadın İlmihâli, 80.

Çünkü namaz ile mükellef olan kimseye namaz için lâzım olan şartlardan birisi de temiz olmaktır.¹

– Cünüp olan bir kimse, namaz ile mükellef olduğundan, şayet secde âyetini, haram ve büyük bir günâh olduğu hâlde, okuyacak olursa ya da başka bir okuyandan işitirse o kimseye secde etmek gerekir.²

– Bir kimse, secde âyetini cünüp olan bir kişiden veya âdet veya lohusa hâlinde bulunan bir kadından veya bir kâfirden, veya bülûğa ermeye yaklaşmış bir çocuktan, hatta bir sarhoştan işitse o kimseye hiç şüphesiz secde etmek gerekir.

Fakat, deliden, uyumakta olandan işitecek olursa secde etmesi lâzım gelmez. Zira Kur'ân okumanın sahih olması için ne okuduğunu bilmek şarttır. Deli ile uykuda olanda bu şart bulunmamaktadır.³

Âdet, Lohusa, Cünüp, Hâllerinde Olanlar Duâ Okuyabilir mi?

Bu gibi kimseler, Kur'ân-ı Kerîm'den zikir ve duâya dair olan âyetleri zikir ve duâ niyetiyle okuyabilirler.⁴ Kendilerinde duâ mânâsı olmayan âyetleri duâ niyetiyle dahi okumak câiz değildir.

– Bunlar ancak, bir âyetten az olan bir miktarı, Kur'ân okuma kastı olmaksızın okuyabilirler.

Mesela: Şükretmeyi irade ederek "el-hamdü lillah" demek veya yemeye başlamak için ya da başka bir niyetle "Bismillah" demek gibi...

– Cünüp ve âdetli olanların, duâları okuması, ezana cevap vermesi ve benzeri şeyleri yapması câizdir.⁵

– Âdetli veya lohusalık hâlinde olan kadın, müezzinin söylediği sözleri tekrar edemez.⁶

1- Tahtavî, 280.
2- Tahtavî, 280.
3- Tahtavî, 286.
4- Kadın İlmihâli, 84.
5- Fetâvâyı Hindiyye, 1-137.
6- Tahtavî, 117.

Âdetli veya Lohusa Kadın Kur'ân-ı Kerîme Dokunabilir mi?

Yüce Allah -c.c.- Kur'ân-ı Kerîm'de: *"O Kur'ân'a ancak temiz olanlar dokunabilir."*[1] buyurmaktadır.

Peygamber Efendimiz -s.a.v.- bazı Arap kabilelerine: "Cünüp ve âdet hâlinde olanlar Kur'ân-ı Kerîm'e dokunmasınlar." diye emirler yazıp göndermiştir.[2]

Âdetli, lohusa ve cünüp olanlarla, abdesti bulunmayanlara Kur'ân'a dokunmaları haramdır.[3]

– Kur'ân'a, el sürmek -bir sûre veya bir âyet-i kerîme- levhada, parada veya duvarda yazılı dahi olsa câiz değildir. Ancak bunların yalnız yazısına el sürülmez. Kur'ân-ı Kerîm böyle değildir. Onun kabına ve beyaz olan -yazısız- yerine dokunmak da yasaktır.

Bazıları câiz olduğunu söylemişlerdir. Bu kıyasa daha yakındır. Yasak olması ise ta'zime daha lâyıktır.[4]

Abdestsiz Kimse Kur'ân-ı Kerîm'e El Sürebilir mi?

Hem abdestsizlik, hem cünüplük ellere girdiği için, abdestsiz olan kimse ile cünüp olan kimse, Kur'ân-ı Kerîm'e, el değdirmede aynı hükme tâbidir. Fakat abdestsiz olan kimsenin ağzı abdestsiz olmadığı, cünüp olan kimsenin ise ağzı da cünüp olduğu için, abdestsiz olan kimse Kur'ân okuyabilir, cünüp olan kimse ise okuyamaz.[5]

– Kur'ân'da dokunma hususunda, taharet azalarının dışında kalan uzuvlarla, tahareti tamamlanmamış azalar arasında görüş ayrılığı vardır. Sahih olan her ikisinin de yasak oluşudur.

– Taharet azalarının dışında kalan uzuvlar sözü ancak abdest hakkındadır. Gusül hakkında ise bütün uzuvlar taharet uzvudur.

1- Vakia Sûresi, âyet, 79.
2- Mebsût, 3-152.
3- Fetâvâyı Hindiyye, 1-137.
4- İbn-i Âbidin, 1-481.
5- El-Hidâye, 1-68.

— Bu durumda olan kimselerin, giydikleri elbiselerle Kur'ân-ı Kerîm'e dokunmaları da câiz değildir.[1] Elbisenin kol ağzı o elbiseyi giyen kimseye bağlı olduğu için onun tesiri altında sayıldığından, bu hâlde yeni ile Allah -c.c.- kelâmını, bir âyet de olsa, tutmak harama yakın bir günâhtır. Çünkü bu davranış saygıya aykırıdır.[2]

— Kur'ân'a sırtındaki elbisenin yakası ile dokunmakta -onu tutmakta- bir beis yoktur.[3]

— Abdestsiz olan bir kimse, ezberinde olan Kur'ân-ı Kerîm'i okuyabileceği gibi, yüzünden okumak için, Kur'ân-ı Kerîm'in yapraklarını kalem gibi bir şeyle çevirmesi de câizdir.[4]

Âdetli, Lohusa, Cünüp, Abdestsiz, Bir Kimse Kur'ân-ı Kerîm'e, Ayrı Bir Kılıfla Dokunabilir mi?

Kur'ân-ı Kerîm'in kılıfından maksat, çanta gibi ayrı kese ve benzerleridir. Çünkü Kur'ân-ı Kerîme bitişik olan her şey, Kur'ân'dan sayılır.[5]

Kur'ân-ı Kerîm'in kılıfı bulunup, o kılıf da Kur'ân'dan ve cildinden ayrı olursa, âdetli veya lohusa ya da cünüp kimsenin onu tutması câizdir. Bunun gibi içinde Kur'ân-ı Kerîm, bulunan sandık veya bavulu tutup kaldırmak câizdir.[6]

Abdestsiz Bir Kimse Kur'ân-ı Kerîm'i Yazabilir mi?

Elde tutmamak şartıyla abdestsiz bir kimsenin Kur'ân-ı Kerîm'i yazmasında mahzur yoktur.[7]

Yazan kimse, Kur'ân-ı Kerîm'i ve şeriat kitaplarını rahle, yastık, masa gibi bir şeyin üzerine koyup eli ile sahife arasına ayrıca bir bez

---

1- Fetâvâyı Hindiyye, 1-137.
2- Kadın İlmihâli, 88.
3- Fetâvâyı Hindiyye, 1-138.
4- Kadın İlmihâli, 90.
5- İbn-i Âbidin, 1-258.
6- Kuduri, 13.
7- Tahtavî, 83.

veya kâğıt gibi bir perde koyarsa İmam Muhammed ve İmam Ebû Yusuf'a göre câizdir.[1]

Âdetli, Lohusa, Cünüp, Abdestsiz Bir Kimse Zaruret Olunca Kur'ân'a Dokunabilir mi?

Zaruretler mahzurlu şeyleri mübah kılar. Kur'ân-ı Kerîm'i yangından, sudan, düşmandan kurtarmak için başka bir kimse yoksa âdetli, lohusa veya cünüp kimsenin Kur'ân'a dokunması câizdir.[2]

Çocukların Abdestsiz Kur'ân'a Dokunmalarında Bir Sakınca Var mıdır?

Abdestsiz olan çocuklara, kılıfsız olarak Kur'ân-ı Kerîm'i vermekte sakınca yoktur. Çünkü çocukları abdest almadan, Kur'ân-ı tutmaktan menetmekte, Kur'ân-ı Kerîm'in zâyi olma tehlikesi, çocukları abdestli olmaya zorlamada da güçlük bulunmaktadır.[3] Bu işi bülûğ zamanına bırakmak ise Kur'ân ezberlemeyi azaltmak demektir.[4]

Âdetli, Lohusa, Cünüp, Abdestsiz Bir Kimse Kur'ân'ı Kerîm'in Tercümesine El Sürebilir mi?

Kur'ân-ı Kerîm'in tercümeleri Kur'ân'ın aslı hükmündendirler, âdetli, lohusa, cünüp olanlar hatta abdestsiz bulunanlar dahi o tercümelere dokunamazlar. Kur'ân-ı Kerîm'in tercümelerinden maksat, Arapça olan tercüme ve tefsirlerden başka lisan ile olan tercümelerdir.[5]

1- Reddü'l-Muhtâr, 1-162.
2- Tahtavî, 82.
3- El-Hidâye, 1-88.
4- İbn-i Âbidin, 1-259.
5- Tahtavî, 82.

Âdetli, Lohusa, Cünüp, Abdestsiz Bir Kimse, Tefsir Kitaplarını Tutabilir mi?

Kur'ân-ı Kerîm tefsirine, hadis-i şerif ve fıkıh kitaplarına âdetli, lohusa, cünüp ve abdestsiz kimselerin dokunması tahrimen -harama yakın- mekruhtur. Zira bu kitaplar âyetten boş kalmazlar.

Tefsir kitaplarında, tefsir kısmı Kur'ân'dan daha çok dahi olsa abdestsiz ve gusülsüz olan kimsenin o kitapları tutmasına müsade yoktur. Şu kadar var ki tefsir kitaplarının Kur'ân'dan boş olan yerleri, Kur'ân-ı Kerîm gibi olmayıp oralara temiz olmayanlar da ellerini sürebilirler.

Ehlinin, fıkıh, hadis, akaid gibi şeriat kitaplarını abdestsiz olarak, elbisenin kol ağzı ile veya el ile alıp tutmasına zaruretten dolayı izin verilir. Ehlinden başkası için bunlar yasaktır.

Bütün şeriat kitaplarını, mümkünse abdestsiz ele almamalıdır, içlerinde âyet-i Kerîme bulunabilir. Fakat kol ağzı ile tutabilirler.[1]

— Yüce Allah'ın -c.c.- isimlerinden biri veya Peygamberimizin isimlerinden bir isim yazılı olan kâğıtlara bir şey sarmak, paket yapmak câiz değildir.

— Yüce Rabbimizin ulu ismini ve Peygamber Efendimizin ismini tükrük ile silmek yasak edilmiştir. Bu hüküm her peygamberin ismi için geçerlidir.[2]

Yatak Odasında, Kur'ân'ı Kerîm Bulundurulabilir mi?

Bulundurabilir. Ancak, belden yukarı bir yükseklikte ve ayakların uzatılmadığı bir yönde bulunması edebe ve saygıya daha uygundur.[3]

İçerisinde Kur'ân Bulunan Evde Cinsel İlişkide Bulunulabilir mi?

Evli çiftlerin içerisinde Kur'ân-ı Kerîm bulunan evde halvet ve cinsel ilişkide bulunmalarında bir sakınca yoktur. Çünkü müslü-

---

1- Tahtavî, 82.
2- Kadın İlmihâli, 90.
3- Hanımlara Özel Fetvâlar, 1-163.

manların evleri Kur'ân-ı Kerîm'den boş değildir.[1] Üzeri örtülmüş Kur'ân-ı Kerîm bulunan odada cinsel ilişkide bulunmak câizdir.

Diğer Semâvi Kitaplara El Sürmek İçin Temiz Olmak Gerekir mi?

Diğer semâvi kitapların -Tevrat, Zebur, İncil gibi, fakat bozulup değiştirilmeyen- nüshalarına el sürmek için gusüllü, abdestli ve her hâlde, temiz bulunmak farzdır.[2]

Bu kitapların bazı yerleri değiştirilmiş ise de bozulmayan kısımları da bulunacağı için hürmet ve tâzimi gerektirmektedir.

Bununla beraber, eğer mesela Tevrat ve İncil'in tamamıyla değiştirilerek bozulduğuna tam kanaat getirilirse, bunları abdestsiz tutmak ve incelemek için ele alıp okumak elbette câizdir.[3] Ama bunu tesbit etmek mümkün değildir.

Eskimiş Mushaflar, Okunmaz Hâle Gelirse Ne Yapılır?

Mushaf, eskir, sahifeleri dağılıp yere düşme korkusu olursa, temiz bir beze sarılır, ayak basmayacak bir yere hürmetle gömülür.

Üzerine necâset veya başka bir şey düşebilecek yere konmasındansa toprağa gömülmesi daha efdaldır.[4] Müslüman muhterem olup öldükten ve faydası bittikten sonra nasıl toprağa defnedilirse Mushaf da öyledir: "Mushafı, gömmek için toprağı yarmak değil de Lâhit açmak gerekir. Çünkü yarıldığı takdirde üzerine toprak atmak lâzım gelir. Bunda ise bir nevi tahkir vardır. Ancak üzerine toprağı düşürmeyecek şekilde tavan yapılırsa bu da iyidir." denilmiştir.[5]

Eskiyen Kur'ân-ı Kerîm değil, onun yazılı olduğu mushaftır. Kur'ân, Yüce Allah'ın -c.c.- ezelî ve ebedî sıfatı olan "Kelâm"ın tezahürüdür ve bir tanedir. Onun için eskimiş ifadesi kullanılmaz. "En iyi Kur'ân", "Kaliteli Kur'ân" denmemelidir. Böylece bir terkipte doğru olan "Mushaf" kelimesini kullanmaktır.

1- İbn-i Âbidin, 1-266.
2- Kadın İlmihâli, 89.
3- Reddü'l-Muhtâr, 1-162.
4- Bahrurraik, 1-212.
5- İbn-i Âbidin, 1-265.

CAMİ VE MESCİDLER MÜSLÜMANLARIN İBÂDETHANELERİDİR

Câmi, "Müslümanları toplayıp biraraya getiren", mescidde "Secde edilen mekân" anlamına gelmektedir. Mescitlerin büyüğüne "Câmi" denir.

– Bir mescidin içerisi, arsası mescit olduğu gibi semaya kadar olan bütün üst tarafı da mescit hükmündedir. Mescitlerin içlerinde yapılması mekrûh, memnu -yasak- olan şeyler, bunların üstlerinde de mekrûhtur.

– Bayram ve cenaze namazgâhları yalnız namaz hususunda mescit hükmündedir.

– Bir kimsenin kendi evinde, kendisi için mescit edindiği mevzî hakkında asla "mescit" hükmü câri olmaz.[1]

1- B. İslâm İlmihâli, 316.

CAMİLERLE İLGİLİ MERAK EDİLEN MESELELER

Mescidlerin En Faziletlisi Hangisidir?

Mescidlerin en faziletlisi, evvela Mescid-i Haram -yani Ka'be'yi Muazzama ile etrafındaki mescid sahası- sonra, Medine'deki, Mescid'ün Nebî, sonra Mescid-i Aksa, sonra Kuba Mescidi'dir.[1]

Câmilere Nasıl Girmelidir?

Câmilere abdestli olarak girilir. Câmilere namaz için olmaksızın çocukları delileri sokmak ve mescitlerden bir zaruret bulunmadıkça yol gibi geçip gitmek câiz değildir.

Câmilere lâubali bir vaziyette, mesela kollar sıvalı, palto omuzlara atılmış bir tarzda girmek uygun olmaz.

Bir câmiye girerken evvelâ sağ ayağı atarak girmeli, salavat getirmelidir. Çıkarken de evvela sol ayağı dışarı atmalıdır.

Câmilerde Nasıl Oturmalıdır?

Câmilerde gelişigüzel oturulmaz. Mesela bir zaruret bulunmadıkça dizleri dikmek veya ayakları uzatmak câiz değildir. Câmilere herkes hâlince en temiz en güzel elbisesini giyinerek gitmelidir.

Kötü kokulu gıdalar yemiş olan kimsenin cemaat arasına sokulması doğru bir davranış değildir. Çünkü bunların kokusu cemaata eziyet verir.[2]

1- Halebî-i Sağir, 343.
2- B. İslâm İlmihâli, 316.

Câmide Yatmak Câiz midir?

Zaruret olmazsa, câmide, yemek yemek ve yatmak uygun değildir. Ancak yabancıların câmilerde yatmalarında beis yoktur. Bunun için eskiden olduğu gibi bugün de hacılar, Mescid-i Haram ile Mescid-i Nebevi'de istirahat edip yatarlar.

İbn Hacer şöyle demiştir: "Câmide yatmakta beis yoktur. Bu hususta mükîm ile misafir arasında fark yoktur. Çünkü Suffe ehli daima câmide oturup kalkarlardı."

Selefi salihinin bir kısmı câmide yatmak herkes için mekrûhtur" demiştir.[1]

Câmide Konuşmak, Sohbet Etmek Câiz midir?

Câmilerde gürültü yapmak, lüzumsuz yere dünyevî sözler söylemek, zikirden, hikmetten hâli şiirler okumak câiz değildir. Yapılan konuşma din ile ilgili ise ibâdet olduğundan makbuldür. Fakat dünyevî olup meselâ bir kimsenin gıybeti yapılmıyorsa mübâhtır.[2]

Bir Kimse Kendi Mahallesinde Bulunan Câmide mi Namaz Kılmalıdır?

Bir kimsenin kendi mahallesindeki câmide namaz kılması diğer mescidlerde namaz kılmasından daha faziletlidir. Hatta diğer câmilerin cemaatları çok olsa dahi.[3] Şu kadar var ki imamı daha takva ve fıkıh ilmini daha çok biliyorsa, onun câmisinde kılmak daha sevaplıdır.

Câmiyi Altın Suyu İle Süslemek Nakışlı Taşlarla İnşa Etmek Câiz midir?

Câmileri yapmaktan gaye oralarda Allah'a -c.c.- kulluk etmektir. Cemaata huzur verecek kadar geniş, yüksek ve havadar olması kâfidir.

1- Günümüz Meselelerine Fetvâlar.
2- Fetâvâyı Hindiyye, 5-321.
3- Halebî-i Sağir, 343.

Fazla israfa kaçmak, mihrâb ve kubbesini akıl ve hayal edilemeyecek nakışlarla süslemek, milletten toplanan parayı lüzumsuz yere harcamak olur. Bu milletin birçok ihtiyaçları vardır. Bunların en önemlisi Kur'ân kursu binasıdır. Her câminin yanında mutlaka birer Kur'ân Kursu binası ve orada görevli öğretmenler bulunmalıdır. Nakış ve süse verilecek paranın buraya aktarılması lâzımdır.[1]

Âdetli veya Lohusa Kadın Medrese ve Tekkelere Girebilir mi?

– Âdetli veya lohusa kadının medrese ve tekkelere girmesi câizdir.[2]

– Cenaze namazı ve bayram namazlarını kılmak için tanzim edilmiş olan yerler -namazgâhlar- mescid hükmünde değildir.[3] Namazgâhlar yalnız namaza mahsus değildir.

Namazgâhta bulunan, âdetli kadının, namaz kılan erkeklerden uzakça durması, onların arasına karışmaması lâzımdır. Peygamber Efendimiz -s.a.v.- "...Hayızlı olanlar namaz kılınan yerden uzakça dursunlar" buyurmuştur.

Âdetli olan bir kadın, dinini öğreneceği meclise, va'z meclisine, fıkıh ve hadis meclisine, yağmur duâsına çıkmak, gibi hayırlı ve sevaplı meclislere gidebilir, oralarda hazır bulunabilir. Ancak bu durumlarda da İslâm'ın edep ve hükümlerini, kendisinin şeref ve namusunu korumak da şarttır.[4]

– Mescidlerin üzeri de "Mescid" hükmünde olduğundan[5] Âdetli, lohusa, bir de cünüp kimselerin mescid, câmi üzerinde durmaları câiz değildir.[6]

1- Günümüz Meselelerine Fetvâlar, 1-198.
2- Bahrurraik, 1-205.
3- Fetâvâyı Hindiyye, 1-136.
4- Aynî Umdetü'l Kari, 2-136.
5- Fetâvâyı Hindiyye, 1-136.
6- Cevheretünneyyire, s: 38.

Zaruret Varsa, Âdetli Bir Kadın veya Cünüp Bir Kimse Câmiye Girebilir mi?

– Âdetli bir kadın veya cünüp bir kimse içinden geçmek için dahi mescide giremez. Fakat mesela böyle birinin evinin kapısı mescide açılır da değiştirmesi veya başka bir yerde oturması mümkün olmazsa geçmekte zaruret vardır. Ancak geçmek için teyemmüm etmesi vâcip olur.[1]

– Âdetli bulunanın veya cünüp olanın, vahşi hayvanlardan veya hırsızdan ya da soğuktan korktuğu zaman, mescidde durmasında bir sakınca yoktur. Bu durumla karşılaşanlar için evla olan ise mescide tâzim ederek teyemmüm etmektir.[2]

– Cünüp olan bir yolcu, başka yerde su bulamayıp, içerisinde su kaynağı bulunan bir mescide rastlarsa, mescide girmek için teyemmüm eder.[3]

– Âdetli kadın, diğer yerlerde su bulamıyorsa, su için mescide girebilir.[4]

1- Fetâvâyı Hindiyye, 1-191.
2- Fetâvâyı Hindiyye, 1-136.
3- İbn-i Âbidin, 1-255.
4- Fetâvâyı Hindiyye, 1-136.

ÂDET GÖREN KADINLARLA, LOHUSA OLANLAR ARASINDA BULUNAN ORTAK HÜKÜMLER

Buraya kadar geçen konularda gördük ki, âdetli ve lohusa olan kadınlar:

1. Namaz kılamazlar. Sonra da kaza etmezler.

2. Oruç tutamazlar. Fakat sonra kaza ederler.

3. Kâ'be-i Muazzama'yı tavaf edemezler.

4. Kur'ân-ı Kerîm'i okuyamazlar.

5. Kur'ân-ı Kerîm'i tutamazlar.

6. Câmilere giremezler.

7. Kocalarıyla cinsi münasebette bulunamazlar.

8. Âdet ve lohusalık kanları kesilince yıkanmaları farz olur.

Âdetli ve lohusa kadınlara yukarıdaki 8 şey haram kılınmıştır.[1]

1- el-Mebsût, 3-152.

Dördüncü Bölüm

EVLİLİK VE BOŞANMA

Evlilik Erkek ve Kadın İçin Beraberlikleri Müddetince Devam Eden Bir Ortaklıktır.

ERKEK VE KADININ DİNÎ VE DÜNYEVÎ GÖREVLERİNİ RAHATLIKLA YERİNE GETİREBİLECEKLERİ TEK ORTAM AİLE YUVASIDIR

Aile, İslâm'da özel ve çok önemli bir kurumdur. Kur'ân-ı Kerîm'de kadın ve aile ile alâkalı, 100'ün üzerinde âyet-i kerîm ve pek çok hadis-i şerif vardır.

Yüce Allah -c.c.- *"İçinizden bekârları ve kölelerinizden, cariyelerinizden salih olanları evlendiriniz."*[1] buyurmaktadır.

Peygamber Efendimiz -s.a.v.- "Dört şey peygamberlerin sünnetlerindendir. Haya, kokulanma, misvak ve evlenme."[2] buyurmuştur.

Nikâhsız olarak birlikte yaşayan toplulukları, anne-baba ve çocukları olsa da, İslâm aile saymamakta, insan cinsini evliliğe teşvik etmektedir.

Aile, evlenmelerine dinî ve hukukî bir engel bulunmayan bir erkek ve bir kadının kendi iradeleri ile evlenme akdi yapmaları sonucu kurulur.[3]

Erkek ile kadının birbirleriyle karı-koca olabilmesi ancak nikâh ile mümkündür.

Nikâh'ın Sebebi

Sebebi insan neslinin, devamı ve korunmasının nikâha bağlı olmasıdır. Evlilik akdi Kitap, sünnet ve icmâ-ı ümmet ile sabittir. Bunlardan başka nikâhın aklî ve tabiî sebepleri de vardır.

1-Nur, 32.
2- Ahmed b. Hanbel, 5-421.
3- Fethu'l-Kadir, 3-185.

İbn-i Âbidin "Bizim için Hz. Âdem -a.s.- döneminden günümüze kadar meşru olmuş, daha sonra ve Cennet'te de devam edecek olan, iman ile nikâhtan daha sürekli bir ibâdet yoktur.[1] demiştir.

Yüce Allah'ın -c.c.- Her Emrinde Olduğu Gibi Evlilikte de Nice Faydalar Vardır

• Evlilik ile insan nesli devam eder ve çoğalır.

• Evlilikle birlikte, erkek ve kadın fıtratlarındaki şehvet arzusunu meşru yollardan gidermiş olur.

Peygamber Efendimiz -s.a.v.- "Biriniz hoşuna giden bir kadın görür ve kalbi vesveselenirse, hemen hanımının yanına dönerek onunla cinsî münasebette bulunsun, çünkü bu, nefsindeki şeyi giderir."[2] buyurmuştur.

• Toplum, ahlâkî çöküntü ve çöküntüden selâmette kalır. Evliliklerin olmadığı ya da kolaylaştırılmadığı toplumlarda, namuslar tehdit altında kalır, tecavüzler artar, zina sebebi ile bulaşıcı bir takım hastalıklar yaygınlaşır.

• Evlilik ile eşlerden her biri ruhsal ve derûnî bir sükûnete kavuşur.

• Eşler, aile yuvalarında, evlât sevgisini tadar, onların terbiyelerinde yardımlaşırlar.

• Gayrı meşru çocukların doğmasının önüne geçilir.

• Akraba ve yakınlar çoğalır.

• Evlilikte rızık vardır.[3]

• Yaşamın zorluklarında eşler birbirlerine yardımcı olurlar.

Evlilik erkeğe ve kadına bunlardan başka daha pek çok faydalar sağlar.

1- İbn-i Âbidin, 2-258.
2- Müslim, Nikâh.
3- M. Kenzü'l-Ummâl, 6-390

Evlendirilmeleri, Çocukların, Anne-Baba Üzerindeki Haklarındandır

Çocuklarını eğitmek ve bülûğa erdikten sonra evlendirmek anne-babaların görevidir.

Peygamber Efendimiz şöyle buyurmuştur: "Size, dinînden ve huyundan memnun olduğunuz bir kimse kız istemeye gelince, ona kızınızı veriniz. Eğer böyle yapmazsanız, yeryüzünde fitne ve büyük bir fesad çıkar."

— Ya Resûlüllah! Evliliğe istekli olan bu kişi fakir ve asaletsiz ise diye sorulduğu zaman:

— "Size dindarlığını ve huyunu beğendiğiniz bir adam -kız istemeye- gelince onu evlendiriniz." cevabını vermiş, bu sözlerini 3 defa tekrarlamışlardır.[1]

Bülûğa Eren Kız Arzu Ederse Evliliği Engellenmemelidir

Peygamber Efendimiz -s.a.v.- "Ya Ali! Üç şeyi erteleme:

1. Vakti girince namazı,

2. Cenazenin -yıkanıp kefenlenerek hazır olduğunda- namazını ve defnini,

3. Dengi bulunduğunda velisi olduğun kızı -kadın- evlendirmeyi[2] buyurmuştur.

Evlenmek İstediğinde Erkeğin, Kadında Araması Lâzım Gelen Nitelikler

Dindar olması: Bir hadis-i şerifte: Kadın dört şeyi için nikâhlanır. Malı, soyu, güzelliği ve dini. Sen dindar olanını seç ki elin bereket bulsun."[3] buyrulmuştur.

1- et-Tâc, 2-284
2- Tirmizî, Cenaze.
3- İbn Mâce, Nikâh.

Doğurgan olması: Peygamber Efendimiz, kocasını sevebilen doğurgan kadınla evlenilmesini teşvik etmiştir. "...Çünkü ben kıyamet gününde sizin çokluğunuzla övüneceğim."[1] buyurmuştur. Kadının doğurganlığı meselesinde çok çocuklu bir aileden olup olmadığı dikkate alınır.

Bâkire olması: Peygamber Efendimiz, evlenmek için bâkire olan kızların tercih edilmesini tavsiye buyurmuştur.[2]

Kadının güzel olması: Kur'ân-ı Kerîm'de: *Cennetlerin hepsinde huyları iyi olan güzel yüzlü kadınlar...*[3] buyrulmaktadır.

A'meş Hazretleri: "Hangi evlenme ki, bakmaksızın ve tetkik etmeksizin olmuştur, onun sonu üzüntü ve sıkıntıdır." demiştir. Neşesini artıran ve güzelliği ile zevk ve safasını tatmin eden bir hanımı olmadığı takdirde dininde korkan bir kimse, talib olduğu kadında, güzelliği aramalıdır. Zira helâl ile lezzetlenmek din için koruyucu bir kal'adır.[4]

İyi aileden olması: Pek çok rivâyette, çocuğun anne tarafına çekeceği belirtilerek, evlenilecek kadının salih, şerefleriyle tanınan bir aileden olmasına önem verilmesi öğütlenmiştir.

Çok yakın akraba olmaması: Yakın akraba ile yapılan evlilikler boşanma ile sonuçlanacak olursa akrabalar arasında düşmanlığın doğmasına, aradaki bağların kopmasına sebebiyet verebilir. Bir de çağımızda tıp, yakın akraba evliliklerinin özürlü çocuk doğumuna neden olabileceği üzerinde durmaktadır.

Güzel ahlâklı olması: Kadının ahlâkı, basiret sahibi bir kadının aracılığı ile öğrenilebilir.

Bir Erkekle Bir Kadının Nikâhlanabilmelerine Mâni Bir Hâl Bulunmamalıdır

Bir erkekle, bir kadının nikâhlanabilmesi için aralarında daimi veya geçici mâni bir durum olabilir.

Evlenmeye mâni durum, daimi ise, bu iki kişi, ebediyyen; geçici ise bu geçici engel kalkıncaya kadar evlenemezler.

1- İbn Mâce, Nikâh.
2- İbn Mâce, Nikâh.
3- er-Rahmân, 70.
4- İhyâ, 3-495

Daimi Olarak Evlenmeye Mâni Durumlar

Bunlar 3 nev'i olarak tesbit edilmiştir.
- Kan hısımlığı -el-karâbe-
- Evlenmeden doğan hısımlık -el-Müsâhera-
- Emzirmeden doğan hısımlık -karâbetür- radâ-

Bir Kadının Kan Hısımlığından Sebep Yâni Neseb Yolu ile Daimi Olarak Evlenemeyeceği Erkekler

- Baba
- Dedeler -babanın babası, annenin babası.-
- Oğul
- Oğlunun oğlu, kızının oğlu -torunlar...-
- Erkek kardeşler
- Amcalar
- Dayılar
- Babanın ve annenin amcaları
- Babanın ve annenin dayıları
- Kız ve erkek kardeşlerinin oğulları -yeğenler-dir.

Bir Kadının, Evlenmeden Doğan Hısımlıktan Dolayı Nikâhlanamayacağı Erkekler

- Kayınbaba
- Dedeler -kocanın-
- Cinsel ilişkide bulunduğu kocasının oğulları -üvey oğullar-
- Üvey oğulların çocukları
- Üvey babalar

Bir Kadının, Emzirmeden Doğan Hısımlık Nedeniyle Evlenemeyeceği Erkekler

Bir hadis-i şerifte: Süt hısımlığı, ancak iki yaş içinde emzirilen sütle oluşur."[1] buyrulmuştur.

Süt emme, bebeğin hayatının ilk iki senesi içinde olmalıdır. Ebu Hanîfe'ye göre ise bu süre iki buçuk yıldır.

1- Buhârî, Nikâh.

Süt emme miktarının alimlerin çoğuna göre azı için bir sınır yoktur. İmam-ı Şafi'ye göre 5 doyurucu ve aralı emiş şarttır.

Süt hısımlığında, süt emen çocuk, ona süt emziren kadının öz çocuğu gibi kabul edilerek, öz çocuk o ailede kimlerle evlenemezse, süt emen çocuk da onlarla evlenemez. Süt anne, süt baba, süt nene, süt dede, süt kardeş, süt hala, süt teyze gibi.

Bir de Evlenmenin Geçici Olarak Haram Kılındığı Durumlar Vardır

Bu durumlar belli bir sebebe bağlıdır. Sebebin ortadan kalkmasıyla söz konusu olan haramlık da ortadan kalkar.

Üç talakla, kocasından boşanmış kadın, ona helâl değildir.

Eşini 3 talâkla başayan bir erkeğin ikinci kez boşadığı kadın ile akit yapması haramdır. 3 talâkla boşanmış kadının, kocasına helâl olması için:

- Kadın önce iddetini tamamlamalı
- Bir başkasıyla evlenmeli
- Nikâhı sahih olmalı
- Evlendiği ikinci kocasıyla cinsel ilişkide bulunmalı
- İkinci kocasından boşanma veya ölüm sebebi ile ayrılmalı
- Kadın bu ikinci kocasından ayrıldıktan sonra iddetini tamamlamalıdır.

İslâm, Kadınlar İçin Tek Evliliği Kabul Etmiştir

Evli bir müslüman kadının, bir başkasıyla evlenmesi mümkün değildir.

İddeti olan kadının, yeniden evlenebilmesi için iddetinin bitmesi gerekir.

Ölüm veya boşanma yollarından biriyle, evliliği sona eren bir kadının, yeniden evlenebilmesi için beklemek zorunda olduğu süreye iddet denmektedir.

Evlilik, kocanın vefatı ile sona ermişse, kadının iddet süresi 4 ay 10 gündür. Âyet-i Kerîme'de şöyle belirtilmektedir: *"İçinizden ölenlerin geride bıraktıkları eşleri kendi kendilerine dört ay on gün beklerler."*[1]

Boşanan kadının iddeti ise 3 defa âdet görüp temizlenmesidir. Kur'ân-ı Kerîm'de: *"Boşanmış kadınlar kendi kendilerine 3 âdet ve temizlenme süresi beklerler."*[2] buyrulmaktadır.

Hamile iken evliliği sona eren kadının iddetinin süresi Kur'ân-ı Kerîm'de: *"Hamile kadınların iddetlerinin sonu, çocuklarını doğurmalarıdır."*[3] olarak açıklanılmıştır.

Müslüman Kadın ve Erkek, Müşrikle Evlenemez

Kur'ân-ı Kerîm'de: *"Ey iman edenler! Allah'a ortak koşan kadınlarla, onlar iman etmedikçe evlenmeyin..."*[4] buyrulmaktadır. Müşrik, Allah'a -c.c.-, başka şeyleri ortak koşan, örneğin, yıldızlara, ateşe, hayvanlara puta tapan kimsedir. Bir âyetî, kerîme'de de: *"Müşrik erkeklerle, iman etmedikçe onlara, mü'min kadınları nikâhlamayın."*[5] buyrulmaktadır.

Erkeğin Ehli Kitaptan Olan Bir Kadınla Evlenmesi Mübahtır

Âyet-i kerîme'de: *"...Sizden önce kendilerine kitap verilenlerden yine hür ve iffetli kadınları, mehirlerini verip nikâhlayınız, onlar size helâldir."*[6] buyrulmaktadır.

Bir müslüman erkeğe, kitap ehlinden bir kızı veya kadını almaya mekrûh olarak ruhsat verilmiştir.

1- Bakara, 234.
2- Bakara, 228.
3- Talâk, 4.
4- Bakara, 228.
5- Bakâra, 221.
6- Mâide, 5.

Fakat bir müslüman kızına veya kadınına, kitap ehlinden olsa da -Hıristiyan ya da Yahudi- evlenmeye hiçbir şekilde izin verilmemiştir.¹

Kadın, müşrik ile ya da ehl-i kitaptan olan biriyle evlense koca, eşini kendi dinine çağıracaktır. Kadınlar, genelde erkeklerine uyarlar ve onların yaptıklarından etkilenirler ve onları dinlerinde takip ederler.²

İki Kız Kardeş Bir Nikâhta Birleştirilemez

Kur'ân-ı Kerîm'de: *"İki kız kardeşi birlikte almanız haram kılındı."*³ buyrulmaktadır.

Fakat erkeğin eşinin ölmesi veya eşini boşayıp aradan 3 âdet görmesi demek olan iddet müddeti geçtikten sonra, eski eşinin kız kardeşi ile evlenebilir.

Kadın İle Halası ve Teyzesi Bir Nikâhta Birleştirilemez

Hadîs-i Şerifler de bu açık bir şekilde belirtilmiştir: "Kadın ile hala ve teyzesi bir nikâh altında toplanamaz."⁴ buyrulmuştur.

Bir Erkek Dörtten Fazla Kadın İle Evlenemez

Bir erkeğin, dörtten fazla kadınla evlenmesi câiz değildir. Bir başka kadın daha almak isterse 4 hanımından birini boşaması ve iddetinin bitmesini beklemesi gerekir.

Diğer Evlenilmesi Yasak Olanlar

• Hemcinsler, kadın kadın ile, erkek erkek ile asla evlenemez.

• Mürted -dinden çıkan- ile evlenilmez. İsterse müslüman ana-babadan doğmuş, onların yanında büyümüş olsun hüküm değişmez.⁵

1- H. D. Kur'ân Dili, 2-97.
2- Fetâvâyı Hindiyye, 2-330.
3- Nisa, 23.
4- Buhârî, Nikâh.
5- Kütüb-i Sitte, 2-330.

Evlenmede Mümkün Olduğunca Denklik -Küfüvlük- Gözetilmelidir

Küfüv; lugatta, benzer, bir şeye yeterlik, denk olmak, mânâlarına gelmektedir.

Müctehidlerin çoğuna göre, denklilik evliliğin lüzum şartıdır. Hanefîlere göre "denklilik" 6 yerde aranır.

Din

Fâsık ve fücûr ehlinden olan erkek, iffetli olan kadına veya salih bir babanın, saliha kızına ya da kendisi ve ailesi dindar, iyi ahlâklı kadına denk değildir. Fıskını açıkca ortaya koyan veya gizleyen bir erkek olsa da hüküm aynıdır.[1]

İslâm

Babası ve dedesi müslüman olan bir kız ya da kadın için, erkeğin babası ve dedesinin müslüman olması denkliliktir. Erkeğin babası ve dedesi mesela ateist olsa, bu durum kadına denk sayılmaz.

Hürriyet

Azad edilmiş olsa da bir köle, hür bir kadına denk değildir.

Soy

Denklilik, aranılan hususlardan biri de soydur. Fakat önemli olan, bizzat insanın kendisinde üstün meziyetler bulunmasıdır.

Mal

Zenginlikten maksat, erkeğin kadının mehrini nafakasını verebilecek kadar mal sahibi olmasıdır. Kadının nafaka ve mehrinden birine veya ikisine gücü yetmeyen erkek, hiç bir kadına denk değildir. Geçimlik olmazsa evlilik devam edemez. İmam-ı A'zam ve İmam-ı Muhammed'e göre yalnız eşinin mehir ve nafakası verebilecek kadar

---

1- Fetâvâyı Hindiyye, 2-330.

vakti yerinde olan erkek daha zengin bir kadına denk değildir. İmam-ı Yusuf ise "Fazla zengin olmanın bir rolü yoktur. Zira dünya malı bir bulut parçasının gölgesi gibi, kâh burada kâh şuradadır." demiştir. Fetvâda bu şekildedir.[1]

Meslek

Bundan maksat, erkeğin rızkını ve geçimi sağlamak için yaptığı iştir. Düşük bir meslek sahibi, mesela bir çoban, yüksek meslek sahibi bir erkeğin kızına denk değildir. Bazıları da: "Kişi her an, mesleğini bırakıp başka bir işi yapabileceği için mesleği ne olursa olsun, onunla küçük düşmez." demişlerdir.[2]

Yukarıda Bahsedilen 6 Hususun Dışında Denklilik Aranmaz

Zevc ile zevce arasında bir denklik gözetilirse de köylü veya ihtiyar bir erkek, şehirli, genç, güzel bir kadına denk olabilir.[3]

Denklilikte Amaç, Kadının Korunmasına Yöneliktir

Eğer kadın denk olmayan biriyle evlenirse, velilerin nikâhı feshetmeyi isteme hakkı vardır. Veli de kızı veya kadını, denk olmayan biriyle evlendirirse kızın ya da kadının feshetme hakkı vardır.[4]

Evlenme Niyetinde Olan Erkeğin Kadını, Kadının da Erkeği Görmesi Israrla Öğütlenmiştir

Evlenmeye niyetli olan erkek, talib olduğu kız ya da kadın hakkında mümkün olduğunca bir soruşturma yapıp vakıf, olduğu özelliklerini yeterli bulduktan sonra, aracılara o kızı veya kadını görmek istediğini bildirir. Kız veya kadın tarafı talibi uygun bulursa, bunun için bir zaman kararlaştırılır.

Görme izni ciddi talibe ve de ciddiye alan talibeye verilmiş bir haktır.

1- El-Hidâye, 2-25.
2- el-Hidâye, 2-26.
3- H. İslâmiyye Kamusu, 2-67.
4- Fetâvâyı Hindiyye, 2-333.

Tarafların Evlenme Amacıyla Birbirlerine Bakmalarında Günâh Yoktur

Bir hadis-i şerifte: "Allah bir müslümanın kalbine bir kadına evlenme arzusu koyduğu zaman, kişinin o kadına bakmasında bir günâh yoktur."[1] buyrulmuştur. Kadının haberi yokken onu görmek câizdir. Yalnız İmam-ı Mâlik avret mahalli görülür korkusu ile habersizce bakmayı çirkin görmüştür. Kadın bakma meselesinden utanır. Bakan kişinin, kadını beğenmeme ihtimali de vardır. Ulemâdan bazıları: "Kadına dünür göndermeden önce onu görüp bakmak müstehabtır. Erkek beğenmediği takdirde, kadının bundan haberi olmaz ve gücenmez." demişlerdir.

Erkek, Talib Olduğu Kadının, Sadece Ellerine ve Yüzüne Bakmalıdır

Bülûğa ermiş bir kız ya da bir dul kadın, mahremi olmayan erkeklere karşı yüzü ve elleri dışında bütün vücudunu örtmek mecburiyetindedir.

Âlimlerimizin büyük çoğunluğu bu esasa dayanarak, erkeğin almayı düşündükleri kadının -bir mahremi yanında bulunduğu hâlde- ancak yüzüne ve ellerine bakabileceği görüşündedirler. Yüzü görmek kadının güzel olup olmadığı, elleri görmek, zarâfeti, teninin yumuşaklığı veya sertliği hakkında ölçü olabilmektedir. Boyuna bakarakta kısa mı uzun mu olduğu anlaşılır.

Peygamber Efendimiz -s.a.v.- Muğire b. Şu'be -r.a.- bir kadınla evlenmek istediğinde ona: "Git ona bak! Zira ona bakman, aranızdaki uyum için daha iyidir."[2] buyurmuştur.

Kadın Kendisini İsteyen Hakkında Bir Kimseyle İstişâre Yaparsa, O Şahıs Bildiğini Söylemelidir

Eş seçiminde anne-baba, akraba ve dostlarla istişâre çok önemlidir. Nevevî "... İstişâre sırasında bir insanın kusurunu söylemek nasihat taleb etmek, haram olan gıybet değildir, vücûb olan öğüttür."[3] demiştir.

1- Avnü'l-Mabûd, 6-97.

2- Tirmizî, Nikâh.

3- Kütüb-i Sitte, 11-361

Erkek de Evlenmeyi, Düşündüğü Kadın Hakkında, Bir Kimseye Danışırsa, O Kişi Bildiğini Söylemelidir

Kadında bir illet veya mühim bir hastalık varsa bu durum, kadın hakkında araştıran erkeğe veya ailesine söylenmelidir.

Ka'b b. Mâlik -r.a.- şöyle anlatmıştır: Resûlüllah -s.a.v.- Gıfar oğullarından bir kadınla evlendi. Kadın ile zifafa girdiği zaman, yatağa yaklaştığında, kadının böğründe alaca illeti görmüş. Bunun üzerine yataktan geri çekilmiş kadına "giyin" buyurmuş. Resûlüllah bu kadına verdiği mihrin bir kısmını olsun geri almadı. Fakat kadının velisine durumu kendisinden gizledikleri için şerzenişte bulundu.[1]

Evlilik İçin Erkeğin de Kadının da Görüşleri Alınır

Evlenme teklifine karşı, bâkire kızın susması rıza kabul edilmektedir. Bâkire kız utandığı için, kabul ettiğini açıkca söyleyemez. Mâlikilerden bazıları: "Nikâh teklifi karşısında susmanın izin sayılacağını kıza önceden bildirmek şarttır." demişlerdir. Dul kadının ise sözle açıklaması gerekmektedir. Peygamber Efendimiz "Dul ile konuşulur."[2] buyurmuştur.

Kadın ve Erkeğin Rızaları Alındıktan Sonra Veliler Arasında Söz Kesilir

Beğenme meselesinde, evlilik için olumlu cevabı önce kızdan ya da kadından, daha sonra erkekten almalıdır.

Kız tarafı da erkek tarafı da sözünde durmalı, mühim ve meşru bir sebep yokken verilen karardan dönmemelidir.

1- et-Tac, 2-327.
2- Ahmet B. Hanbel, 2-229.

Nişanlanma İle Erkek ve Kadın Evlenmek İçin Birbirlerine Söz Vermiş Olduklarını Başka Kişilere Açıklamış Olurlar

Nişan kelimesi lugat olarak, iz, işaret, alâmet mânâlarına gelmektedir. Nişanlanma, fıkıh ve hadis kitaplarında "Hıtbe" kelimesinin anlamı içine girer.

Nişan, bir evlilik akdi değil, evlilik sözü vermekten ibarettir.

Nişanlı Bir Kıza, Evlenme Teklifinde Bulunmak Câiz Değildir

Peygamber Efendimiz -s.a.v.- bu konuda: "Size, Müslüman kardeşinin istediği kıza talib olmak yasaktır. Ama ne zaman ondan vazgeçerse veya kendisi izin verirse o zaman câiz olur."[1] buyurmuştur.

Nişanlılık Dönemi Uzun Tutulmamalıdır

Nişanlı olarak durmanın kesin bir müddeti bulunmamakla beraber makbul olanı 2 ay ile 6 ay arasında sürenidir.

Normal Olarak Nişanlanmanın Ardından Nikâh Gelir

Nikâh kelimesinin, lugat mânâsı, "zam ve cem -eklemek ve toplamak-dır ki, erkek, kadını, kendi nefsine "zam ve cem" eder mânâsınadır.

Nikâha, nikâh denmesinin sebebi, şer'an eşlerden birinin diğerini, kendisine; ya cinsî münasebet yönünden ya da akd yönünden katıp eklediğindendir. Ya da bir kapının iki kanadı ve bir çift mest gibi olduklarındandır.[2]

Nikâh kelimesi, bir şeyi bir şeye eklemek, katmak anlamından alınmış olarak sözlük örfünde, zinânın zıddı bulunan ve cinsel birleşmeyi meşru kılan sözleşme anlamında kullanılmaktadır. Dinen; "Kadının kadınlığından, yararlanma üzerine kurulan bir sözleşme diye tanımlanır, burada söylenmek istenen de budur.[3]

1- Nesâî, Nikâh.
2- Gurer ve Dürer, 2-101.
3- K.D. H. Dili, 2-94.

Nikâh'ın Rüknü

İcap ve kabuldür.[1] İcab, teklif ve kabul, irade beyanıdır.

Nikâh'ın Şartı

Dinî yönden eşlerin birbirleri ile evlenmesinde bir mânînin bulunmaması, nikâh kıyıldığı anda akıllı, hür ve bülûğa ermiş olan iki müslüman erkeğin ya da bir erkekle, iki kadının şahit olarak bulunmasıdır.

Nikâhın Hükümleri

• Mehir ve nafaka, erkeğin üzerine farz olur.

• Helâliyet; dinin izin verdiği şekilde karı-kocanın, birbirinden faydalanması helâl olur.

• Musaheret hürmeti: Evlenmekten meydana gelen ekrabaların bir kısmı ile nikâhlanma haram olur.

• Verâset; karı-kocadan birinin vefatında diğeri ona şeriatın takdir ettiği şekilde vâris olur.[2]

• Kadını, eşi yatağına davet ettiği zaman ona itaat etmelidir. İtaat etmediğinde, kocanın eşini te'dip etmeye selâhiyeti olur. Evli çiftlerin iyi geçinmesi müstehaptır.[3]

Evliliğin Bireysel Uygulaması, Kişilerin Durumuna Göre Değişir

İslâm hukukçuları, neslin devamı açısından evliliğin "farz-ı kifâye" olduğunu söylemişlerdir. Müslümanların arasında evlenenlerin bulunması şarttır ve bazılarının evlenmesi toplumdan bu sorumluluğu kaldırır.

Kişilere evlilik, farz, vâcib, haram, mekrûh, mübah veya sünnet olabilir.

1- Mülteka, 1-325.
2- Ni'meti İslâm, 619.
3- Fetâvâyı Hindiye, 2-264.

1. Evlenmediği takdirde zinaya düşeceği kesin olan kişinin evlenmesi farzdır.

2. Evlenmediği takdirde zinaya düşme ihtimali olan kişinin evlenmesi vâcibtir.

3. Cinsel bakımdan normal bir hâlde olan kişiler için sünnettir.

4. Cinsel gücünü kaybetmiş kişinin evlenmesi mübahtır. Evlilik sebebi ile daha başka yararlar sağlar.

5. Evlendiği takdirde eşinin haklarını gözetmeme ve ona sıkıntı verme, ihtimali olan kişinin evlenmesi mekrûhtur.

6. Evlendiği takdirde eşinin haklarını gözetmemesi ve ona üzüntü vermesi kesin kişiye evlenmesi haramdır.[1]

Evlilik Akdinin Yapılabilmesi İçin Evlenecek Olanlarda ve "İcab-Kabul"de Bazı Şartlar Aranır

• Evlenecek olan kadın ve erkeğin akdi yapabilme ehliyetine sahip olmaları gerekir.

• Ehliyet, kişinin haklarına sahip olması, haklarını kullanması, vazife ve sorumluluklarını yüklenebilmesi hâlidir.[2]

• Hanefîlere göre akıllı ve ergin olan bütün insanlar erkek olsun, kadın olsun, evlenme ehliyetine sahiptir.

• Akdi yapacak olanlar aynı mecliste bulunmalıdırlar. Bu da icap ve kabulün aynı mecliste gerçekleştirilmesi demektir.

• İcab ve kabul her bakımdan birbirine uygun olmalıdır.

• Kullanılan sözler açık olmalıdır. "Evlendim", "evlendirdim", "Kabul ettim" gibi.

• Kullanılan siga gelecek zaman veya bir şarta bağlı olmamalıdır. Evliliğin anında yapılması şarttır. "Babam razı olursa senin ile evlenirim." veya "Akşama senin ile evlendiririm" gibi daha olmamış şarta dayandırılmış akidler câiz değildir.

1- Fethu'l-Kadir, 3-187.
2- Fıkıh ve Hukuk Terimler Sözlüğü, 89.

Evlilik Merasimi

Nikâhı Cuma günü, mescidde yapmak menduptur.[1]

Mescit içinde olmasının mendubiyeti, halka ilân edilmiş olunacağındandır. Cuma günü olmasının mendubiyeti, Cuma gününün haftanın en şerefli günü olmasındandır.

Nikâhtan Önce Hutbe Okunması Müstehabtır

Evlenecek erkek veya velisi, nikâh akdinden evvel Allah'a -c.c.- hamd eder. Resulullah'a -s.a.v.- salat ve selâm getirir, evlilik ve takva ile ilgili ayetleri okur. Nikâhtan önce yalnızca Allah'a -c.c.- hamd, Resûlullah'a -s.a.v.- salat ve selâm getirmek de yeterli olur. Nikâh akdine doğrudan doğruya da başlanabilir.

Nikâh Akdi Açık ve Net İfade ile Yapılır

Aralarında evlenmelerine mâni bir durum bulunmayan iki tarafın, ya da gerekli olduğunda veli veya vekilin ya da iki tarafı temsil eden tek kişinin, evlenme iradesini şahitler huzurunda yanlış anlamaya meydan vermeyecek şekilde açık ve net ifadelerle ortaya koyması sonucunda nikâh, gerçekleşmiş olur.

Mehrin söylenmesi İyi Olur

Nikâh akdi esnasında mehrin belirtilmesi menduptur. Bununla, ileride doğabilecek anlaşmazlıkların önü kesilir.

Evlilik Akdini İlân Etmelidir

Peygamber Efendimiz -s.a.v.- "Nikâhı ilân edin. Onu mescidlerde kıyın ve onun üzerine def çalın."[2] buyurmuştur.

1- İbn-i Âbidin, 5-256.
2- Tirmizî, Nikâh.

Akitten Sonra Eşlere Duâ Edilir

Nikâh akdinin tamamlanması sonrasında eşlerin tebrik edilmesi sünnettir. Hz. Peygamber'in -s.a.v.- evlenen birini tebrik etmek istediği zamanı: "Allah -c.c.- bu evliliği size bereketli kılsın ve ikinizi hayırda birleştirsin." dediği bildirilmiştir.[1]

Düğün Yemeğine "Velime" Denir

İslâm, düğünlerde yemek verilmesini istemiştir. Cumhura göre velime yemeğinin hükmü, müstehab veya sünnet-i müekkededir. Peygamber Efendimiz -s.a.v.- Hz. Hatice ile evlenirken iki deve kestirerek davetlilere ikram etmiştir. Hz. Peygamber -s.a.v.- "Düğün yap, bir koyun ile de olsa ziyafet ver." buyurmuştur.[2]

Evlendikten Sonra Ailenin Zaruri İhtiyaçlarını Koca Temin Edecektir

Evlilik ile erkek, evlendiği kadının mehir ve nafakası gibi malî haklarını üstlenmiş olur.

Mehir

İslâm hukukunda, nikâh akdi sebebiyle erkek tarafından verilmek üzere kadının hak kazandığı mala "mehir" denmektedir.

Mehir, kadının bedeli veya ondan istifade imkânının karşılığı değil, bir ömür boyu, beraber yaşama arzusunun, erkeğin kadını talebinin sembolik alâmetidir ve hediye kabilindendir.

İslâm kadına, kendisine rağbet etsinler diye gençliği boyunca bir servet biriktirmesini yakıştıramamış; bilâkis erkeklerin, ona rağbet ettiklerini hediye -mehir- takdimi ile sembolize etmelerini istemiştir.[3]

1- İbn Mâce, Nikâh.
2- Buhârî, Nikâh.
3- Mukayeseli İslâm Hukuku, 1-338.

Mehrin Hükmü

Tarafların mehirsiz evlenmek üzere anlaşmaları câiz değildir. Bu şekilde anlaşmış olsalar dahi kadın, mehr-i misile hak kazanır zira, Kur'ân-ı Kerîm'de: *"Kadınlara mehirlerini verin."*[1] *"Onlarla velilerinin izniyle evlenin ve normal miktarda mehirlerini verin."*[2] buyrulmaktadır.

Mehrin Çeşitleri

Mehir genel olarak "mehr-i müsemma" ve "mehr-i misil" isimleri ile ikiye ayrılır.

Mehr-i müsemma -miktarı belirlenmiş mehir-

Nikâh akdinin yapıldığı anda veya akitten önce ya da sonra tarafların karşılıklı rıza ile belirledikleri mihirdir. Âyet-i kerîmede: "Kendilerine mehir tayin ederek evlendiğiniz kadınları, temas etmeden boşarsanız tayin ettiğiniz mehrin yarısı onların hakkıdır." buyrulmaktadır. Cinsel birleşme öncesinde boşama olduğu takdirde kadın, bu belirlenen mihrin yalnızca yarısına hak kazanmaktadır.

"Miktarı belli mehir", ya peşin verilir, ya da veresiye olur.

– Peşin mehir, nikâh akdi sırasında peşin olarak ödenir.

– Veresiye mehir, de kişi, mehrin bir kısmını veya tamamını, belli bir zaman sonunda veya evlilik sonunda ya da ölümü hâlinde ödemeyi kararlaştırır.

Mehr-i misil -emsal mihir-

Mehir belirlenmediği veya belirlenen mehir fasid olduğu takdirde uygulamaya konan mehirdir. Bu da kadının emsaline bakarak konur.

Kadının mehr-i misli, kızkardeşlerinin, halalarının ve amca kızlarının mehri kadardır.

1- Nisa, 4.
2- Nisa, 25.

Koca Mehirde Hayatı Boyu Borçlu Kalabilir

Koca, eşinin mehrini vermemişse, evlilik sırasında bir boşanma olursa, boşanma esnasında erkeğin mehir borcunu ödemesi gerekir.

Ölmüş ise geride bıraktığı mal, varisler arasında taksim edilmezden önce, ondan mehir ödenir, geri kalan taksime tâbi tutulur.[1]

Nafaka

Allah-u Teâlâ Hazretleri, Kur'ân-ı Kerîm'de: *"Onların -annelerin- örfe uygun olarak yiyeceği, giyeceği, çocuk kendisinin olan -babaya- aittir."*[2] buyrulmaktadır. Bu âyet-i kerîme'den helâl olarak kazanmak suretiyle zevcesinin nafakasını sağlamanın koca üzerine farz olduğu belirtilmiştir.

Nafaka; lugatta, çıkmak, gitmek sarf etmek mânâlarını ifade eder.

Nafakanın Kapsamına Girenler

Kocanın eşine temin ile mükellef bulunduğu nafaka hayatın normal vasıtalarının hepsini kapsar.

— Mesken

— Yiyecek içecek

— Tedavi ve ilâçlar

— Muhtaç olduğu veya emsali, sahip bulunduğu takdirde hizmetçi...[3]

Hizmetçi temini konusunda iki şart vardır. Bunlar, kocanın hizmetçi masraflarını karşılayabilecek güçte olması ve kadının emsallerinin hizmetçi kullanıyor olması.[4]

1- Kütüb-i Sitte, 9-502.
2- Bakâra, 233.
3- Mukayeseli İslâm Hukuku, 1-286.
4- el-Hidâye, 2-158.

Nafaka Miktarının Tesbiti

Evli olan kadına verilmesi vâcip olan nafaka miktarında hem kocanın hem de kadının durumuna bakılır. Karı-kocanın ikisi de zengin oldukları zaman, kadına zengin kadınların, fakir oldukları zaman, fakir kadınların, ikisinden biri zengin, diğeri fakir olduğu zaman da orta halli kadınların nafakası gerekir.[1]

Yüce Allah Kur'ân-ı Kerîm'de: *"İmkânı geniş olan, nafakayı imkânına göre versin, rızkı daralmış olan da Allah'ın kendisine verdiği kadarından nafaka öder."*[2] buyurmaktadır.

Zevce Nafakasının, Yiyecek ve Diğer İhtiyaçları

Bunlar; ekmek veya un, tuz, yağ, mum, sabun, odun ve yıkanmak, çamaşır yıkamak, abdest almak için su gibi maişet için gerekli şeylerdir.[3]

Zevc, nafakadan olarak hububat verirse, bunun öğütülmesi, hamur yaptırılması, pişirilmesi de kocaya aittir. İsterse zevce bunları bizzat âdet edinenlerden olsun...

Zevc, zevcesine muayyen hububattan başka et, peynir, sebze, bal gibi yiyecekleri, zevcesi alışkanlık edinmişse, meyve, kahve, tütün gibi şeyleri kışın yiyilmesi âdet olan balık vesaireyi temin eder.[4]

Zevc, zevcesinin nafakası için, benzerlerine kâfi olacak miktar katık da bulup hazırlar.

Zevceye, icab eden yemek takımı vasireyi de koca temin eder.[5]

Selef-i salihin -daha önce gelmiş geçmiş İslâm büyükleri-geçim hususunda çok genişlik tanırlar, süslenme ile ilgili şeyler konusunda ise gayet dikkatle davranırlardı. İbn-i Sirîn Hazretleri: "Her Cuma'da ehline paluze yapmak -tatlı- her müslüman kişi için müstehabdır" demiştir.[6]

1- el-Hidâye, 2-156.
2- Talâk, 7.
3- Hukuk-u İslâmiyye Kamusu, 2-449.
4- Hukuk-u İslâmiyye Kamusu, 2-452.
5- Hukuk-u İslâmiyye Kamusu, 2-451.
6- İhyâ, 3-523.

Zevce Nafakasının Giyecek İhtiyaçları

Zevcenin gerekli giysileri, cilbab, elbise, don, gömlek, baş örtüsü, gibi şeylerdir. Müstakil yatak da zevcenin ihtiyacındandır.

Evin döşenmesiyle, diğer lüzumlu madde ve aletleri de nafakadan sayılır.[1]

Şafiîlere göre zevc, kendi haline ve zamanın adetine, mevsimlerin farklılığına göre zevcesine yeterli olacak tarzda her altı ayda bir kat elbise vermekle mükelleftir.[2]

Zevceye ehlini ziyaret ve düğünlere iştirâk için ipekli kumaşlardan yapılmış elbise tedariki lâzım gelmez. Bazı fukahaya göre, zevce eğer zengin bir aileye mensubsa, onun benzeri kadınlar bezeneceklerinden böyle bir elbise almak gerekir. Çünkü aksi takdirde kadın âdet icâbı olan bir şey yerine getirilmediğinden zarara uğramış olur.

Zevceye, kullanılması âdet olmuş olan, sürme, kına, yağ, tarak gibi şeylerde verilmelidir.[3]

Bir erkek, zevcesindeki kerih gördüğü bir kokunun giderilmesini arzu ederse, bu hususta ona lüzum görülecek şeyleri hazır eder.[4]

Zevceye, Nafakanın Verilme Şekli

Nafaka zevcin kazancına göre gündelik, haftalık, aylık, altı aylık ve senelik olarak takdir olunur.[5]

Zevce, aldığı nafakayı istediği gibi sarf eder. Bundan, mesela sadaka verebilir, başkasına bağışlayabilir, borç verebilir.[6] Fakat bunu kendisini aç bırakıp bedenine zarar verecek şekilde yapmamalıdır. Çünkü bu zevcin hukukuna tesir eder. Zevce nafakasını aldıktan sonra onu çaldırır veya kaybederse zevcinden bir daha nafaka isteyemez.

1- Hukuk-u İslâmiyye Kamusu, 2-449.
2- Hukuk-u İslâmiyye Kamusu, 2-543.
3- Hukuk-u İslâmiyye Kamusu, 2-451.
4- Hukuk-u İslâmiyye Kamusu, 2-453.
5- Hukuk-u İslâmiyye, Kamusu, 2-462.
6- Hukuk-u İslâmiyye Kamusu, 2-453.

Zevc İle Zevce Arasındaki İlişki Ailenin Temelini Oluşturur

Evliliklerin rahat ve huzurlu olmaları, evlenmeden önce anne-babaların, çocuklarına evlilik konusunda gereken eğitimi vermelerine bağlıdır.

Allah-u Teâlâ Hazretleri, Kur'ân-ı Kerîm'de: *"Erkeklerin kadınlar üzerindeki hakları gibi, kadınların da erkekler üzerinde belli hakları vardır."*[1] buyurmaktadır.

Kocanın zevcesi üzerinde bazı hakları vardır. Ancak zevcenin de kocası üzerinde bazı hakları vardır. Her biri de diğerinden bu haklardan fazlasını isteyemez.[2]

Kadının Sorumlulukları, Aynı Zamanda Kocasının Haklarıdır

• Kadının, kocasının hakkına riâyet etmedikçe, Rabbinin hakkını -emrini- yerine getirmiş olmaz.[3]

• Kocası kendisine baktığı zaman onu hoşnut eden, emrettiği zaman kocasına itaat eden, kendisini arzuladığı zaman kırılabileceği bir tavırla ona karşı çıkmayan ve eli altındaki malı kocasının istemeyeceği bir şekilde harcamayan kadın, hayırlı kadındır.[4]

• *Saliha kadınlar, meşru ölçüler içerisinde itaatkârdırlar. Allah'ın -c.c.- kendilerini korumasına karşılık gizliyi koruyucudurlar.*[5] Müfessirlerimize göre "Gizliyi koruyucudurlar"dan murad, kadınların, kocalarının namusunu, aile sırlarını, malını, mülkünü ve hatta hamile kalınca karnındaki çocuğu muhafaza etmektir.

• Kadın, kocasına nankörlük etmemelidir.[6] Kadının nankörlüğü kocasının hayırlı şeylerini ve iyiliklerini gizlemesidir.[7]

1- Bakara, 228.
2- Kûtüb-i Sitte, 1-152.
3- İbn Mâce, Nikâh.
4- Ahmed, b. Hanbel, 2-251.
5- Nisa, 34.
6- Şerh-i Mişkat, 2-619.
7- Umdet'ul-Kâri, 1-233.

İhtiyacının Haricinde Olan Şeyleri Alması İçin Kadın, Kocasına Israr Etmemelidir

İslâm, müslümanların kanaâtkâr olmasını istemektedir. Kanaâtkâr, helâl ile yetinip harama uzanmayan, onu istemeyendir. Kanaâtkâr insan nasibe rıza gösterir. Geçmiş büyüklerin zevceleri, kocalarını helâl kazanca teşvik eder, onları haramdan sakındırırlardı. İşlerine giderken kocalarına:

— Haram kazançtan sakın! Biz açlık ve fakirlik üzerine sabrederiz, fakat ateşe sabredemeyiz, derlerdi.[1]

Kadının İsraftan Kaçınması Lazımdır

Kur'ân-ı Kerîm'de: *"... Yiyin, için fakat israf etmeyin. Çünkü Allah israf edenleri sevmez."*[2] buyrulmaktadır.

İmam-ı Birgivi -r.a.- demiştir ki: "Elbise, ayakkabı gibi şeyleri çürümekten, yırtılmaktan korumamak, çamaşır yıkarken ihtiyaçtan fazla sabun kullanmak israf sayılır. Pirinç, buğday gibi hububat maddelerini yıkarken yere dökülenlerini toplamamak da bir nev'i israftır. Fakat dökülenler, kuşlara, tavuklara, koyunlara, yedirilirse israf sayılmaz.[3]

Nikâhla Beraber Kocaya, Zevcesi ile İyi Geçim Gerekmektedir[4]

• Kadınlarla iyi geçimin ölçüsü, kocanın kendisine yapılmasını istemediğini zevcesine yapmamasıdır.[5]

• Erkek zevcesine sözde, sohbette hoş, yatak ve harcama hususlarında insaflı olmalıdır.[6]

1- İhyâ, 3-567.
2- A'raf, 3-1.
3- Tarîkat-ı Muhammediye, 244.
4- Nisa, 19.
5- Bedâiu's-Sanaî, 2-334.
6- H.D. Kur'ân Dili, 2-534.

- Koca zevcesinin gönlünü çeşitli vesilelerle hoş etmelidir. Bir gün, Hz. Peygamber'in bizzat kendisi Hz. Âişe Validemize Habeşlilerin oyununu seyrettirmiştir.[1]

- Koca, zevcesine nazik davranışlarda bulunmalıdır. Bir Berat gecesinde, Peygamber Efendimiz, ibâdet için, Hz. Âişe Validemiz'den izin isteme inceliğinde bulunmuştur.[2]

- Bazı önemli meseleleri, koca zevcesi ile danışarak onun fikirlerine değer verdiğini gösterebilir.

- Koca, bedenini temiz tutmalı, giyiminde dikkatli olmalıdır. İbn Abbas'ın -r.a.- şöyle dediği rivâyet edilmiştir. "Hak Teâlâ'nın "Erkeklerin meşru surette kadınlar üzerindeki hakları..." beyanından dolayı zevcem nasıl benim için giyinip kuşanıyor ise ben de onun için giyinip kuşanırım.[3]

Erkek Zevcesine Güven Vermelidir

Bir kadın aile yuvasında, kocasından haksız yere hiçbir sertlik görmeyeceği, hiçbir kötü söz işitmeyeceği inancı içinde ömür sürmelidir. Bir hadis-i şerifte: "Müslüman, müslümanların dilinden ve elinden selâmet bulduğu kimsedir..."[4] buyrulmaktadır.

Erkek, Evliliğin Mukaddes Bağını Güzel Ahlâkı İle Korumalıdır

Kur'ân-ı Kerîm'de: *"Eğer size itaat ederlerse, artık onların aleyhine başka bir yol aramayın..."*[5] buyrulmaktadır.

Bu nedenle, erkek ailenin devamını sağlamaktan tam olarak sorumludur. Koca ailede dış bütünlüğü ve iç ahengi sağlayabilmelidir.

1- Fethu'l-Bâri, 11-187.
2- Gunyetü't Tâlibin, 303.
3- Tefsir-i Kebîr, 5-201.
4- Riyazü's-Sâlihin, 1-200.
5- Nisa, 34.

Çiftlerin "İtaat"ın, Ne Anlama Geldiğini Bilmeleri, Çok Önemlidir

Bir hadis-i şerifte:

"Eğer bir kimsenin diğer bir kimseye secde etmesini emretseydim, kadınların kocalarına secde etmelerini emrederdim"[1] buyrulmuştur.

Secde; eğilmek demektir.

"Allah'tan başkasına secde yapmaktan bahsedilmişse, sözlük anlamındaki eğilmek, boyun bükmek mânâsında kullanılmış olur. *"Ana babasını tahtının üzerine oturttu, hepsi ona secde ettiler."*[2] Âyet-i kerîmesinde olduğu gibi. Yoksa şer'i ıstılahtaki ibâdet mânâsına gelmez.

Allah -c.c.-'a isyan anlamındaki işlerde kadının kocasına itaat etmemesi lâzım geldiğini her karı-kocanın bilmesi icâb eder. Kadından, kocasının meşru isteklerini yerine getirmesi istenmiştir. Bir sefer dönüşü, oğlunun ölmüş ve henüz gömülmeyip evlerinin bir odasında yatıyor olduğunu bilmeyerek, cinsel ilişkide bulunmak isteyen Ebû Talha'ya zevcesi Ümmü Sülem'in olumlu yaklaşması, İslâm tarihinin ilginç olaylarından biridir. Ümmü Süleym, oğlunun ölmüş olduğunu, Ebû Talha Hazretlerine, cinsel birleşmelerinden sonra söylemiştir. Sabah olduğunda Ebû Talha Hazretleri olanları, Peygamber sallallahu aleyhi ve sellem Efendimize anlattığında, Peygamberimiz:

– "Allahım! Onların gecelerini mübârek eyle"[3] diye duâda bulunmuştur.

Ümmü Süleym zevcesi ile, o geceki ilişkisinden hamile kalmıştır. Daha sonra bir oğulları dünyaya gelmiş, Peygamberimiz ismini Abdullah koymuştur. Abdullah büyüdüğü zaman salih bir kişi olmuştur.

1- Ebû Dâvud, 2-244.
2- Yusuf, 100.
3- Sahih-i Buhâri, 6-216.

Ailenin Kurulması ile Beraber Ev İşleri Gündeme Gelir

Erkek ve kadının yeme, içme, giyim gibi daha başka zaruri ihtiyaçları ayrı ayrı halloluyorken, karı-koca olunca bütün gereksinimleri müşterek yaşamlarında mühim bir konu olacaktır. Evin bir takım iç ve dış işleri ortaya çıkacaktır.

İnsanı şaşkına çeviren yoğunluğu ve bir sürü teferruatı ile ev işleri çok yorucudur. Ev işleri hiç tatil kabul etmez, mutlaka ifası icâb eder.

Fakihler Ev İşleri Konusunda İhtilâf Etmişlerdir

Selef ve Haleften bir grup alim kadının ev işlerinde kocasına hizmet etmesini vâcip görmüşlerdir.

Ebû Sevr: "Kadın her şeyde kocasına hizmetle vazifelidir." demiştir.

Bir grup âlim de kadının kocasına hizmetinin vâcib oluşunu red etmişlerdir.

İmâm-ı Mâlik, İmam-ı Şâfii, İmâm-ı A'zam Hazretleri demişlerdir ki: "Çünkü nikâh faydalanmayı -cimâî- gerektirir yoksa hizmetçiliği değil. Hz. Fâtıma ve Hz. Esma ile ilgili hadîs-i şerifler ancak iyi ahlaka ve kendiliğinden itaat etmeye delâlet eder. Bunun vâciblik neresinde?

Kadının ev işlerini yapması konusunda biri hukukî yükümlülük, diğeri örfî uygulama olmak üzere iki durum vardır.

İslâm Hukukunda Kadın Ev İşleri Yapmak Zorunda Değildir

Ev işlerini yapmaktan imtinâ ettiği -çekindiği, istemediği- takdirde icbar edilemez -zorlanamaz-[1] Bir kadın zevcinin hamurunu yoğurmaya, ekmeğini pişirmeye, hanesini temizlemeye, kuyusundan suyunu çekmeye ve bu gibi sair hizmetlerini görmeye hükmen mecbur değildir. Fakat evlâ olan, bu gibi hususlarda adetin cereyanına

---

1- Bedâiu's-Sanâi, 4-24.

bakmaktır. Kadınların, yapmaları âdet olan hizmetleri yapmaktan kaçınmamalarıdır.

Zaten bir kadının bu gibi hizmetleri nefsi için yapması kendisine âiddir. Meğer ki kendi nefsine bizzat hizmet edenlerden olsun.[1]

Kadın, Ailenin Harici İşlerinden Sorumlu Olmaz

Yemek yapmak, evi süpürmek, çamaşır yıkamak ve benzeri dahili işleri yapma mecburiyetinde olmadığı gibi, dükkânda, tarlada çalışmak, hayvanları tımar etmek gibi dışarı işleri yapmakla da mükellef değildir...

Bu çeşit işleri yapmak istemese kocası onu zorlayamaz. Bu davranışı sebebiyle kadın günahkâr da olmaz.[2]

Bir Kadın İçin Ev İşlerini Bizzat İdare Etmek, Çocuğunu Emzirmek Birer Ahlâki Vazifedir

Bunlara riayet, hukûken mecburî olmayabilir, fakat insanların ahlâken yüksekliği, vicdanen nezâheti, -ahlâk temizliği- asıl bu gibi ahlâki vazifelere riayetleri derecesiyle meydana çıkar.

Çünkü hukuki vazifeler, mecburi olduğunda bunların yapılması o kadar bir meziyyet sayılamaz. Asıl meziyyet, asıl vicdani fazilet ve kemâl, isteğe bağlı vazifelerin yapılması hâlinde meydana çıkar, sahibi için birer şeref ve şan vesilesi olur.

Bu meseleden olarak, bir kadın için yemek pişirmek, çamaşır yıkamak, tahta silmek, kendi elbisesini kendisi dikmek, çocuğun emzirmek, kocasının yükünü hafifletmeye çalışmak öyle birer ahlâki vazifedir ki, bir kadın için bunlardan daha faideli bir şeref tasavvur olunamaz.[3]

1- Hukuk-u İslâmiyye Kamusu, 2-169.
2- Muhtar'ül Ehadis, 74.
3- Hukuk-u İslâmiyye Kamusu, 2-483.

Kadınlar Ev İşlerini Bir Teberrû Olarak Yapagelmişlerdir

-Teberrû; karşılığı beklenmeyen iyilik demektir-

Peygamber Efendimizin sağlığında, hanımların ev işlerini yaptıkları bilinen gerçeklerden biridir.

Rivâyetlerden öğrendiğimize göre, mesela Hz. Safiye validemiz, güzel yemek yapardı.[1]

Peygamber Efendimiz'in kızı, Hz. Fâtıma değirmen çevirirdi, elinde yaralar meydana gelirdi.[2] Un öğütür evinin hamurunu yoğururdu.[3] Su taşır, evini süpürür, yemek pişirirdi.[4] Hendek Savaşı esnasında, Hz. Câbir b. Abdullah, Peygamber Efendimiz'e ve Ashab-ı Kirâma yemek ziyafeti için bir oğlak kestiğinde, hanımı da arpayı el değirmeninde öğütüp un yapmıştı. Eti çömleğe koymuşlardı. Ziyafet için karı-koca beraber hazırlanmışlar, et çömleğini tandıra koyup yemek pişmeye başladıktan sonra, Hz. Câbir b. Abdullah davet etmek üzere Hz. Peygamberin yanına dönmüştü.[5]

Kadının Hizmetini Vâcib Görenlerin Savunması

Kur'ân-ı Kerîm'de:

"... Erkekler için kadınlar üzerinde bulunan haklara benzer ma'rufa uygun olarak, yani tanınması ve korunması vâcip hukuk mevcuttur..."[6] buyrulmaktadır.

– Ma'ruf: Şeriatta iyi tanınan her fiille isim olmuş kapsamlı bir kelimedir.[7] -Âdil, ihsan, cömentlik, tatlı dil, iyi muamele mânâlarına gelmektedir- Bazı büyüklerimizce, erkekler, kadınlardan daha fazla zahmete katlanmaktadırlar. Zevcelerinin mehirlerini, nafakalarını vermekle mükelleftirler.

1- Kütüb-i Sitte, 12-410.
2- Kütüb-i Sitte, 9-287.
3- Hilye, 3-312.
4- Ebû Dâvud, 4-315.
5- Sahih-i Buhâri, 5-46.
6- Bakara, 228.
7- H. D. Kur'ân Dili, 2-106.

Yurtlarını, varlıklarını korumak, müdafaa etmek onların vazifeleridir.[1]

Kadının kocasına hizmet etmesinin vâcib olduğunu söyleyenler şöyle demektedirler: "Allah'ın Kur'ân-ı Kerîm'de hitab buyurduğu kimseler katında "Ma'ruf" kelimesiyle bildirilen işte budur, bu hizmettir. Kadını rahata kavuşturup kocanın hizmet etmesi, ev süpürmesi, un öğütüp yoğurması, çamaşır yıkaması, sergi işlerini yapması ve diğer ev işlerini üstlenmesi münker işlerdendir.

Allahu Teâlâ Hazretleri Kur'ân-ı Kerîm'de:

"Erkekler kadınlar üzerine hâkimdir" buyurmaktadır.

Eğer kadın kocaya hizmet etmezse, üstelik koca kadına hizmet ederse o zaman bizzat hakim olan kadın olur. Hem mihir kadının tenasül organının karşılığıdır. Eşlerden her biri diğerinde ihtiyacını giderir.

Ancak, Allahu Teâlâ Hazretleri, kadına nafaka -yiyecek- giyecek, mesken -teminin, erkeğin ondan yararlanması ve hizmeti karşılığında vâcib kılmıştır.

Hem, umum olarak ifade edilen akitler örf üzerine kıyas edilir. Örf ise kadının hizmeti ve evin iç hizmetlerini yerine getirmesinden ibarettir.[2]

Bize Birer Örnek Konumunda Bulunan İslâm Kadınları, Dahi Ev İşlerinden Ağırlanmışlardır

Hz. Fâtıma, un öğütme, hamur yoğurma, ekmek yapma gibi ev işlerini üstlenmişti.[3] Bizzat kendisi: "... Her gün bir defa un öğütüyor ve bir defa da hamur yoğuruyorum..."[4] demiştir. Fakat, Hz. Fâtıma zorlanmış, babasından bir hizmetçi istemiştir. Hz. Peygamber onun bu dileğine karşı:

1- Ö. N. Bilmen Tefsiri, 1-232.
2- Zadu'l-Meâd, 5-2172.
3- Siyeru A'lami'n-Nubelâ, 2-93.
4- Hilye, 3-312.

"... Yatmak için uzandığın zaman 33 defa Sübhânallah, 33 defa Elhamdülillah, 34 defa Allahu Ekber deyip 100'ü tamamla. Bu senin için hizmetçiden daha iyidir," buyurmuştur.[1]

Evin Dış İşlerine Yardım Etme Mecburiyetinde Kalmayınca Hz. Esma Kölelikten Azad Edilmiş Gibi Sevinmiştir

Hz. Esma ev işini görmekle beraber, dış işlerinde de kocası Hz. Zübeyre destek ve yardımcı idi. O şöyle anlatmıştır:

"Zübeyr ile evlendiğimde, onun atından ve devesinden başka hiçbir malı yoktu. Ben onun atına bakıyordum, yem veriyordum, tımar ediyordum. Ham hurmaları dövüp, su çeken devesine yedirirdim, onu sulardım:

Bununla beraber hamur yoğurup ekmeklerini pişirirdim. Ancak ekmek pişirmeyi iyice beceremediğimden, Ensârlardan dostum olan bir kadın ekmek pişirmede bana yardım ederdi.

İkide bir, Resûlüllah'ın bize ayırmış olduğu, üç fersah uzaklığındaki bahçeye giderek ham hurmaları sepete doldurup eve kadar taşıyordum. Hatta bir seferinde, yolda gelirken, Reshulüllah'a rastladım. Beni taşımak için devesini çöktürdü. Bundan çok utandım, sıkıldım. Zübeyr'in kıskançlığını hatırladım, binmedim.

Reshulüllah, çekingenliğimi hissedince beni bıraktı gitti.

Eve geldiğimde; bunu Zübeyr'e söyledim. Zübeyr şöyle dedi:

– Allah -c.c.-'a and olsun; senin ham hurma dolusu sepeti taşıman, bana Resûlüllah'in terkisine binmenden daha ağır geliyor, amma ne yapayım.

Bir müddet sonra babam Ebu Bekir bana bir hizmetçi gönderdi de, üç fersah uzaklıktaki bahçeye gidip ham hurma sepetini taşımaktan, Zübeyr'in atına bakmaktan kurtuldum. Ve vallahi, köle olup azad edilmişcesine sevindim.[2]

1- Zübde-tül Buhârî, 657.
2- Tahkim-i Sâdât Şerh-i Mişkat: 3-438.

Koca Zevcesine Hizmet Etmekten ve Evinde İşini Yapmaktan Çekinmemelidir

Peygamber Efendimiz evinde işini görmekten çekinmediği gibi, zevcelerine hizmette bulunup yardım ediyor ve şöyle buyuruyordu:

"Zevcenin hizmetini görmek bir sadakadır."[1]

Zevcesinden Tesettürlü Olmasını İstemek Kocanın Haklarındandır

Tesettür kelimesi, Arapça'da, "S.T.R" kökünden türetilmiş bir kelime olup, örtünmek ve gizlenmek mânâlarına gelmektedir.

Kadın, erkek bütün mükellefler, İslâm'da, Yüce Allah'ın -c.c.- açıkladığı sınırlar içerisinde vücutlarını giysi ile kapatmak mecburiyetindedirler. Allah-u Teâlâ Hazretleri, Kur'ân-ı Kerîm'de: *"Ey Âdem oğulları, size çirkin yerlerinizi örtecek giysi, süslenecek elbise indirdik. Takva elbisesi daha hayırlıdır. İşte bu, Allah'ın âyetlerindendir, belki düşünüp öğüt alırlar."*[2] buyurmaktadır.

Tesettür kelimesi, daha çok kadınların örtünmeleri hakkında kullanılmış ve bu hususta fıkhî bir terim olarak kalmıştır.

Tesettür İslâm'ın Emrettiği Bir Kıyafettir

İslâm'ın enmettiği bu seçkin kıyafetin esaslarını, Allah'ın -c.c.- Kitabı ve Resûlüllah'ın Sünneti belirlemiştir. Bunlar da kesin delillerdir.[3] Kur'ân-ı Kerîm'de: *"Mü'min kadınlara söyle: Gözlerini -harama bakmaktan- korusunlar; namus ve iffetlerini esirgesinler. Görünen kısımları müstesna olmak üzere zinetlerini teşhir etmesinler. Baş örtülerini yakalarının üzerine -kadar- örtsünler..."*[4] buyrulmaktadır.

İslâm öncesi, câhiliyye döneminde kadınlar, başın arkasında bağlanan bir tür başlık kullanırlardı. Gömleklerinin yakasından, bo-

---

1- Er-Rasûl Hz. Muhammed, sh: 188.
2- A'raf, 26.
3- Kur'ân ve Sünnete Göre Müslüman Kadının Şahsiyeti, 85.
4- en-Nûr, 31.

yunları, göğüslerinin üst kısmı görünürdü. Bir gömlek giyerlerdi. Saçlarını ortada bırakırlardı.[1]

Örtünme emrinin inzal buyrulması ile, toplum, câhiliyyeden gelen âdetlerine son vermiştir.

Hz. Âişe Validemiz şöyle anlatmıştır: "Vallahi ben Allah'ın Kitabı'nı tasdik, O'nun indirdiğine iman bakımından Ensar kadınlarından daha faziletlesini görmedim." Nur sûresindeki[2] örtünme âyeti inince erkekleri kendilerine varıp Allah'ın indirdiği âyetleri okumaya başladı. Herkes bu emri, zevcesine, kızına, kız kardeşine ve bütün yakınlarına okudular. Kadınlardan istisnasız hepsi Allah'ın -c.c.- bu emrine uyarak örtülerine büründüler.

• Ertesi sabah başörtüsü ile Resûlullah'ın arkasından namaza durdular. Sanki başlarının üstünde kargalar vardı.[3]

"Zinetlerini" Kelimesinin Mânâsı

Alleme Şirbînî Hazretlerine göre zinet iki çeşittir:

1. Gizli zinet
2. Açık zinet

1. Gizli zinet, bacaklar ve baldırlara takılan hal hal -ayak bileziği- ayaklara vurulan kına, kollardaki bilezikler kulaklardaki küpeler ve boyunlarda bulunan gerdanlık gibi şeylerdir. Zinetten gaye; takıldıkları yerdir. O yerleri kadınların sıkı bir şekilde örtmeleri için, oralara takılan süs zikredilmiştir. Çünkü bu zinet eşyaları bakılması câiz olmayan yerlere takılır.

Kadının başı, saçları, kulakları, boynu, boğazı, avuçları kolları, ayakları, bacaklarının bir kısmı zinet yerleridir.[4]

2. Said bin Cabir ve bir cemaat -r.a.- "Görünmesi zaruri olan zinet "Eller ve yüz'dür." demişlerdir. Bedenin diğer azaları namazda avret olup eller ile yüz avret olmadığı için bunların açılmasında kadına ruhsat verilmiştir.[5]

1- İbn-i Kesir, 3-283.
2- Nûr, 31.
3- Ahmed, b. Hanbel, 2-188.
4- Mebsut, 1-149.
5- Kadınlara Örtü, 44.

"Avret" Kelimesinin Mânâsı

Arapça'da "Ar" kelimesinden türetilmiş olan avret, lugatta, gedik, açılıp görünen şey, zarar gelecek yer, mânâlarına gelmektedir.

Şeriat ıstılahında "Avret" örtünmesi gereken aza demektir. Namazda örtülmesi farz olan başkalarının bakmaları câiz bulunmayan uzuvlara "avret mahalli" denir. Kadın örtünmesi lâzım gelen bir avrettir.[1]

Kadın örtüsüne bürünmesi icab eden bir varlıktır. Vücudunun herhangi bir yerini açması asla câiz değildir. Hanefîler'e göre, kadının, yüzü, iki eli, ayakları hariç bütün bedeni avrettir.[2] Yalnız ayaklar konusunda ihtilaf vardır. En seçkin görüşe göre, namazda avret değildir, fakat namaz dışında avrettir.[3]

Şafiî'lere göre de kadının eller ve yüz hariç bütün vücudu avrettir.

Buraların avret olmaması ve bakmanın câiz olması şehvetten emin olunduğundandır. Eğer şehvetle bakılma şüphesi varsa buralara bakmak haramdır...[4]

Kadının Örtmesi Gerek Yerleri Her Hal ve Durumda Aynı Değildir

Bir kadının avret yerleri kişilere göre değişir. Meselâ kadının kocasına göre hiç bir yeri avret değildir.

— Kadının mahremlerine göre avret mahalli

Kadının mahremleri:

– Kocası

– Kocasının babası -Kayınpederi ve onun babası...-

– Kendi oğulları -ve torunları-

– Kocasının oğulları -üvey oğulları-

1- Sünen-i Tirmîzî, 4-153.
2- Şerhu'l-Kenz, 1-97.
3- El-İhtiyar, 1-46.
4- El-Bahrur Râık, 1-284.

- Erkek kardeşi
- Erkek kardeşin oğulları
- Kız kardeşin oğulları
- Kendi kadınları -müslüman kadınlar-
- Erkekliği kalmamış hizmetçiler
- Cinselliği henüz kavrayamayan çocuklardır.[1]

Bu kimselerin yanında kadın zinetlerini ve zinet yerlerini açabilir. Kadın, âyet-i kerîme'de sayılanlardan başka, ebediyen evlenemeyeceği:

- Dede
- Amca
- Dayı
- Süt kardeşin yanında da süs yerleri açık durabilir.

Ancak bir fitne korkusu varsa, örtünmesi daha uygundur.[2]

- Kadının yabancılara göre avreti

Kadının, Nûr Sûresi ve Ahzab Sûresinde belirtilen örtünme şekli yabancı erkeklere göredir.

- Kadının müslüman kadınlara göre avreti

Kadının, kadına göre avret mahalli, göbekle diz kapağı arasıdır.[3] Fakat karnını ve sırtını da gösteremez.

- Kadının müslüman olmayan kadınlara göre avreti

Nûr Sûresi örtünme âyetinde geçen "Kendi kadınları" ifadesi müslüman olarak anlaşılmış, bu nedenle de müslüman olmayan kadınlara göre avret yerinin farklı olacağı görüşüne varılmıştır. Müslüman kadınların müslüman olmayan kadınlara göre avreti na mahrem erkeklere olan avreti gibidir.

1- Nûr, 31.
2- Hamdi Döndüren, Şamil İslâm Ans. 6-197.
3- el-İhtiyar, 155.

– **Kadının, namazdaki avreti**

Kadının, namazdaki avreti, yabancı erkeklere göre olan avreti gibidir.

Kadın Zaruret Hâlinde Bazı Yerlerini Açabilir

Hastalanma ve tedavi gibi zorunlu durumlarda kadın veya erkeğin avret sayılan yerlerine, karşı cinsten birisinin bakmasına veya dokunmasına izin verilmiştir.

Kişinin tedavi olacağı, kendi cinsinden bir doktor yoksa, veya uzman değilse ya da o doktorun uzun süren tedavisinden bir sonuç alınamıyorsa, başka bir doktora gidilebilir. Bu doktor karşı cinsten de olabilir. Ancak hasta, yalnızca muayene ve tedavi için açılması zorunlu olan yeri açabilir, doktor da sadece oraya bakabilir ve dokunabilir. Bu konuda sınırı aşmak haramdır.

Teberruc Kadın İçin Yasaklanmıştır

Kur'ân-ı Kerîm'de: *"Evlerinizde vakarla oturun -Önceki cahiliyye kadınlarının teberrucu gibi teberruc yapmayın. Namazı kılın, zekâtı verin, Allah'a ve O'nun Resûlüne itaat edin."*[1] buyrulmaktadır.

Teberruc, sözlükte; kadının süsünü ve güzelliğini erkeklere göstermesi mânâsına gelmektedir.[2] Kur'ân terimi olarak kadının, doğal güzelliğini, süslerini takılarını yabancı erkeklere göstermek üzere açmasıdır.

Müfessirler "teberruc" kelimesinin yorumunda yaklaşık aynı şeyi söylemektedirler. Mesela, Ruhu'l-Meâni'de, Teberruc, kadının örtmesi gereken güzelliklerini yabancı erkeklere göstermesidir,[3] denmiştir.

Tefsiru Kur'ân-il Azim'de Teberruc: "Kadının başının üzerine örtü alması ancak onu bağlamayıp boynunu, küpelerini ve gerdanlığını açıkta bırakmasıdır." olarak mânâ verilmiştir.[4]

1- Ahzâb, 33.
2- Lisanu'l-Arap, 3-33.
3- Ruh'ul-Meânî, 27-8.
4- Tefsiru Kur'ân'il Azim, 3-482.

Ancak teberrucu, genel anlamda süslenme ile karıştırmamak gerektir. Çünkü, kadının evinde ve kocası için süslenmesi güzel ve istenilen bir şeydir. Teberruc, meşru olmayan açılma ve saçılmayı ifade eder.[1]

Kadın Kocası İçin Süslenmelidir

Yatağına girdiği zaman nefsini kocasına arzetmek, gıyabında kocasına cinsel ihanette bulunmamak, hoş koku sürünmek, ağzı mısvaklayıp temiz tutmak, evde iken kocası için süslenmek, kocası evden ayrılıp bir yere gittiği zaman süsü terk etmek, kadının vâcib görevlerindendir.[2]

İnsanın en güzel süsü, misvak veya uygun bir diş fırçası ile her gün muntazam bir şekilde ağız temizliğini yapması ve sık sık yıkanıp, tüm bedenini her zaman temiz tutmasıdır. Organlardaki kirleri gidermek, bir insanın nefretine meydan vermemek sünnet olan nezafet vazifesidir.[3] Temizliğe nezafet denir.

Kadınların Evlerinde Koku Sürünmeleri Câizdir[4]

Peygamber Efendimiz, -s.a.v.-: "Erkeğin tîb'i -sürünme maddesi- koku neşreder, rengi olmaz. Kadının tîb'i ise rengi olur, kokusu olmaz. Sürünme maddelerinin en iyisi misktir." buyurmuştur. Misk, tabiî kokulardan biridir. Bir cins erkek ceylanın karın derisinin altından elde edilmektedir. Çok güzel koku çeşididir.[5]

Kadının Dış Kıyafetinin Dikkat Çekici Olması Mahzurludur

Büyük müfessirlerden Alûsî: "Bana göre zamanımızda refah içinde yaşayan kadınların evlerinden çıkarken üstlük olarak örtündükleri örtüler de yabancıya gösterilmesi yasaklanan zinetler kabi-

---

1- Hanımlara Özel Fetvâlar, 1-217.
2- Kitabül-Kebâir, 190.
3- B. İslâm İlmihâli, 606.
4- Kütüb-i Sitte, 7-28.
5- Kütüb-i Sitte, 7-30.

lindendir. Çünkü bunlar rengârenk ve dikkat çekici giysilerdir... Zannederim, erkeklerin, eşlerinin bu şekilde çıkmalarına göz yummaları, hatta bunu arzulamaları "gayret" azlığından kaynaklanmaktadır. Bütün bunlar Hz. Peygamber'in -s.a.v.- izin vermediği şeylerdir...[1] demiştir.

İlk câhiliyye devri kadınlarının teberrucu gibi teberruç yapmayan tesettürlü kadınlar, toplumlarının belâlardan mahfuz bulunma sebeplerinden biri olarak zikrolunmaktadır.[2]

Örtünürken Kadının Dikkat Etmesi Lâzım Gelen Hususlar

• Eller ve yüzün dışında örtü, tüm bedeni örtmelidir.

• Kadının örtüsü, vücudunun hatlarını gösterecek şekilde dar olmamalıdır.

• Peygamber Efendimiz -s.a.v.- örtülerinin kumaşından dolayı bazı kadınları uyarmıştır. Giyinik olduğu hâlde çıplak durumunda olan kadınların Cennet'e giremeyeceklerini, Cennet'in kokusunu dahi alamayacaklarını bildirmiştir.[3] Hadis-i şerifte geçen "giyinik olduğu hâlde çıplak" ifadesi, "ince elbise giydiklerinden dolayı çıplak gibi olan kadınlar" şeklinde açıklanmıştır.[4]

• Peygamber Efendimiz -s.a.v.- "Kadınlardan erkeklere benzeyenlerle, erkeklerden kadınlara benzeyenler bizden değildir.[5] buyurmuştur. Kadının giysisi erkek elbisesine benzememelidir.

• Kadının giysisi "süs" vasfını taşımamalıdır. Çok gösterişli, altın sırma ya da değerli taşlar ile süslenen giysiler bu kapsamdadır.

• Güzel koku da erkekleri uyaran ve kadın ile ilgili farklı düşüncelere sebebiyet veren bir ögedir. Yabancı erkeklerin hissedebilecekleri yerlerde ve zamanlarda kadının koku sürmemesi tesettürüne uygun bir davranıştır.

1- Ruhu'l-Meânî, 18-146.
2- Kurtubî 4-49.
3- Müslim, Libas.
4- el-Mebsût, 8-155.
5- Tirmîzî, Edep.

- Giysi, şöhret, gösteriş için olmamalıdır. Bir hadis-i şerifte: "Kim dünyada şöhret için elbise giyerse Yüce Allah da ona kıyamet gününde zillet elbisesi giydirir."[1] buyrulmaktadır.

Kadının Cilbab Giymesi İstenmiştir

Örtünmeden maksat vücudun çirkin yerlerini kapamak güzel kısımlarını teşhir etmek değildir. Şehevî çekiciliği yok etmektir.[2]

Bülûğa erdikten sonra her kadının şer'an açılmasına ruhsat verilen azası müstesna olmak üzere baştan topuklarına kadar, bütün bedenini bürüyecek harici bir libas giymesi gerekir.[3]

Kur'ân-ı Kerîm'de: *"Ey Peygamber! Zevcelerine ve kızlarına ve mü'minlerin kadınlarına cilbablarını üzerlerine almalarını söyle. Onların tanınıp, incitilmemesi için en elverişli olan budur. Allah bağışlayandır, esirgeyendir."*[4] buyrulmaktadır. Cenâb-ı Hak, Kur'ân-ı Kerîm'de örtünmeyi emrederken, bu örtünmenin "cilbâb" ile olmasını da emretmiştir.[5]

Yüce Allah, mü'min kadınlara bir ihtiyaç için evlerinden çıktıklarında başlarının üzerinden cilbablarını salıverip yüzlerini kapatmalarını yalnız bir gözlerini dışarda bırakmalarını emretmektedir.[6]

Cilbab'ın, kadının elbisesi üzerine giyilen ve bütün vücudu örten bir örtü -dış- elbise olduğu hususunda müfessirlerce ittifak vardır.[7]

Âyet-i Kerîme'deki: "Onların tanınıp incitilmemeleri...", "Onlar örtüleri sebebiyle, iffetli olarak tanınırlar. Bundan dolayı hiç kimse onlara dokunamaz" demektir. Kadın açık olursa herkes ona bakar ve arzu eder."[8]

1- Neylü'l Evtar, 11-94.
2- İslâm'da Kadın, 179.
3- İskilipli Atıf Hoca, Tesettür-i Şer'i.
4- Ahzâb, 59.
5- İslâm'a Göre Kadının Kıyafeti Nasıl Olmalıdır? , 350.
6- Tefhim, 4-385.
7- Ahkâm Tefsiri, 2-328.
8- Ahkâm Tefsiri, 2-329.

Cilbaba Birkaç Mânâ Verilmiştir

• Cilbab; bütün vücudu baştan aşağı örten çok geniş ve uzun örtüdür.

• Cilbab; vücudu baştan aşağı örten -çarşaf, ferâce, car...- gibi kıyafetin adıdır.[1]

• Entari üstüne giyilen geniş elbisedir.

• Başı, boynu ve çevresini örten atkıdır.

• Üst tarafı göbeğe kadar örten ve ridâ' denilen örtüdür. Bu mânâlardan hangisi kasdedilse câizdir, denmiştir.

Müslüman kadın, el ve yüzü müstesna bütün vücudunu örtmek mecburiyetindedir. Bir kimse buna inanır fakat uygulamazsa günâhkâr olur. Fakat inkâr ederse dinden çıkar, mürted olur. İslâm'ın kabul etmediği teviller yaparak halkın inancını bozmak sapıklıktır.[2]

Hanımlarda Tesettür Emrine Riâyet Etme Mecbûriyeti Ergenlik ile Başlar

Hz. Âişe Validemiz anlatmıştır: "Bir gün Ebu Bekir'in kızı Esmâ üzerinde ince bir elbise olduğu hâlde Hz. Peygamber'in -s.a.v.- yanına geldi. Bunun üzerine Peygamberimiz ondan yüz çevirdi, sonra buyurdu ki: "Ey Esmâ kadın âdet görecek yaşa gelirse -yüz ve ellerini işaret ederek- şundan ve bundan başka bir şeyin görünmesi câiz değildir.[3]

Genç bir kadının, erkekler arasında yüzünü açmasına, engel olunur. Bir kadının, erkekler tarafından yüzünün görülüp fitne meydana gelmesi söz konusu ise kadın, yüzünü açmaktan men edilir. Çünkü yüzü açık kadına şehvet ile bakılır.[4]

1- H. D. Kur'ân Dili, 6-3927.
2- Günün Meselelerine Fetvâlar, 1-48.
3- Kurtubî, 12-229.
4- Vehbe Zuhaylî, el-Fıkhu'l İslâm, 1-459.

Müslüman Kadın ve Erkeğin Harama Bakması Yasaklanmıştır

Kur'ân-ı Kerîm'de: *"Müminlere söyle gözlerini sakınsınlar."*[1] buyrulmaktadır. Buradaki mü'minler kelimesi geneldir. Kadın-erkek bütün müslümanları kapsar, çünkü an'ı Kerîm'deki bütün hitaplar umumidir.[2]

Bir hadis-i şerifte:

– Harama, bakmak gözün zinâsıdır.

– Haramı, konuşmak dilin zinâsıdır.

– Haramı, dinlemek kulağın zinâsıdır.

– Yabancı kadınla, tokalaşmak elin zinâsı,

– Harama, yürümek ayağın zinâsıdır...[3] buyrulmuştur.

Hz. Peygamber -s.a.v.- bir gün Hz. Ali'ye -r.a.- "Ey Ali, muhakkak ki Cennet'te senin için bir köşk vardır. Bir bakışa ikincisini ekleme. Birincisi senin için mübahtır. Fakat başka bakmaya hakkın yoktur."[4] buyurmuştur.

Hadis-i şerifte geçen birinci bakıştan maksat hiçbir kast olmaksızın, ansızın göze görünendir. Bunda herhangi bir günah yoktur. Eğer ansızın göze çarpmada kadının cazibesi ya da güzelliğinden etkilenerek tekrar bakılırsa, bu bakış günahtır, yasaktır. Hanefî mezhebinde insanların birbirlerinin bakması şöyledir.

Erkeğin, Erkeğe Bakması

Erkeğin, erkeğe bakması -avret yeri olan göbeği ile diz kapağı arası, müstesna- câizdir.

Kadının Kadına Bakması

Erkeğin erkeğe bakması gibidir.

1- Nûr, 31.
2- Kurtubî 7-226.
3- Ahkâm Tefsiri, 2-167.
4- Ahmed b. Hanbel. 5-357.

Kadının Erkeğe Bakması

Kadın, yabancı bir erkeğin göbek ile diz kapağı arası dışındaki yerlerine bakabilir. Fakat şehvetle bakması câiz olmaz.

Eşlerin Birbirine Bakması

Karı-koca birbirlerinin her yerine bakabilir. Ancak uygun olanı odur ki, biri diğerinin edep yerine bakmamalıdır. Hz. Âişe Validemiz -r.a.- "Ben Hz. Peygamberin cinsel organına bakmadım, görmedim."demiştir.[1]

Erkeğin Kendi Mahremleri Sayılan Kadınlara Bakması

Onların ancak açık ve gizli -kapalı- zinet yerlerine bakması helâldir.

Erkeğin Yabancı Hür Kadınlara Bakması

Onların sadece dış zinet kısımlarına -yüzlerine ve iki ellerine- ihtiyaç olduğu takdirde bakabilir.

Müslüman Kadın Ve Erkek Dokunma Konusunda Sınırlandırılmıştır

Dokunma, bakmaktan daha ileri bir eylemdir, cinsel duyguları daha çabuk harekete geçirir. İslâm, dokunma konusunda da bazı sınırlandırmalar getirmiştir.

Erkeklerin Kendi Aralarında Birbirine Dokunması

Bir erkeğin, diğer bir erkeğin vücudunda bakabileceği yerlere dokunması mübahtır.

Erkekler kendi aralarında, müsafaha etmeleri, el öpmeleri kucaklaşmaları... vs. mübahtır.

1- Kurtubî, 12-232.

Fakat iki erkeğin bir örtü altında tenleri birbirine değecek şekilde yatmaları sakıncalı görülmüştür.

Kadınların Kendi Aralarında Birbirine Dokunması

Şehvetsiz ve fitneden emin olmak şartı ile kadınların kendi aralarında dokunma sınırı da erkeklerin kendi aralarındaki sınır gibidir.

Bir kadın ancak, doğum gibi bir zaruret hâlinde, diğer kadının avret yerine dokunabilir.[1]

Kadınlar kendi aralarında yatmalarında giyimli olurlarsa bir sakınca yoktur.

Yabancı Erkek ve Kadın Arasında Dokunma

Hanefî mezhebinde, bir erkek, yabancı bir kadının ellerine ve yüzüne şehvetsiz olarak bakabilirse de, şehvetsiz dahi olsa yabancı kadının eline, yüzüne ya da vücudunun herhangi bir yerine dokunamaz.[2]

Dokunma konusunda, erkek ve kadın aynı hükme tâbidir, her ikisi de karşı cinsten yabancı birisinin hiçbir yerine dokunamaz.

Mahrem Akrabalar Arasında Dokunma

Erkek, kendileri ile ebedi evlenme yasağı olan kadın akrabalarının, göbek ve diz kapakları arası haricinde vücutlarının bakabileceği bölgelerine ihtiyaç hâlinde dokunabilir. Ancak bu dokunma izninin şartı bulunmaktadır, kişi kendisinden ve karşısındakinden emin olacaktır. Aksi takdirde dokunma sakıncalıdır.[3]

• Yardım etmek, taşımak, yerinden kaldırmak gibi bir ihtiyaç durumunda, erkek, mahremi olan kadının göbek ve dizkapağı arasına, karnına ya da sırtına, elbise üzerinden dokunabilir. Fakat burada da kişinin kendisinden ve karşısındakinden emin olması gerekir.

1- Bedâî, 5-124.
2- Bedâî, 5-133.
3- Bedâî, s-120.

Bir erkek mahremi olan kadın akrabalarının nerelerine hangi şartlarla dokunabiliyorsa kadında mahremi olan erkek akrabalarının aynı yerlerine ihtiyaç hâlinde aynı şartlarla dokunabilir.[1]

Eşler Arasında Dokunma

Karı-kocadan her biri diğerinin tüm vücuduna dokunabilir.

Kadının Sesinin Avret Olup Olmaması

Kadının sesinin avret olup olmadığı Hanefî mezhebinde ihtilâflıdır. Ed-Durru'l-Muhtâr ile İbn-i Âbidin'e göre en kuvvetli görüş kadının sesi avret değildir. Nevâzil ve Elkâfî isimindeki kitaplara göre avrettir: Bazı ulemâya göre namazda avettir, onun dışında değildir. Namazda imam yanılırsa kadın tesbih ile değil, el çarpma ile uyarıda bulunur. Yine Hacc'da kadın telbiye yapmaz, sesi avrettir denilmektedir.[2] Kur'ân-ı Kerîm'de *"Eğer -Allah'tan- korkuyorsanız -size yabancı olan erkeklere- yumuşak söylemeyin. Sonra kalbinde maraz bulunanlar tamaa -ümide- düşerler."*[3] buyrulmaktadır.

Alûsi, "Kanaâtimce kadının sesi avret değildir, ancak şehveti tahrik edip fitneye sebep olursa o zaman haram olur." demiştir.[4]

Muhammed Ali es-Sâbûnî de şöyle söylemiştir: Kadının sesi fitneye vesile olmazsa avret değildir. Peygamber Efendimiz'in -s.a.v.- zevceleri, Hz. Peygamber'in hadis-i şeriflerini nakledip rivâyet ederlerdi ve içinde yabancı erkek bulunan cemaâtle konuşurlardı.[5]

1- Bedâî, 5-121
2- İbn-i Âbidin, 2-112.
3- Ahzâb, 32.
4- Rûhu'l-Me'ânî, 18-146.
5- Ahkâm Tefsiri, 2-179.

TAADDÜD-İ ZEVCÂT KURUMU

Taaddüt-i zevcât: Bir erkeğin evlilik yolu ile ilişki kurduğu kadınların -eşlerinin- birden fazla fakat 4 ile sınırlı olmasıdır.

Taaddüt-i zevcât'ın meşrûiyeti, Kur'ân-ı Kerîm ile sabittir. Kur'ân-ı Kerîm'de: *"... Hoşunuza giden diğer kadınlardan iki, üç ve dörde kadar evlenebilirsiniz. Eğer adâleti gözetmemekten korkarsanız, o zaman bir tane ile veya elinizin altındakiyle yetinin..."*[1] buyrulmaktadır.

Müteaddid Zevceye, Müsâade, Adalete Riâyet Etme Şartı ile Kayıtlıdır

Birden fazla evlenme -sınırlandırılmış poligami- İslâm'ın bir emri değil, bir iznidir. Belirli şartların evliliğidir, yapılması gerekli bir görev değildir. Zaruri durumlarda faydalanılacak bir müsâadedir.

İslâm "Taaddüd-i Zevcât"ı Evrensel Bir Uygulama Olarak Görmemektedir

Bir zevcesi olduğu hâlde, onun üzerine bir kadın daha almak isteyen, fakat bunların arasında, adaletle davranmayacağından korkan kimsenin, ikinci defa evlenmesine ruhsat yoktur. Ancak böyle bir korkusu olmayan evlenebilir. Fakat ikinci defa evlenmemek daha evlâdır. Böyle yapan kimse ilk eşini üzmemek için, evlenmemesinden dolayı sevap alır.[2] Ortağı olması istenen kadını hüzün ve kederden korumak için onun kocası ile evlenmekten kaçınan bir kadın da indi ilâhide sevap kazanır. Bu yüksek ahlâki bir meseledir.[3]

1- Nisa, 3.
2- Fetâvayı Hindiyye, 2-477.
3- Hukuk-u İslâmiyye Kamusu, 2-114.

Tek Evlilik Esastır

"Taaddüd-i Zevcât" hususunda bir mecburiyet yoktur. Ne erkek ve ne de kadın kabule zorlanmamışlardır.

Bir erkek lüzum görürse bundan istifade eder, lüzum görmezse bir zevce ile iktifa eder. Kadın da bir mecburiyet görürse evli bir erkekle evlenmeyi kabul eder, bir mecburiyet görmezse kabul etmez.

Müslümana Yakışan Allahu Teâlâ'nın Edeb Dersini Kabul Etmektir

Ebû Ca'fer Mansur ile zevcesi arasında kadın meselesinden dargınlık çıkar. İkisi de Ebû Hanîfe Hazretlerini hakemliği kabul edip onu da'vet ederler.

Ebû Ca'fer Mansur:

– Zevcem benden dâvacı, adâletini göster bakalım! diye söze başlar. Ebû Hanîfe Hazretleri sorar:

– Emirü'l-Mü'minin anlatsınlar, mesele nedir?

– Bir erkek kaç kadın alabilir?

– Dört.

– Bunun zıddını söyleyen var mı?

– Hayır.

Emirü'l-Mü'minin Ebû Ca'fer Mansur, zevcesine döner:

– Söylediklerini işitiyorsun ya, der. Bu şeriatın hükmüdür. Ebû Hanîfe Hazretleri tekrar söz alır:

– Allahu Teâlâ bunları zevceleri arasında adalete riayet edenler için helâl kıldı. Adâlete riayet etmeyen veya edemeyeceğinden korkanlar birden fazla zevce almamalıdır. Allahu Teâlâ buyuruyor ki: "Adalet edemeyeceğinizden korkarsanız bir tane yeter."

Bize yakışan Allahu Teâlâ'nın verdiği edeb dersini kabul etmektir. O'nun öğütlerinden ibret alıp faydalanmak lazımdır.

Ebû Ca'fer Mansur, bu sözler karşısında bir şey diyemez susup kalır.

Daha sonra Ebû Ca'fer Mansur'un bu zevcesi, Ebû Hanîfe Hazretlerine para, elbise, bir cariye ve bir de Mısır merkebi gönderir.

Ancak Ebû Hanîfe Hazretleri bunları kabul etmez. Hediyeleri getirene der ki:

— Ben dinî vazifemi yaptım. Hakkı müdafaa ettim. Bunu Allah için yaptım. Bununla kimseye yakın olmak istemiş değilim. Dünyalık da arzu etmedim.[1]

Bazı Erkeklerin Bir Kadınla Dahi Evlenmeleri Dînen Doğru Bulunmamaktadır

Mülga Fetvahane-i Âlinin fetvalarını bir araya toplayan "Mecmuai cedîde"de şöyle bir fetva bulunmaktadır: "Karısına eziyet ve zulüm edeceğinden korkulan mükellef bir erkeğin evlenmesi mekruh olduğundan, veliyyü'l'emrin -İslâm devleti başkanının- o erkeği evlenmekten menetmesi şer'î şerife uygun olacaktır."[2]

"Taaddüd-i Zevcât"ın İstismarını Engelleyici Unsurlar

Her erkek evlenirken kadına mehir vermekle yükümlüdür. Mehrin azamî miktarı tahdit edilmemiştir.[3] Mehir, kadının razı olacağı bir miktar olması lâzım geldiğinden mehir erkek için maddî bir engel olabilir.

— Koca Eşinin Nafakasını Temin İle Mükelleftir

Birinci hanımı ve ondan doğan çocuklarının ihtiyaçlarından sorumlu olan erkek, bunun gibi bir başka yükümlülüğü daha üstlenmekten çekinebilir.

— İslâm Hukukuna Göre Kadın, İstemediği Bir Evliliğe Zorlanamaz

Bir kız evlilik çağına geldiğinde, eş seçiminde ailesinin çok etkin bir rol oynaması müslümanlar arasında gelenekleşmiş olmakla birlikte kıza danışılması esastır.

1- Ebû Hanife, sh: 40.
2- Hukuk-u İslâmiyye Kamusu, 2-114.
3- Hukuk-u İslâmiyye Kamusu, 2-114.

Dul bir kadınsa, kendisi için uygun bir kimseyi seçmekte yeterli olgunluğa ve tecrübeye sahip olduğu düşünüldüğünden, dilediği kişi ile evlenmekte özgür kabul edilmektedir.

Kadınlar fıtraten, normal şartlar altında evli bir erkeğin ikinci, üçüncü ya da dördüncü zevcesi olmayı istemezler. Ve kadınlar, kocalarının başka kadınlarla evlenmelerine de razı olmazlar.

– "Taaddüd-i Zevcât" Ruhsatının İstismarına Mâni Olmak Tamamen Kadınların Tutum ve Tasarrufuna Bağlıdır

"Taaddüd-i Zevcât" müessesenin hak olduğuna inanmak mecburiyetinde olan kadın, bilfiil kocasının bir başka kadınla evlenmesini onaylamak zorunluğunda değildir.

Üzerine evlenmemek ve evlendiği takdirde "kendisi veya ikinci kadın boş olma" şartıyla bir kadını tezevvüc -evlenmek- sahihtir ve şart muteberdir.[1] Erkek bu durumda ikinci bir evlilik yapamaz.

– Özellikle Nikâh Akdînde Kabul Edilen Şartların İfâsı Gerekir

Peygamber sallallahu aleyhi ve sellem Efendimiz:

"Riâyet edilmeye en lâyık şartlar evlenirken ileri sürdüğümüz şartlardır."[2] buyurmuşlardır.

Evlilik düzenine, evliliğin tabiatı icabı meydana getirdiği neticelerine aykırı olan şartlara riâyet câiz değildir. "Nafaka ile mükellef olmamak veya aile hayatı yaşamamak..." şartıyla evlenmek gibi.[3]

– İkinci Bir Eş Olmaya Namzet Kadın, Erkeğin İlk Zevcesini Düşünmelidir

Böyle bir kimse evlilik için karar alırken, kuması olması istenen kadının fıtrî duygularını, evlilik vuku' bulduğu takdirde onun nasıl hüzünlenip kederleneceğini ve kıskanacağını hatırlamalıdır.

1- Hukuk-u Âile Kararnamesi, Madde: 38.
2- Hukuk-u Âile Kararnamesi, Madde: 38.
3- el-Muğni, 7-93.

İnsanlık tarihinin en seçkin hanımefendisi Hz. Âişe vâlidemiz, Peygamber sallallahu aleyhi ve sellem Efendimizin diğer zevcelerini bilhassa da vefat etmiş bulunan Hz. Hatice vâlidemizin kıskanmış bunu bizzat belirtmiştir.[1]

Yalnız Hz. Âişe vâlidemiz değil diğer zevceleri de Peygamberimize karşı bu fıtrî duyguyu izhar etmişlerdir. Pek tabii olarak istisnalara hariç, hiçbir mü'min kadın, kendi nefsi aleyhine "taaddüd-i zevcât"ı, tasvib edecek değildir herhalde.

Kadınlar, Taaddüd-i Zevcât Kurumunu Genelleştirmeyebilirler

İslâmi kaynakları araştırdığımızda görmekteyiz ki, kadınlar istemedikçe "taaddüd-i zevcât" müessesesinin işletilmesi çok güç hatta imkânsız bulunmaktadır. Pek çok müslüman kadın tarafından kavranıp rûhlarına sindirilemeyen "taadüd-i zevcât" meselesi ne tuhaftır ki tamamen kadınların tasarrufundadır.

"Taaddüd-i Zevcât" Bir Ruhsat Müessesedir

"Taadüd-i Zevcât" evliliğini istisna olarak almamız gerekmektedir. "Taadüd-i Zevcât" birçok ailevi ve sosyal problemlere karşı çözüm getiren yararlı bir müessese durumundadır.

"Taaddüd-i Zevcât"ı Zarurileştiren Sebepler

Kadının, yaratılıştan cinsel iktidarsızlığa maruz bulunduğunun ortaya çıkması,

Kadının, erkeğe nazaran oldukça yaşlı olduğu evliliklerde, zamanla daha genç bir kadına ihtiyaç hissettiren ölçüsüz ve dengesiz bir durumun ortaya çıkması,

Maddi bakımdan iktidarlı, cinsî bakımdan çok güçlü olan kişilerin, sosyal, rûhî ve fizikî zorlamalar altında, bir tek kadınla yetinmesinin çeşitli buhranlar doğuracak bir karaktere bürünmesi,

---

1- Ahmed b. Hanbel, 6-154.

Cinsel ilişkinin âdet günlerinde ve lohusalık devrelerinde dinen, gebeliğin -hususiyle- son haftalarında tıbben mahzurlu olması sebebiyle kadının zevcelik görevlerini yapamamasının bazı erkeklerde problem hâlini alması,

Kadın sayısının, erkek sayısına nazaran fazla olması.[1] Bunların dışında daha değişik sebeplerinde bulunması veya ortaya çıkması mümkündür.

"Taadüd-i Zevcât" Çaresiz Üçgen İlişki İçin Bir Çıkış Yoludur

Erkeğin zevcesinden nefret etmesi ya da başka birine aşık olarak, çocukları olduğundan ilk eşinden de ayrılmak istememesi hâlindeki üçgen ilişkisi "taaddüd-i zevcât" ile kolayca çözümlenebilir durumdadır.

Bazı durumlarda erkeğin birden fazla evlenmesi ilk zevce için bir ni'mettir.

Mesela eşine karşı kadınlık görevini yerine getirmesini engelleyen müzmin bir hastalığa yakalanmış ya da çocuğu olmayan fakat, erkeğin çocuk sahibi olmayı arzulaması gibi durumlarda çok evlilik ilkesi kimseyi haksız durumda bırakmadan soruna çözüm getirmektedir.

Zira boşanma kadın menfaatleri açısından her zaman tercih edilebilir âdil ve yaralı bir yol değildir.

Yukarıda açıklanan kusurlarla illetli bir kadının boşanma hâlinde bekâr bir erkekle ikinci bir evlilik yapabilme ihtimali zayıftır. Ve koca yeni evlilikte arzuladığı tatmini bulurken, kadın çok güç durumlara düşebilir, İslâm Hukukunun cezrî -kat'i- bir hareketle bu kapıyı kapamayıp açık bulundurmasının sebebi, ferdî ve içtimâî vukuu muhakkak zaruretlerin kolaylaşması içindir.[2]

1- Cinsel Hayat, 192.
2- Sahih-i Buhâri, 11-289.

Kadına "Çok Kocalı Evlilik" Uygun Düşmemektedir

— Belli koşullarda da olsa bir erkeğin birden fazla kadın ile evlenmesi kabul edilmiştir. Fakat bir kadın için aynı veya benzer koşullar söz konusu olsa da birden fazla erkekle evlenmesi mümkün değildir. Çok kocalı evlilik, anaerkil bir aile tipini getirecektir. Bu da sosyal yapıyı bütünüyle tersyüz etmek anlamını taşımaktadır.

— İkincisi, sekso-sosyolojik açıdan konuya bakacak olursak, koca birden fazla olan hanımlarının tümünü birden hamile bırakabilir oysa çok kocalı bir kadın kocalarından sadece birinden hamile kalır. Bu durumda çocuğun babasını tespit etmekde güçlük çıkacaktır. Kendisinin olduğuna emin olmadığı bir çocuğa "çocuğum" demek şüphesiz ki erkeklere çok zor gelecektir.

— Üçüncüsü, fizyo-seksoloji açısından çıkmaza girilir. Bir kadın birden fazla erkekle cinsel ilişkiye girdiğinde zührevi hastalıklar görülüyor.

En Önemlisi Çok Kocalı Alternatif İslâm'da Yoktur

"Taaddüd-i Ricâl" İslâm'da yasaktır. Biz müslümanlar Allahu Teâlâ'nın emir ve nehiylerini hiçbir itirazsız kabulleniriz. İlâhî çözüm yollarının tümüne de çok saygılıyızdır. Ancak beşerî alternatifleri tartışırız.[1]

Cenâb-ı Hakk tarafından evlilikle emrolunduk. Yalnız "Taaddüd-i Zevcât" ile ruhsatlandık.

Kocaları, Taaddüd-i Zevcâta Teşebbüs Eden Kadınlar Mânen Takviye Edilmişlerdir

Peygamber sallallahu aleyhi ve sellem Efendimiz:

"Allah erkeklere cihadı, kadınlara da kıskançlığı yazmıştır. Onlardan kim kıskançlığına dayanır sabrederse şehid sevabı kazanır."[2] buyurmuşlardır.

1- Sahih-i Buhâri, 11-289.
2- Kütüb-i Sitte, 9-322.

"Taaddüd-i Zevcât" ruhsatını kullanmış olan zevcine karşı kadının tutumu olayı kabullenmek ve sabırlı olmaktır. Eğer gerçekten kabullenmeyecekse, kocasından kendisini boşamasını istemelidir.[1]

KADININ BEDEN İLE CİHADDAKİ YERİ

Cihadın lugat mânâsı; bir şeyi zorlukla yapmak meşakkat çekmek ve gayret göstermektir.

Şer'i şerifte anlamı ise "Allah" kelimesi en yüce olsun için, lisan, beden ve mal ile bütün gücü sarfederek mücadele etmek, düşmana karşı gücün tümünü kullanmaktır.

Beden ile Yapılan Cihad

Ebû Zer -r.a.- "Ey Allah'ın Rasulü! Hangi amel daha faziletlidir? diye sorduğunda, Hz. Peygamber: "Allah'a iman ve Allah yolunda cihad," buyurmuştur.

Beden ile yapılan cihad farz-ı ayn ve farz-ı kifaye olmak üzere ikiye ayrılır.

• İslâm düşmanları çoğalıp müslümanların topraklarına saldırarak işgâl etmeye, yöntemi ellerine geçirmeye başladıklarında cihad, bütün müslümanlara farz-ı ayn olur.

• Bu hücum, eğer müslüman topluluktan bir grubun çalışması ile def edilecek seviyede ise o takdirde cihad farz-ı kifaye olur.

Kadınlara Cihad Bazen Farz Olur

Düşman, ancak bütün müslümanların iştirakı ile def'edilecekse cihad, tıpkı namaz, oruç gibi farz olur. Kadın, kocasından, çocuk anne-babasından izin almadan cihada çıkar.[2]

1- Cinsel Hayal, 207.
2- İmam-ı Kâsânî Bedâî-üs Sinâ Fi Tertibiş Şerâî, 7-98.

İlayı Kelimetullah için yapılan savaşlar çok çetin geçer.

Bunun için beden ile cihad kadınlara değil, erkeklere emredilmiştir.

Kadınların bir takım sınırlı görevlerle savaşa katılmasına izin verilmiştir.

Yiyecek ve içeceklerin mücâhitlere ulaştırılması, yaralıların tedavisi, hastalara hizmet gibi işler için kadınların, nafile ibâdet olarak savaşa iştirak etmelerine müsâade edilmiştir.

KADININ DEVLET BAŞKANLIĞI

İslâm hukukunda devlet başkanı -halife olmanın bir şartı da erkek olmaktır. Kur'ân-ı Kerîm'de: *"Erkekler kadınlar üzerinde hâkimdirler."*[1] buyrulmaktadır. Erkekler, kadınların ihtiyaçlarını temin edip onları korumakla sorumludur. Dolayısı ile yöneticiler, savaşçılar ve hâkimler erkeklerden olacaktır. Bu alanda kadınlara bir sorumluluk yoktur.[2] Kur'ân-ı Kerîm'de, Hz. Süleyman'ın kıssası anlatılırken bir olumsuzluk belirtilmeden bir kadın hükümdardan bahsedilmektedir. *"Gerçekten, onlara -Sebelilere- hükümdarlık eden, kendisine her şey verilmiş ve büyük bir tahtı olan bir kadınla karşılaştım."*[3] buyrulmaktadır.

Kadının Hâkimliği

Bu konuda görüş farklılıkları bulunmaktadır. Ulemanın çoğu, kadının kadı olmasına karşı çıkmışlardır. Mâliklilerin bazısı câizliğini ifade etmişlerdir. Ebû Hanîfe'den -r.a.- rivâyet edilmiştir ki "Kadınlar şâhitliklerinin câiz olduğu hususta kadılık yapabilirler.[4]

1- Nisa, 34.
2- Kurtubî, 5-168.
3- Neml, 23.
4- Fethu'l Bâri, 8-128.

Kadının Şâhitliği

İslâm hukukunda şâhitliğin asgari sınırı olarak iki erkek, veya bir erkek, 2 kadın kabul edilmiştir. Kur'ân-ı Kerîm'de: *"... Erkeklerin iki de şâhit bulundursun. Eğer iki erkek bulunamazsa, rıza göstereceğiniz şâhitlerden bir erkek ile iki kadın, kadınlardan biri unutursa diğeri ona hatırlatır."*[1] buyrulmaktadır.

"Kadın, tabiî temayülleri sebebiyle çabuk heyecanlanan ve merhamet tarafı ağır basan, davanın şart ve sebeplerinin etkisi altında kalması mümkün olup, böylece haktan ayrılma ihtimalini üzerine çeken bir yapıya sahiptir. İşte bu sebepten ötürü kadının şâhitliğinin tam olabilmesi için, yanında bir kadının bulunmasına önem verilmiştir.

Kadının Seçme Hakkı

Kur'ân-ı Kerîm'de: *"Ey Peygamber! İnanmış kadınlar Allah'a hiçbir şeyi ortak koşmamak, hırsızlık yapmamak, zina etmemek çocuklarını öldürmemek, elleri ile ayakları arasında bir iftira uydurup getirmemek, iyi iş yapmakta sana karşı gelmeme konusunda sana biat etmeye geldiklerinde biatlarını kabul et ve onlar için Allah'tan bağışlanma diler..."*[2] buyrulmaktadır.

KADININ ÇALIŞMASI

Kur'ân-ı Kerîm'de: *"Ey Peygamberin kadınları! Siz kadınlardan her hangi biri gibi değilsiniz. Eğer -Allah'tan- sakınıyorsanız yabancı erkeklere karşı- sözü çekicilikle söylemeyin; sonra kalbinde hastalık bulunan kimse ümide kapılır. Sözü maruf tarzda söyleyin. Evlerinizde oturun, eski câhiliyye dönemi kadınlarının teberrüc yaptığı gibi teberrüc yapmayın. Namaz kılın, zekât verin, Allah'a ve O'nun Resûlüne itâat edin.*

1- Bakara, 282.
2- Mümtehine, 12.

Ey Ehl-i Beyt! Allah sizden, sadece günâhı gidermek ve sizi tertemiz yapmak istiyor."[1] buyrulmaktadır.

– Âyet-i kerîmede hitap edilen Ehl-i Beyt, Resûlüllah'ın ev halkıdır. En uygun görüşe göre, Peygamberimizin evlâtları, zevceleri, torunları, olan Hz. Hasan, Hz. Hüseyin ve damadı Hz. Ali Ehl-i Beyt'e dahildirler.

İslâm âlimlerinden, bu âyeti kerîmelerin sadece Hz. Peygamberin zevcelerini bağladığını düşünenler olmuşsa da büyük kısmı, bu âyet-i kerîmelerin bütün müslüman kadınlarını kapsadığını söylemiştir ve bu görüş pek çok İslâm ülkesinde, kabul edilmiş, kadınlar genelde evlerinde oturmuşlar, aileyi güçlendirme şeklinde hedeflenen uygulayım içinde yaşamışlardır. Ancak önemli nedenlerle dışarı çıkmışlardır. Bir hadis-i şerifte: "İhtiyaçlarınızı karşılayan olmadığı zaman Allah, ihtiyaçlarınızı temin etmeniz için -evlerinizden- çıkmanıza izin vermiştir."[2] buyrulmuştur. Halen İslâm beldelerinde, biri kadınları çeşitli düzeyde toplumdan soyut gören, diğeri kadına toplumsal işlevler veren, iki tip uygulama bulunmaktar.

Kadın Çalışabilir

İslâm dinî, çalışmak veya çalıştırmak hususunda erkek ile kadın arasında fark gözetmemektedir. Erkek çalışabildiği gibi kadın da çalışabilir. Bir erkek iş veya imalâthane sahibi olabildiği gibi kadın da olabilir.

Bir fabrikaya sahip bir kadın, ihtiyaç ve maslahata göre hem erkek hem kadın işçi çalıştırabilir. Bilhassa dul ve yetim sahibi bir kadını işe alıp çalıştırmak ve bu yol ile ihtiyacını temin etmede yardımcı olmak büyük bir sevaptır. Bir erkek te sahibi bulunduğu fabrikasında ve imalathanesinde hem erkek, hem kadın çalıştırabilir. Fabrikada veya imalâthanede çalışan işçilerin hepsi kadın veya hepsi erkek iseler ortada herhangi bir mesele yoktur. Bir kısmı kadın, bir kısmı da erkek ise fakat çalışma yerleri ayrı ise yine herhangi bir sakınca yoktur.

1- Ahzâb, 32-33.
2- et-Taç, 2-857.

Fakat birbirine yabancı olan kadınla, erkeklerin karışık olarak bir arada çalışmaları, gayr-ı meşru şekilde yaşamaya vesile olacak şekilde bir arada bulunmaları özellikle kadınların İslâmî tesettüre riâyet etmemeleri kesinlikle haramdır.

Kadının Çalışma Şartları

Zaruret ve mâkul bir ihtiyaç olmadıkça, mü'mine hanımlar, gerek iş ortamında ve gerekse sair zamanlarda, erkeklerin arasına karışmaktan sakındırılmıştır.[1]

• Kadın, İslâmi tesettüründen tâviz vermeden çalışmalıdır.

• Nafaka ve ihtiyacı kocası tarafından karşılandığı müddetçe kadın izinsiz evden çıkıp çalışamaz. Koca, zevcesinin evinde kendisini rahatsız edecek bir iş yapmasına da mâni olabilir.[2]

• İslâm'ın yasakladığı mal ve hizmet üretiminde çalışmak erkeğe olduğu gibi kadına da haramdır.

• Tek başına işveren ile bir odada çalışmak durumunda olanlar mutlaka bu işten geri durmalıdırlar, çünkü bu durum halvet olur.

Bir İşveren Kadın Sekreter Tutabilir

Ancak, kadın sekreter tutmak meselesi onu tutan kimsenin durumuna göre değişir.

Kadın sekreter, bir kadın tarafından tutulmuşsa ortada herhangi bir problem yoktur.

Mesela bir kadın doktor, bir sekreter tutmak isterse mutlaka kadın olması icab eder. Yabancı bir erkek tutması halvete ve yalnız başlarına kalmalarına vesile olacağı için câiz değildir.

Sekreter tutmak isteyen kimse erkek ise bir kadını yanında sekreter olarak çalıştıramaz, haramdır.[3]

1- Günümüz Meselelerine Fetvâlar, 1-222.
2- İbn-i Âbidin, 3-577.
3- Günümüz Meselelerine Fetvâlar, 1-222.

Kadının Cinsel Hayatı

İslâmda cinsel hayat, eş ile mümkündür.[1]

Neslin korunması, İslâm'ın büyük hedeflerindendir. Bu nedenle İslâm onun korunması için, nesli bozacak zina gibi suçları önlemek, hatta tamamen ortadan kaldırmak amacıyla şiddetli cezalar koymuştur. Zina, önceki semâvî dinlerde de yasaklanmış ve çok çirkin bir fiil olarak nitelendirilmiştir.

Yüce Allah -c.c.- Kur'ân-ı Kerîm'de: *"Zinaya yaklaşmayın. Çünkü o çok çirkin bir iş ve kötü bir yoldur."*[2] buyurmaktadır. Bir hadis-i şerif şöyledir:

"Kişi zina edince, iman ondan çıkar ve başının üstünde bir bulut gibi boşlukta durur. Zinadan çıkınca iman adama geri döner."[3]

İslâm dinî, zinaya yol açabilecek her şeyi yasaklamıştır. Bakmak, dokunmak, dinlemek, kadın ve erkeğin yalnız kalması vb. şeyler, zinaya giden yollar olduğu için bu konular üzerinde hassasiyetle durmuştur.

Zinanın Cezası

Bekârlara verilecek zina cezası, Kur'ân-ı Kerîm'de: *"Zina eden kadın ve erkekten her birine yüzer değnek vurun."*[4] olarak belirtilmiştir.

Evlilere ve dullara verilecek ceza Hz. Peygamber tarafından şöyle açıklanmıştır: "Yaşlı erkekle, yaşlı kadın zina ederse onları recmedin."[5]

Lezbiyenlik-Sevicilik

Hz. Lût -a.s.- kavminin erkekleri erkeklerle homoseksüel, kadınları ise kendi aralarında lezbiyen ilişkiye girmişler ve bunun sonucunda helâk olmuşlardır.[6] Kadının kadın ile sevişmesi anlamına gelen lezbiyenlik kesinlikle haramdır.

1- Mü'minûn, 5-7.
2- İsrâ, 32.
3- Tirmizî, İman.
4- Nûr, 2.
5- İbn Mâce, Hudûd.
6- Şuârâ, 160-175.

Mastürbasyon -El İle Tatmin-

İslâm dininde, nikâhlanmış eşlerin cinsel ilişkilerinin dışındaki cinsel tatmin yolları yasaklanmıştır. Hz. Peygamber -s.a.v.- evlenmeye gücü yetmeyen müslüman gençlere: "Ey gençler topluluğu! Evlenmeye gücü yeten evlensin. Çünkü evlilik gözleri ve ırzı haramdan koruyucudur. Kimin evlenmeye gücü yetmezse oruca devam etsin. Zira oruç onun için bir kalkandır."[1] öğüdünde bulunmuştur.

İbn-i Âbidin bu konuda şöyle demektedir: Sırf zevk için şehvetini gidermek üzere el ile tatmin haramdır. Ancak şehveti kendisine galebe çalar da eşi bulunmadığından şehvetini teskin için bunu yaparsa, günâhkâr olmayacağı umulur.

Ebu'l- Leys es-Semerkandî: "Böyle bir kimse zina edeceğinden korkarsa, el ile kendisini tatmin ederek şehvetini teskin eder. Bu ona vâcip olur" demiştir.[2]

Kadının Mirastaki Yeri

Kadın, mirastan çeşitli şartlarda değişik paylar alır.

– Eğer bir anne-babanın evlâdı ölür ve ardından miras bırakırsa, ölenin çocukları da varsa, anne-babanın her birine altıda bir pay düşer. Yani anne ile babanın payları eşittir.

2. Kadına erkeğin yarısı kadar hisse verildiği yer:

Bu kadın ile erkek kardeş birlikte mirasçı olmaları hâlinde söz konusudur. Kur'ân-ı Kerîm'de: *"Allah size, çocuklarınız hakkında, erkeğe, kadının payının iki misli -miras vermenizi- emreder."*[3] buyrulmaktadır.

Kadın, kız çocuk, kız kardeş, eş veya anne olsa da, geçimi, kendisine ait olmayıp, baba, erkek kardeş, koca veya oğulun sorumluluğundadır. Hemen hemen bütün toplumlarda erkek, eşinin, kızının, annesinin, kız kardeşinin geçimini sağlamakla mükelleftir.

1- Müslim, Nikâh.
2- İbn-i Âbidin, 6-28.
3- Nisâ 11.

EVLİLİK VE KADIN İLE İLGİLİ MERAK EDİLEN DİĞER MESELELER

Bâkire ya da Dul Kadın Evliliğe Zorlanabilir mi?

İmam-ı Ebû Hanîfe, ne bâkire ne dul kadını, velisinin zorla birine nikâh etmeye hakkı olmadığına hüküm vermiştir.

— Bâkire; bikr hâliyle bülûğa eren kızdır.

Kadın Evlenme Teklifinde Bulunabilir mi?

Bir gün Peygamber Efendimizin -s.a.v.- huzuruna bir kadın gelip, Hz. Peygamber'in kendisi ile evlenmesini istemiştir.

— Yâ Resûlüllah, beni nikâh ile alır mısınız? demiştir. Enes b. Mâlik -r.a.- bu olayı anlattığında orada bulunan kızı gülüp:

— O, ne hayası kıt kadınmış dediğinde, Hz. Enes ona:

— O, senden daha hayırlıdır. Çünkü kendini Resûlullah'a vermiştir, cevabında bulunmuştur.

Kadınlar tarafından, nefislerini Resûlüllah'a hibe etme teklifi birkaç kez vukuâ gelmiştir.

İbn-i Abbâs -r.a.- Peygamber Efendimiz'in -s.a.v.- mübah olmasına rağmen, nefsini hibe edenlerden hiçbiri ile evlenmediğini söylemiştir.[1]

Kız Tarafı, Bir Erkeğe Kızları ile Evlenmesi İçin Teklifte Bulunabilir mi?

Kız tarafının erkeğe evlenme teklifinde bulunabileceğine dair âyet ve hadisler mevcuttur.

1- Kütüb-i Sitte, 9-506.

Kur'ân-ı Kerîm'de, Hz. Şuayb'ın -a.s.-, Hz. Musa'ya *"... Ben muhakkak istiyorum, bana sekiz sene ecirlik etmek üzere bu iki kızımdan birini sana nikâh edeyim..."*[1] dediği bildirilmektedir.

Hz. Ömer -r.a.- kızı Hz. Hafsa'yı önce Hz. Osman'a -r.a.- sonra da Hz. Ebu Bekir'e -r.a.- teklif etmiş, onların bu teklife karşı susmaları üzerine, aynı teklifi Resülullah'a -s.a.v.- yapmıştır. Resülullah bu teklifi kabul etmiş, Hz. Hafsa ile evlenmiştir.[2]

Âyet ve hadislerden anlaşıldığına göre, kızı evlenme çağına gelen bir baba, İslâmi ölçülere uygun bir erkeğe, kızı ile evlenmesi teklifinde bulunabilir.

Kızı, Zengin Fakat Fasık Biri İsterse, Kız Ona Verilebilir mi?

Kur'ân ve sünnete bağlı olmayan fasık bir kimse kıza istekli olursa, ne kadar zengin veya makamı ne kadar yüksek olsa da ona mutlaka olumsuz cevap vermelidir. Yoksa Allah'ın -C.C- katında sorumlu olunur. Böyle bir şey yapmak emanete hiyanetliktir.

Tâbi'in'in büyüklerinden Sa'id bin Müseyyeb'in "Rebâb" ismindeki saliha ve bilgin kızını, zamanın hükümdarı Abdu'l-Melik, oğlu Velid için istediğinde Sa'id bin Müseyyeb onun zalimliğinden sebep reddetmiştir.[3]

Amca, Hala, Dayı, Teyze Çocukları ile Evlenmek Yasak mıdır?

Amca, hala, dayı, teyze çocukları, yani yeğenler, mahrem akraba çerçevesine dahil olmadıklarından bu kişiler ile evlenmeye dinen bir mâni yoktur.

Bu gün tıp, yakın akraba evliliklerinden doğacak çocukların sağlık problemleri olabileceği ihtimali üzerinde durmaktadır. Bunu unutmamalıdır.

1- Kasas, 27.
2- Nesâî, Nikâh.
3- Günümüz Meselelerine Fetvâlar.

Nişanlılar Görüşüp Konuşabilir mi?

Nişanlılar genel hüküm olarak karı-koca gibi değil, iki yabancı gibidirler. Yabancı bir erkek ve kadının yanında örtünme ile konuşma ile davranışlarla ilgili hükümler ne ise, onlara riâyet ederek görüşebilirler, konuşabilirler.

Birbirleri ile nikâhlı olmayan, birbirlerine mahrem de bulunmayan bir erkek ve bir kadın ile alâkalı İslâmi yasaklara nişanlanmış çiftler de dahildir.

Nişanlılar Yalnız Kalabilir mi?

Nişanlı erkek ile kadın birbirine yabancı sayıldıklarından yanlarında mahremlerinden bulunması gerekir. Onlarla birlikte üçüncü biri olmadan bir odada yalnız kalmaları doğru değildir.

Peygamber Efendimiz -s.a.v.- "Bir kimse kendisine helâl olmayan bir kadın ile başbaşa kalmasın. Aksi hâlde üçüncüleri şeytandır. Ancak yanlarında bir mahremlerinin bulunması müstesnadır."[1] buyurmuştur.

Nişanlılık Döneminde Dinî Nikâh Yapılması Tavsiye Olunur mu?

İslâm'da nikâh; "evlendim", "kabul ettim" gibi icab ve kabul ile kolayca oluşan bir akiddir. Fakat akid yapıldıktan sonra her türlü hukûkî sonucu sabit olur. Erkek ve kadın, ikisi de nikâh akdinden doğacak her türlü hakka sahiptir ve evlilikteki vazifelerinden mükelleftirler.

Erkeğin kadını yatağına davet etmesi hâlinde, annesinin-babasının buna izin vermemesinin hiç bir önemi yoktur. Çünkü kıyılan nikâhtan dolayı anne-babanın artık reddetme yetkisi kalmamıştır.

Bu akidle birlikte kadının nafakası -yeme, içme, giyme ve mesken- erkeğin omuzlarındadır. Ve kadının bunu istemesi hakkıdır. Kadın istese de erkek vermese, erkek hukuku çiğnemiş olur. Verse, bir yarara faydalanmaya sahip olmadan verecektir.

1- Buhârî, Nikâh.

Zevciyyet ilişkisinde bulunduktan sonra erkek ayrılacak olursa, kadın, hiçbir hak iddia edemeyecek, hayatı boyunca sürecek bir ziyana uğrayacaktır. Erkek, "Duhulle" kanunî bir hak hâlini alan mihrini de zorlayıcı bir kanun bulunmadığından vermeyerek kadını ikinci bir zarara uğratacaktır.

İmânı tam bir erkek tabii ki bunu yapmaz. Ancak dînî gayreti, bu konularda kendisine mâni olabilecek erkek henüz çok azdır.

Ayrılma İsteği ya da Sebebi Kadından Gelirse Kötü İhtimal Nedir?

Henüz resmen nikâhsız olduklarından, kadın erkeği rahatlıkla bırakabilir. Erkek kadını istediğinden veya intikam duyguları ile boşamaz da, kadın buna rağmen bir başkası ile evlenirse, evlendiği erkekle ömür boyu zina hayatı yaşamış olacaktır.[1]

Nişanlı İken Nikah Yapanlar, Düğünde Tekrar mı Nikâhlanırlar?

Şer'i ölçüleri ile kıyılmış bir nikâhın, nişanda olması ile düğünde olması arasında bir fark yoktur. Nikâh nikâhtır. Fakat günümüzde nişanlı iken nikâhlanmanın mahzurlu yönleri vardır.[2]

Nişan Yüzüğü Takılması Nişanlılık İçin Şart mıdır?

Nişan yüzüğü takılması veya takılmaması, nişanlılık için bir şart değildir.

Nişan yüzüğü, evlenecek olan iki kişinin birbirine bağlılığını gösteren simgedir. Nişan yüzüğü takmak, örfî bir zarurettir. Ne Hz. Peygamber'in -s.a.v.- sünnetinde ne de selef-i salih'in örfünde yoktur.

Ümmet-i Muhammed'e sonradan girmiş bir bid'attır... Kadınlara altın ve gümüş yüzük helâldir. Bu hususta, hiçbir ihtilâf yoktur. Erkeklere de gümüş yüzük helâldir.[3]

1- Kadınlara Özel Fetvâlar, 1-127.
2- Kadınlara Özel Fetvâlar, 1-128.
3- Kütüb-i Sitte, 1-322.

Nişan Bozulabilir mi?

Evlendiklerinde, evliliklerinin yürüyeceğinden emin olmayan, taraflardan birinin ya da her ikisinin nişandan vazgeçmesi câizdir.

Nişanın Bozulması Durumunda, Kıza Verilen Hediyeler Geri Alınır mı?

Bir kimse nişanlandığı kıza sebze ve meyve gibi kısa zamanda bozulan yiyecek türlerinden göndermişse, bunların geri verilmesi söz konusu değildir. Elbise, para gibi bir şey ise sahibine iade edilmesi gerekir. Telef olmuş ise misli olduğu takdirde misli, yoksa değeri takdir edilip ödenir.[1]

Damad, Kızdan Çehiz -Cihaz Eşyası- İsteyebilir mi?

Cihaz; alet, takımlar, parçalar demektir. Geline gerekli eşyalara "çehiz" denilmiştir.

Bir baba kızına çehiz yapar da sonra ölürse, kalan mirasçılar, taksimi istediklerinde bakılır: Baba bunları kızı küçükken veya büyüdükten sonra, onun için satın almış da sağken teslim etmişse eşya hasseten kızındır.[2] Çehiz, kadına mahsustur. Kocası onu boşarsa hepsini alır. Kadın ölürse, ondan mirasçıları alırlar.[3]

Damad, kız babasından seçkin görüşe göre hiçbir şey isteyemez. Çünkü nikâhta mal maksut değildir.[4]

Babanın Kızına Çehiz Hazırlaması

Hz. Ali -r.a.- anlatmıştır: Resulüllah -s.a.v.- kızı Fâtıma için çehiz olarak, kadife kumaş, su kabı ve kenarları izhirle süslü yastık hazırlamıştır.[5]

1- Günümüz Meselelerine Fetvâlar, 1-172.
2- İbn-i Âbidin, 5-572.
3- İbn-i Âbidin, 5-575.
4- İbn-i Âbidin, 5-574.
5- Sünen-i Neseî 6-538.

Muteberlik Bakımından Kaç Çeşit Evlilik Vardır?

Kısmen veya bütünüyle muteber olup olmamaları bakımından nikâh çeşitlidir.

Sahih nikâh: Bütün rükünlerini ve şartlarını tam olarak bulunduran evliliktir.

Fâsid evlilik: Sıhhat şartlarında eksiklik olan evliliktir. Bu çeşit evlilikle ilgili olarak, mezhepler ihtilâf etmişlerdir. Fasid evlenmelerde eşlerin evliliğe devamları câiz değildir.

Batıl evlilik: Rükunlarında veya meydana gelme şartlarında bir eksiklik bulunan evliliğe denir.

Bâtıl nikâh ile evlenenlerin derhal ayrılmaları gereklidir. Kendileri ayrılmadığı takdirde hâkim cebren ayırır.[1]

Mevkuf evlilik: Yürürlük şartlarında eksiklik olan evliliktir. Akdin tamamlanması kendi icâzetine bağlı olan kimse, icâzet verinceye kadar nikâh akdi askıda kalır ve yürürlük kazanmaz.

Bağlayıcı olmayan evlilik: Bağlayıcılık -lüzum- şartları tam olmayan -eksik- evliliktir.

Mesela, akıllı ve ergenlik çağına ulaşmış kadın, velisinden izinsiz mehr-i misilden noksan bir mehirle bir evlilik yapmışsa, bu tür evliliğe veli itiraz edebilir. Ya mehri tamamlatır veya kadını kocasından ayırabilir.[2]

Evliliğin Belirlenen Bir Süresi Var mıdır?

Geçerli bir neden ile ayrılma gibi bir durum dışında, evlilik ile eşler ömür boyu sürecek bir birlikteliğe girişmiş olurlar.

Evliliğin herhangi bir süreyle sınırlandırılmaması evliliğin geçerlilik şartlarındandır.

İslâm hukukçuları zamanla sınırlı evliliklerin mut'a nikâhı hükmünde olduğunu ve bu evliliğin bâtıl olduğunu söylemişlerdir.[3]

1- M. İslâm Hukuku, 1-278.
2- Fetâvâyı Hindiyye, 2-332.
3- Bedaî, 2-272.

Mut'a Nikâhı Câiz midir?

Mut'a nikâhı bâtıldır. Mut'a, temettû kelimesi ile aynı kökten gelir. "Temettü" fâidelenmek, kâr elde etmek demektir. Bu nikâhta, normal nikâhta mevcut olan çocuk edinme, ünsiyet, verâset gibi diğer gayeler yoktur. Tek maksad istifadedir.

Mut'a nikâhı, bir erkeğin, aralarında evlenme engeli bulunmayan bir kadınla belli bir ücret karşılığında kadının cinsel yönlerinden yararlanmak üzere bir sözleşme yapmasıdır. Mut'a nikâhının az veya çok kesin bir müddeti yoktur. Birkaç saatlik, tek temaslık bir akit olabileceği gibi yılları içine alan bir müddet de olabilir.

Ehl-i sünnet alimleri arasında mut'a nikâhına fetva veren tek kişi çıkmamıştır.

Şigar -Değiş-Tokuş- Nikâhı, Câiz midir?

Peygamber Efendimiz -s.a.v.- Şigar denilen nikâhı yasaklamıştır.[1]

Şigar -değiş-tokuş- nikâhı: Bir erkeğin, bir başka erkeğe "Kızımı veya kızkardeşimi seninle evlendirmem üzere, sen kızını veya kızkardeşini benimle evlendir, ikisine de mehir olmasın" diyerek yapılan nikâhtır. Bir nev'i trampa nikâhıdır. Bu nikâh şeklinde erkekler, mehr vermekten kaçmış olur.

Hulle Nikâhı Câiz midir?

3 Talâkla eşini boşayan koca, ardından pişman olur onu tekrar almak isteyip, başka bir erkekle anlaşır o da evlilikten sonra kadını boşayacağını taahhüt ederse, bu çeşit gerçekleşen nikâha "Hulle nikâhı" denir. "Hulle" denilen usulün İslâm dininde yeri yoktur. Hz. Peygamber, bu konuyu çok açık bir şekilde belirtmiş: "Hulle yapana da yaptırana da Allah la'net etsin." buyurmuştur.[2]

1- Kütüb-i Şitte, 15-450.
2- Nesâi, Talak.

Veliler, Küçük Kız ve Oğulları Nikâhlayabilirler mi?

Velilerin böyle bir hakkı vardır. Fakat zifaf için ergenlik yaşı beklenir. Hz. Ebû Bekir -r.a.-, kızı Hz. Âişe'yi -r.a.- 6 yaşında iken Hz. Peygamber'e nikâhlamıştır. Peygamber Efendimiz -s.a.v.- Hz. Âişe ile baliğe olduktan sonra zifafa girmiştir.[1]

Küçük çocukları babaları nikâhlamışlarsa, büluğa erdikten sonra seçim hakları yoktur. Dede de baba gibidir.[2]

Küçük oğlanı ve kızı, baba ve dededen başkaları nikâhlamışsa büluğa erip, nikâhı öğrendiklerinde, kendileri için nikâhı bozma seçme hakları vardır.[3]

Ya bu eski nikâhı devam ettirirler, ya da kadıya müracaat eder, alacakları kararla nikâhı sona erdirebilirler.

Erkek ile Kadının Arasında Denklilik Olmaması Nikâhın Geçerli Olmasına Engel midir?

Gerek Hanefîler gerekse Şafiîlere göre "denklilik" olmaması nikâhın geçerli olmasına engel değildir.[4]

Bâkire veya dul kadın, kendi arzusu ile dindar fakat çirkin, ya da dindar ama çok yaşlı bir erkeği tercih ediyorsa bu seçimine karışılmaz.

Ancak, özellikle yaş ve kültür konusuna dikkat etmelidir.

Erkek ile kadının arasında yaş ve kültür farkının fazla oluşu anlaşmazlıklara sebep olabilir.

Olaylara bakış açıları ve değerlendirmelerinin birbirlerininkine hiç uymamalılar, aile ortamlarında devamlı bir huzursuzluk yapabilir.

1- Kütüb-i Sitte, 17-195.
2- İbn-i Âbidin, 5-381.
3- İbn-i Âbidin, 5-388.
4- H. İslâmiye Kamusu; 2-72.

Nikâh Akdinin Zamanı Var mıdır?

Nikâh akdinin yapılması için belli bir vakit yoktur. Her zaman yapılabilir. Halk arasında "Ramazan ve Kurban Bayramları arasında nikâh yapılmaz" rivâyeti çok yaygındır. Peygamberimizin -SA.V.- "Eğer sahih ise "İki bayram arasında nikâh yoktur." hadîs-i şerifi, şöyle yorumlanmıştır:

Bir kış mevsiminde, bir bayram günü, Cuma'ya rastlamıştı. Kış günleri kısa olduğundan, Cuma'dan evvel nikâh kıyılıp arkasından zifafa girilse, Cuma'ya gitmek için efdal olan vakti kaçırma ihtimali vardır. Peygamber Efendimiz -s.a.v.- bir bayram namazı dönüşünde "İki bayram arasında nikâh yoktur." buyurmuştur. Çünkü Cuma günü mü'minlerin bayramıdır.

Şevval Ayında Nikâh Olur mu?

Câhiliyye devrinde, bir Şevval ayında veba salgını olmuştur. Araplar bundan dolayı bu ayı uğursuz sayar, bu ayda nikâhlanmayı kerîh görürlerdi.

Şevval ayı Ramazan'dan sonra gelen aydır.

Hz. Âişe validemiz -r.a.- "Resûlüllah -s.a.v.- beni Şevval ayında nikâhladı. Ve yine Şevval ayında zifafa girdim. Resûlüllah'ın zevcelerinden hangisi onun yanında benim kadar değerliydi." buyurmuştur.[1]

Damad ve Gelinin Bizzat Bulunmayıp, Tâyin Etmiş Oldukları Vekiller Vasıtasıyla İcra Olunan Nikâh Merasimi Nasıl Yapılır?

Nikâh akdi, uygulamada, hocanın huzurunda, onun aracılığıyla yapılmaktadır. Nikâhı yapacak olan hoca, tarafların, onların babalarının ve dedelerinin adlarını bir kâğıda yazar. Kadının veya kızın vekiline ne kadar mehir istediğini sorar. Erkeğin vekilinin de onayını alarak bunu da kaydeder. Sonra tevbe, istiğfar edilir. Bizzat tarafların katılımıyla "Âmentü okunur" Hoca Euzü Besmele çekip:

1- Neseî, Nikâh.

— *"... Sizin için helâl olan kadınlardan ikişer, üçer veya dörder nikâh ediniz. Ve eğer adalet yapamayacağınızdan korkarsanız artık bir zevce ile mâlik olduğunuz câriye ile -iktifa ediniz- ..."*[1]

— *"Aranızdaki bekârları, kölelerinizden ve cariyelerinizden elverişli olanları evlendirin. Eğer bunlar fakir iseler, Allah kendi lütfu ile onları zenginleştirir..."*[2] âyet-i kerîmelerini ve:

— "Nikâh benim sünnetimdir. Sünnetimle amel etmeyen benden değildir."[3] hadis-i şerîfini okur. Sonra nikâhı kıyan hoca, kızın vekiline:

— Vekili bulunduğun ... kızı... hanıma vekâleten ... oğlu ... beyi kararlaştırılan ... lira mehirle şahidler huzurunda zevcliğe kabul ettiniz mi? diye sorar. O da üç defa:

— Vekâletim sebebiyle kabul ettim, der.

Hoca, bu kez, damat vekiline döner der ki:

— Vekili bulunmuş olduğunuz... 'nın oğlu ... Beyi, vekâleten arada kararlaştırılan ... lira mehirle ...'nın kızı ... hanımı, ... beye vekâleten, şahidler huzurunda zevceliğe alıp kabul ettiniz mi? O da üç defa:

— Vekâletim sebebiyle aldım, kabul ettim, der.

Nikâhı kıyan hoca, orada hazır bulunan şâhidlere sorar:

— Sizler de şâhid oldunuz mu? der. Onlar da üç kez:

— Evet şâhid olduk, cevabını verirler. Böylece nikâh yapılmış olur.

Nikâh Duâsı

Önce Eûzü besmele çekilerek aşr-ı şerîf okunur. Ardından duâ edilir:

"Rabbimiz! Bu yapmış olduğumuz nikâhı yüce dergâhında kabulünün en güzeliyle makbul buyur.

Bu evlilerin vücutlarına sıhhat ve afiyet, rızıklarına bereket, ölmüşlerine rahmet, kendilerine hayat mücadelesinde metanet, kalple-

---

1- Nisa, 3.
2- Nur, 32.
3- M. Kenzül-Ummâl, 6-389.

rinde birbirlerine karşı muhabbet ihsan eyle. Günahlarını mağfiret eyle..." denir.

İcap, Kabul, Şahitler, Nikâh Akdi İçin Mutlaka Gereklidir. Duâlar ve Merasim Adap Kabilindendir

Nikâh Kıyanın Ücret Taleb Etmesi Câiz midir?

Hakedilmeden alınmış haram ücretler arasında, nikâh akdinde üçüncü şahıs olarak bulunan ve nikâhı kıyan adamın aldığı ücret sayılır. Çünkü İslâmî nikâhta iki tarafın dışında üçüncü bir "nikâh kıyıcı"nın bulunması gerekli ve meşru bir iş değildir.[1]

Resmi Nikâh Dinî Nikâh Yerine Geçer mi?

"Dinen nikâhın kıyılması hususunda ne imamın ne belediye memurunun rolü yoktur."

Hanefî mezhebine göre, kadın iki şahid huzurunda koca olacak kimseye: "Ben seninle evlendim", koca da "Ben de seninle evlenmeyi kabul ettim deseler nikâh kıyılmış olur. Yalnız her önemli işin başında "Besmele" "Hamd" ve "Salvele" getirmek sünnettir. Yoksa o iş bereketsiz olur.

Şâfi'î mezhebine göre nikâhın sahih olabilmesi için akidde, kadının velisi bulunması gerekir. İcabın veli veya vekili tarafından olması lâzımdır.

Belediye nikâhında ise veliye yer verilmiyor. Çünkü belediye memuru önce geline, sonra damada hitaben diyor ki:

Filân adamı veya hanımı eş olarak kabul ediyor musun? Kadın ve erkekten "Evet" şeklinde cevap aldıktan sonra nikâhı ilân ediyor. Belediye nikâhında velinin hiç rolü yoktur. Bunun için Şâfi'î olan kimselerin belediye tarafından nikâhları kıyıldıktan sonra, İslâm'a uygun bir şekilde yeni bir nikâh kıydırmaları tavsiye edilir. Yoksa dinen nikâhı vardır denmez.

Hanefî mezhebine gelince, nikâhın sahih olabilmesi için velinin bulunması şart değildir. Fakat evlilikte kullanılan kelimelerin maziyi

---

1- Kadınlara Özel Fetvâlar, 1-128.

– "... Sizin için helâl olan kadınlardan ikişer, üçer veya dörder nikâh ediniz. Ve eğer adalet yapamayacağınızdan korkarsanız artık bir zevce ile mâlik olduğunuz câriye ile -iktifa ediniz- ..."[1]

– "Aranızdaki bekârları, kölelerinizden ve cariyelerinizden elverişli olanları evlendirin. Eğer bunlar fakir iseler, Allah kendi lütfu ile onları zenginleştirir..."[2] âyet-i kerîmelerini ve:

– "Nikâh benim sünnetimdir. Sünnetimle amel etmeyen benden değildir."[3] hadis-i şerifini okur. Sonra nikâhı kıyan hoca, kızın vekiline:

– Vekili bulunduğun ... kızı... hanıma vekâleten ... oğlu ... beyi karalaştırılan ... lira mehirle şahidler huzurunda zevcliğe kabul ettiniz mi? diye sorar. O da üç defa:

– Vekâletim sebebiyle kabul ettim, der.

Hoca, bu kez, damat vekiline döner der ki:

– Vekili bulunmuş olduğunuz... 'nın oğlu ... Beyi, vekâleten arada kararlaştırılan ... lira mehirle ...'nın kızı ... hanımı, ... beye vekâleten, şahidler huzurunda zevceliğe alıp kabul ettiniz mi? O da üç defa:

– Vekâletim sebebiyle aldım, kabul ettim, der.

Nikâhı kıyan hoca, orada hazır bulunan şâhidlere sorar:

– Sizler de şâhid oldunuz mu? der. Onlar da üç kez:

– Evet şâhid olduk, cevabını verirler. Böylece nikâh yapılmış olur.

Nikâh Duâsı

Önce Eûzü besmele çekilerek aşr-ı şerîf okunur. Ardından duâ edilir:

"Rabbimiz! Bu yapmış olduğumuz nikâhı yüce dergâhında kabulünün en güzeliyle makbul buyur.

Bu evlilerin vücutlarına sıhhat ve afiyet, rızıklarına bereket, ölmüşlerine rahmet, kendilerine hayat mücadelesinde metanet, kalple-

---

1- Nisa, 3.
2- Nur, 32.
3- M. Kenzül-Ummâl, 6-389.

kâfi gelir. Halbuki nikâh tazelemesinde bulunan cemaatın çoğunluğu hanımının vekâletini almadan nikâh tazelemesi yapıyor.

2. Nikâh kıyılmasında akd sigasını işitecek 2 şahidin bulunması gerektiği hâlde, câmide yapılan nikâh tazelemesinde herkes imamı takip edip, onun sözünü dinlemekle meşgul olduğundan, hiç kimse, başkasının sözünü işitmez ve böylece şer'i nikâh yapılmamış olur.[1]

Bir Erkeğe Kaçıp Evlenen Kızın Nikâhı, Geçerli midir?

Anne-babasından habersiz, onların rızasını almadan sevdiği bir erkeğe kaçan kız, dinî nikâh ile evlenirse, Hanefî mezhebine göre bu nikâh geçerli olur. Ancak kızın ergenlik çağına ulaşmamış ya da dengini bulamamış olması hâlinde veli bu evliliği onaylamayabilir. Böyle olunca da nikâh geçerli olmaz.[2]

Kız erginlik çağında bulunuyorsa, evlendiği erkek dengi ise veli izin vermese de nikâh geçerlidir.[3]

Sünnî Bir Hanım Alevî Bir Kimse ile Evlenebilir mi?

Müslüman bir hanım ancak müslüman bir kimse ile evlenebilir. Müslüman, İslâm dininin bütün hükümlerini kabul edip hiç birisini reddetmeyen kimsedir. Yani, namaz, oruç, zekât, Hac, abdest, gusül ve benzeri emirleriyle; katl, zina, içki, faiz ve benzeri nehiyleri kabul edip onlara inanan kimsedir: Böyle bir kimse müslüman olduğundan onunla evlenmek câizdir. Ama zikredilen şeylerin tümünü veya bir kısmını kabul etmeyen kimse müslüman sayılmadığı gibi onunla evlenmek câiz değildir. Evlenme gerçekleştiği takdirde, evlilik hayatı gayr-i meşru'dur.

Kadının evlendiği bu erkeğin adı, ister sünnî olsun ister alevî fark etmez. Evlenmenin ölçüsü İslâm'dır.[4]

1- Günümüz Meselelerine Fetvâlar, 1-183.
2- İbn-i Âbidin, 5-422.
3- Bidâyetül-Müctehid, 2-423.
4- Günümüz Meselelerine Fetvâlar.

Bir Kimse Küfrü Gerektiren Bir Söz Söyler veya Bir Harekette Bulunursa Nikâhına Bir Zarar Gelir mi?

Bir kimse küfrü gerektiren bir söz söyler veya bir harekette bulunursa Hanefî mezhebine göre nikâhı bozulur. Zevcesi ile aralarındaki bağlar kopar. Tevbe edip İslâm'a döndüğü takdirde her iki taraf, isterse yeni bir nikâh ile birbirleriyle evlenebilirler. Yoksa birbirlerinden ayrılmak mecburiyetindedirler.[1]

Bir Müslüman, Hıristiyan Bir Kadınla İki Hıristiyan Şahidin Şehadeti ile Evlenebilir mi?

Meselâ Avrupa veya Amerika gibi bir yerde bulunan bir müslümanın Hıristiyan bir kadın ile iki Hıristiyan şahidin şehadeti ile nikâhı kıyılırsa, İmam-ı A'zam ve İmam-ı Ebû Yusuf'a göre nikâhı sahihtir. İmam-ı Şafi'î'ye göre ise sahih değildir.[2]

Müslüman Olmayan Bir Çift -Karı-Koca- Müslüman Olurlarsa, Onlara Yeni Bir Nikâh Gerekir mi?

Birbirlerine mahrem olmamak şartıyla eski nikâh ile hayatlarını devam ettirirler. Koca müslüman olur, kadın Hıristiyan veya Yahudi kalırsa yine eski nikâhları sürer. Aksi takdirde nikâhları fesh edilir. Şafiî mezhebinde ise 3 gün beklenir. Bu müddet içinde kadın müslüman olmazsa nikâhları fesh edilir.

Mason Karı-kocadan Biri, İslâm'a Dönüş Yaparsa Nikâh Durumu Nasıl Olur?

Mason gibi İslâm'ın tamamını veya bir kısmını inkâr eden kimse, müslüman ve Kitap ehli olmadığı için onunla evlenmek ve evliliği devam ettirmek câiz değildir. Evlilik hayatları gayr-ı meşrudur.[3]

1- Günümüz Meselelerine Fetvâlar, 1-183.
2- Günümüz Meselelerine Fetvâlar, 1-171.
3- Günümüz Meselelerine Fetvâlar, 1-184.

Yalnız Nikâh Akdinin Yapılması ile mi Kadın Mehri Hak Eder?

Mehrin kadın için bir hak olarak kesinleşmesi bazı şartlara bağlıdır. Bu şartlar oluşmadan kadın, mehrin tamamını alamaz. Kadın bazı durumlar sonucunda, mehrin tamamını almaya hak eder, bazen de mehrin yarısını alabilir, bazen de hiçbir şey alamaz.

Mehrin Tamamının Verilmesini Gerektiren Durumlar

— Nikâh akdinden sonra, cinsel birleşmenin meydana gelmesi kadına mehrin tamamının verilmesini gerektirir.

— Sahih halvette kadının mehrin tamamını hak kazanmasına neden olur.

Sahih halvet, eşler arasında cinsel ilişkiye engel olan hakiki, dinî ya da tabiî bir engel olmamasıdır.

Hakiki engel, eşlerden birinin ya da ikisinin küçük olması, cinsel organında cinsel ilişkiye mâni olan bir rahatsızlığın bulunması, cinsel ilişkiye güç yetiremeyecek kadar hasta bulunmasıdır.

Dinî engel, eşlerden birinin ya da ikisinin Ramazan orucu tutuyor olması, ihramlı olması, kadının âdetli veya lohusa hâlinde bulunmasıdır.

Tabiî engel, eşlerin yanında üçüncü bir kişinin bulunmasıdır. Yanlarında bir üçüncü kişi varken eşler cinsel ilişkiye giremez.

Halvet-i Sahiha, nikâhlı çiftlerin, yanına, bir kimsenin ansızın, onlardan izni olmadan giremeyeceği kapalı ya da tenha bir yerde baş başa kalmaları hâlidir.

Bu tür birlikte olmalar cinsel ilişki hükmündendir.

— Cinsel ilişki ya da sahih halvet olmasa da nikâhtan sonra ölüm vuku bulsa kadın mehrin tamamına hak kazanır.

Ölen zevc ise, kadın, terikeden hakkı olan mehri alır. Ancak ölen zevce -kadınsa- kadının mirasçıları bunu onun kocasından isterler. -Mehir kadının malı olduğu, eşler arasında da mirasçılık cereyan ettiğinden, erkek bu mehirden miras olarak payına düşen miktarı alır, geri kalanını eşinin ailesine verir.

Mehrin Yarısının Verilmesini Gerektiren Durumlar

– Mehrin önceden belirlenmesi şartıyla, evliliğin, cinsel ilişki ya da sahih halvetten önce sona ermesi ve mehir hakkından vazgeçmesi durumunda kadın, mehrin yarısını hak eder.

Ancak önceden mehir miktarı belirlenmemişse ve cinsel ilişkiden önce ayrılık meydana gelmişse kadına mut'a -hediye cinsinden bir şeyler- verilir.

Mut'a'nın değeri misli mehrin yarısından fazla, 5 dirhemden de az olmaz.[1]

Mehir Verilmesi Gerekmeyen Durumlar

– Kadın ve erkek fasit bir evlilik akdi ile evlenir ve cinsel ilişki olmadan ayrılırlarsa kadına mehir verilmez.

– Sahih bir evlilik, cinsel ilişki olmadan ya da sahih halvetten önce, kadının fiili ile sona ererse mehir verilmez.

Kadının, kocasını istememesi, dinden çıkması gibi durumlarda, evlilik, kadının fiili ile son bulmuş olur, ve mehir hakkı düşer.

Mehrin Miktarı Ne Kadardır?

Mehrin üst sınırı ile ilgili bir ihtilaf yoktur. Bu konuda ulema ittifak etmişlerdir.

Hz. Ömer -r.a.- mehri 400 dirhem ile sınırlamak istemiş, bu konuda hutbe vermiştir. Fakat Kureyşli bir kadın: *"Kadınlara yığın vermiş olsanız dahi hiçbir şeyi geri almayın..."*[2] âyet-i kerîmesini okuyunca bundan vazgeçmiştir. Bir rivâyette Hz. Ömer: "... Ey insanlar! Kadınların mehirlerini 400 dirhemden fazla vermenizi yasaklamıştım, isteyen malından dilediği kadarını verebilir." demiştir.[3]

Mehrin en az konusu ihtilaflıdır. İmam Ebû Hanîfe'ye göre en azı 10 dirhem -32 gr.- gümüştür.

1- Bedai, 2-336.
2- Nisa, 24.
3- Mecmau'z-Zevâid, 4-283.

10 dirhem Peygamber Efendimiz -s.a.v.- zamanında iki koyun bedelidir.[1]

Şâfi'î'lere göre mehrin azı içinde bir sınır yoktur. Değeri olan her şey mehir olabilir. Bir yüzük dahi olsa yeterlidir.

Mehirlerin hafif tutulması, aşırılığa kaçılmaması, Hz. Peygamberin Sünnet'indendir.

Mehir Önemli Bir Şey midir?

Mehir müessesesi son derece ciddi bir müessesedir, kadınların korunmasına, istikballerinin garanti altına alınmasına yöneliktir. Müslümanlar mehir emrine riâyet etmeli bu müesseseyi işletmekte kararlı ve devamlı olmalıdırlar. Kadınlar mehrin kendileri için olan önemini idrak etmeli, gerekeni yapmalıdırlar. Mehir gibi ağır bir yükün altına giren erkek, eşini kolayca, bırakmaz. Boşanmalar azalır.[2]

Mehir Olabilen Şeyler Nelerdir?

İslâm hukukçuları mal denebilecek her şeyin, geliri ve değeri olan menfaatın, mehir olabileceğini söylemişlerdir.

– Mehir olacak olan mal, alımı ve satımı yasaklanmamış bir şey olmalıdır, altın, gümüş, helâl yiyecekler, giyim.

– Mehir olan şeyin miktarı, vasfı, niteliği, sonradan anlaşmazlığa meydan vermeyecek şekilde açıklanması lâzımdır.

– Mehir olarak belirlenen malda aldatma olmamalıdır.[3]

Nikâh Sırasında, Mehir Unutulsa Bu Akde Zarar Verir mi?

Mehir, evliliğin rükûn ve şartlarından değildir. Nafaka gibi evliliğin mâli hükümlerinden biridir. Nikâh sırasında mehir belirlenmemişse, aileden emsal kızların mehri kadarına hak kazanır.

1- İbn-i Âbidin, 5-461.
2- Kütüb-i Sitte, 9-502.
3- el-Fıkhu'l-İslâmî ve Edilletuhu, 7-259.

Kızın ve Kadının Mehrini Baba Alabilir mi?

Mehrin sahibi kadındır. Kadının rızası olmadan onun alınması büyük bir zulümdür. Kadının, babası, dedesi, annesi, hiç biri onun mehrini alamaz.

Peygamber Efendimiz -s.a.v.- "Herhangi bir kadına, nikâh kıyılmadan önce verilen bir mehir veya mehir dışında kocasının ona vadettiği bir şey veya hediye, o kadına aittir..."[1] buyurmuştur.

Başlık Parası Câiz midir?

Başlık parası, islâmda bir anlamıyla mükerrem olan insanı mal gibi satmak olarak görülmüş ve bunun haram olduğu söylenmiştir. Başlık parasını nikâhın gereği olan "mehir" ile karıştırmamak gerekir. "Mehir" bir garanti ve değer belgesi olarak evlenecek kadına verilen ya da bu maksatla velileri tarafından alınıp yine evlenecek kadına harcanan para ya da eşyadır. Başlık ise kadının, babası, ağabeysi vs. tarafından alınıp, onların kendine âit kıldığı para ya da eşyadır. Haram olan işte bu ikincisidir.[2]

Düğün Yemeğine Gitmenin Hükmü Nedir?

Hanefîlere göre, düğün yemeğine gitmek sünnettir. Diğer mezheplere göre ise, vâciptir. Peygamber Efendimiz -s.a.v.- "Kim düğün yemeğine çağrılır da gitmezse Allah'a -c.c.- ve O'nun Resulü'ne âsî olmuş olur.", "Sizden biriniz düğün yemeğine çağrılırsa gitsin." buyurmuştur.[3]

Düğün Davetine İcabette Mutlaka Yemekten Yemek mi Gerekir?

Davetli, yemekten yemek zorunda değildir. Bereket duâsı, tebrik de yeterlidir. Bir Hadîs-i Şerîf'te: "Biriniz bir yemeğe davet olunursa, hemen icabet etsin! Artık ister yer, ister yemez." buyrulmuştur.[4]

1- Ebû Da'vud, Nikâh.
2- Kadınlara Özel Fetvâlar, 1-124.
3- Müslim, Nikâh.
4- Sahih-i Müslim, 7-308.

Bunu esas alan âlimler oruç bulunmadığı hâlde yemekten yemenin bir vecibe olmadığını, dileyenin yemeyebileceği kararına varmışlardır.[1] Yemeyi vâcip sayanlara göre en az bir lokma yemek icab eder. zira bir lokmaya yemek denilebilir. Bir de davetli hiç bir şey yemezse, davet sahibinin hatırına yemekteki bir şüpheden dolayı yemediği gelebilir. Fakat bir lokma olsun alınca bu şüphesi gider.[2]

Düğün Yemeğinde, Mutlaka Et mi Olmalıdır?

Koyun kesmek ve sofrada mutlaka et bulundurmak şart değildir.[3]

Düğünlerin Erkeklerin ve Kadınların Kendi Aralarında Şarkılı ve Türkülü Olması Câiz midir?

İslâm dininde düğün gibi şenlikler için erkeklerin ve kadınların kendi aralarında İslâm'ın yasaklamadığı şarkı, türkü ve şiir söyleyip oynamalarında bir sakınca yoktur Hz. Âişe Validemiz -r.a.- anlatmıştır: "Benim yanımda iki câriye şarkı söylerken Ebû Bekir eve girdi. "Resûlûllah'ın evinde şeytan çalgısı olur mu- diyerek kızdı. Bunun üzerine Resûlûllah buyurdu ki: Onları bırak, bu günler bayramdır."

Bir hadîs-i şerîfte de: "Şiir normal söz gibidir. İyisi iyi, çirkini çirkindir." buyrulmuştur.

Şarkı, türkü, tanbur, ud gibi çalgılarla beraber veya fahiş ve gayr-î ahlâki olursa haramdır.[4]

Peygamber Efendimiz -s.a.v.- Hz. Safiyye b. Huyeyy ile evlendiğinde; yere deriden bir yaygı serilmiş, kimi sahabî kuru süt, kimi sahabi kuru hurma, kimisi de yağ getirmiş, hurma karıştırılması yapılarak düğün yemeği hazırlanmıştı.[5]

1- Sahih-i Müslim, 7-496.
2- Sahih-i Müslim 7-312.
3- Sahih-i Müslim, 7-288.
4- Günümüz Meselelerine Fetvâlar, 2-157.
5- Sahih-i Müslim, 7-284.

Hz. Peygamber'in -s.a.v.- Abdurrahman b. Afv'a "Bir koyun da olsa velime yap." buyurmuş olduğu hadîs-i şerîfi, vakti hâli bulunanların, düğün daveti için en az bir koyun kesmelerinin müstehap olduğuna delildir.[1]

Damat tarafının ve komşularının düğün davetine yemek getirmek suretiyle damada yardım etmeleri müstehaptır.[2]

Düğün İçin, Salon Kiralayarak, Dost ve Akrabaları Davet Edip Eğlenmek Câiz midir?

Nikâh sebebi ile biraraya gelmekte, şenlik tertip etmekte beis yoktur. Hatta nikâhı şenlik ile ilân etmek sünnettir. Ancak erkek ile kadınların ayrı ayrı yerlerde olmaları gerekir. Bir yerde toplanıp şenlik etmek büyük bir vebaldir. Bu işe meydan vermiş kimse, büyük bir günaha girmiş olur.[3]

Düğün İçin Yapılan Toplantıya İştirak Eden Kimse, Orada İçki İkram Edildiğini Görürse Ne Yapmalıdır?

Düğünde içki içildiğini gören kimsenin, oturduğu sofrada içki içiliyorsa veya bu kimse müslüman halk için örnek durumunda bulunan âlim ve salih bir zât ise orada kalması günâhtır. Fakat sofrasında içki içilmiyorsa, müslümanlar için örnek sayılmıyorsa orada kalmasında beis yoktur.

Kadın ve Erkek Karışık Düğünde Bulunmak Câiz midir?

Düğünde kadın-erkek karışık oturuluyorsa, yine bu da içki içmek gibi haramdır.

Şâfi'î mezhebinde orada gayr-ı meşru hareket olursa mutlak surette herkes için haramdır ve orada kalmak câiz değildir.

1- Sahih-i Müslim, 7-282.
2- Sahih-i Müslim, 7-288.
3- Günümüz Meselelerine Fetvâlar, 1-174.

Hanefî mezhebinde düğün yemeğinde gayr-ı meşru hareket bulunmazsa, davete icabet etmek sünnettir. Şâfi'îler'e göre ise mazeret olmazsa, vâciptir.¹

Düğün Cemiyetinde Def Çalınabilir mi?

Peygamber Efendimiz -s.a.v.- nikâhın ilân edilip onun üzerine def çalınmasını tavsiye etmiştir.² Fukaha demiştir ki: "Deften murad zilleri olmayandır."³

Hz. Peygamber -s.a.v.- Rabayyi'nin düğününde onun evine gitmiş ve def çalıp türkü söyleyen cariyelere devam etmelerini söylemiştir.

Bir bayram günü, Hz. Âişe Vâlidemizin -r.a.- yanında def çalıp türkü söyleyen iki câriye hakkında: "Bırakın bugün bayramdır." demiş, onların def çalıp türkü söylemelerine müsaade etmiştir.

Bütün bunları göz önünde bulunduran fıkıhçılar, düğünlerde ve bayramlarda, kadınların kendi aralarında, erkeklerin de kendi aralarında, haram sözler söylemeden ve haram şeyler yapmadan def çalıp, türkü söyleyerek, oynayabileceklerini, eğlenebileceklerini söylemişlerdir.

Kadın kadına, erkek erkeğe de olsa, cinsel duyguları tahrik eden, haramları güzel gösteren sözler ve hareketler, hem-cinsine karşı da olsa, mahremlik kurallarına riâyetsizlik, dans ve oryantal gibi hem-cinsine karşı ilgi uyandıran davranışlar haramdır.

Bu bağlamda, Peygamber Efendimiz'in şu sözlerini de göz önünde bulundurmak gerekir:

"Üçü hariç, müslümanların, her türlü eğlencesi haramdır: Hanımı ile oynaşması, atını eğitmesi, atış yapması."⁴ "Melekler, atıcılıktan başka hiçbir eğlencede hazır bulunmaz."

"Allah'a -c.c.- taattan alıkoyan her eğlence bâtıldır."⁵

1- Günümüz Meselelerine Fetvâlar, 1-227.
2- Tirmîzî, Nikâh.
3- İbn-i Âbidin, 5-259.
4- İbn-i Âbidin, 6-404.
5- Buhârî, İsti'zan.

Bu hadîs-i şerîfler, daha önce verilen hadîs-i şerîfleri geçersiz kılıyor değildir. Bu hadîs-i şerîfler genel durumu, diğerleri ise düğün ve bayramlara âit özel durumu anlatmaktadırlar.[1]

Zifaf Ne Demektir?

"Zifaf" Kâmus'ta kadını, kocasına hediye etmektir.[2] Halk arasında damadın gelin odasına girmesine "zifaf" denir.

Damad ve Gelinin İlk Gecelerinde, Bir Yakınlarının Evde Kalması Âdetinin Aslı Var mıdır?

Peygamber Efendimiz'in kızı Hz. Fatıma ile Hz. Ali'nin evliliklerinin ilk gecsinde, Hz. Esma onların evinde kalmıştır. Peygamber'imiz -s.a.v.-, Hz. Esma'ya kalış sebebini sorduğunda: "... Her genç kızın gerdek gecesinde kendisine yakın olan bir kadına ihtiyacı vardır. Eğer bir şey gerekirse ona yardımcı olur, diye cevap vermiştir. Bu sözleri üzerine Peygamberimiz ona duâ etmiştir. Hz. Esma bu duâ hakkında: "Hz. Peygamber bana duâ etti. Amellerimin içinde kendisine en çok güvendiğim şey bu duâdır." demiştir.

Kızı ve damadı odalarına girip gözden kayboluncaya kadar, Peygamber Efendimiz, -s.a.v.- onlara duâ etmiştir.[3]

Evli Çiftler, Cinsel İlişki Esnasında Nelere Dikkat Etmelidirler?

• Eşlerin aralarındaki cinsel ilişkiye Besmele ile başlamaları müstehabdır.[4]

• Cinsi münasebette bulunacaklar, yüzlerini kıbleden çevirmeli, kıbleye ikram olsun için cima' anında kıbleye doğru dönmemelidirler.[5]

1- Hanımlara Özel Fetvâlar, 1-131.
2- İbn-i Âbidin, 5-259.
3- Heysemî, 9-210.
4- İhyâ, 3-532.
5- İhyâ, 3-533.

• Cinsel ilişki sırasında, eşler üzerlerine örtü almalıdırlar. Hadîs-i şerîfte: "... Büsbütün soyunmasınlar ki iki vahşi eşek gibi olmasınlar."[1] buyrulmuştur.

• Bu özel anlarında, eşler, birbirlerine latif mânâlı sözler söylemeye teşvik edilmiş[2] çok konuşmaktan da sakındırılmıştır.

• Arkadan anal ilişki, evli olanlara da olmayanlara da haramdır.

Bu tür ilişki, Peygamber -s.a.v.- tarafından kesin bir dille yasaklanmıştır. Bir hadîs-i şerîfte:

"Allah -c.c.- eşi ile arkadan ilişkiye giren kimsenin yüzüne bakmaz."[3] buyrulmuştur.

• Anal ilişki, bir kişinin cinsel organı ile başka bir kişinin anüsü arasındaki temas olarak tanımlanır.

Eşler yalnızca, cinsel organları yolu -erkek penisi, kadın vajinası ile- cinsel ilişkiye girebilirler.

Kocası Arzuladığı Zaman, Kadınlık Görevini Yerine Getirmeyen Kadın Sorumlu mudur?

Koca, eşinden, dilediği zaman cinsel ilişkide bulunmayı isteyebilir.[4] Kocasının cinsel ilişki isteğine uyması, özrü yoksa zevce için farzdır.[5]

Kadının, kocasının, arzularına değil karşı çıkması -geldim, geliyorum, geleceğim- diyerek ertelemesi dahi haramdır.[6]

Hadîs-i şerîflerde: "Erkek karısını yatağına cinsel ilişki için çağırdığında gelmekten kaçınırsa, sabaha kadar melekler ona lâ'net eder."[7] "Haceti için erkek karısını çağırdığı vakit, tandırın başında dahi olsa -bırakıp- kocasına gelsin."[8] buyrulmuştur.

1- M. Kenzül-Ummal, 6-475.

2- Feyzü'l-Kadîr, 5-90.

3- İbn Mâce, Nikâh.

4- Bedâıu's-Sanâî, 2-325.

5- Bedâıu's-Sanâî, 2-334.

6- A. Rıza Demircan, Cinsel Hayat, 233.

7- Sahih-i Buhârı, 6-150.

8- Sünen-i Tirmîzî, 11-313.

Zevceye, Bir Başka Kadının Güzelliğini Kocasına Anlatmaması Niçin Tenbih Edilmiştir?

İki kadın bir örtü altında bulunur, tenleri birbirine dokunur, sonra da onlardan biri zevcine temas ettiği kadının güzelliğini, sanki kocası ona bakıp görüyormuş gibi olacak şekilde tarif ve tasvir ederse, zevcesi bundan etkilenebilir. Eşini boşayıp o kadını almayı düşünebilir. Hatta evli ise o kadını kocasından boşatacak çareler arayabilir.[1] Yabancı bir kadının tasviri ile koca ona bakmış gibi olur, ilgi duyar.

Düğün Yapana Hediye Vermek Gerekli midir?

Peygamber Efendimiz -s.a.v.- Hz. Zeynep ile evlendiği zaman, Hz. Enes. b. Mâlik'in annesi Ümmü Süleym, bu evlilik için hays -bir çeşit yemek- hazırlamıştır. Hz. Enes b. Mâlik bu yemeği, Peygamberimize götürmüş:

– Annem sana selâm ediyor ve "Bu da bizden küçük bir hediye" diyor, demiştir.[2]

Münasip bir hediye alıp götürmek yeni evlenen çiftleri hem memnun eder, hem de eksikleri varsa ihtiyaçları giderilmiş olur.

Evlenen Kadının, Meskeni Nasıl Olmalıdır?

Şerefli, zengin bir zevce için müstakil bir ev, orta hâlli bir zevce için mutfağı ve tuvaleti ile beraber müstakil bir oda, tahsis edilir.

Fakir bir zevce için de mutfağı ile tuvaleti müşterek kilitli bir oda şer'î mesken olabilir.

Zevcenin meskeni, onun can ve mal güvenliğini sağlayabilecek bir hâlde bulunmalıdır. Zevcenin din ve dünya işlerine yardım etmeye, koca zulüm ederse, onu bundan men etmeye kâdir komşuları arasında olmalıdır. İçinde kuyu veya sarnıç yoksa, koca, zevcesinin diğer ihtiyaçları ile beraber meskene suyu da temin etmelidir.[3]

1- Sahih-i Buhârı, 11-326.
2- Sahih-i Müslim, 7-300.
3- Hukuk-u İslâmiyye Kamusu, 2-450.

Koca, Meskenlerine Eşinin Yakınlarının Gelmesini Engelleyebilir mi?

Sahih evliliğin sonuçlarından birisi de kadının mesken hakkıdır. Allah-u Teâlâ Hazretleri Kur'ân-ı Kerîm'de: *"Onları gücünüz ölçüsünde oturduğunuz yerin bir bölümünde oturtun..."*[1] buyurmaktadır.

Kocanın zevcesine sağlamakla sorumlu bulunduğu meskene, şer'î mesken veya meşrû mesken denir.

Koca, zevcesini, kendi ailesinden hiçbir kimsenin bulunmadığı bir evde oturtmakla yükümlüdür. Ancak kadın kabul ederse -onların yanında- oturtabilir. Eğer kocanın başka kadından çocuğu varsa onu zevcesi ile beraber oturtmaya hakkı yoktur.

Koca, eşinin anne-babasını, eşinin başka kocadan olan çocuğunu ve diğer yakınlarını ona uğramaktan men edebilir. Çünkü eşinin kaldığı yer kendisine aittir, başkalarını kendi mülküne sokmayabilir.[2]

Eşlerin Meskeni Kira ile Tutulan Yer Olabilir mi?

Karı-kocanın meskeni, zevcin mülkü ya da kira ile tutulan bir yer olabilir. Bunların ikisi de mümkündür. Zevce, kendi evini, kendisinin oturmasına tahsis edilmek üzere zevcine kiraya verebilir. Ve zevc bu hâlde kira bedelini ödemekten kaçınamaz.[3]

Erkek, Zevcesini, Meskeninden Dışarı Çıkmaktan Men Edebilir mi?

İslâm'da, kadın kocasının sağladığı şer'î meskende oturmaya ve kocasının rızası olmadıkça harice çıkmamaya mecburdur.[4]

Bir erkek, zevcesini yabancıları ziyaretten ve düğünlere gitmekten alıkoyabilir.

1- Talâk, 6.
2- El-Hidâye, 2-160.
3- Hukuk-u İslâmiyye Kamusu, 2-450.
4- Hukuk-u İslâmiyye Kamusu, 2-165.

Kadının İzinsiz Çıkabileceği Durumlar Var mıdır?

• Bir kadın yanında mahremlerinden biri bulunmak şartıyla Hac farzını eda etmek için sefere azimet edebilir. İsterse koca razı olmasın. Çünkü zevcin hakkı, farz-ı ayn'ın önüne geçemez.

• Bir kadın, başkaları üzerinde bulunan hakkını zevcinin izni olmasa da gidip alabilir.

• Bir kadının babası veya annesi müzmin ya da ölümcül hasta olup bakacak kimsesi bulunmadığı takdirde kadın kocasının izni olmasa da gidip, onlara bakabilir.

• Bir hâdise zuhurunda koca, fetva almaktan çekingen davranırsa, zevcesi izinsiz gidip fetva sorabilir.[1]

Koca, Zevcesini Anne-Babası ile Görüşmekten Men Edebilir mi?

Koca, zevcesini, anne-babasını, gece yatmamak üzere haftadan haftaya gelmekten, gelmedikleri takdirde Cuma günlerinde zevcesini onları veya varsa evvelki kocasından olan evlâdını gidip ziyaret etmekten men edemez. Ziyarette bulunmamak akrabalık bağlarını koparır, câiz değildir.

• Kocası, dinî meseleleri kendisine öğretemiyorsa, zevcesinin öğrenmesi için ara-sıra ilim meclisine gitmesine izin vermesi gerekir.[2]

Bir Erkek İçin, "O, Kadına Namahremdir" Demenin Anlamı Nedir?

Namahrem, "Bir kadına mahrem olmayan erkek" anlamına gelmektedir. "Namahrem" kadına yabancı erkektir. Kadının, yabancı bir erkek ile bir arada yalnız bulunması, İslâm'da yasaklanmıştır.

Kur'ân-ı Kerîm'de, Yüce Allah -c.c.- Hz. Peygamber'in hanımları hakkında: *"Peygamber'in eşlerinden bir şey isteyeceğiniz zaman onu perde arkasından isteyin. Bu sebeple sizin gönülleriniz de, onların gönülleri de daha temiz kalır."*[3] buyrulmaktadır.

1- Hukuk-u İslâmiyye Kamusu, 2-166.
2- Hukuk-u İslâmiyye Kamusu, 2-166.
3- Ahzap: 53.

Bu âyet-i kerîme'nin tefsirinde, "Burada kadınlar hakkında erkeklerin ve erkekler hakkında kadınların düşündükleri kasdedilmektedir.

Hiç kimse, helâl olmayan bir kadınla bir arada bulunmak yönünden kendisine güvenmesin. Böyle bir davranıştan sakınması o kimse için daha iyidir, nefsini daha iyi korumuş olur ve temizliğine leke getirmez.

Ayrıca dedikoduya meydan bırakmaz, töhmeti uzaklaştırır, ve korumayı sağlamlaştırır."[1] denilmektedir.

Kadının Mahremleri Kimlerdir?

İslâm hukukunda, kendisi ile evlenilmesi yasak olan kimseye mahrem denir. Mahrem: Kendisi ile evlenilmesi haram olan yakın akraba demektir. Mahrem, kadın ve erkek için ortak kullanılan bir kavramdır.

Mahrem, kan akrabalığı, evlilikten doğan akrabalık ya da süt akrabalığı nedeniyle kişinin kendisi ile ebediyyen evlenemeyeceği kimselerdir.[2]

Erkeğin mahremi:

- annesi,
- kızı
- kız kardeşi
- kız torunları
- teyzesi
- halası

- kız yeğenleri
- süt annesi
- süt kardeşi
- süt teyzesi
- süt halası

- kayınvalidesi
- zevcesinin kızları
- zevcesinin nenesi

gibi kendisi ile hiçbir şekilde evlenemeyeceği kadınlardır.

1- İslâm'da Helâl ve Haram, 157.
2- El-Kâmûs el-Fıkhî, 87.

Kadının mahremi:

Daha önce de geçtiği üzre bunlar;

- babası
- oğlu
- erkek kardeşleri
- erkek torunları
- erkek yeğenleri
- amcası
- dayısı
- süt babası
- süt erkek kardeşi
- süt dayısı
- süt amcası
- kayın pederi
- kocasının dedesi
- kocasının oğulları
- kocasının torunlarıdır.

Kişinin, hiçbir ilgisinin bulunmadığı karşı cinsten kişiler[1] ile aralarında gecici evlenme mânisi olan akrabaları, yabancı kavramına girer. Erkek için, eşinin kız kardeşi -baldız- teyzesi, halası, geçici evlenme mânisi olan kişilere örnek olarak gösterilebilir.

Hurmet-i Musâhera Ne Demektir?

Hurmet-i Musâhera; musâherâdan, meydana gelen haramlıktır. "Hurmet-i musâhera" denilen haramlık, hakiki olur, bir de hükmi olur - "Sıhr" evlenmekle meydana gelen yakınlık demektir.- Erkek ile kadının evlenmesinden doğan "el-müsâhera"da, erkeğin, kadının akrabalarından, kadının, erkeğin akrabalarından evlenemeyeceği kişiler oluşur. Bu hakiki hısımlıktan kaynaklanır.

Hükmi, hurmet-i musâhera, birbirine yabancı kadın-erkek arasında olduğu gibi anne-baba ile, damat ve kayınvalide, gelinle kayınpeder arasında da olur. Meselâ; yanlışlıkla da olsa, bir baba, kızını, teni tenine değecek şekilde şehvetle tutsa, aralarında "hürmet-i musahhâra" oluşur. Kızı, faraza kendi zevcesi olsaydı, onun annesini nikâhlaması haram olacağı için, bu hareketiyle kızının annesi -yani kendi zevcesi- kendisinden derhal ve ebediyyen boş olur.

Bir örnek daha verelim, mesela kayınpeder gelinine dokunduğunda şehvet duysa, nasıl gelini kendi zevcesi farzedildiğinde, oğlu onun ile evlenemez ise, bu olayla da gelini oğlundan kesinkes boş olur.

1- El-Kâmûs el-Fıkhî, 87.

Ancak bu sonucu doğuran şey, çıplak olarak değinildiğinde, ya da cinsel organın içine bakıldığında şehvet duymuş olmaktır. Şehvet duymak, aklından kötü bir şey geçmiş olmak değildir. Gerek, erkek için uzvunun dirilmesi, diri ise diriliğinin artması, kadın ya da ihtiyar erkek için kalbinin heyecan ile çarpmasıdır.[1]

Bunlar olmadan söz konusu haramlık doğmuş olmaz. Şafi'i mezhebine göre ise büyük bir günâha girilmekle beraber nikâha bir halel gelmez.

Damadın, kayınvalidesinin, gelinin kayınpederinin elini öpmesi helâldir. Ancak çok az ihtimalle de olsa, sözü edilen sonuca sebep olunabileceği ve bu yolla aileler yıkılabileceği için, damadın kayınvalidesinin, gelinin de kayınpederinin elini öpmesi en azından Hanefî mezhebinde hoş olmayan bir davranış ve edep tarzı olarak görülmüştür.

Söz konusu haramlığın oluşması için ergin olmak şartı da yoktur. Şehvet duyulabilecek yaşta olmak yeterlidir.[2] Dokunuşun veya bakışın, bilerek, unutarak, hataen veya zorla oluşu arasında hiçbir fark yoktur. Hepsinde haramlılık gerçekleşir.

İmam-ı Şafiî -r.a.- "Şehvetle dokunmak veya bakmak cinsel ilişki gibi değildir. Bunun içindir ki oruç ve ihram cinsel ilişki ile bozulur ve gusül lâzım gelir de şehvetle dokunmak veya bakmakla ne oruç bozulur ve ne de gusül lâzımdır" demiştir. Bazıları da; "Şehvetle dokunmak veya bakmak cinsel ilişkiye yol açtığı için ihtiyaten onun hükmündedir."[3] demişlerdir.

Gelin ile Kayın Peder Yalnız İkisi, Bir Odada Kalabilir mi?

Gelin kayınpederine ebediyyen haram olduğu için bir odada yalnız olarak kalmalarında haramlık yoktur. Ancak bir odada beraber ikâmet etmeleri ve bir odada başka kişi yokken yatmaları haram olduğundan değil, fitneye sebep olabileceğinden uygun görülmemiştir. Bunun bir sebebi de Buhârî'deki bir hadisten bazılarının anladığı mânâdır. Söz konusu hadîs-i şerifte geçer ki, Peygamber Efendimiz

---

1- Günümüz Meselelerine Fetvalar, 1-175.
2- Hanımlara Özel Fetvâlar, 1-75.
3- el-Hidâye, 2-14.

-s.a.v.-: "Kadınların yanına girmekten sakınınız." buyurdu. Ensar'dan birisi: "Ya erkek akrabasına -Hamv- Ne dersiniz? diye sordu. Peygamber Efendimiz -s.a.v.-: "Onlarla başbaşa kalmak ölümdür." cevabını verdi. Burada, kadınla başbaşa bulunması yasaklanan, hatta ölüme benzetilen -hamv- kocasının kardeşi, dayı ve amca çocukları, kısacası, kadının kocasının babası, dedesi ve oğullarından başka akrabasıdır denmiştir.

Ancak Tirmizî gibi, kayınpederi de bu kelimenin anlamına dahil edenler olduğundan, gelinin, kayınpederle aynı odada yalnız kalmasını mahzurlu görenler bulunmaktadır. En azından, kayınpeder, gelinin babası ve kardeşi gibi değildir.[1]

Kadın, Kaynı -Kocanın Erkek Kardeşi- ile Bir Odada Yalnız Olarak Kalabilir mi?

Peygamber Efendimiz'in -s.a.v.- bir hadîs-i şerîfinde geçen -Kayın ölümdür-[2] sözü hakkında, İmam-ı Nevevî demiştir ki: "Bu hadîs-i şerîften murad, erkeğin, baba ve çocuklarından başka akrabalarıdır. Çünkü baba ve çocuklar, kadının mahremleridir; onlar, kadınla bir arada bulunabilir ve ölümle tavsif edilmezler... Ancak kastedilen diğer akrabalar, erkeğin, erkek kardeşi, kardeşinin oğlu, amca, amcaoğlu ve kız kardeşinin oğlu gibi kadının -evlenmemiş olsa idi- kendileri ile evlenmesi helâl olan kimselerdir.

"Kayın ölümdür, sözü arapların eskiden beri kullana geldiği bir ifadedir. "Arslan ölümdür." ve "Sultan ateştir" dedikleri gibi...

Yani arslan ve sultan ile karşılaşmak ölüm ve ateş ile karşılaşmaktır"...[3]

Erkek, Zevcesinin Babaannesinin Elini Öpebilir mi?

Bir erkek, eşinin babaannesinin elini öpebilir. Ancak kadın genç ise öpmemesi daha iyidir. Beraber oturmalarında ise bir haramlık yoktur.[4]

1- Hanımlara Özel Fetvâlar, 4-78.
2- Buhârî, Nikâh.
3- İslâm'da Helâl ve Haram, 158.
4- Hanımlara Özel Fetvâlar, 1-76.

Kadın, Kocasının, Dayısı, Amcası ve Dedesi ile Karışık Oturabilir mi?

Mahremi olmadığından, kocasının, dayı veya amcası ile kadın, bir odada yalnız -halvette- kalamaz. Beraberlerinde başkaları da varken onların yanında tam tesettürlü olarak oturabilir.

Kocasının dedesi, kadının mahremi olduğundan, onunla oturması, başbaşa olsalar ve kadının kolu, başı, bacakları açık bulunsa dahi haram değildir.[1]

Kadın, Kocasının, Dayısı, Amcası ve Dedesinin Elini Öpebilir mi?

Kadın, kocasının dayısı ve amcasının elini öpemez. Çünkü bunlar onun mahremi değillerdir.

Fakat kocasının dedesinin elini öpebilir, ancak öpmemesi daha güzeldir.[2]

Kadın, Evindeyken Başı Açık Dursa Olur mu?

Kadın evinde oturduğu zamanlar, mahrem olmayan kimse bulunmazsa başını açmasında mahzur yoktur.[3] Evde yabancı varsa, ya da kadın dışarıda ise başı avret olduğu için açması câiz değildir. Haramdır.[4]

Baldız, Ablasının Kocasının Yanında Süs Yerlerini Açabilir mi?

Erkeğin, kendisine nikâhı haram olan kadınların belirtilen süs yerlerine bakması, nikâhı ebediyyen haram olanlar hakkındadır, geçici olanlar hakkında değildir. Baldızının belirtilen süs yerlerine erkeğin bakması, baldızının da bu gibi yerleri açık bulundurması haramdır. Çünkü ikisi arasındaki nikâh haramlığı geçicidir.

1- Hanımlara Özel Fetvâlar, 1-76.
2- Hanımlara Özel Fetvâlar, 11.
3- Günümüz Meselelerine Fevtâlar, 1-218.
4- Ahkâm Tefsiri, 2-174.

Kadın, Kocasının Misafirlerine Hizmet Edebilir mi?

Kadın veya onu gören erkekler tarafından fitne tehlikesi bulunmadığı takdirde, kadın, giyinişinde, süsünde, konuşmasında ve yürüyüşünde İslâm âdâbına uygun olduğu müddetçe, kocasının huzurunda onun misafirlerine gereken hizmeti yapabilir. Bu durumda kadın misafirleri, onlarda, kadını görebilirler.

Selh b. Sa'd el-ensâri şöyle demiştir: "Ebu Üseyd Es-Sâdî düğün yaptığı zaman Hz. Peygamber ile ashabını davet etmişti. Onlara ne bir yemek hazırlamış ve ne de bir şey takdim etmişti. Yalnız zevcesi Ümmü Üseyd bir toprak kap içinde hurma yıkamış getirmişti. Islak hurmaları kendi elleri ile sıkarak suyunu Hz. Peygamber'e içirmişti.[1]

Kadın, Karışık Yaşantı -İhtilat- İçinde Kalınca Nasıl Davranmalıdır?

İhtilat, sözlükte, karışmak, harmanlamak, farklı şeylerin bir arada bulunması mânâsına gelmektedir.[2] Dinî terim olarak anlamı kadın ve erkeklerin aynı ortamda bulunmalarıdır. Hz. Peygamber'in zamanında kadınlar ile erkekler farklı ortamlarda farklı amaçlarla birarada bulunmuşlardır.

Meselâ, kadınlar bayram namazı kılınan yere giderlerdi. Savaş zamanında, mücahidlere yardımda bulunurlardı. Kadınların ve erkeklerin bir ortamda bulunmaları yasaklanmamış, fakat bunun mübah olması bazı belli şartlara bağlanmıştır.

— Mü'mine kadın, yabancı erkeklerin olduğu bir ortamda bulunduğunda Kur'ân-ı Kerîm'in hükmünce örtüsüne bürünmelidir.

— *Mü'min erkekler ve mü'mine kadınlar, aynı ortamda bulundukları zaman, gözlerini harama bakmaktan korumaları gerekmektedir.*[3]

— Yabancı erkekler ve kadınlar birbirlerine dokunamaz, toka edemezler.

1- İslâm'da Helâl ve Haram, 176.
2- Lisanu'l-Arab: 9-162.
3- Nûr, 24-31.

— Yabancı erkek ve kadın, "halvet"ten, kesin bir şekilde menedilmiştir.

— Kadınlar yabancı erkekler ile konuşurken, ses tonlarına konuşma tarzlarına, kullandıkları kelimelere dikkat etmek mecburiyetindedirler.[1]

— Kadın, dikkatleri üzerine çekecek şekilde yürümemelidir.[2]

— "Bir kadın koku sürünerek dışarı çıkar ve koku ulaşsın diye bir topluluğun yanına giderse zinaya bir adım atmış olur."[3] hadîs-i şerîftir. Kadın, süründüğü kokuyu yabancı erkeklere hissettirmekten sakındırılmıştır.

Eşler Arasında Mal Ayrılığı Prensibi Var mıdır?

Zevc ve zevcenin kendi malları üzerinde, yalnızca kendisinin hür kullanım hakkı vardır. Her biri kendi malından istediği yere sarfeder. Hiçbiri diğerinin malından rızası olmadıkça haksız yere bir harcamada bulunamaz.[4]

Kocasının Evinden, Tasadduktan Kadında Zevci de Sevaba Nâil Olur mu?

İmam-ı Nevevi'ye göre kadın, kocasından 2 şekilde izinli olur.

1. Sadaka vermek ve muhtaçlara yardım etmek için kadın açıkça izin alır.

2. Kadının geleneğe dayanan bir izni bulunur. Dilenciye kocasının haberi olmadan az miktarda tasaddukta bulunmanın müsaade edilmesi gibi.

Eğer kadın, kocasının müsaade edip etmeyeceğini kestiremezse veya kocasının cimrilik edeceğinden eminse, tasaddukta bulunamaz, kocasından izin istemelidir. Bir koca, eşine, fakirlere vermesi için bir

---

1- Ahzab, 32-33.
2- Nûr, 24-31.
3- Nesâî, Zinet.
4- Hukuk-u İslâmiyye Kamusu, 2-148.

miktar para bıraksa, kadında bu parayı fakirlere verse kocaya daha çok olmak üzere ikisine de sevap verilir.

Bir mal sahibi, uzakta bulunan bir fakire, yiyecek bir şeyler gönderse, buna vasıta olan kişi götürmenin yanı sıra taşımanın sevabını da alır.[1]

Çocukların Nafakası Kime Âittir?

Kız ve erkek çocukların nafakası babaya âittir. Çocuk babadan bir parçadır. Baba, nasıl kendini beslemek mecburiyetinde ise çocuğunu da beslemek zorundadır. Çocuğun malı varsa nafaka gerekmez. Çocuk çalışabilecek duruma geldiğinde, babası onu ücretle işe verir. Bu şekilde kendi ihtiyaçlarını karşılar. Ancak kız çocuğu böyle değildir, evleninceye kadar nafaka babaya aittir.[2]

Bir Kadın, Evlâtlarının İhtiyaçlarına Sarfetmekle Sevab Kazanır mı?

Hz. Ümm-i Seleme Vâlidemiz anlatmıştır: Ben, Resûlüllah'a:

— Ya Resûlüllah -ölen kocam- Ebû Seleme'nin çocuklarına infak ettiğimden dolayı bana sevap var mıdır. Ben onları terk edici olmadım. Çünkü onlar benim de çocuklarımdır, diye sordum. Buyurdular ki:

— Evet, onlara infak ettiğin miktarınca sana ecir vardır.[3]

Anne Çocuğunu Emzirmeye Mecbur mudur?

İslâm hukukçularının çoğunluğuna göre annenin çocuğunu emzirmesi menduptur. Ancak hukuken buna zorlanamaz. Emzirme, çocuğun nafakası kapsamına girer ve bundan baba sorumludur.

Kur'ân-ı Kerîm'de: *"Boşadığınız ve iddeti dolmamış kadınlar... Çocuğunuzu sizin için emzirirlerse onlara ücretlerini ödeyin, ara-*

1- Sünen-i Neseî, 5-87.
2- İbn-i Âbidin, 7-366.
3- Sünen-i Neseî, 10-257.

nızda uygun bir şekilde anlaşın; eğer güçlükle karşılaşırsanız çocuğu başka bir kadın emzirebilir."[1] buyrulmaktadır.

Şu durumlarda anne, çocuğunu emzirmeye zorlanabilir.

• Çocuğun kendi annesinden başkasının sütünü almaması,

• Başka bir süt anne bulunamaması,

• Babanın süt anne tutacak maddi imkâna sahip olmaması,

Anne sütünün, bilhassa ilk 6 ayda çocuk için ne denli yararlı olduğunu bilen anneler bu görevi, dün olduğu gibi bu günde seve seve üstlenmektedirler.

Eşler Birbirlerine İsimleri ile Hitap Edebilir mi?

Kocanın, zevcesine ismiyle hitap edemeyeceğine dair bir nas yoktur. Fıkıh kitaplarında, zevcenin, kocasına ismi ile hitap etmesinin mekruh olduğu yazılıdır. Fakat bunu bir âyet-i kerîmeye ya da hadîs-i şerîfe dayandırmamışlardır. Bu zamanın örfüne göre, verilmiş bir hükümse, örfün -bu alışkanlığın- değişmesi ile bununda değişmesi gerekir.

Diğer bir ifade ile anormal karşılanan beldelerde mekrûh olması, normal karşılanan beldelerde mekrûh olmaması gerekir.[2]

Bazı Zaruri Hâllerde Eşler Birbirlerine Yalan Söyleyebilir mi?

Yalan söylemek büyük günâhlardandır. Fakat şu 3 durum için:

1. Harb esnasında düşmana karşı yalan söylemeye,

2. Birbirine dargın iki kişiyi barıştırmak için yalan söylemeye,

3. Erkeğin, gönlünü hoş ederek, aile dirliğini sağlamak maksadıyla eşine yalan söylemeye, ruhsat verilmiştir. Yuvasının bozulmaması için kocasına yalan söylediğinde kadın da yalancı sayılmamaktadır.[3]

1- Talâk, 6.
2- Kadınlara Özel Fetvâlar, 1-95.
3- Muhtarü'l Ehadisin Nebeviyye, 118.

Bir Kadın, Kocası Yanında İken, Nafile Oruç Tutamaz mı?

Kocası seferde bulunan kadın oruç tutmakta serbesttir. Bunun için kocasının rızasına lüzum yoktur. Hanefî mezhebi fukahâsı; "Kocası yanında bulunan kadına onun müsaadesi olmadan nâfile oruç tutmak haramdır." demişlerdir.[1]

Bir erkek zevcesini nafile oruç tutmaktan, nafile namaz kılmaktan, nafile Hac için sefere çıkmaktan men edebilir. Çünkü zevcin hakkı, nafileden ve farzı kifâyeden daha evveldir.[2]

Bir Kadının Şehir İçinde, Cadde ve Sokaklar Kalabalık Olduğunda Bildiği Bir Yerden, Yine Bildiği Bir Yere Taksi ile Şoförle Yalnız Olarak Gitmesi Câiz midir?

Birbirine yabancı olan bir erkekle bir kadının yalnız olarak bulunmaları dinen haramdır. Bir hadîs-i şerîfte şöyle buyrulmuştur. "Bir erkekle bir kadın yalnız başlarına kalırlarsa mutlaka üçüncüleri şeytandır." Yani Şeytan onların kalbine vesvese verir, şehvetlerini tahrik etmeye çalışır. Bir kadının, şehir içinde ve bildik bir yerden, yine bildik bir yere, bir tehlike olmadığını anladığı takdirde taksiye binip gitmesinde beis yoktur.

Bir Kadının, Takside, Şoför ile Birlikte Yalnız Bulunduğu Hâlde Uzak Bir Yere Gitmesi Câiz midir?

Şehir dışı ya da gece ise veya kocasının izni yoksa kadının yalnız olarak şoförle birlikte taksiye binmesi haramdır.

Bu zamanda, şehirlerde erkek ve kadınların büyük bir kalabalıkla otobüse binerek vücutlarının sürtünmesi dinen câiz olmayıp büyük bir vebaldir, günâhtır.[3]

1- Sahih-i Buhârî, 11-313.
2- Hukuk-u İslâmiyye Kamusu, 2-166.
3- Günümüz Meselelerine Fetvâlar, 2-162.

Kadın, Umumî Hamamlara Gidebilir mi?

Hz. Peygamber -s.a.v.- kadının, hamamlara girerek diğer kadınların önünde vücudunu açmasından sakındırmıştır.

Kadın, özürsüz olarak hamama girerse haram işlemiş olur.

Ümmü Seleme'den rivâyetle Hz. Peygamber -s.a.v.- şöyle buyurmuştur. "Evinden başka yerde elbisesini soyan kadının üzerinden Allah -c.c.- -rahmet- örtüsünü kaldırır.

İslâm, içine kadınlardan başkasının girmediği dört duvarlı bir evden ibaret olan hamamlara kadınların girmesini bu kadar şiddetle karşılarsa, gelip geçenlere karşı avret yerlerini gösteren ve plajlarda vücutlarını alçak gönüllere takdim eden kadınlar hakkındaki hükmü ne olur? Acaba bunlar, Yüce Allah -c.c.- ile aralarındaki bütün sınır ve örtülerini parçalamamışlar mıdır?..[1]

Kadın Balkona Nasıl Çıkmalıdır?

Balkonlar genelde açıktır ve evlerin dış kısmındadır. Evin civarında bulunan ya da oradan geçen bir kimse, balkona çıkan kadını görebilir.

Tesettürün sınırları, sokakta görecek erkekler için başka balkonda görecek erkekler için ayrı değildir. Her iki durumda da avret olan yerler aynı ölçüde kapatılmalıdır. Çamaşır asacak veya balkonda oturacaksa, kadın, cilbabını giyinmelidir.

Manto Giymek Haram mıdır?

İslâm'ın emrettiği tesettürün, nasıl olması gerektiği konusunda 357'nci sahifeden itibaren geniş bilgi verilmiştir. O kısmın okunması rica olunur.

Halil Gönenç Hocamız; "İslâm dini, ne erkek, ne kadın için belli ve muayyen bir kıyafet getirmemiştir. Her memleketin kendine has bir giysisi vardır..." demektedir.[2]

1- İslâm'da Helâl ve Haram, 170.
2- Günümüz Meselelerine Fetvâlar, 1-48.

Bir Hanım, Diz Kapaklarını ve Daha Yukarısını Gösteren Mini Etek Giymiş Bir Kadının Bu Kısımlarına Bakabilir mi?

Bir kadının, başka bir kadının vücudunda bakabileceği yer, göbek ve diz kapakları arası hâriç vücudun diğer bütün kısımları olduğundan bakamaz.[1] Diz kapakları da bakılması haram olan yere dahildir.

Kadınların, kendi aralarında otururken, yüzme havuzlarında ya da spor salonlarında, bu durumlara çok dikkat etmeleri lâzım gelir.

Kadın ile Erkeğin Tokalaşması Câiz midir?

Mahrem olmayan kadına bakmak haram olduğuna göre, onlara dokunmak veya tokalaşmak mutlaka haramdır.[2] Peygamber Efendimiz -s.a.v.- "Ben kadınlar ile musafaha etmem."[3] buyurmuştur.

Bir hadîs-i şerîfte de "Elin zinası yabancı kadına dokunmaktır."[4] denmiştir.

Kadının Yüzü veya Vücudunun Başka Bir Tarafı Aynadan Görünse Ona Bakmak Câiz midir?

Aynaya akseden kadın yüzü veya vücudunun başka bir tarafı hakiki değil hayalidir.

Kadın fotoğrafları, televizyonda görünen kadınlar da böyledir. Hayal oldukları için fitneye vesile olmadıkça, müstehcen bulunmadıkça ona bakmak İslâm dininde söz konusu olan haram bakış sayılmaz. Ancak fitneye ve ahlâkın bozulmasına neden olursa haram olur.[5]

1- Mebsût, 10-147.
2- Günün Meselelerine Fetvâlar, 1-222.
3- İbn Mâce, Cihad.
4- Ahmed b. Hanbel, 2-213.
5- Günümüz Meselelerine Fetvâlar, 2-34.

Diploma, Nüfus Cüzdanı Veya Pasaport Gibi Bir Şey Almak İçin Baş Açık Bir Fotoğraf Mecburiyetinde Kadın Nasıl Davranmalıdır?

Başörtülü fotoğrafını kabul ettirmek için mücadele etmesi asıldır. Fakat şart koşulacak olursa, İslâm'ın terbiye ve edebine aykırı bulunsa da baş açık fotoğraf verilebilir. Yalnız fotoğrafı çekenin kadın olması lâzım gelir.[1] Kesinlikle kadın bulamazsa zarureten çektirebilir.

Estetik Ameliyatı Câiz midir?

İslâm, Kur'ân'da işaret buyrulduğu üzere, şeytanın tesirinden kabul ettiği; Yüce Allah'ın -c.c.- insanın yaratılış şeklini değiştirecek kadar süste, haddi aşmayı reddetmiştir ki şeytan kendisine tâbi olanlara şöyle demiştir. *"Allah'ın yarattığını değiştirmelerini onlara emredeceğim."*[2]

Güzelleşmek amacıyla estetik ameliyat yaptırmaya örneğin, yüzü gerdirmeye, burnu küçültmeye ya da büyütmeye izin verilmemiştir. Fakat insanda, her girdiği mecliste nazarı dikkati çekecek, kendini hakir gösterecek, hissi ve psikolojik olarak onu ızdırap içinde bırakacak çirkin bir yer varsa; kişi kendini üzüntüye sokan bu sıkıntıyı gidermek niyeti olduğu takdirde, böyle bir ameliyatta sakınca yoktur. Çünkü Allah, bizim için dinde zorluk kılmamıştır.[3]

Vücudun Herhangi Bir Yerine Dövme Yaptırılabilir mi?

Dövme vücutta kalıcı bir iz bırakan, yaratılışı değiştirmeye yönelik bir tasarruftur. Hz. Peygamber -s.a.v.- vücuda dövme yaptırmayı, şiddetle yasaklamış, hatta dövme yapana da, yaptırana da lânet etmiştir.[4]

1- Günümüz Meselelerine Fetvalar, 1-218.
2- Nisa, 119.
3- İslâm'da Helâl ve Haram, 92.
4- Buhârî, Libas.

Kadın, Kaşlarını İnceltip, Düzeltebilir mi?

Bir hadîs-i şerîfte: "Allah -c.c.- kaşlarını inceltene, lânet etmiştir."[1] buyrulmuştur.

Fakat, yüz güzelliğini belirgin bir şekilde değiştirip bozan, hormon bozukluklarından kaynaklanan ve kadının doğasına aykırı bir görüntü oluşturan kılların alınmasını bazı âlimler yasak kapsamına dahil etmemişlerdir.

— Kadının, yüzünü temizlemesi yani tüyünü gidermesi ve süslenmek niyeti ile pudralaması ve kaşlarını düzeltmesi câizdir.

— Bu işlem ziynetten sayıldığı için kocasının izni olması şarttır. Aksi hâlde câiz değildir.[2]

İbn-i Âbidin; sakal ve bıyığın kadında fıtrat olmadığını bu sebeple -eğer çıkarsa- onların giderilmesinin müstehap olduğunu söylemiştir.

Kadın Bacaklarındaki Tüyleri Giderebilir mi?

Bir hanım, Hz. Âişe Vâlidemize -r.a.-: "Kocasına güzel görünmek için bir kadın yüzündeki tüyleri alabilir mi?" diye sorduğunda, bu konuda olumlu cevap almıştır.[3] Yabancı erkeklerin de göreceği yüzde bulunan tüylerin giderilmesine izin verildiğine göre yalnızca kadının kocasının göreceği bacaklarındaki tüylerin alınabileceği ifade edilmiştir.

Dişleri Seyrekleştirmek Câiz midir?

Hz. Peygamber -s.a.v.- dişleri inceltmeyi haramlaştırdığı gibi, dişlerin arasını ayırmayı da haramlaştırmıştır.

Bir hadîs-i şerîfte: "Allah -c.c.- güzellik için dişlerini birbirinden ayırıp, Allah'ın -c.c.- yarattığını değiştiren kadınlara lânet etmiştir." buyrulmuştur.

1- Müslim, Libas.
2- İslâm'da Helâl ve Haram, 94.
3- Musannef, 3-146.

Bazı kadınların doğuştan, dişleri birbirinden ayrı, bazılarınında, bitişiktir. Dişleri bitişik olanlar, biraz daha güzel görünmek için dişlerin arasını yontarak birbirinden sun'î olarak ayırmaya çalışırlar. Bu ise; aslında var olan bir şeyi insanlardan gizlemek ve süste haddi aşmaktır ki; İslâm'ın rûhû ve özü bunu reddeder...

Hadîs-i Şerîf'ten anlaşıldığına göre, bu güzellik işlemini başka bir gaye olmadan, sadece yalancı güzellik için yapanlar kötülenmiştir. Eğer bir zarar veya bir ağrıyı, gidermek için buna ihtiyaç olursa, o takdirde mahzur yoktur.[1]

Çürük olan dişlerin, dolgu yapılması, gerektiğinde kaplanması, çekilmesi, diş taşlarının temizlenmesi, vb. işlemler, tedavi kapsamına girer, kişi dişlerini tedavi ettirebilir.

Saça Saç İlâve Edilebilir mi?

Peruk denilen takma saç, insanın saçından yapılmış ise kesinlikle haramdır. Onu satmak, satın almak haram olduğu gibi, takmak ta haramdır. Çünkü insan değerli bir varlıktır. İnsanın saçını veya herhangi bir uzvunu zaruret olmadıkça, satmak ve kullanmak haram olur. Hz. Peygamber -s.a.v.- "Allah -c.c.- saçına saç ekleyen ve eklemek isteyen kadınlara lânet etmiştir."

Ancak peruk deve tüyünden, naylon veya sun'î herhangi başka bir şeyden yapılmışsa onu takmakta beis yoktur. Hakkında hiç bir şey varid olmamıştır. Başı kel bir adamın, çirkinliğini kapatmak için böyle sun'î bir peruk takmasında ne sakınca vardır. Hadîs-i Şerîf'te lânetlenen şey, kadının saçına insan saçını eklemesidir. Ama insan saçı olmazsa beis yoktur. Saçları kısa olan bir kadın mesela, saçına deve tüyünden ilâve edip örgülerini çoğaltırsa günâh olmaz.[2] Ancak necis olan hayvanların kıl ve tüyleri kullanılmalıdır.

Kadın Saçını Kestirebilir mi?

Kadın saçını tamamıyla kökünden keserse veya erkek saçına benzeyecek şekilde kısaltırsa haramdır. "Allah-u Teâlâ kendisini erkeklere benzetmeye çalışan kadına ve kendisini kadınlara benzetmeye ça-

---

1- İslâm'da Helâl ve Haram, 94.
2- Günümüz Meselelerine Fetvâlar, 1-119.

lışan erkeğe lânet etmiştir."[1] Kadın saçını erkeğe benzemeyecek şekilde kısaltırsa ve bu memleketinde adet olduğu için arkadaşlarının ayıplamasına sebep olmazsa bunda bir beis yoktur.[2]

Saçlar Boyanabilir mi?

Sahabeden, Hz. Ebu Bekir ve Hz. Ömer gibi bazıları saçını boyamış, Hz. Ali ve Ka'b b. Enes -R'anhüm- boyamamıştır.

Zührî demiştir ki: "Yüz taze olduğu zaman siyaha boyardık. Yüz ve dişler tazeliğini kaybettikleri zaman da onu terk ederdik.

Ebu Zerr'in rivâyet ettiği hadîs-i şerîfte: "Saçın beyazlığını değiştirmek için kullandığınız şeylerin en iyisi kına ve ketemdir." buyrulmuştur.

– Ketem, saç boyamakta kullanılan ve kendisinden mürekkep elde edilen bir bitkidir. Yemen civarında yetişir ve boyası kırmızıya yakın renkte siyahtır.[3]

Kadının Süslenmede Dikkat Edeceği Hususlar Nelerdir?

• Süslenmede, yaratılışı değiştirme ve olduğundan farklı görünerek insanları aldatma amacı gözetilmemelidir.

• Kullanılan süslenme ürünlerinin sağlığa zararlı olmamasına dikkat etmelidir.

• Oje gibi altına su geçirmeyen maddeler kullanılmamalı, süslenme ürünleri ibâdete bir mâni teşkil etmemelidir.

• Süslenmek kadını güzel ve çekici gösterir, bakışların kendi üzerinde odaklanmasına neden olur.

Genel olarak mübah olan süslenme, yabancı erkeklerin görmemesi şartına bağlanmıştır.[4]

• Süslenme amacıyla vücudun herhangi bir yerine sürülen maddeler dinîni bizzat yasakladığı şeyler olmamalıdır.

1- Buhârî, Libas.
2- Günümüz Meselelerine Fetvâlar, 2-178.
3- İslâm'da Helâl ve Haram, 98.
4- Günümüz Meselelerine Fetvâlar, 2-164.

Kız Çocuklarının Kulaklarını Delmek Dinen Câiz midir?

Câhiliyye devrinde kız çocuklarının kulakları deliniyordu. Dinen câiz olup olmadığı hususunda ihtilaf vardır. İmam-ı Gazali ve İbn-i Hacer gibi zatlara göre, çocuğun kulağını delmek haramdır. Çünkü bu gerek olmadığı hâlde çocuğa eziyet vermektir.

Hanefî ulemasına göre câizdir. Hz. Peygamber'in zamanında yapıldığı hâlde yasaklanmamıştır.

Altın ve Gümüş Kaptan İçmek-Yemek Haram mıdır?

Bir hadîs-i şerîfte: "... Altın ve gümüş kaplardan su içmeyin, onlardan yemek yemeyin. Zira bu iki şey dünyada onların -kâfirlerin- ahirette de sizin içindir."[1] buyrulmaktadır.

Evde Heykel Bulundurmak Sakıncalı mıdır?

Evde heykel bulundurmak yasaklanmıştır. "İçinde heykel bulunan eve melekler girmez."[2]

Eve Köpek Almak Câiz midir?

Peygamber Efendimiz -s.a.v.- "Av, tarla, bahçe ve sürü köpekleri dışında köpek besleyen kimsenin sevabından her gün bir miktar eksilir."[3] buyurmuştur.

Korunma ve avlanma gibi bir ihtiyaç bulunmadan evlerde köpek beslemek yasaklanmıştır.

İçinde yaşadığımız çağda, bazı kimseler köpekleri sadece beslemekle kalmıyor, onlarla oynuyor, onları seviyor, ellerini yalamalarına müsaade ediyor, hatta kendisinin yeme-içme için kullandığı kaplardan köpeğin yemesine-içmesine izin veriyor.

1- Tirmizî, Eşribe.
2- Müslim, Libâs.
3- Buhârî, Zebâih.

Bütün bunlar, sağlam yaratılışlı, karakterli insanın ve adabın, çok ayıp karşılayacağı birer husus olduğu gibi sıhhat ve temizlik kurallarına da uymaz.[1]

Bununla beraber zararlı olmayan köpekler telef edilmez her canlıya merhamet edilir, yardım edilir ve ecir alınır.[2]

Kadının Kabir Ziyareti Câiz midir?

Cumhûr-u Ulemâya göre; kadın, İslâm'a göre ziyaretini eda ederse, yani erkeklere karışmaz, gürültü yapmaz ve tesettürüne riâyet ederse, onun da ziyareti sünnettir. Çünkü kadın da erkek gibi ibret almaya muhtaçtır.[3]

1- İslâmda Helâl ve Haram, 123.
2- Helâller ve Haramlar, 74.
3- Günümüz Meselelerine Fetvâlar, 1-71.

EVLİLİĞİN SONA ERMESİ

Eşler arasındaki beraberlikler şu durumlarda nihayete erer.
- Boşama -talâk- ile
- Nikâhın iptali ile
- Tarafları ayırmak ile
- Ve ölüm ile.

EVLİLİĞİN BOŞAMA -TALÂK- İLE SONA ERMESİ

Talâk: Lugatta, boşanmak hissi veya manevi bir kayıttan kurtulma mânâsınadır.[1]

Boşanma, bir kimsenin nikâh kaydından sıyrılıp kendini boşa alma ameliyesidir.

Şer'ân talâk, nikâh akdinin -ehlinden sâdır olan- özel sözlerle hâlen veya meâlen ortadan kalkmasıdır.[2]

Nikâh Akdi, Zevc ile Zevce Arasında Bağ Te'sis Eder

İslâm şeriâtına göre bu bağlar varlığını koruduğu müddetçe evlilik devam eder.

Boşama, bu bağların şer'î ölçüler çerçevesinde çözülmesiyle gerçekleşir. Bu bağlardan birinin veya ikisinin çözülmesi, evliliğin yenilenerek devamına mâni değildir. Tek bağla da evlilik devam eder ve evliliğin sağladığı hak ve vazifeler varlığını sürdürür.

1- Hukuk-u İslâmiyye Kamusu, 2-175.
2- Fetâvâyı Hindiyye, 2-505.

Erkeğin zevcesine "Sen boşsun" gibi boşanmayı icab eden bir tabiri sarfetmesi 3 nikâh bağından birini ortadan kaldırır.[1]

Boşanmanın Hükmü

Kur'ân-ı Kerîm'de: *"Kadınları boşadığınız zaman... Size günâh değildir."*[2] *"Onları iddeti içinde boşayınız."*[3] buyrulmaktadır. Hanefî mezhebine göre boşanma mübahtır. Ancak bu işi yapmamak daha iyidir. Hz. Peygamber -s.a.v.- "Allah'a en sevimsiz olan helâl, boşamadır."[4] buyurmuştur.

İslâm Dininde 4 Türlü Boşama Vardır

1. Vâcip boşama: Zevcesi ile kalması hâlinde, nafaka ve diğer konularda harama düşeceğini kesin olarak bilenin, boşanması vâciptir. Eşlerden birinde kocalık veya zevcelik yapmaya mâni bir sakatlık varsa, cinsel ilişkiye uygun değilse bu eşlerin boşanması vâcip olur.

2. Mendub boşama: Kadının ahlâkı bozuk ise onu boşamak menduptur.

3. Mekruh boşama: Ortada hiçbir sebep yokken bir kimsenin eşini boşaması mekruhtur.

4. Haram boşama: Sünnete uygun olmayan boşama haramdır. Âdet gören kadını boşamak gibi. Boşandığı takdirde, zinaya düşme ihtimali bulunan bir kimsenin zevcesini boşaması haram olur.[5]

Boşama Çeşitleri

Boşamalar, yeni bir nikâh akdine ihtiyaç olmadan eşlerin birbirine dönmesine imkân verip vermemesi, Kitap ve Sünnet'e uygun olup olmaması bakımından iki sınıflandırmaya tâbi tutulmuştur. Bunlardan birincisi rîc'î ve bain; ikincisi ise sünnî ve bîd'î talak diye isimlendirilmişlerdir.

1- Kütüb-i Sitte, 11-155.
2- Bakara, 236.
3- Talâk, 1.
4- İbn Mâce, Talak.
5- İbn-i Âbidin, 6-17.

Rîc'i ve Bâin Talak

Rîc'i Talak:

Kur'ân-ı Kerîm'de: *"Boşama iki defadır. Bundan sonra eşini ya iyilikle tutmak veya güzellikle salıvermek vardır."*[1] buyrulmaktadır.

Rîc'î boşama; kocaya, yeni bir evlilik akdine ihtiyaç duymaksızın iddeti süresinde boşadığı eşine dönme imkânı veren boşama şeklidir.[2] Burada kadın istemese de kocası onu nikâhı altına tekrar ala-bilir.

Rîc'î talak sonrası eşlerin bir araya gelmesinin şartları

– Sözlü rîc'ât -Sözlü dönüş- Kocanın zevcesine döndüğünü bizzat söylemesidir. Bu da "Sana döndüm", "Seni geri aldım" gibi sözlerle mümkün olabilir.

– Fiîlî rîc'ât -Fiîli dönüş: Kocanın rîc'î talâkla boşadığı eşini okşaması, öpmesi ya da cinsel ilişkide bulunması ile olur.[3]

Rîc'î boşamanın sonuçları

• Boşama sayısı eksilmiş olur. Koca, zevcesini bir talâkla boşamışsa geride 2 boşama, 2 talâkla boşamışsa geride bir boşama hakkı vardır.

• Rîc'î talâkla, kocanın, iddet süresince eşine dönme hakkı varken, iddetin dolmasıyla koca bu hakkını kaybeder, boşama kesinleşir.

• İddet içerisinde eşlerden birinin ölmesi hâlinde diğer eş mirasçı olur.

Bâiń Talâk

Boşama sırasında evliliği tamamen sona erdiren ve yeni bir nikâh akdi olmadıkça evliliğin devamına imkân bulunmayan boşamaya denir.

1- Bakara, 229.
2- Bidayetu'l Müctehid, 3-1085.
3- el-Hidâye, 2-98.

Şu durumlarda boşama bâindir

• Evlenme akdinden sonra, kocanın, cinsel ilişkide bulunmadan, sahih halvet durumu da gerçekleşmeden zevcesini boşaması.

• Zevcesinin isteği üzerine kocanın bir bedel karşılığında eşini boşaması.

• Boşanmada kocanın kapalı -kinayeli- sözler ya da şiddet ve te'kit ifade eden kelimeler kullanması.

• Rîc'î boşamada koca iddet sonuna kadar zevcesine dönmezse bâin boşama meydana gelmiş olur.

• Üçüncü boşama hakkının kullanılmasıyla bâin talak gerçekleşir.

Bu ister bir defada ister ayrı ayrı söyleyip üçe tamamlamakla olsun, aynıdır.

Eşlerin bâin boşama ile ayrılmaları iki türlü olur

1. Beynûnet-i Suğra -Küçük Boşanma-

Birinci ya da ikinci bain boşamanın ardından meydana gelen ayrılık "küçük ayrılık" diye isimlendirilmiştir.

Bu durumda:

• Evlilik bağı sona erer. Eşler birbirine haram olur. Ancak yeni bir nikâh ile evlenebilirler.

• Talâk sayısı eksilir. Mesela koca, zevcesini bir talâk ile boşamışsa geriye iki boşama hakkı kalır.

• Ölüm veya boşanma zamanına bırakılan mehir, peşine döner, derhal ödenmesi gerekir.

• Kadın iddeti bitinceye kadar kocasının evinin bir bölümünde kalabilir. Kocanın nafaka yükümlülüğü devam eder.

• Eşlerden biri ölürse birbirine mirasçı olamazlar.[1]

2. Beynûnet-i Kübrâ -Büyük Boşama-

Üç boşamanın ardından meydana gelen ayrılığa "Büyük ayrılık" denmiştir.

1- Bidâyet'ül Müctehid, 3-69.

Bu durumda:

- Evlilik akdi derhal sona erer. Kadın başka biri ile evlenip, ondan ayrılmadıkça ilk kocasına helâl olmaz.
- Kadın, iddet süresince kocasının evinin bir bölümünde kalabilir ve nafaka devam eder.
- Daha sonra ödenmesi kararlaştırılan mehir, peşine dönüşür ve derhal ödenmesi gerekir.
- Eşler arasında artık miras söz konusu olmaz.

Sünnî ve Bîd'î Talâk

Kur'ân-ı Kerîm'de ve Sünnette belirlenen esaslara uygun olarak yapılan boşamaya "Sünnî talâk" denmiştir. Hanefî mezhebinde, "Sünnî talâk" iki türlüdür; "Hasen boşama" ve "Ahsen boşama".

Hasen -güzel- boşama: Kocanın zevcesini her temizlik günlerinde bir rîc'î boşama ile 3 defa da boşamasıdır. Boşamanın bu şekilde birer ay arayla, kadının temizlik günlerinde yapılması, eşler arasında tekrar sevgi bağının kurulmasına sebep olabilir.[1]

Ahsen -en güzel- boşama: Kocanın eşini temizken cinsel ilişkiye girmeden bir talâk ile boşayarak iddet sonuna kadar beklemesidir. Asrı saaddette uygulanan boşama şekli buydu.

Bu tür boşamada kocanın önünde düşünebileceği uzun bir süre vardır, pişman olup zevcesine dönme ihtimali bir hayli fazladır.

Bîd'î Talâk -Sünnete Uygun Olmayan Talâk-

Bu âyet-i kerîme ve Sünnet'te belirlenen esaslara uymadan yapılan "boşama"dır.

Bid'ât sayılan boşamalar

- Zevcesini âdetliyken boşamak,
- Zevcesini bir temizlik içinde bir defada ya da ayrı ayrı zamanlarda birden fazla boşamak.
- Zevcesini temiz olduğu günlerde cinsel temastan sonra bir defada boşamak, Kur'ân ve Sünnet'e uygun olmadığından bîd'î talâktır.

1- el-Hidâye, 2-60.

Evliliğin Nikâh İptali İle Sona Ermesi

Nikâh akdi yapılmış olmakla beraber, talep hâlinde hâkimin nikâh akdini geçersiz kılmasına nikâhın iptali denmiştir. İptal hükümsüz bırakmak demektir.

Zihar Yapan Kocanın Zevcesi, Nikâhını İptal Ettirir

Zihar yapan koca, keffaret vermiyor, zevcesini boşamıyorsa, eşinin, hâkime müracaat edip nikâhını iptal ettirme hakkı vardır.

Zihârda bulunan erkeğe, zihâr kefaretini yerine getirmedikçe zevcesi haram olur.

Zihâr, lugat olarak, sırt mânâsına gelen zahr'dan gelir. İki şey arasında bir uygunluk ve benzeyiş vücuda getirmek mânâsındadır. Istılah olarak, "kocanın, hanımını, neseb, süt emme veya müsâheret suretiyle ebediyyen mahremi olan bir kadının, kendisine bakılması câiz olmayan, arkası karnı, uyluğu gibi bir uzvuna zihâr maksadı ile benzetmesidir. bu muamelede daha ziyade zahr -sırt- kelimesi kullanıldığı için zihâr denmiştir. Zahr kelimesi çoğu kere, edeb icabı, karın ve tenasül uzvu yerine kullanılmış olur. Bu, bir nevi boşamadır. Erkek helâl olan hanımını, zihâr yaparak kendisine haram kılmış olmaktadır. Bu mezmum -zemmolunmuş- bir davranıştır. Meselâ bir kimse zevcesine: "Sen bana annemin arkası gibisin"; "Ben sana zihâr ettim,", "Sen bana anam gibi haramsın" nevinden sözler sarfeden kimse zihârda bulunmuş olur.

Zihârda bulunan koca, keffaret vermeden, zevcesi ile cinsel ilişkide bulunamaz, ona dokunamaz ve onu öpemez.[1]

Kefaret olarak şunlardan birinin yapılması gerekir.
– Köle âzâd etmek,
– İki ay muttasıl oruç tutmak,
– Altmış fakire sabahlı akşamlı günde iki öğün olmak üzere yemek yedirmek.

Bu üç şıktan birini tercih hakkı yoktur. İmkânı olan köle âzâd eder. Olmayan sıhhatı müsaitse oruç tutar; değilse fakir doyurur.

1- el-Hidâye, 2-117.

Karı-Koca Bizzat Liân ile Birbirlerinden Boşanmış Olur

Liân: Hayırdan uzaklaştırmak, lânet etmek mânâsınadır. Liân şeriatta erkeğin namuslu zevcesine zina isnâd etmesidir.[1]

İmam Züfer Hazretleri: Peygamber Efendimizin "Birbirleriyle liân eden karı ile koca hiç bir zaman bir daha birleşemezler"[2] hadisinden bizzat liân ile birbirlerinden boşandıkları anlaşılır" demiştir.

Liân; karısının zinâ ettiği iddiasında bulunan fakat bunu dört şahit ile ispat edemeyen koca ile bunu reddeden kadın arasında cereyan eden boşanma şeklidir. Liânın şekli şöyledir. Hâkim önce erkeğe emreder, erkek dört kere: "Allah şâhittir ki ona isnad ettiğim zinâ doğrudur" dedikten sonra beşinci kezde de:

"Eğer yalan söylüyorsam Allah'ın lâneti üzerime olsun" der ve her defasında kadına işâret eder. Bundan sonra kadın dört defa "Allah şahittir ki bana isnad ettiği zinâ yalandır, dedikten sonra beşinci de: Eğer bana isnad ettiği zinâ doğru ise Allah'ın gazabına uğrayayım" der.

Karı ile koca, birbirleriyle liân ettikten sonra hakimin onları ayırması ile birbirlerinden boşanmış olurlar.[3]

Evliliğin Tarafları Ayırmak ile Sona Ermesi

Nikâh akdinin kendiliğinden son bulmuş durumları vardır.

– Karı-kocadan birinin -Allah Teâlâ korusun- mürdet olması nikâh için acil feshdir.[4]

– Köle olan karı-kocadan, kadın hürriyetine kavuşup ayrılmayı seçtiğinde nikâh kalmaz.

1- Molla Hüsrev, 2-241.
2- Ebû Dâvud, 1-306.
3- el-Hidâye, 2-129.
4- Dürer ve Gurer, 2-153.

— İlâ'da 4 Ay Geçince Hanefilere Göre Bir Talâkla Boşanma Vuku Bulur

İlâ kocanın, zevcesine yaklaşmamak için yemin etmesidir. Erkek zevcesine "Sana 4 aya kadar yaklaşmayacağım" diye yemin ederse "ilâ" etmiş olur. Bu kimse 4 ay içinde zevcesine yaklaşırsa yeminini bozmuş olur. Ve edilen yemini bozmak için kefaret gerektiğinden kefaret lâzım gelir. İlânın hükmü de sakıt olur. Eğer 4 ay geçinceye kadar zevcesine yaklaşmazsa, şeriat tarafından ona verilen ceza olarak -hâkim boşamasa da- sürenin bitimiyle zevcesi kendiliğinden ondan boşanmış olur.[1]

Evliliğin Ölüm İle Sona Ermesi

Ölüm ile birlikte nikâh akdi son bulur. Eşlerden ölen koca ise kadın iddet beklemek zorundadır.

Sağ kalan eş erkek, ise iddet beklemesi söz konusu değildir.

Kadın, başka bir yerde bulunuyorken kocası ölürse derhal evine döner.

Kur'ân-ı Kerîm'de:

"Onları evlerinden çıkarmayın"[2] buyrulmaktadır.

Evleri ise oturdukları yerdir. Bunun içindir ki, kadın babasının evine gittiği sırada kocası onu boşarsa, oturduğu eve dönüp orada iddetini beklemek zorunda olur. Peygamber sallallahu aleyhi ve sellem EFendimiz kocası öldürülen bir kadına:

"İddetinin süresi bitinceye kadar evinde otur."[3] buyurmuştur.

Kadına kocasının evinden düşen miktar kâfi gelmediği için diğer mirasçılar onu oturduğu yerden çıkarırlarsa o zaman başka yere taşınabilir. Çünkü bu taşınma mazeretten dolayıdır. Mazeret ise ibâdetlerde etki yapar. Nitekim, eşyasının çalınmasından veya altında oturduğu damın, üstüne yıkılmasından kaygı duyduğu ya da oturduğu

---

1- el-Hidâye, 2-107.
2- Talak, 1.
3- Ebû Dâvud, 1-314.

yer kira ile olup kirasını vermeye gücü yetmediği hâllerde başka yere taşınabilir.[1]

Kocası Ölen Kadın Gündüz Evinden Çıkabilir

Çünkü ihtiyacı vardır. Kocası ölen kadına kocasının terekesinden nafaka düşmediği takdirde gündüzleri dışarı çıkıp geçimini sağlamak zorunda olur. Gündüzleri her zaman, gecenin de bir kısmında çıkabilir. Fakat kendi evinden başka yerde yatamaz -geceleyemez-.[2]

Kadın Ölen Kocası İçin Yas Tutar

Müslüman ve mükellef bir kadın, sahih nikâhla cima edilmişse, ölüm iddeti beklerken yas tutar. Ölen kocası, bunu terketmesini tenbihte bulunmuş olsa dahi öyle yapar. Çünkü yas tutmak, nikâh nimetinin elden gitmesine üzüldüğünü göstermek için şeriatın hakkıdır.

Kadın bu esnada zinetlenmeyi -altın, gümüş ve mücevharatın bütün nevilerini takınmayı, ipekli elbise giymeyi, bedenine, giysilerine koku sürünmeyi vs...- terk eder.

Bir de bu zikredilen şeyler kadına rağbet sebepleri olduğundan da bırakılır. Zira kadın iddet esnasında nikâhtan men edilmiştir. Haram bir fiile sebep olmamak için de bunlardan kaçınır.

Sağ Kalan Eş, Ölen Eşinin Mirasçısı Olur

Diğer mirasçılarla birlikte hissesine düşeni alır.

1- el-Hidâye, 2-145.
2- el-Hidâye, 2-144.

EVLİLİĞİN SONA ERMESİ İLE İGİLİ MERAK EDİLEN MESELELER

Boşamada Kullanılan Kelimeler Kaç Çeşittir?

Boşama sözlü bir tasarruf olduğundan boşanma için kullanılan sözler önem arz eder. Boşama belli sözlerle olur. Bu sözler iki gruba ayrılır.

1. Açık -Sarih- boşama sözleri: Bunlar boşamada kullanılan ve halk arasında kesinlikle boşama için söylendiği bilinen sözlerdir.

Hanefî mezhebinde sarih, 3 kelime veya açık olarak onların mânâsını ifade eden tercümesidir. Bahsedilen 3 kelime talâk kelimesinden türemiştir.

"Boşsun", "Seni boşadım" "Boş ol" veya "Sen bana haramsın" gibi örfen boşanma için kullanılan sözler açık boşama sözleridir.

Bu sözleri söyleyen kişinin "Boşamayı kastetmemiştim" sözüne itibar edilmez. Çünkü bu sözler, boşanmada kullanılagelen açık sözlerdir.[1] Halk arasında sıkça kullanılan "Şart olsun" sözü de sarih ifade hâlini almıştır.[2]

Şâfiî mezhebinde ise sarih lafızlar 3 kelime ve bunun tercümesidir. Bunlar, talâk, firâk, serâh'dır -talâk, ayrılma, salıverme-[3]

2. Kapalı -kinayeli- boşama sözleri: Boşanma anlamına gelebileceği gibi başka mânâlara da gelebilen sözlerdir. Bunu söyleyen kimse, boşa mânâsını değil, ikinci mânâsını kast ettim dese sözü tasdik edilir. Bir kimse zevcesine "Sen serbestsin" dese, maksadı "Boş olduğun için serbestsin" olursa bir talâk ile boşanır, yoksa, "Serbestsin" demekle "Nasıl istersen yapabilirsin, benim sana güvenim var" kast ederse talâk icab etmez. Özet olarak, kendi zevcesi hakkında kinaye

---

1- el-Hidâye, 1-230.
2- Bidayetül-Müctehid, 3-47.
3- Büyük Şafiî Fıkhı, 2-207.

kelimesini söyleyen kimsenin maksadı, onu boşamak ise boşanır, yoksa o kelimenin mânâsını murad ederse boşanmaz.[1]

Hanefîlere göre açık sözlerle boşama rîc'î, kapalı sözlerle boşama bâin boşama hükmündedir.[2]

Kalpten Boşama Olur mu?

Bir koca, dili ile söylemeden sadece kalbinden niyet etmek suretiyle hanımını boşayamaz. Açık veya üstü kapalı kelimelerle söylenmedikçe ya da yazılmadıkça boşama gerçekleşmez.[3]

Mektup ile Boşamak Câiz midir?

Birbirlerinden ayrı yerlerde bulunan eşler, mektup aracılığı ile boşanabilirler. Hanefî mezhebine göre koca, eşinin ismini, adresini ve bizzat ona "Zevcem falancaya" diye hitab ettikten sonra "Seni boşadım" veya "Sen boşsun" diye yazar, imzasını atar, veya mührünü basarsa, boşanma gerçekleşir.[4]

Boşamada Kimin Sözü Geçerlidir?

İslâm'da esas itibarıyla boşamaya koca ehildir. Boşamanın gerçekleşmesi için, bazı durumlar hariç, hâkim kararına gerek yoktur.

Bir hadîs-i şerîfte: "Talâk erkeklerindir. İddet bekleme de kadınlarındır."[5] buyrulmuştur.

Nikâh Sırasında, Kadın Boşama Yetkisine Sahip Olabilir mi?

Kadın, nikâh esnasında, boşama yetkisi ister ve evlilikte bu şartla yapılmış olursa, kadın da boşama yetkisine sahip olmuş olur. Ancak kadının boşama yetkisi bir rîc'î talâktır. Diğer ikisi kocaya aittir.

1- Günümüz Meselelerine Fetvâlar, 1-187.
2- el-Hidâye, 1-230.
3- Istılahat-ı Fıkhıyye, 2-369.
4- Günümüz Meselelerine Fetvâlar, 1-144.
5- Muvatta, 2-582.

Aynı Anda 3 Talâk -Boşama- Olur mu?

Ashâb-ı kiram ve tabi'inin cumhuru ile hak olan dört mezhebe göre bir anda defaten, bir kadın 3 talâk ile boşansa, 3 talâk ile boşanır.[1]

Bir koca, zevcesine "Sen, boşsun, sen boşsun, sen boşsun" dese kadın 3 talâkla boşanmış olur.[2]

Bir Koca, Zevcesine "Ben Falan Şeyi Yapsam 3 Talâkla Boşsun" Dese Sonra Unutarak veya Zorlanarak O İşi Yapsa Ne Lâzım Gelir?

• Koca, herhangi bir işine veya yakından kendisi ile ilgilenen kimsenin işine zevcesini boşamasını bağlar, sonra unutarak veya zorlanarak o işi yaparsa Hanefî mezhebine göre zevcesi boşanır. Fakat Şâfi'î mezhebinde bir şey lâzım gelmez. Ama hatırladığı hâlde yaparsa, her iki mezhebe göre de zevcesi boşanır.[3]

Koca, Zevcesine Tek Talâğı Kuvvetlendirmek İçin Boşama Kelimelerini Tekrar Etse Ne Olur?

Meselâ; koca zevcesine hitaben 3 defa "seni boşadım" dese, sonra "birinci cümle ile bir talâk, ikinci ve üçüncü cümleyi, birinci cümleyi te'kid etmek istediğimden söyledim dese ne lâzım gelir?

Hanımına hitaben 3 defa "Seni boşadım" diyen koca, "İkinci ve üçüncü defa ile birincisini te'kid etmeyi kasdettim dese, gerçekten öyle kasdetmişse tekrar hanımı ile birlikte yaşadığı takdirde, Allah'ın indinde mes'ul değildir. Çünkü ifadesine göre 3 talâktan bir tek talâk vâki olmuştur.[4]

1- Günümüz Meselelerine Fetvâlar, 1-144.
2- Bidayetü'l-Müctehid, 3-24.
3- Günümüz Meselelerine Fetvâlar, 1-191.
4- .Günümüz Meselelerine Fetvâlar, 2-145.

Vekil Aracılığı ile Boşama Olur mu?

Koca, zevcesini vekil aracılığı ile boşayabilir. Koca bir adama "Zevcemi boşamak üzere seni vekil tâyin ettim" derse, boşamada vekâlet gerçekleşmiş olur. Vekil de aldığı yetki üzerine kadına gider, kocasının kendisini boşadığını tebliğ ederse boşama vuku bulur.[1]

Zamana Bağlı Boşama Olur mu?

Boşama yetkisi olan bir koca zevcesini, ileri bir tarihe dönük olarak boşarsa, o zamana girilince daha boşanma gerçekleşir. Koca zevcesine "Sen yarın benden boşsun" demiş olsa kadın tan yerinin ağarması ile birlikte boşanmış olur.[2]

Şarta Bağlı Boşama Olur mu?

Koca, zevcesine, mesela "Şu işi yaparsan boşsun" veya "Evden çıkarsan boşsun" gibi sözler söylemiş olsa bu, şarta bağlı boşamaya girer.[3] Kadın o işi yapmazsa bir şey icab etmez. Fakat yaparsa bir talâk gider. İki talâkı kalır.

Bir Kimse Başkasının Tesiri Altında Kalarak Zevcesini Boşarsa, Boşanma Olur mu?

Bir koca başkalarının tesiri altında kalarak, zevcesinin hakkında dedikodu yapılsa ve ondan ayrılması için ısrar edilse de zevcesini boşasa, boşanma olur. Bu hususta hiç ihtilâf yoktur.[4]

Hul Var mıdır?

Hul; sözlükte çıkarmak, gidermek demektir.

Şeriatte ise; mal karşılığında, kadının kocasından boşanmasıdır. Yüce Allah Kur'ân-ı Kerîm'de:

1- İbn-i Âbidin, 6-319
2- İbn-i Âbidin, 6-416.
3- el-Hidâye, 2-89.
4- Günümüz Meselelerine Fetvâlar, 1-187.

"Siz de karı ile kocanın, Allah'ın sınırlarını, hakkıyla muhafaza edemeyeceklerinden korkarsanız, kadının kendini kurtarmak için kocasına fidye vermesinde günah yoktur."[1] buyrulmaktadır.

Kadın hulü yoluyla boşandığı zaman bir talak ile ve kesin olarak boşanmış olur ve kocasına fidye vermesi lâzım gelir.[2] Peygamber sallallahu aleyhi ve sellem Efendimiz:

"Hulü' bir talaktır"[3] buyurmuştur.

Evlenmede mehir olabilen her şey, hul'da karşılık olabilir

Kısa boylu ve çirkince bir adam olduğu rivâyet olunan Sâbit İbnu Kays'ın zevcesi, Hz. Peygamber'e gelmiş ve demiştir ki:

– "Yâ Resûlüllah! Sâbit'in dindarlığı ve ahlâkı hususunda bir kusur bulmuyorum. Bir müslüman olarak nankörlük etmek istemiyorum. -kocamı bir türlü sevemedim, ona karşı görevlerimi yapamamaktan korkuyorum-

Peygamber Efendimiz onun bu sözlerinden kocasından ayrılmak istediğini anlayınca sormuştur:

– Mehir olarak aldığın bahçeyi ona geri verir misin?

– Evet, veririm.

Peygamberimiz, Sâbit İbnu Kays'ı çağırmış ve ona şöyle buyurmuştur:

– Bahçeni geri al ve onu boşa.[4]

Kocasını sevememek gibi bir sebeple kadınlık vazifelerini yapamayacağı endişesiyle zevcenin hul' talebinde bulunması câiz görülmüştür, bu kadını günahkâr kılmamaktadır.

Eğer geçimsizlik kadın tarafında olursa kadına verdiği mehir miktarından fazla alması erkeğe mekruhtur.

1- Bakara, 229.
2- el-Hidâye, 2-111.
3- Beyhakî, 7-316.
4- et-Tac, 2-345.

Koca Zevcesine, Boşanma Yetkisi Verebilir mi?

Koca boşanma yetkisini kısa veya uzun süreli olarak zevcesine verebilir. Mesela zevcesine "Bir sene veya 10 seneye kadar boşama yetkisine sahipsin" der. Bu yetki kendisine verildikten sonra kadın o süre içerisinde isterse kendini boşar. İsterse de boşanmaz.

Koca boşama yetkisini zevcesine verdikten sonra geri alıp alamayacağı hususunda ihtilâf vardır.

Râcih kavle göre geri alamaz.[1]

Bir Koca, Zevcesine Latife Şeklinde "Sen Boşsun" Dese Boşanma Olur mu?

Hanefî ve Şafiî'lere göre eşini şakayla boşayan kimsenin boşaması geçerlidir.[2] Bir hadîs-i şerîfte: "Üç şey vardır ki bunların ciddisi de ciddi, şakası da ciddidir. Evlenme, boşanma ve rîc'attır."[3]

Bir Koca, Zevcesine "Herhangi Bir Erkekle Konuşursan Boşsun" Dese Sonra Mesela Kadın Babası ile Konuşsa Bir Şey Lâzım Gelir mi?

• Kocanın gayesi zevcesinin yabancı bir erkekle konuşmasını men'etmek ise bir şey lâzım gelmez. Bu takdirde, babası ile konuşabildiği gibi erkek kardeşi, amcası ve dayısı gibi mahremleri ile de konuşabilir. Fakat kocanın gayesi umumî olup bütün erkeklerle konuşmayı men'etmek ise babasıyla da konuştuğunda boşanır.[4]

Akıl Hastası Olan Bir Kocanın, Zevcesini Talâkı Geçerli Sayılır mı?

Peygamber Efendimiz: -s.a.v.- "Üç kimseden kalem kaldırılmıştır. Uyuyandan, uyanıncaya kadar çocuktan, akıl-Baliğ oluncaya kadar, akıl hastasından, kendine gelinceye kadar."[5] buyurmuştur. İbn Kudâme: İlim ehli kimseler, sarhoşluk ve -insanın kendi ihtiyarıyla

---

1- Günümüz Meselelerine Fetvâlar, 2-144.
2- Fethu'l-Kadir, 3-488.
3- Tirmîzî, Talâk.
4- Günümüz Meselelerine Fetvâlar, 1-191.
5- İbn Mâce, Talâk.

yaptığı- o anlamdaki şeyler dışında aklı giden insanın boşamasının geçerli olmadığında icma etmişlerdir. Zira boşamanın şartlarından biri de akıldır. Aklı gideren hastalıklara mübtelâ olanların hasta iken boşamalarına itibar edilmez. Ancak bu gibi kimselerin, nöbeti bulunmadığı ya da söylediklerinin farkında oldukları zaman sarfettikleri sözler ve yaptıkları tasarruflar geçerlidir.[1]

Aklı Yerinde Hasta Koca, Zevcesini Boşarsa Geçerli Sayılır mı?

Hasta kocanın aklı başında olduğu sürece boşaması geçerlidir.

Bir Koca Sarfettiği Bir Sözden Dolayı Zevcesini Boşadığını Zennetse Durum Ne Olur?

Meselâ; "ben eşimi boşadım" dese, fakat sonra bilen bir kimseye durumunu anlattığında, söylediği sözden sebep eşini boşamamış olduğunu farkederse, "eşimi boşadım" demesi bir zarar verir mi?

Sarfettiği bir sözden dolayı zevcesini boşadığını zannederek, defalarca "Ben eşimi boşadım" diyen koca, daha sonra sarfettiği sözle zevcesini boşamamış olduğunu fark ederse zanna binaen "Eşimi boşadım" demesi nikâhlarına bir halel getirmez.[2]

Sarhoş Kocanın, Zevcesini Boşaması Geçerli midir?

İnsanda sarhoşluk iki şekilde meydana gelir.

1. Sarhoşluk, mübah bir şeyi yemekten veya içmekten ya da sarhoşluk verecek şey zorla, tehdit altında bulunmaktan kullanılıp meydana gelmişse, boşama geçerli olmaz. Mesela fazla bal yemekten sarhoş olanın boşaması geçersizdir.

2. Bir de haram olan şeyleri yemekten veya içmekten sarhoş olunur. Şarap, viski içmek, esrar ya da eroin gibi uyuşturucuları kullanmaktan sarhoş olanın zevcesini boşaması geçerlidir.[3]

1- Hanımlara Özel Fetvâlar, 1-142.
2- Günümüz Meselelerine Fetvâlar, 2-145.
3- Bidâyet'ül Müctehid, 3-58.

Bunamış Olanın veya Ergenlik Çağına Gelmemiş Birinin, Zevcesini Boşaması Câiz Olur mu?

Bunamış ya da ergenlik çağına erişmemiş birinin boşaması câiz değildir.[1]

Bir Ailede Çocuk Olmaması O Evliliği Sona Erdirecek Bir Neden midir?

Yüce Allah -c.c.- Kur'ân-ı Kerîm'de, bu hususun kendi dilemesine bağlı bulunduğunu belirtmektedir.

"Göklerin ve yerin hükümranlığı Allah'ındır; dilediğini yaratır. O dilediğine kız çocuk, dilediğine de erkek çocuk verir; veya hem kız, hem erkek çocuk verir; dilediğini de kısır bırakır. O bilendir her şeye gücü yetendir."[2]

Erkekte veya kadında bu özelliğin bulunmaması boşanma sebebi değildir.

Kadın Kocasının Cenazesine Bakabilir mi?

Koca ölünce, zevce "İddet" sebebi ile bir bakıma hâlâ kocasına bağlı bulunduğundan, kocasının vücuduna bakabilir ve onu yıkayabilir.

Zevcenin ölmesi durumunda evlilik sona ermiştir. Erkek, eşinin sadece yüzüne ve ellerine bakabilir. Onu yıkayamaz. Ancak yıkayacak kadın bulunmadığında teyemmüm verdirir.[3]

Kadına Nafaka, Ne Zamanlar Son Bulur?

• İddet, kocanın vefatı ya da eşini boşaması hâlinde meydana gelir. Kocasının vefatı dolayısı ile iddet bekleyen kadına nafaka gerekmez.

1- el-Hidâye, 2-64.
2- Şura, 49-59.
3- Halebi-i Kebîr, 605.

Hanefî mezhebine göre, ister rîc'î boşanma, isterse bain boşanma olsun bunlardan doğan iddet nafakası koca tarafından iddet süresince ödenir.[1]

• Boşanan kadın hamile ise, doğum yapana kadar ona nafaka verilir.[2]

• Dinden çıkmak gibi bir günâh işlediği için kocasından ayrılan kadına nafaka yoktur.[3]

• Nafaka borcu ölüm ile biter.[4]

— *El-Hamdülillâh* —

1- el-Hidâye, 2-162.
2- Talâk, 6.
3- el-Hidâye, 2-164.
4- İbn-i Nüceym, 4-217.

FAYDALANILAN KAYNAKLAR

- Kur'ân-ı Kerîm
- Abdü'l Kâdir Geylānî, Gunyetü't- tâlibin trc.
- Aclûnî İsmâil B. Muhmamed, Keşful-Hafa
- Abdürrezzakı Ebu Bekir b. Hemmam, Musannef
- Dr. Adil Asımgil, Sağlık Kitabı
- A. Fikri Yavuz İslâm İlmihâli
- A. Hamdi Akseki İslâm Dini
- Ali Akın, İslam İlmihâli
- Ali Rıza Demircan, Cinsel Hayat
- Alparslan Özyazıcı, Hücreden İnsana
- Alüsî, Ruhu'l Meânî
- Askalâni, İbn Haccer, Fethu'l-Bâri
- Ahmed Faruk Es- Serhendi, Mektübat
- Abdullah Aydın, Nur'ül İzah
- Ahmed b. Hanbel, Müsned
- Abdurrahman Cezîrî, Dört Mezhebe Göre İslâm Fıkhı. trc
- Aile Sağlık Ansiklopedisi, Heyet.
- Ahmed Topçu, Yaşam Tarzı İslâm.
- Asım Köksal, İzlahlı Kadın İlmihâli Ansiklopedisi.
- Abdurrahman Efendi, Damad

- Bedir Topaloğlu, İslâm'da Kadın
- Buhârî Sahih
- Bedruddin Ayni, Umdetü'l Kâri

- Celâl Yıldırım, Asrın Kur'an Tefsiri
- Celâl Yıldırım, Kaynaklarıyla İslâm Fıkhı
- Cürcâni, Kitabu't Tarifat

- Ebû Huaym- Hilye
- Ebû Davut Sünen
- Ebû'l Hasen Ali el-Haseni en-Nedvî, Dört Rükün, trc.
- el-Kamus el-Fıkhî
- el-Fıkhü'l- Münheci- trc.
- Es-Seyyid Ahmed Hâşimi, Muhtaru'l- Ehadisin- Nebviyye, trc.
- el-Münavi, Feyzu'l Kadir
- Eşşeyh Zeynüddin, Bahri Râik
- Eşşeyh Ahmed ettahtâvî, Tahtâvî

- Fetâvâyı Hindıyye, trc.
- Fahrudin-i Er- Râzi, Tefsir-i Kebir. trc.
- Faruk Beşer, Hanımlara Özel Fetvalar.

- İmam-ı Birgivi, Bürhanül Müttakîn
- İmam-ı Birgivi, Tarikat-ı Muhammediye
- İmam-ı Gazali, İhya-ı Muhammediye
- İmam-ı Serahsi, Mebsût
- İbn Manzur, Lisan'l- Arab
- İbn-i Âbidin, trc.
- İbnü Kudâme, el-Mugnî
- İbni Rüşd, Bidâyet'ül-Müctehid, trc.
- İbnu'e Hümam, Fethu'l-Kadir
- İbrahim Canan, Kütüb-i Kebir. trc.
- İbrahim Halebî, Halebî-i Kebir. trc.
- İbrahim Halebî, Halebî-i Sağir trc.

- Prof. Dr. İbrahim Kâfi D, İslâm'da İbâdet ve Günlük Yaşayış Ansiklopedisi

- İsmâil Faruk, İslâm trc.

- İbn Mâce, Sünen

- İbn-i Teymiyye, Kulluk

- İrfan Yücel, Hac Rehberi

- İskilipli Atıf Hoca, Tesettür-i Şerî

- İbni Kesir, Tefsiru'l- Kur'ani'l Azîm

- Kâsânî, Bedâiu's- Senâî

- Prof. Dr. Kâzım Arısan, Kadın Hastalıkları

- Malik, Muvatta

- Mahmud Denizkuşları, Kur'ân-ı Kerîm ve Hadislerle Tıp

- Mavsılî, İhtiyar li Tâılili'l- Muhtar.

- M. Ali Nasif, et. Tâc, trc.

- Merginanî, el. Hidâye, trc.

- Mevdûdi, Tefhimu'l Kur'an, trc.

- Prof. M. Ebû Zehrâ, Ebû Hanife, trc.

- Dr. Mehmet Göbelez, Kadınlık

- Mehmet Talu, Dînî Meselelerimiz

- Mehmet Erdoğan, Fıkıh ve Hukuk Terimler Sözlüğü

- Prof. M.A. Hâşimi, Kur'an ve Sünnete Göre Müslüman Kadının Şahsiyeti

- Mustafa Uysal, Mülteka Tercümesi

- Mustafa Kasadar, Sadık Akkiraz Delilleriyle Kadın iİlmihâli

- Meydânî, el-Lübâb li Şerhil Kitâb

- Muhyiddin-i Nevevî, Riyasü'l- Sâlihin, trc.

- M. Cemâl Öğüt, Kadın İlmihâli.

- Muhammed Ali Sâbûni, Ahkâm Tefsiri trc.

- M. Hamdi Yazır, Hak Dini Kur'ân Dili
- M. Yusuf Kandehlevi, Hadislerle Müslümanlık
- Muhammed Hamidullah, İslâm Peygamberi
- Prof. Dr. M. Sait Şimşek, Kur'ân'ın Ana Konuları
- Münâvi, Feyzu'l- Kadîr
- Molla Hüsrev, Gurer ve Dürer

- Neseî, Sünen
- İmam-ı Nevevî, Müslim Şerhi

- Osmanlı- Türkçe Ansiklopedik Büyük Lügat
- Ömer Nasuhî Bilmen, Büyük İslâm İlmihâli
- Ömer Nasuhî Bilmen, Istılahat-ı Fıkhıyye Kamusu

- Said Havva Er Rasül Hz. Muhammed
- Said Havva İslâm, trc.
- Seyyid Sabık, Fıkhu's Sünne, trc.
- Suyûti Celâleyn Telsiri
- Şevkânî, Neylü'l Evtâr

- Prof. Dr. Turgay Atasü, Dr. İbrahim Türkmenoğlu, Pratik Doğum Bilgileri
- Tirmizî, Sünen
- Jonathan S. Berek, Novak Jinekolojisi. trc.
- Prof. Dr. Vehbe Zuhayli, İslâm Fıkhı Ansiklopedisi. trc.

- Hâkim, Müstedrek
- Halil Gönenç, Günümüz Meselelerine Fetvalar.
- Hayrettin Karaman, Helaller ve Haramlar
- Hayrettin Karaman, Ana Hatlarıyla İslâm Hukuku.

- Prof. Dr. Hamdi Döndüren, Delilleriyle Âile İlmihâli.
- Heysemî, Mecmau'z Zevâid
- Prof. Dr. Hikmet Hassa, Klinikte Menopoz.

- Prof. Yusuf Kardâvî, İbâdet trc.
- Yusuf Kardâvî, İslâm'da Helâl ve Haram trc.
- Yusuf Kardavî, İslâm Nizamı trc.
- Yusuf Kardâvî, İslâm'da İbâdet, trc.
- Yusuf Kerimoğlu, Fıkhı Meseleler.

- Zehebî, Kitabül-Kebâir
- Zihni Efendi, Nimeti İslâm.

Not: Arapça kaynaklardan alınan kısımlar tercüme ettirilmiştir.

İÇİNDEKİLER

ÖNSÖZ 5

Birinci Bölüm

ÂDET GÖRME - LOHUSALIK - İSTİHÂZE 7
KADINLARA MAHSUS ÖZEL HALLER 9
Âdet Görme, Lohusalık ve Özür Hali ile İlgili Konular Çok Mühimdir 9
HAYIZ - NİFAS - İSTİHÂZE 10
Kadınlarda Görülen Kanlar İki Türlüdür 10
Temizlik de İki Türlüdür 11
Âdet Görme ve Lohusalığın, Âdet Süresinin Tesbiti 11
ÂDET GÖRME -HAYIZ- 12
Âdet Kanı, Normal Vücut Kanından Farklı Bir Sıvıdır 12
İki Âdet Arasındaki Temizlik Süresine "Tuhur" Denmiştir 13
İlk Âdet Gören Kadın Hz. Havva Vâlidemizdir 13
Genç Kızın İlk Def'a Âdet Görmesi 13
Kızın İlk Gördüğü Kanın Hiç Kesilmemesi Halinde Âdetinin Tesbiti 14
Âdet Görmenin Başlangıç Vakti 14
Âdet Görmenin Müddeti 15
Âdet Kanı Kabul Edilen Günler 16
Âdet Günlerinin Değişmesi 16
Âdet Kanının Renkleri 17
Âdet Kanının Sonraki Hâline Bakılmaz 17
Âdetin Sonunda, Akıntının Beyazlaşmasıyla Âdet Bitmiş Olur 18
Âdet Günlerinin Değişmesi -İntikali- 18
Âdetini Unutan Kadın 19
Âdetini Unutmak Üç Türlüdür 21
Âdet veya Lohusalığın Bitmesi İle Temizlenmek İçin Yıkanmak Gerekir 22
Âdet Müddetinin Bitişinin Tesbiti 22
KADINLARIN ÂDETTEN KESİLMELERİ -İYÂS- 23
LOHUSALIK -NİFAS- 23
Lohusalığın Başlaması 24
Azâsı Belli Olmayan Çocuğu Düşüren Kadından Gelen Kanın Âdet Kanı Sayılması 24

Azâsı Belli Olmayan Çocuğu Düşüren Kadından Gelen Kanın Özür Sayılması 25
Çocuğun Azası Belli mi Değil mi Bilinmediği Halde Kan Gelme Durumu 25
Lohusalığın Müddeti 26
Lohusalıkta 40 Günün Arasına Giren Temizlik Fâsıla -Ara- Teşkil Etmez 26
Lohusalıktan Sonra İlk Âdet Görme 27
Daha Sonraki Doğumlarda, Lohusalık Günlerinin Değişmesi 28
Doğum Kontrolü 28
Asr-ı Saadette Bâzı Sahabiler Azlediyorlardı 29
Doğum Kontrolünü Doğuran Zarûretler 29
Bütün Âlimlere Göre Kadının Rızasıyla Azl Mübah Kabûl Edilmiştir 30
Çocuk Düşürme 30
Meşru Mazerete Birkaç Misâl 31
Çocuk Ruh Sâhibi Olduktan Sonra Onu Düşürmek Haramdır 31
Doğum Kontrolü İçin Bugün En Çok Kullanılan Yöntemler 32
Dışarı Boşalma 32
Prezervatif 32
Rahim Kepi 33
Fitiller 33
Takvim Metodu 33
Ateş Ölçülmesi Metodu 33
Doğum Kontrol Hapları 34
Spiral 34
Kürtaj 35
Vaginal Lavajlar 35
Süt Koruması 35
Kısırlaştırma 35
Kısırlık 36
Tüp Bebek 36
İSTİHÂZA -ÖZÜR- 37
Özür Kanları 37
Özür Kanının Hükmü 37
Özürlü Sayılmanın Şartı 38
Özürlü Kadının Abdestinin Bozulması 39
Özür Halinin Sona Ermesi 39
Özürlünün Vakit İçinde Abdestinin Devam Etmesi 2 Şarta Bağlıdır 39
Özürlü Olan Kimsenin Mümkün Olduğunca Özrünü Hafifletmesi Gerekir 39
Elbisesine Özür Kanından Bir Dirhem Miktarından Daha Çok Bulaşan Kimsenin Onu Yıkaması Lâzımdır 40

ÂDET GÖRME VE LOHUSALIKLA İLGİLİ MERAK EDİLEN DİĞER MESELELER 41
Âdet Görmenin, Lohusalıktan Ayrıldığı Meseleler Nelerdir? 41
Kadının Âdetli Veya Lohusa İken, Kocası ile Cinsî Münasebette Bulunması Yasak mıdır? 41
Âdetli veya Lohusa Kadının Kocasına Karşı Vücudunun Yasak Olan Kısmı Nerelerdir? 42
Âdetli Kadına Kocası, Nasıl Bir Yakınlıkta Bulunabilir? 43
Âdetli Olduğunu ya da Olmadığını Kocasından Saklayan Kadına Bunun Bir Günâhı Var mıdır?
.... 43
Âdet Görmenin Bitiminde Âilevi Münasebet İçin Nelere Dikkat Etmelidir? 44
Âdet Günleri Belirli Bir Kadının Âdeti, Daha Önce Kesilirse Durum Ne Olur? 44
Bazı Kadınlar, Âdetleri Kesildikten Sonra, Gusül Abdesti Almadıkça Namaz Kendilerine Farz
    Olmuyor, Zannediyor, Bu Doğru mu? 45
Âdet Müddetinin Bitiminde Namaz ve Oruç Gibi İbâdetler Yıkanmasa da Kadına Farz Olur 45
Âdet Bezi Nasıl Olmalıdır? 46
Kullanılmış Bezleri Titizlikle, Gözlerden Uzak Tutmalıdır 46
Âdet Bezi İki Türlü Kullanılır 46
Kullanılan Bez Tamamıyla Rahim İçine Konursa Durum Ne Olur? 47
Âdetli Hanımla Birlikte Yemek Yenir mi? 47
Âdetli Hanımın Artığı Pis midir? 47
Âdetli Kadın, Kocasıyla Aynı Yatakta Yatabilir mi? 48
Âdet Kanı Bulaşmış Elbise Nasıl Temizlenir? 48
Âdetli Hanım Cenâze Yıkayabilir mi? 49
Âdetli -Lohusa veya Cünüp- İken Ölenin Cenâzesi Nasıl Yıkanır? 49
Âdetli veya Lohusa Kadının Kestiği Yenir mi? 49
Doğum Yaptığı Halde, Kan Görmemiş Olan Kadının Gusletmesi İcâb Eder mi? 49
Spiral Taktırmanın Sakıncası Var mıdır? 50
Sezeryanla Doğum Yapan Kadın Lohusa Olur mu? 50
Cansız Doğan Çocuk Mirasçı Olur mu? 50

İkinci Bölüm
MADDÎ VE MANEVÎ TEMİZLİK 51
İSLÂM NEDİR? 53
İslâm Bütün Olarak İnsanın Risâletidir 53
İslâm Mezhepleri 53
İtikadî Mezhepler 53
Amelî Mezhepler 54
İslâm Dininin Kaynakları -Şer'i Delilleri- 54
Mükellefiyet Ne Zaman Başlar? 55
Bir Kısım Dînî Terimler 55
İslâm Dininin İhtiva Ettiği Hükümler 57

Hüküm Ne Demektir? 57
Fıkhın Önemi 57
Namaz, Kur'ân-ı Kerîm'e Göre Îmandan Sonra Gelmektedir 58
TEMİZLİK İSLÂM DİNİNİN TEMELİDİR 59
Temizlikle İlgili Emirler 59
Dinî Kurallara Uygun Temizlik Tahâret Adı Altında Toplanmıştır 59
MADDÎ TEMİZLİK-NECÂSETTEN TAHÂRET 60
Necâset Aslen Veya Geçici Olur 61
Hakîkî Necâsetin Çeşitleri 61
Galîz -Ağır- Necâset-Hafif Necâset 61
Katı Necâset-Sıvı Necâset 62
Görünen Necâset-Görünmeyen Necâset 62
Namaz Kılan Kimsenin, Bedeninden, Elbisesinden ve Namaz Kılacağı Yerden Pislikleri
    Temizlemesi Farzdır 63
Pislikten Az da Olsa Kaçınmalıdır 63
Pisliklerden Temizleme Usulleri 64
Su ile Temizleme 64
Sürtme ile Temizleme 65
Silme ile Temizleme 65
Ovma ile Temizleme Nasıl Yapılır? 66
Ditmekle Temizleme 66
Mahiyet Değişikliğiyle Temizleme 66
Ateşte Yakarak Temizleme 67
Kurumakla Temiz Olma 67
Katı Maddelere Pislik İsabet Ettiğinde Temizleme 68
Kesim Yolu ile Hayvanların Temiz Olması 68
Hayvanların Derilerinin Tabaklanma ile Temizlenmesi 69
TEMİZLİKLE İLGİLİ MERAK EDİLEN MESELELER 70
Yeryüzü Temiz midir? 70
Pislenmiş Bir Toprak Parçasına, Yağmur Düşerse Onu Temiz Eder mi? 70
İdrarla Pislenmiş Bir Yer Nasıl Temizlenir? 70
Pislenmiş Olan Bir Sergi Nasıl Temiz Olur? 71
Kendisine Pislik İsabet Etmiş Tabaklanmış Deri Nasıl Temiz Olur? 71
Necâset Bulaşmış Elbise Nasıl Temiz Olur? 72
Elbisenin Bir Tarafı Pislense, O Kimse Neresinin Pislendiğini Unutsa Ne Yapar? 72
Pis Buharların, Elbiseye Dokunması ile O Elbise Pislenmiş Olur mu? 72
İğne Ucu Gibi Olan İdrar Sıçrıntıları, Elbiseyi "Pis" Eder mi? 73
Bir Kimsenin Yürürken, Pis ve Ardından Temiz Yere Değen, Uzun Elbisesi Hakkında Hüküm
    Nedir? 73

Kendisine Çamur Bulaşan Kimsenin Namazı Câiz Olur mu? 74
Köpek Bir İnsanın Elbisesini Tutmuş Olsa Tuttuğu Yer Pis midir? 74
Köpeğin Ağız Suyunun İsabet Ettiği Kap Kaç Kez Yıkanır? 74
Köpek Mescidin Hasırının Üstünde Uyusa Hasır Pis Olur mu? 75
Sütü Sağılırken, Deve, Koyun ve Keçinin -Kığısı- Süt Kabına Düşse, Süt Pis Olur mu? 75
Kedinin ve Farenin İdrarı Suya Düşecek Olsa O Suyu Pis Eder mi? 75
Kedinin Ağız Suyunun İsabet Etmiş Olduğu Şeyden Yenilir mi? 75
Uyuyan Kimsenin Ağzından Çıkan Salya Temiz Sayılır mı? 75
Bir Testiye Pislik İsabet Etse Nasıl Temiz Olur? 76
İçinde İçki Bulunan Toprak Kap Nasıl Temiz Olur? 76
Akıcı Kandan, Ete Yapışan Kısım, Pis midir? 76
Sarhoş Edici Sıvıların Hepsi Pis midir? 77
Ateşle Yanan Pisliğin Külü ve Dumanı Necis midir? 77
Bir Kadın Tandırını Pis Bir Bezle Silse, Pişirdiği Ekmek Pislenmiş Olur mu? 77
MÜ'MİNİN, TEMİZLİĞİ VE GÖRÜNÜMÜ İÇİN DİKKAT EDİLEGELEN ON HUSUS 78
Bıyığın Kesilmesi 78
Sakalın Uzatılması 78
Misvak 79
Misvağın Faydaları 79
Misvak Kullanmanın Müstehab Olduğu Yerler 80
İstinşak 80
Mazmaza 80
Tırnak Kesmek 81
Tırnaklar Cuma veya Perşembe Günü İkindiden Sonra Kesilmelidir 81
Gece, Tırnak Kesmenin Sakıncası Yoktur 82
Parmak Mafsallarını Yıkamak 82
Koltuk Altındaki Tüyleri Yolmak 82
Kasığı Traş Etmek 83
Traş Etmenin Vakti 83
İstinca 83
İstincada Âdet Olan Şeyin Çıkması ile Âdet Olmayan Şeyin Çıkması Arasında Fark Yoktur 84
Bizden Önceki Ümmetlerde İstincâ, Sadece Suyla Yapılırdı 84
Her Mükellef İstinca Konusunda Şunları Bilmelidir 84
İstincânın Araçları 85
Taşla ya da Yaprak Ve Benzerleri İle İstincânın Şartları 85
Kişinin Kendini Su ile Yıkaması Daha Sevaplıdır 86
Tezek ve Kemik ile İstincâ Yapmak Mekruhtur 86
İstincâ Ne Şekilde Yapılır? 87
İstincâda Sol El Kullanılır 88

Tuvalet İhtiyacı Gidermede Şu Hususlara Dikkat Edilir..88
Tuvalet İhtiyacını Gidermenin Yasak Olduğu Yerler 89
İSTİNCÂ İLE İLGİLİ MERAK EDİLEN MESELELER...91
Tuvalette Zikir Yapmak Olur mu?...91
Üzerinde Yüce Allah'ın İsimlerinden veya Kur'ân'dan Yazılı Bir Şeyle Tuvalete Girilir mi?........91
Tuvalet Kâğıdı ile Temizlenmek Câiz midir?..91
Pislenmiş El Nasıl Pâk Olur?..92
Tuvalet İhtiyacını Giderme Esnasında Bir Kimsenin Kıbleye Doğru, Önünü veya Arkasını Dönmesinin Sakıncası Var mıdır?...92
Tuvalet İhtiyacı Giderme Esnasında Konuşulur mu?...93
Bir Kap İçinde İdrar Bırakmanın Mahzuru Var mı?..93
Mezarların Üzerine Tuvalet İhtiyacı Giderilir mi?...93
Durgun Suya Tuvalet İhtiyacı Giderilir mi?..94
Kırlık Bir Yerde Tuvalet İhtiyacı Giderilirken Ayrıca Nelere Dikkat Edilir?.................94
İstinca Etmeye ve Abdest Almaya Güç Yetiremeyen Kimse Ne Yapar?....................95
TEMİZLİĞİN ANA MADDESİ SUDUR..95
Mutlak Sular..95
Temiz ve Temizleyici Sular..96
Temiz, Temizleyici Fakat Mekruh Sular 96
Temiz, Fakat Temizleyici Olmayan Sular 96
Temiz Olmayan Sular...97
Şüpheli Sular..97
Mukayyed Sular...97
SULARLA İLGİLİ MERAK EDİLEN MESELELER...98
Akarsu ile Abdest Alınır mı?..98
Durgun Su ile Abdest Almak Câiz Olur mu?..98
Uzun Süre Beklemiş Su ile Abdest Almak Câiz Olur mu?...98
Sel Suyu ile Abdest Almak Câiz Olur mu?...99
Suyunun Yüzü Tamamen Yosun Tutmuş Bir Havuzdan Abdest Alınabilir mi?..........99
Sonbaharda Üzerine Ağaç Yaprakları Dökülen Sudan Abdest Alınabilir mi?............99
Suda Doğan Hayvanlar, Ölünce Suyun Temizliğini Bozar mı?.....................................99
Bir Çocuk Elini veya Ayağını Bir Kaba Girdirirse, O Kaptaki Su ile Abdest Almak Câiz midir? 100
Cünüp Bulunan veya Âdetli Olan Bir Kimse Temiz Elini Su Kabına Soksa, O Su Musta'mel Olur mu?..100
Pislik Çıkış Mahallini, Diğer İnsanlara Göstermeden Bir Kimsenin Pisliğini Gidermesi İmkânsızsa Ne Yapar?..100
Pisliklerden Temizlenmek İçin Konan Hükümler Tartışmasız Bir Biçimde Zorunlu Olan İhtiyaçlardandır..101

HÜKMÎ TEMİZLİK-HADESTEN TAHÂRET 101
Abdest 102
Abdestin Kendisi Bir İbâdettir 102
Abdestin Farzları 102
Abdestin Sünnetleri 103
Abdestin Edepleri 103
Abdestin Alınış Şekli 104
Abdest Çeşitleri 105
Farz Olan Abdest 105
Vâcib Olan Abdest 105
Müstehab Olan Abdest 105
ABDEST İLE İLGİLİ MERAK EDİLEN MESELELER 107
Ön ve Arka Pislik Çıkış Mahallinden Çıkan Her Şey mi Abdesti Bozar? 107
Normal İki Yolun Üzerinde Pislik Görünmesi Abdesti Bozar mı? 107
İki Yolun Dışındaki Yerlerden Çıkan Kan Abdesti Bozar mı? 107
Çıkan Kan Ne Zaman Abdesti Bozar? 108
İrin, Sarısu ve Diğer Akıntılar Abdesti Bozar mı? 109
Bir Yaradan Az Bir Miktarda Çıkmış Olan Kan, Silinirse Abdesti Bozar mı? ... 109
Bir Kabarcık Patlasa, Ondan Çıkan Şey Abdesti Bozar mı? 110
Vücuttaki Kabarcıklardan Çıkan Sâfi Su Abdest Bozar mı? 110
Yaradan Çıkan Kurt Abdesti Bozar mı? 110
Bir Kimsenin Ağzından Kan Çıkarsa Abdesti Bozulur mu? 111
Bir Kimsenin Ağzından İrin Gelirse Abdesti Bozulur mu? 111
Kan Görülmeksizin Doğum Yapan Kadının Abdesti Bozulur mu? 111
Bir Kimse Kulağına Yağ Damlatır da O Yağ Geri Gelirse Abdesti Bozar mı? .. 112
Bir Böcek Bir Kimsenin Kanını Emerse Abdesti Bozulur mu? 112
Bir Kimseden, "Mezî-Kazî" veya Vedî Çıkarsa Abdest Bozulur mu? 112
Kadınlardan Gelen Akıntı Abdest Bozar mı? 113
İki Yolda, Rutubet Abdest Bozan Şeydir 114
Hanımlar "Kürsüf-Pamuk" Kullanmalı mı? 114
Kürsüf -Pamuk- Kullanma Nasıl Olur? 115
Bir Hanım Cinsel Organın Dış Tarafına Pamuk Koyar da, Islanırsa Abdest Bozulur mu? 115
Pamuk Kullanmak Zararlı Olursa Hanım Nasıl Hareket Eder? 116
Abdestli Bir Erkekten veya Kadından Çıkan Yel Abdesti Bozar mı? 116
Kişi, Yellenip Yellenmediğinden Şüphe Ederse Abdest Bozulur mu? 117
Ter Abdesti Bozar mı? 117
Bir Kimse Ayaklarına Yağ Sürünse Sonra Abdest Alsa, Onun Abdesti Câiz Olur mu? 117
Gözyaşı Abdesti Bozar mı? 117
Sarhoşluk Abdesti Bozar mı? 118

Kusmak Abdesti Bozar mı? 118
Bir Kimse Burnunun İfrazatını Atarken Küçük Bir Parça Kan Pıhtısı Düşse Abdest
    Bozulur mu? 119
Uyku Abdesti Bozar mı? 119
Abdestli Bir Kimse Bir Şeye Dayanarak Uyur da O Şey Alınınca Düşerse Abdest
    Bozulur mu? 120
Uyuklama Hâli Abdesti Bozar mı? 120
Bir Kimse Taksi ve Otobüs Gibi Bir Vasıtaya Biner ve Uykuya Dalarsa Abdesti Bozulur mu? . 120
Mübâşeret-i Fâhişe Abdesti Bozar mı? 121
Erkeğin Kadına, Kadının Erkeğe Dokunması Abdesti Bozar mı? 121
Namaz Kılan Kimsenin Kahkahası Abdesti Bozar mı? 121
Eşler Birbirini Çıplak Olarak Gördüğünde Abdestleri Bozulur mu? 122
Televizyonda İzlenen Cinsel İçerikli Görüntüler -veya, Dergi, Gazete - Mecmualarda Yer Alan
    Cinsel İçerikli Resimler - Abdesti Bozar mı? 122
Güneşte Isınan Su ile Abdest Alınır mı? 122
Nehre Düşmek veya Kendisine Yağmur İsabet Etmekle Abdest Alınmış Olur mu? 123
Bir Kimsenin Bir Uzvunda Yanık Olduğu Zaman Onu Yıkamaktan Âciz Olursa, Abdest Alırken
    Nasıl Hareket Eder? 123
Makyajlı Olarak Abdest Almak Câiz midir? 124
Abdest Azalarında Bulunan Sinek veya Pire Pisliği Abdeste Mâni midir? 124
Tırnaklar Ojeli Olduğu Hâlde Alınan Abdest Geçerli midir? 124
Abdest Alırken, Başörtüsü Üzerine Mesh Yapılabilir mi? 125
Saçları Boyalı Kimse Başını Mesh Ederken Neye Dikkat Etmelidir? 125
Uzun Tırnaklı Bir Kimse Abdest Alırken, Neye Dikkat Etmelidir? 125
Bir Kimsenin Bazı Âzâlarının Derisi Soyulsa Abdesti Bozulur mu? 125
Peruk Üzerine Mesh Yapılabilir mi? 126
Kadınlar Çorapla Abdest Alabilir mi? 126
İğne Abdesti Bozar mı? 126
Spiral Abdest ve Gusüle Mâni midir? 127
Lens, Abdest ve Gusüle Mâni midir? 127
Saç Kremi Abdest ve Gusüle Engel Olur mu? 127
İçinde Alkol Bulunan Deodorantlar Abdesti Bozar mı? 127
Şırınga Abdesti Bozar mı? 128
Dübürüne Batırılan Bir Şey Abdesti Bozar mı? 128
Banyo ve Tuvaletin Birarada Olduğu Yerde Abdest Alınabilir mi? 129
Abdestten Sonra Kurulanacak Kimse Neye Dikkat Etmeli? 129
Abdest Alırken, Şüpheye Düşen Kimse Nasıl Davranır? 129
Bir Kadın Abdest Alacak Tenha Bir Yer Bulamazsa Ne Yapar? 130
Dişe Dolgu Yaptırırken veya Diş Kaplatırken Abdeste veya Gusüle Gerek Var mıdır? 130

GUSÜL -BOY ABDESTİ- 131
Gusülün Maddi ve Mânevî Faydaları 131
Gusülü Gerektiren Haller.. 131
Cünüplük.. 132
Âdet Görme... 132
Lohusalık 132
İnzal Olmasa Dahi Erkek Ve Kadının Sünnet Yerlerinin Kavuşması............. 133
Şehid Olmayan Müslümanın Ölümü 133
Kâfirin İslâm'a Girmesi 133
Gusülün Farzları 133
Gusülün Sünnetleri.. 134
Tam Bir Gusülün Keyfiyeti Sünette Tarif Edilmiştir.................................... 134
Gusülün Çeşitleri... 135
GUSÛL ABDESTİ İLE İLGİLİ MERAK EDİLEN MESELELER 136
Cünüp Olan Kimse Hemen mi Gusül Etmeli?... 136
Gusül Abdesti Ne Kadar Su İle Alınır?.. 136
Gusül Abdesti Alınan Yerde Zikir Yapılır mı?... 136
Gusül Esnasında Kadının Örgülü Saçlarını Çözmesi Gerekir mi?.............. 136
Gusül Esnasında Suyu Küpe Deliklerine Ulaştırmak Gerekir mi? 137
Gusül Esnasında Suyun Göbeğe Ulaşması Gerekli midir? 137
"Mezî-Kazî" ve Vedî Gusülü Gerektirir mi?.. 138
İhtilâm Olan Kimse Gusül Abdesti Alır mı? 138
Cin ile Cinsel İlişkide Bulunan Kimse Gusül Abdesti Alır mı? 138
İhtilâm Olduğunu Hatırlayan ve İnzâl Lezzeti Duyan Bir Kimse Gusül Abdesti Alır mı?........ 139
Kadına, Eşiyle Oynaşmasından Dolayı Gusül Gerekir mi?........................ 139
Meni Gelmeyen Cinsel İlişki İçin Gusül Gerekir mi?.................................. 139
Karı-koca, Yataklarında Islaklık Görürse Kime Gusül Gerekir?.................. 139
Bir Kadın Şu İki Sebepten, Bir Kere Gusül Etse Olur mu? 140
Kadın Cinsel İlişkiden Sonra Âdet Görürse Gusül Gerekir mi?.................. 140
Henüz Baliğa Olmamış Kıza, Eşiyle Cinsel İlişkiden Sonra Gusül Gerekir mi? 140
Kadın, Gusül Esnasında Cinsel Organının İçini Yıkar mı? 140
Gusülden Sonra Kadından Meni Çıkarsa Tekrar Yıkanması Gerekir mi?... 140
Kadının Cinsel Ogranına Herhangi Bir Cismin Girmesi Gusülü Gerektirir mi?............ 141
Oje Gusüle Mâni midir?... 141
Sinek ve Pire Gibi Canlıların Pisliği Gusüle Engel Olur mu? 141
Saç Boyası Gusüle Mâni Olur mu?... 141
Kına Abdeste ve Gusüle Mâni midir? 141
Bir Kimse Gusül Abdesti Aldıktan Sonra Vücudunda Olan Bir Yaranın Kabuğu Düşse Tekrar Gusül Abdesti Almak Gerekir mi?... 142

Cünüp Hâldeki Eşler Aynı Kaptan Yıkanabilir mi? 142
Ezan Okunurken Cünüp Kimse Müezzinin Söylediği Sözleri Söyler mi? 142
Cünüp Olan Kişi Yıkanmadan Uyuyabilir mi? 142
Cünüp Yıkanırken, Su Kabına Su Sıçrarsa, Su İfsad Olur mu? 143
Cünüp, Elini Su Kabına Soksa Su Pis Olur mu? 143
Cünüp Bulunan Kimsenin Vücudu Pis Olur mu? 143
Cünüp Kimse Yiyip-İçebilir mi? 143
Cünüp Kadın Çocuğunu Emzirebilir mi? 144
Cünüp Olan Kimse Tırnaklarını Kesebilir mi? 144
TEYEMMÜM 144
Teyemmümün Farzları 145
Teyemmümün Sünnetleri 145
Teyemmümü Meşru Kılan Sebepler 145
Teyemmümün Alınış Şekli 146
Teyemmüm İle İlgili Merak Edilen Meseleler 148
Teyemmüm Ne Gibi Şeylerle Yapılır? 148
Tuz ile Teyemmüm Câiz Olur mu? 148
Toz ile Teyemmüm Câiz Olur mu? 149
Düz Taş ile Teyemmüm Câiz Olur mu? 149
Pis Olan Elbisenin Tozu ile Teyemmüm Yapmak Câiz Olur mu? 150
Toprak Bir Başka Şeyle Karışmışsa Onunla Teyemmün Olur mu? 150
Toprak Cinsinden Olan Testi ile Teyemmüm Yapılır mı? 151
Donmuş Su -Buz- ile Teyemmüm Yapılır mı? 151
Yanında Su Bulunmayan Bir Kimse Teyemmüm Etmek İstediğinde Araştırmak
    Zorunda mıdır? 151
Eğer Bir Kimsenin Arkadaşında Su Bulunuyorsa Teyemmüm Etmeden Önce Arkadaşından Su
    İstemeli midir? 152
Bir Kimse Soracak Kişi Bulamazsa Teyemmümü Câiz Olur mu? 152
Bir Hastayı, Bir Başkası Teyemmüm Ettirse, Niyeti Hangisi Yapar? 153
Âdetten Kesilen Kadın, Su Bulamayınca Teyemmüm Eder mi? 153
Hasta Olan Bir Kimse Abdest Aldığı Takdirde Hastalığı Artıyorsa Teyemmüm Edebilir mi? ... 153
Hasta Olan Bir Kimse Suyu Kullanması Hâlinde Hastalığının Şiddetlenmesinden Korksa,
    Teyemmüm Eder mi? 154
Cünüp Olan Bir Kimse, Eğer Guslettiği Takdirde, Hastalanacak ya da Ölecekse Teyemmüm Eder
    mi? 154
Suyu Bulacağını Uman Kimse Teyemmümü Geciktirir mi? 154
Teyemmümlü Kimse Abdestli Kimse Gibi midir? 155
Teyemmümlü Kimsenin, Abdestli Kimseden Farkı Nedir? 155

MESH	155
Meshin Tanımı	156
Mestler Üzerine Meshetmenin Farz Miktarı	156
Mestler Üzerine Meshetmenin Sünneti	156
Mestin Müddeti	157
Meshin Câiz Olmasının Şartı	157
MESTLER ÜZERİNE MESH İLE İLGİLİ MERAK EDİLEN MESELELER	159
Mest Üzerine Meshi Neler Bozar?	159
Mesh, Mestlerin Neresine Câiz Olur?	159
Bir Kimse, Bir Parmağı ile, Suyu Tazelemeden Mestte 3 Yere Birer Defa Meshetmiş Olsa Bu Câiz Olur mu?	160
Mestleri Avuç İçi ile Meshetmek Olur mu?	160
Bir Kimsenin Mesti 3 Parmak Miktarı Islanmış Olursa Bu, Mesh Yerine Geçer mi?	160
Bir Kimse Abdest Alırken, Azaları Yıkadıktan Sonra Avuçlarının Üzerinde Kalan Yaşlıkla Meshetse, Meshi Câiz Olur mu?	161
Mestlerin Hangi Miktar, Delik, Yırtık ve Söküğü, Meshe Mânidir?	161
Delik, Yırtık ve Sökük İki Mestte, Ayrı ayrı Bulunuyorsa Hüküm Nedir?	162
İki Mestte Ayrı Ayrı Galiz Necâset Bulunuyorsa Hüküm Nedir?	162
Ayağı Göstermeyen Yırtık Mestin Meshine Mâni midir?	162
Bir Mestte Küçük Küçük Delikler Bulunursa, Meshe Mâni midir?	162
Mestin Yırtığı Aşık Kemiğinin Üstünde Olursa Meshe Mâni midir?	163
Çoraplar Üzerine Mesh Etmek Olur mu?	163
Mest Üzerine Çizme, Bot veya Benzeri Bir Şey Giyen Kimse, Mest Üzerine Giydiği Şeyi Mesh Edebilir mi?	164
Cünüp Olduğu Hâlde Mestler Üzerine Mesh Câiz Olur mu?	164
Bir Kimse Kendi Mestlerinin Meshini, Başka Bir Şahsa Emretse, Bu Câiz Olur mu?	164
Mestler Üzerine Meshetmek Hususunda Kadınlar da Erkekler Gibi midir?	165
SARGI -CEBÎRA- ÜZERİNE MESHETME	165
Sargı Üzerine Mesh Edilmesi İstenen Miktar	166
Sargılar İki Şekilde Bulunur	167
SARGILAR ÜZERİNE MESHETME İLE İLGİLİ MERAK EDİLEN MESELELER	168
Mestler Üzerine Mesh İle Sargı Üzerine Meshin Ayrıldıkları Hususlar Nelerdir?	168
Sargı Üzerine Meshi Bozan Hâller Nelerdir?	168
Bir Kimse Namazda İken, Sargı Düşerse "Mesh" Bozulur mu?	169
Ayaklarının Birinde Çıban Olan Kimse, Onun Üzerine Meshetse, Sıhhatli Olan Ayağını Yıkasa Câiz Olur mu?	169
Kırılan Tırnağı Üzerine İlâç Koyan Kimse Tırnağını Mesh Edebilir mi?	169
Uzuvlarında Yarık Olan Kimse Abdest Alırken Nasıl Davranır?	170
Sargının Katı Düşerse, Alttan Çıkmış Olan Sargıya Mesh Etmek Gerekir mi?	170

Üçüncü Bölüm

İBÂDETLER 171
İNSAN KUL OLARAK YARATILMIŞTIR, GÖREVİ İSE ÎBÂDETTİR 173
İbâdet Kelimesinin Dinî Terim Anlamı 173
"İbâdet" Geniş Kapsamlı Bir Kavramdır 173
İbâdet Bütünü İçinde "İslâm'ın Beş Şartı"nın Özel Bir Yeri Vardır 174
KELİME-Î ŞEHÂDET GETİRMEK 174
Kelime-î Şehâdet 174
Kelime-î Tevhîd 175
İmânın İki Rüknü Vardır 175
İmânın Esasları 176
AKÂİD İLE İLGİLİ MERAK EDİLEN MESELELER 177
Bir Kimse "Allah -c.c.- Her Yerdedir" veya "Allah -c.c.- Her Yerde Hazır ve Nazır" Dese Ne Lazım Gelir? 177
Bir Kimse, Bilmeyerek Küfrü Gerektiren Bir Söz Söylerse Kâfir Olur mu? 177
Küfür Ne Demektir? 177
İman Nasıl Tazelenir? 178
İmânın Azalması, Çoğalması Olur mu? 178
Peygamberler ile Diğer İnsanlar Arasındaki Fark Nedir? 178
Dağda, Çölde Doğup Büyüyerek, Bir Din İşitmeden Ölenler, Âhirette Ne Olacaklardır? 179
"Noel Gecesi" Hıristiyanlar Şenlik Tertip Eder, Çocuklarına Hediye Alır, Özel Yemekler Yaparken, Avrupa ve Amerika'da Yaşayan Müslümanların Onlar Gibi Yapmaları Câiz midir? 179
"İslâm Dini, Dünya ve Ahirete Ait Olan Her Şeyi Kapsar" Ne Demektir? 180
Âdetli veya Lohusa Hanım Kelime-i Şehâdet Getirebilir mi? 180
NAMAZ 181
Namazın Farz Olmasının Şartları 181
Namazın Sebebi 181
Namaz, İlâhî Dinlerin Ortak Hükümlerindendir 182
En Faziletli Amel Namazdır 182
Namaz, Hiçbir Surette Terki Mümkün Olmayan Bir İbâdettir 183
Namazı Dosdoğru Ve Huşû İle Kılmamız Emredilmiştir 183
Peygamberimiz -s.a.v.- Namazın Şekli İle İlgili Çok Önemli Uyarılarda Bulunmuştur 184
Namazlar Aldıkları Hükme Göre Üçe Ayrılır 184
Namaz Vakitleri 185
Namaz Kılmanın Mekruh Olduğu Vakitler 186
Namazın Farzları 186
Namazın Vâcipleri 187
Namazın Sünnetleri 188
Namazın Edepleri 191

NAMAZLA İLGİLİ MERAK EDİLEN MESELELER	192
Namaz Kılmanın Mekruh Olduğu Yerler Nerelerdir?	192
Kadının, Namaz Esnasında, Erkekten Ayrıldığı Hususlar Nelerdir?	192
Kadının, Namazda Nasıl Örtüneceğinin Şekli ve Sınırı Belli midir?	193
Ayakta Namaz Kıldığı Takdirde, Avret Mahallinden, Namaza Mâni Olacak Kadar Bir Yer Açılacak Olduğunda, Kadın Namazını Nasıl Kılar?	194
Namaz Kılarken Avret Mahallinden Ne Kadarı Açılırsa "Çok Açıklık" Hükmündedir?	194
"Uzuv" ile Nereler Kastedilmektedir?	194
Namaz Kılan, Avret Mahalli Açılır da Hemen Kapatırsa Namazı Câiz Olur mu?	195
Hangi Açıklık Miktarı, Namazı Anında Fâsid Eder?	195
Bir Uzvun Avret Sayılması Sahibine Göre midir?	196
Kısa Etekle, Paçasız Kilotla, İnce Çorapla Namaz Kılınabilir mi?	196
Gecelikle Namaz Kılınır mı?	196
Namazda Kadının Açıktan Okumasının Sınırı Ne Kadardır?	197
Kadınlar, Beş Vakit Namazı ve Cuma Namazını Cemaatle Kılabilir mi?	197
Erkeğin Kadına İmâmeti Câiz midir?	198
Kadının İmamlığı Câiz midir?	198
İmama Uyanlar Bir Erkek, Bir Kadından İbaret Olursa, Namaza Nasıl Dururlar?	198
Ziyafet Verilen Bir Evdeki Cemaate Kimin İmamlık Yapması Uygun Olur?	199
Kadınlar, Namaz İçin Ezan Okur mu?	199
Bir Kimseyi İmama Uymaktan Neler Men Eder?	199
İmama Uyan, Mescid İçinde, Uzakta Bulunursa, İmama Uyması Câiz midir?	200
Kadınla, Erkeğin Bir Hizada Bulunması Erkeğin Namazını Bozar mı?	200
Bir Kadın Kaç Erkeğin Namazını İfsad Eder -Bozar-?	202
Eğer 3 Kadın Olursa Kaç Erkeğin Namazını İfsad Eder?	202
Evde Ailecek Namaz Kılınabilir mi?	202
Her Namaz Kılacak Kimsenin Sütre Edinmesi Gerekli mi?	203
Sütre Bir Arşın veya Daha Fazla Yükseklikte Olur	203
Namaz Kılanın Secde Yerinden Geçme Meselesinin Dört Şekli Vardır	204
Namaz Hangi Zaruretler Sebebiyle Kesilir?	205
Seferi Olanlar, Namazlarını Nasıl Kılarlar?	206
Müsafir Kimse Seferde, Kalmış Kaza Namazlarını Nasıl Kılar?	206
Uçak ve Tren Gibi Vasıtalarda Nasıl Namaz Kılınacaktır?	207
Hamile Kadın Oturarak Namaz Kılabilir mi?	207
Bir Kadının Bahçede, Tarlada Oturarak Namaz Kılması Câiz midir?	207
Namaz Kılmaya Duracak Kimse Kıblenin Hangi Tarafta Olduğunu Bilmiyorsa Ne Yapar?	207
Kıble'ye Dönmeye Güç Getiremeyen Yatalak Hasta, Ne Yapar?	208
Gemide Namaz Kılan Kimsenin Yönü, Gemi Döndükçe Kıble'den Ayrılmış Olsa Ne Yapar?	208

Üzerinde Mekke, Medine ve Kudüs Resimleri Bulunan Seccadede Namaz Kılmakla, Namaz İfsad Olur mu? 208
Resim Bulunan Yerde Namaz Kılınır mı? 209
Üzerinde Hayvan Resmi Bulunan Bir Sergide Namaz Kılınabilir mi? 209
Namaz İçin Tertip Sâhibi Kime Denir? 209
Kaza Namazı Olan Kimse Sünnet Kılabilir mi? 210
Kazaya Kalan Namazın Kılınması Lâzım mıdır? 210
Kaza Namazları Ne Zaman Kılınır? 211
Kaza Namazları Fazla Olunca Bunlara Niyet Nasıl Olur? 211
Bir Kimse Hastalığı Sırasında Kazaya Kalan Namazları İçin Fidye Verebilir mi? 212
Bir Hasta Nasıl Namaz Kılar? 212
Hastalığı Sebebi ile Oturduğu Halde veya Îma ile Namaz Kılabilen Kimse Bu Namazlarını Ne Şekilde Kaza Eder? 212
Terâvih Namazı Mutlaka 20 Rekat mı Kılınmalıdır? 212
Bir Rükünde 3 Defa Bir Yerini Kaşıyan Kimsenin Namazı Bozulur mu? 213
Namaz Kılanın Alnının Terini Silmesinde Sakınca Var mıdır? 213
Küçük Bir Çocuğu Sırta Alarak Namaz Kılmak Câiz midir? 213
Bir Çocuk Namaz Kılan Kadının Memesini Emerse, Kadının Namazı Bozulur mu? 214
Deodorant, Kolonya Gibi Alkol İhtiva Eden Şeyleri Abdestli İken Kullanan Kimse Namazını Kılabilir mi? 214
Kadın Makyajlı Olduğu Hâlde Namaz Kılabilir mi? 214
Alt veya Üst Kattan Müzik Sesi Geliyorken Namaz Kılınabilir mi? 215
Cebindeki Parada Resim Bulunanın Namaz Kılması Olur mu? 215
Okunan Secde Âyetini Duyan Tilâvet Secdesini Sonraya Bırakabilir mi? 215
Radyo, Televizyon, Teypten Dinlenen Secde Âyeti İçin de Secde Yapmak Gerekir mi? 215
Tilâvet Secdesi Nasıl Yapılır? 216
Bir Yerde, Birden Çok Ezan Duyuluyorsa Birini Dinlemek Yeterli Olur mu? ... 216
Namaz Kılmayan Kişi Dinen Müslüman mıdır? 216
Âdetli veya Lohusa Kadın Nafile Namaz Kılar mı? 216
Âdet Gören veya Lohusa Olan Bir Kadın Bunlara Mahsus Müddet İçinde Terk Edeceği Farz Namazları, Daha Sonra Kaza Eder mi? 217
Âdetli Kadın Namaz Vaktinde Ne Yapar? 217
Âdetli ve Lohusa Kadın Mübarek Gün ve Gecelerde Ne Yapar? 218
Âdet Görmenin Başlangıcında Namazla İlgili Hükümler Nasıldır? 218
Âdet Görmenin Bitişinde Namazla İlgili Hükümler Nasıldır? 219
Kadın Mescitlerde Namaz Kılabilir mi? 220
Kadın Cenâze Namazına Katılabilir mi? 220
Kadın Cenâze ile Birlikte Yürüyebilir mi? 220
Ayakkabı ile Namaz Kılmak Câiz midir? 221

ZEKÂT 222
Zekâtın Farz Olmasının Şartları... 222
Zekâtın Sebebi... 224
Zekât Verilecek Mallar.. 224
Zekât Vermek Mü'minin Vasıflarındandır.. 224
Mal ve Servet Bir İmtihan Aracıdır... 224
Zekâtı Seve Seve Vermelidir 225
Zekât Verilecek Kimseler 225
Zekât Kimlere Verilmez 226
Zekât Öncelik Sırasına Göre Kimlere Verilir....................................... 226
ZEKÂT İLE İLGİLİ MERAK EDİLEN MESELELER................................. 227
Zekât Konusunda Sık Sık Geçen Havâic-i Aslîye Nedir? 227
Nisâba Bâliğ Olacak Kadar Hâcet-i Aslîyesinden Fazla, Ev Eşyasına Sahip Olan Kimse Zekât Vermekle Mükellef midir?... 227
İlim ile Uğraşanların Kitaplarına Zekât Düşer mi?............................. 228
Anne ile Babaya Zekât Verilir mi?... 228
Zengin Bir Müslüman Fakir Olan Damadına Zekât Verebilir mi? 228
Zekât Alan Evli Bir Öğrenci, Hanımının Zinet Eşyası -Altını- Bulunsa, Bu Altınların Zekâtını Vermek Mecburiyetinde midir?... 229
Kadın Kocasına Zekât Verebilir mi?... 229
Kadın Mehrinin Zekâtını Verir mi?.. 229
Kadınların Takı Olarak Kullandıkları Zinet Eşyalarının Zekâtını Vermeleri Gerekir mi?............. 230
Birkaç Bileziğinden Başka Malı ve Parası Olmayan Bir Kadın Bunların Zekâtını Vermesi Gerekir mi?... 230
Zekâtı Fakir Olan Âlimlere mi, Fakir Olan Cahillere mi Vermelidir?................................. 230
Zekât, Bir Beldeden, Başka Bir Beldeye Nakledilir mi? 231
Bir Kimse Zekât Niyyeti ile Akrabasının Çocuklarına Bir Şeyler Dağıtsa, Bunlar Zekât Olur mu?... 231
Bir Kimsenin Bir Fakire Verdiği Zekât, Onun Eline Geçmemişse, Zekât Durumu Ne Olur?..... 231
Zekâtı, Zekât Ehlini Araştırıp mı Vermek Gerekir? 232
Zekât Verilip Verilemeyeceğinden Şüphe Edilen Bir Kişiye Karşı Nasıl Hareket Edilir?........... 232
Ticaretle Meşgûl Olan Birinin Kazandığı Para ile Aldığı Gayr-i Menkulün Zekât Durumu Nedir?... 232
Birkaç Dairesi Olan Kimse Zekâtını Kiralarına Göre mi, Dairelerin Maliyetine Göre mi Verir?... 233
Bir Kimsenin, Bağı, Tarlası veya Birkaç Dairesi Bulunsa, Mahsulü Kendisine Yetmezse Zekât Alabilir mi? 233
Müteâhhidin Sahip Olduğu Dozer ve Kepçe Gibi İş Makinelerinin Zekât Durumu Nedir? 233
Bir Kimsenin Elinde Ticaret Malı Bulunsa, Onu Satmayıp Ev İçin Alıkoymaya Karar Verse, Onun Zekât Durumu Ne Olur?.. 234

Bir Tüccar, Elindeki Ticaret Malını, Senelerce Satamayıp Kalsa, O Mal Yine Zekâta
    Tâbi midir? 234
Birisinin Meselâ 200 Milyon Değerinde Bir Fabrikası Olsa, Her Sene Zekât Verecek midir? 234
Bir Kimse, Üzerine Ticarethane Yapmak Maksadıyla Bir Arsa Satın Alırsa Onun Zekâtını Verecek
    midir? 235
Câmi, Medrese ve Dernek Gibi Topluma Hizmet Eden Müesseselere Zekât veya Fitre
    Verilir mi? 235
Hükümete Verilen Vergi Zekât Sayılır mı? 235
Meşru Olmayan Servet Zekâta Tâbi midir? 235
Zekâttan Borlçu Olan Kimse Vefat Ederse Varisler Terekesinden Zekâtını Vermeye Mecbur
    mudurlar? 236
Zekâtı, Mutlaka Ramazan Ayında mı Vermek Gerekir? 236
Hakeden Kimseye Zekât Verilirken, Verilen Şeyin Zekât Olduğunu Söylemek İcab eder mi? ... 236
Sadaka-i Fıtr Nedir? 237
Fıtır Sadakası Dört Şeyden Vâcib Olur 237
Fıtır Sadakası Bir Yardımdır 237
Fıtır Sadakasını Ödeme Zamanı 239
Fıtır Sadakası Kimlere Verilir? 239
Fitre Verirken İhtiyatlı Olmalıdır 239
ORUÇ 240
Orucun Farz Olmasının Şartları 240
Ramazan Orucunun Sebebi 240
Ramazan Ayının Sabit Olması 241
Oruç İbâdeti Çok Eski Geleneklerden Biridir 241
Oruç Yüce Şeriatın En Kuvvetli Kanunlarındandır 241
Oruç Tutmanın Müslümana Pek Çok Faydaları Vardır 242
Orucun Farzları Üçtür 242
Orucun Vakti 243
Niyyet Etmeden Oruç Tutmak Sahih Olmaz 244
Orucun Çeşitleri 244
Orucu Bozmayan Şeylerin Bir Kısmı 246
Orucu Bozan ve Kazayı Gerektiren Şeylerin Bir Kısmı 246
Orucu Bozup Hem Kazayı Hem Kefareti Gerektiren Şeylerin Bir Kısmı 248
Kefâret ve Kefâreti Düşüren Şeyler 249
Kefâret 249
ORUÇ İLE İLGİLİ MERAK EDİLEN MESELELER 251
Sahura Kalkmadan Oruç Tutmak Olur mu? 251
İftarı, Akşam Namazından Evvel mi Yapmalıdır? 251
İftarda Ne Demelidir? 252

Ne İle İftar Etmelidir? 252
Güneşin Battığı İyice Anlaşıldıktan Sonra İftar Açmada Niçin Acele Edilir? 253
İftar Oldu Zannederek Orucunu Açana Ne Gerekir? 253
Oruç Tutmamayı veya Tuttuktan Sonra Bozmayı Mübâh Kılan Şer'i Özürler Nelerdir? 254
Bir Fidye Ne Kadardır? 255
Bir Kimse Hasta veya Misafir Olduğundan, Orucunu Tutamayıp, Kazaya İmkân Bulmadan Vefat Ederse Ne Lâzım Gelir? 255
Unutarak Yemek, İçmek, Cinsi Temasta Bulunmak, Orucu Bozar mı? 256
Çiçek Koklamak Mekrûh mudur? 256
Oruçlunun Boğazına Su Kaçarsa Orucu Bozulur mu? 256
Yıkanmak, Denize Girmek Orucu Bozar mı? 256
Gıybet Etmek Orucu Bozar mı? 257
Oruçlu Kimsenin Kan Vermesi Orucunu Bozar mı? 257
Boğaza Kaçan Toz, Duman Orucu Bozar mı? 257
Oruçluyken, Burnuna veya Kulağına İlâç Damlatan Kimsenin Orucu Bozulur mu? 257
Oruçlu İken Göze İlâç Damlatılır mı? 257
İhtilam Olmak ve Cünüp Olarak Sabahlamak Orucu Bozar mı? 258
Karı-Kocanın Sevişmesi Orucu Bozar mı? 258
Kadının Kürsüf-Pamuk Kullanması Orucunu Bozar mı? 258
Cinsel Organına Bir Şey Sokmak Orucu Bozar mı? 259
Bir Hanımın, Oruçlu İken Jinekolojik Muayene Olması Orucunu Bozar mı? 259
İğne Yaptırmak Orucu Bozar mı? 259
Dişleri Misvak veya Fırça ile Temizlemek Orucu Bozar mı? 260
Dişlerin Kendiliğinden Kanaması Orucu Bozar mı? 260
Diş Çektirme Orucu Bozar mı? 260
Oruçlu İken Dişe Dolgu Yaptırılır mı? 261
Oruçlu İken Dudaklara Ruj Sürülürse Oruç Bozulur mu? 261
Bir Kadın Kocasından İzinsiz Nafile Oruç Tutabilir mi? 261
Başkasının Yerine Oruç Tutulabilir mi? 261
Ramazan'da Yemeğin Tadına Bakılabilir mi? 262
Türkiye'den, İki-Üç Saat Önce Akşam Olan Pakistan Gibi Bir Doğu Ülkesine Uçak ile Giden, Kimse, Orucunu Nereye Göre Açar? 262
Türkiye'den, Batı Ülkelerinden Birisine Giden Bir Kimse Orucunu Nereye Göre Açar? 262
Ramazan-ı Şerifte, Geceden Oruca Niyetlenmiş Bir Kimse Şafaktan Sonra Uzun Bir Yola Çıkarsa Orucunu Bozabilir mi? 262
Şehirler Arasında Sürekli Yolculuk Yapan Bir Şoför Zamanında Oruç Tutamadığı Gibi, Devamlı Seferi Olduğundan Oruçlarının Kaza Borcunu da Ödeyemiyorsa Ne Yapması Lâzım Gelir? 263

Ramazan-ı Şerifte Sıcak Bir Ülkede, ya da Harareti Yüksek Bir Maden Ocağında Çalışanlara Herhangi Bir Ruhsat Var mıdır? 263
Gece ve Gündüzleri Çok Uzun Örneğin Kutuplara Yakın Ülkelerde Oruç Nasıl Tutulur?.......... 264
Bir Çocuk Ramazan'da Bülûğa Ererse Nasıl Davranır?... 264
Ramazan Ayında En Çok Ne ile Meşgul Olmalıdır? 264
Mukabelenin Anlamı Nedir?... 264
Ramazan Ayının Geceleri Nasıl İhya Edilir?.. 265
Terâvih Namazı Ne Zaman Kılınır?... 265
Ramazan Orucunu Kazası Ne Zaman Tutulur?... 266
Ramazan Ayında Tutamadığı Orucun Kazasını Tutarken, Bir Kimse Orucunu Bilerek Bozsa Kefaret Gerekir mi? 266
Kaza Orucunun, Kazası Olur mu? 266
Kadın İtikafa Girer mi? 266
Kadının İtikaf Yapacağı Yer Evidir... 267
İtikafın Sahih Olmasının Şartları... 267
İtikafa Giren Kimsenin Yemesi İçmesi Ve Uykusu Mescittedir....................................... 267
İtikaf Esnasında Hayırdan Başka Hiçbir Söz Söylememelidir.. 268
İtikaf Esnasında Hangi Ameller Yapılır?.. 268
Âdetli veya Lohusa Kadın Oruç Tutar mı? 269
Âdetli veya Lohusa Kadın, Oruç Tutmadığı Halde Oruçluymuş Gibi Olabilir mi?................ 270
Âdetli veya Lohusa Kadın Temizlenince Nasıl Davranır?... 270
Kadın Bugün Âdet Günüm Diyerek Oruç Tutmazsa, Hüküm Nedir?................................ 271
Bir Kadının Âdet Görmesi, Kefaret Orucunun Devamını Keser mi? 271
Üzerine Kefaret Orucu Lâzım Gelen Bir Kadın Bu Orucu Tutuyorken Ramazan Ayı Gelse Durum Ne Olur? 272
Âdet Görme, Yemin Kefaretinin Arasını Ayırır mı? 272
Bir Kadın Oruç Adadığı Gün Âdet Görse, Bu Adak Doğru Olur mu?............................... 272
HACC 273
Hacc'ın Farz Olmasının Şartları.. 273
Hacc'ın Sebebi... 274
Hüküm Yönünden Hacc 3 Kısımdır 275
Yapılış Yönünden Hacc'ın Çeşitleri... 275
Hacc'ın Vakti 276
Hacc ve Umre Yapanlar İkiye Ayrılır.. 276
Hacc'ın Farzları.. 276
Hacc'ın Vâciplerinin Bir Kısmı.. 276
Hacc'ın Sünnetlerinin Bir Kısmı 276
Hacc'ın Adabı.. 277
Hacc Esnasında Yasak Olan Şeyler.. 277

HACC İLE İLGİLİ MERAK EDİLEN MESELELER	278
Hacc Mükellefin Ömründe Sadece Bir Defa mı Farzdır?	278
Hacc İbâdeti Acele mi Eda Edilmelidir?	278
Kâ'be Ne Zaman İnşa Edilmiştir?	278
Altın Oluk	279
Kâ'be Kapısı	279
Hicr -Hıcr-ı Kâ'be -	279
Zemzem	280
Makam-ı İbrahim	280
Tavaf Ne Demektir?	280
Tavafta Iztıba ve Remel	280
Tavafta İstilâm	280
Haceru'l Esved	281
Hacc'da Kaç Tavaf Vardır?	281
Vakfe Yeri Olan Arafat Nerededir?	282
İhram Ne Demektir?	282
İhrama Giriş Yerleri Nereleridir?	282
Hill	283
Sa'y Mahalli Olan Safa ve Merve Tepelerinin Arası Ne Kadardır?	283
Hervele	283
Ancak Hacc Veya Umre İçin Sa'y Yapılır	284
Şeytan Taşlama Nedir?	284
Hacc'ı Ekber Ne Demektir?	284
Hacc Nasıl Yapılır?	284
Kudûm Tavafı	285
Safa İle Merve Arasında Sa'y	286
Mina'ya Çıkış	286
Arafat'a Çıkış	286
Müzdelife'ye Gidiş	287
Mina'ya Varış	287
Kurban Kesmek	287
Ziyaret Tavafı -Farz Tavaf-	288
Mina'ya Dönüş	288
Taşları Atış	288
70 Adet Taşın Atışının Tamamlanması	289
Mekke'ye Dönüş -Veda Tavafı-	289
Hac Esnasında Kadının, Erkekten Ayrıldığı Hususlar Nelerdir?	289
Kadınlar İhramlı İken Nasıl Giyinir?	290
Mescidü'l-Haram'ın İçinde, Uzaktan, Kâ'be'yi Tavaf Olur mu?	290

Tavaf Esnasında Kamet Getirilecek Olursa Namaza mı Durulacak Yoksa Tavafa mı Devam Edilecektir? 290
Telbiye Ne Zaman Yapılır? 290
Mikât Haricinden Gelen Kimse, İhrama Girmeden Mikatı Aşar Sonra İhrama Girip Vazifeleri İfa Ederse Câiz midir? 291
İhram'da Olan Kimsenin İsteği ve Gücü Dışında Saç ve Sakalından, Kıl Düşerse Bir Şey Lâzım Gelir mi? 291
İhramda Olan Kimsenin Hamam vs. Yerlerde Sabun ile Yıkanması Câiz midir? 292
İhramda Olan Bir Kimse Hasta Olursa İhramdan Çıkabilir mi? 292
İhramda Olan Kimsenin Medine Hareminde Bulunan Ağaç ve Bitkileri Kesmesi Haram mıdır? 292
Bir Kimse Mekke'de Gecesini Geçirip Gündüz, Mina'ya Gidip Cemrelerini Zamanında Taşlarsa Ne Lâzım Gelir? 292
Kalabalıktan Dolayı Cemrelere Taş Atmak Zor Olursa, Kadın, Yerine Taş Atması Maksadıyla Bir Vekil Tâyin Edebilir mi? 293
Bir Kimsenin Cemre'ye Attığı Taş, İçeri Düşmeyip Yanına Düşerse Sayılır mı? 293
Bir Kimse Minâ'da Cemre Taşlamasını Son Güne Bırakırsa Ne Lâzım Gelir? 293
Cemre'ye Atacak Taşı Kalmayan Kimse Cemre'nin Yanında Bulunan Taşlardan Alıp Atması Câiz midir? 293
Hac ile Umre Arasındaki Farklar Nedir? 294
Umre Ne Zaman Yapılır? 294
Umre İçin İhrama Girilecek Yer Neresidir? 294
Uzaktan Gelen Kimse, Mekke-i Mükerre'me'ye Gidip Bir Kaç Gün Kaldıktan Sonra Arafat'a Çıkarsa, Orada Namazını Seferi Olarak mı Kılacaktır? 294
Peygamber Efendimiz'i -s.a.v.- Ziyaret Mutlaka Lâzım mıdır? 295
Hz. Peygamber'i Ziyaret İçin Medine-i Münevvere'de 8 Gün Kalmak İcab Eder mi? 295
Fakir Bir Kimse, Başkasının Yardımı ile Umre'ye Giderse Kendisine Hac Farz Olur mu? 296
Kendi Yerine Başkasını Hacc'a Göndermek Câiz midir? 296
Hacc Farizasını İfâ Etmeyen Kimse Başkasının Yerine Hacc'a Gidebilir mi? 296
Mahremi Bulunmayan Bir Kadın, Hacc Edebilmek İçin Belli Bir Süreliğine Bir Erkekle Nikâhlanabilir mi? 297
Velisi Olmayan Bir Kadının Hacc'a Gitmesi Câiz midir? 297
Kendisine Hacc, Farz Olan Kadın, Kocasından İzin Almadan Hacc Ederse, Kabul Olur mu? .. 298
Mahreminin Masraflarını, Kendisine Hacc Farz Olan Kadın mı Öder? 298
İddet Bekleyen Kadın, İddet İçinde Hacc'a Gidemez mi? 298
Âdetli veya Lohusa Kadın Kâ'be'yi Tavaf Edebilir mi? 299
Âdetli Kadın, Tavaftan Başka Hacc'ın Diğer Bütün Rükünlerini Yapabilir mi? 299
Âdetli Bir Kadın Arafat Vakfesini Yapabilir mi? 300
Âdetli Kadın, Hacc'da Safa ile Merve'yi Sa'y Edebilir mi? 300
Ziyaret Tavafını Yapmayan Âdetli Kadın İhramdan Çıkmaz mı? 301

Bir Kadın Ziyaret Tavafını Yapmadan Evvel Âdet Kanını Görse, Onun Âdetinin Kesilmesini Arkadaşları Bekleyemeyecek, Memleketlerine Dönecek Olsalar, Böyle Bir Durum Karşısında Bu Kadın Ne Yapmalıdır? 301
Âdetli veya Lohusa Kadının Veda Tavafının Hükmü Nedir? 302
Hacc'a Gidecek Kadınlar, Âdeti Kesmek veya Geciktirmek İçin İlâç Alabilir mi? 302
KUR'ÂN-I KERÎM OKUMAK İBÂDETLERİN EN ÜSTÜNÜDÜR 303
Kur'ân-ı Kerîm Üç Genel Durumla İlgili Bilgi Vermektedir 303
KUR'ÂN-I KERÎM OKUMAKLA İLGİLİ MERAK EDİLEN MESELELER 304
Kur'ân-ı Kerîm'e Bakarak mı Yoksa Ezberden mi Okumak Daha Sevaptır? 304
Kur'ân-ı Kerîm Okurken Nasıl Bir Hâl Üzere Olmalıdır? 304
Kur'ân-ı Dinlemek Onu Okumaktan Efdal midir? 304
Namaz Kılınması Mekrûh Vakitlerde Kur'ân mı Okumalı? 305
Kur'ân-ı Kerîm'i Ne Kadar Zamanda Hatim Etmek İyidir? 305
Kur'ân-ı Kerîm'in Tercümesi Câiz midir? 305
Kur'ân-ı Kerîm Okuyan Kimseye Selâm Verilir mi? 306
Kur'ân-ı Kerîm'i Dinleyen Bir Kimse Aynı Zamanda Tesbih Çekebilir mi? 306
Yürürken veya Bir İş ile Meşgulken Kur'ân Okumak Câiz midir? 306
Yatanın Yanında Kur'ân Okunur mu? 307
Yatarken Kur'ân-ı Kerîm Okumak Câiz midir? 307
Kur'ân-ı Kerîm'i Öpmek Bir Meclise Getirildiği Zaman Ayağa Kalkmak, Câiz midir? 307
Bir İsteğin Yerine Gelmesi için 41 Yâ-sin Okumanın Dinde Yeri Var mı? 308
Kur'ân-ı Kerîm'in Küçük Sûreleri Okunduğu Zaman, "Tekbir" Getiriliyor. Bunun Aslı Var mıdır? 308
Kur'ân-ı Kerîm'in Hatmi Münasebetiyle Cemaat Hâlinde, Duâ Etmek Hususunda Bir Şey Vârid Olmuş mudur? 308
Çocuğu Kur'ân-ı Kerîm'i Hatmeden Bir Babanın, Çocuğunun Hocasına ve Arkadaşlarına Ziyafet Vermesinin İslâm'da Yeri Var mıdır? 309
Bir Sergi veya Namazlık Üzerinde Âyet-i Kerîm'e veya Allah -c.c.- İsmi Yazılı Bulunsa Onun Üzerine Oturmak veya Namaz Kılmak Câiz midir? 309
Bir Kimse, İçinde Kur'ân-ı Kerîm ve Dinî Kitaplar Bulunan Bir Çanta veya Valizi Başının Altına Koyabilir mi? 309
Mezarlıklarda Ücret Mukabili Kur'ân Okutmak Câiz midir? 309
İslâm Aleminin Birçok Yerinde Ölü İçin Kur'ân-ı Kerîm Okunur ve Okutulur. Bu Ölüye Fayda Verir mi? 310
Âdetli veya Lohusa Kadın Kur'ân Okuyabilir mi? 310
Âdetli veya Lohusalı Kadın Öğretmek İçin Kur'ân-ı Nasıl Okuyabilir? 311
Âdetli Kadının Yanında Kur'ân Okunabilir mi? 312
Âdetli, Lohusalı, Cünüp ve Abdestsiz Kimse Kur'ân'a Bakabilir mi? 312
Âdetli, Lohusalı ve Cünüp Olanlar Başkalarının Okuduğu Kur'ân-ı Kerîm'i Dinleyebilirler mi? . 312

Âdetli veya Lohusa Olan, Başkasının Okuduğu Secde Âyetini Duymakla Secde Yapması Gerekir mi? 312
Âdet, Lohusa, Cünüp, Hâllerinde Olanlar Duâ Okuyabilir mi? 313
Âdetli veya Lohusa Kadın Kur'ân-ı Kerîme Dokunabilir mi? 314
Abdestsiz Kimse Kur'ân-ı Kerîm'e El Sürebilir mi? 314
Âdetli, Lohusa, Cünüp, Abdestsiz, Bir Kimse Kur'ân-ı Kerîm'e, Ayrı Bir Kılıfla Dokunabilir mi? 315
Abdestsiz Bir Kimse Kur'ân-ı Kerîm'i Yazabilir mi? 315
Âdetli, Lohusa, Cünüp, Abdestsiz Bir Kimse Zaruret Olunca Kur'ân'a Dokunabilir mi? 316
Çocukların Abdestsiz Kur'ân'a Dokunmalarında Bir Sakınca Var mıdır? 316
Âdetli, Lohusa, Cünüp, Abdestsiz Bir Kimse Kur'ân'ı Kerîm'in Tercümesine El Sürebilir mi? 316
Âdetli, Lohusa, Cünüp, Abdestsiz Bir Kimse, Tefsir Kitaplarını Tutabilir mi? 317
Yatak Odasında, Kur'ân'ı Kerîm Bulundurulabilir mi? 317
İçerisinde Kur'ân Bulunan Evde Cinsel İlişkide Bulunulabilir mi? 317
Diğer Semâvi Kitaplara El Sürmek İçin Temiz Olmak Gerekir mi? 318
Eskimiş Mushaflar, Okunmaz Hâle Gelirse Ne Yapılır? 318
CAMİ VE MESCİDLER MÜSLÜMANLARIN İBÂDETHANELERİDİR 319
CAMİLERLE İLGİLİ MERAK EDİLEN MESELELER 320
Mescidlerin En Faziletlisi Hangisidir? 320
Câmilere Nasıl Girmelidir? 320
Câmilerde Nasıl Oturmalıdır? 320
Câmide Yatmak Câiz midir? 321
Câmide Konuşmak, Sohbet Etmek Câiz midir? 321
Bir Kimse Kendi Mahallesinde Bulunan Câmide mi Namaz Kılmalıdır? 321
Câmiyi Altın Suyu İle Süslemek Nakışlı Taşlarla İnşa Etmek Câiz midir? 321
Âdetli veya Lohusa Kadın Medrese ve Tekkelere Girebilir mi? 322
Zaruret Varsa, Âdetli Bir Kadın veya Cünüp Bir Kimse Câmiye Girebilir mi? 323
Âdet Gören Kadınlarla, Lohusa Olanlar Arasında Bulunan Ortak Hükümler 324

Dördüncü Bölüm

EVLİLİK VE BOŞANMA 325
ERKEK VE KADININ DİNÎ VE DÜNYEVÎ GÖREVLERİNİ RAHATLIKLA YERİNE GETİREBİLECEKLERİ TEK ORTAM AİLE YUVASIDIR 327
Nikâh'ın Sebebi 327
Yüce Allah'ın -c.c.- Her Emrinde Olduğu Gibi Evlilikte de Nice Faydalar Vardır 328
Evlendirilmeleri, Çocukların, Anne-Baba Üzerindeki Haklarındandır 329
Bülûğa Eren Kız Arzu Ederse Evliliği Engellenmemelidir 329
Evlenmek İstediğinde Erkeğin, Kadında Araması Lâzım Gelen Nitelikler 329
Bir Erkekle Bir Kadının Nikâhlanabilmelerine Mâni Bir Hâl Bulunmamalıdır 330

Daimi Olarak Evlenmeye Mâni Durumlar... 331
Bir Kadının Kan Hısımlığından Sebep Yâni Neseb Yolu ile Daimi Olarak Evlenemeyeceği
  Erkekler 331
Bir Kadının, Evlenmeden Doğan Hısımlıktan Dolayı Nikâhlanamayacağı Erkekler 331
Bir Kadının, Emzirmeden Doğan Hısımlık Nedeniyle Evlenemeyeceği Erkekler 331
Bir de Evlenmenin Geçici Olarak Haram Kılındığı Durumlar Vardır................................ 332
İslâm, Kadınlar İçin Tek Evliliği Kabul Etmiştir... 332
Müslüman Kadın ve Erkek, Müşrikle Evlenemez... 333
Erkeğin Ehli Kitaptan Olan Bir Kadınla Evlenmesi Mübahtır...................................... 333
İki Kız Kardeş Bir Nikâhta Birleştirilemez.. 334
Kadın ile Halası ve Teyzesi Bir Nikâhta Birleştirilemez....................................... 334
Bir Erkek Dörtten Fazla Kadın İle Evlenemez... 334
Diğer Evlenilmesi Yasak Olanlar... 334
Evlenmede Mümkün Olduğunca Denklik -Küfüvlük- Gözetilmelidir................................... 335
Din... 335
İslâm... 335
Hürriyet.. 335
Soy... 335
Mal... 335
Meslek.. 336
Yukarıda Bahsedilen 6 Hususun Dışında Denklilik Aranmaz.. 336
Denklilikte Amaç, Kadının Korunmasına Yöneliktir... 336
Evlenme Niyetinde Olan Erkeğin Kadını, Kadının da Erkeği Görmesi Israrla Öğütlenmiştir..... 336
Tarafların Evlenme Amacıyla Birbirlerine Bakmalarında Günah Yoktur............................ 337
Erkek, Talib Olduğu Kadının, Sadece Ellerine ve Yüzüne Bakmalıdır.............................. 337
Kadın Kendisini İsteyen Hakkında Bir Kimseyle İstişâre Yaparsa, O Şahıs Bildiğini
  Söylemelidir... 337
Erkek de Evlenmeyi, Düşündüğü Kadın Hakkında, Bir Kimseye Danışırsa, O Kişi Bildiğini
  Söylemelidir... 338
Evlilik İçin Erkeğin de Kadının da Görüşleri Alınır.. 338
Kadın ve Erkeğin Rızaları Alındıktan Sonra Veliler Arasında Söz Kesilir........................ 338
Nişanlanma İle Erkek ve Kadın Evlenmek İçin Birbirlerine Söz Vermiş Olduklarını Başka Kişilere
  Açıklamış Olurlar... 339
Nişanlı Bir Kıza, Evlenme Teklifinde Bulunmak Câiz Değildir.................................... 339
Nişanlılık Dönemi Uzun Tutulmamalıdır... 339
Normal Olarak Nişanlanmanın Ardından Nikâh Gelir.. 339
Nikâh'ın Rüknü.. 340
Nikâh'ın Şartı.. 340
Nikâhın Hükümleri... 340

Evliliğin Bireysel Uygulaması, Kişilerin Durumuna Göre Değişir 340
Evlilik Akdinin Yapılabilmesi İçin Evlenecek Olanlarda ve "İcab-Kabul"de Bazı Şartlar Aranır .. 341
Evlilik Merasimi 342
Nikâhtan Önce Hutbe Okunması Müstehabtır 342
Nikâh Akdi Açık ve Net İfade ile Yapılır 342
Mehrin söylenmesi İyi Olur 342
Evlilik Akdini İlân Etmelidir 342
Akitten Sonra Eşlere Duâ Edilir 343
Düğün Yemeğine "Velime" Denir 343
Evlendikten Sonra Ailenin Zaruri İhtiyaçlarını Koca Temin Edecektir 343
Mehir 343
Mehrin Hükmü 344
Mehrin Çeşitleri 344
Koca Mehirde Hayatı Boyu Borçlu Kalabilir 345
Nafaka 345
Nafakanın Kapsamına Girenler 345
Nafaka Miktarının Tesbiti 346
Zevce Nafakasının, Yiyecek ve Diğer İhtiyaçları 346
Zevce Nafakasının Giyecek İhtiyaçları 347
Zevceye, Nafakanın Verilme Şekli 347
Zevc İle Zevce Arasındaki İlişki Ailenin Temelini Oluşturur 348
Kadının Sorumlulukları, Aynı Zamanda Kocasının Haklarıdır 348
İhtiyacının Haricinde Olan Şeyleri Alması İçin Kadın, Kocasına Israr Etmemelidir 349
Kadının İsraftan Kaçınması Lazımdır 349
Nikâhla Beraber Kocaya, Zevcesi ile İyi Geçim Gerekmektedir 349
Erkek Zevcesine Güven Vermelidir 350
Erkek, Evliliğin Mukaddes Bağını Güzel Ahlâkı İle Korumalıdır 350
Çiftlerin "İtaat"ın, Ne Anlama Geldiğini Bilmeleri, Çok Önemlidir 351
Ailenin Kurulması ile Beraber Ev İşleri Gündeme Gelir 352
Fakihler Ev İşleri Konusunda İhtilâf Etmişlerdir 352
İslâm Hukukunda Kadın Ev İşleri Yapmak Zorunda Değildir 352
Kadın, Ailenin Harici İşlerinden Sorumlu Olmaz 353
Bir Kadın İçin Ev İşlerini Bizzat İdare Etmek, Çocuğunu Emzirmek Birer Ahlâki Vazifedir 353
Kadınlar Ev İşlerini Bir Teberrû Olarak Yapagelmişlerdir 354
Kadının Hizmetini Vâcib Görenlerin Savunması 354
Bize Birer Örnek Konumunda Bulunan İslâm Kadınları, Dahi Ev İşlerinden Ağırlanmışlardır .. 355
Evin Dış İşlerine Yardım Etme Mecburiyetinde Kalmayınca Hz. Esma Kölelikten Azad Edilmiş
    Gibi Sevinmiştir 356
Koca Zevcesine Hizmet Etmekten ve Evinde İşini Yapmaktan Çekinmemelidir 357

Zevcesinden Tesettürlü Olmasını İstemek Kocanın Haklarındandır 357
Tesettür İslâm'ın Emrettiği Bir Kıyafettir 357
"Zinetlerini" Kelimesinin Mânâsı 358
"Avret" Kelimesiin Mânâsı 359
Kadının Örtmesi Gerek Yerleri Her Hal ve Durumda Aynı Değildir 359
Kadın Zaruret Hâlinde Bazı Yerlerini Açabilir 361
Teberruc Kadın İçin Yasaklanmıştır 361
Kadın Kocası İçin Süslenmelidir 362
Kadınların Evlerinde Koku Sürünmeleri Câizdir 362
Kadının Dış Kıyafetinin Dikkat Çekici Olması Mahzurludur 362
Örtünürken Kadının Dikkat Etmesi Lâzım Gelen Hususlar 363
Kadının Cilbab Giymesi İstenmiştir 364
Cilbaba Birkaç Mânâ Verilmiştir 365
Hanımlarda Tesettür Emrine Riâyet Etme Mecbûriyeti Ergenlik ile Başlar ... 365
Müslüman Kadın ve Erkeğin Harama Bakması Yasaklanmıştır 366
Erkeğin, Erkeğe Bakması 366
Kadının Kadına Bakması 366
Kadının Erkeğe Bakması 367
Eşlerin Birbirine Bakması 367
Erkeğin Kendi Mahremleri Sayılan Kadınlara Bakması 367
Erkeğin Yabancı Hür Kadınlara Bakması 367
Müslüman Kadın Ve Erkek Dokunma Konusunda Sınırlandırılmıştır 367
Erkeklerin Kendi Aralarında Birbirine Dokunması 367
Kadınların Kendi Aralarında Birbirine Dokunması 368
Yabancı Erkek ve Kadın Arasında Dokunma 368
Mahrem Akrabalar Arasında Dokunma 368
Eşler Arasında Dokunma 369
Kadının Sesinin Avret Olup Olmaması 369
TAADDÜD-İ ZEVCÂT KURUMU 370
Müteaddid Zevceye, Müsâade, Adalete Riâyet Etme Şartı ile Kayıtlıdır 370
İslâm "Taaddüd-i Zevcât"ı Evrensel Bir Uygulama Olarak Görmemektedir ... 370
Tek Evlilik Esastır 371
Müslümana Yakışan Allahu Teâlâ'nın Edeb Dersini Kabul Etmektir 371
Bazı Erkeklerin Bir Kadınla Dahi Evlenmeleri Dînen Doğru Bulunmamaktadır ... 372
"Taaddüd-i Zevcât"ın İstismarını Engelleyici Unsurlar 372
Kadınlar, Taaddüd-i Zevcât Kurumunu Genelleştirmeyebilirler 374
"Taaddüd-i Zevcât" Bir Ruhsat Müessesedir 374
"Taaddüd-i Zevcât"ı Zarurileştiren Sebepler 374
"Taadüd-i Zevcât" Çaresiz Üçgen İlişki İçin Bir Çıkış Yoludur 375

Kadına "Çok Kocalı Evliiik" Uygun Düşmemektedir 376
En Önemlisi Çok Kocalı Alternatif İslâm'da Yoktur 376
Kocaları, Taaddüd-i Zevcâta Teşebbüs Eden Kadınlar Mânen Takviye Edilmişlerdir 376
KADININ BEDEN İLE CİHADDAKİ YERİ 377
Beden ile Yapılan Cihad 377
Kadınlara Cihad Bazen Farz Olur 377
KADININ DEVLET BAŞKANLIĞI 378
Kadının Hâkimliği 378
Kadının Şâhitliği 379
Kadının Seçme Hakkı 379
KADININ ÇALIŞMASI 379
Kadın Çalışabilir 380
Kadının Çalışma Şartları 381
Bir İşveren Kadın Sekreter Tutabilir 381
Kadının Cinsel Hayatı 382
Zinanın Cezası 382
Lezbiyenlik-Sevicilik 382
Mastürbasyon -El İle Tatmin- 383
Kadının Mirastaki Yeri 383
EVLİLİK VE KADIN İLE İLGİLİ MERAK EDİLEN DİĞER MESELELER 384
Bâkire ya da Dul Kadın Evliliğe Zorlanabilir mi? 384
Kadın Evlenme Teklifinde Bulunabilir mi? 384
Kız Tarafı, Bir Erkeğe Kızları ile Evlenmesi İçin Teklifte Bulunabilir mi? 384
Kızı, Zengin Fakat Fasık Biri İsterse, Kız Ona Verilebilir mi? 385
Amca, Hala, Dayı, Teyze Çocukları ile Evlenmek Yasak mıdır? 385
Nişanlılar Görüşüp Konuşabilir mi? 386
Nişanlılar Yalnız Kalabilir mi? 386
Nişanlılık Döneminde Dinî Nikâh Yapılması Tavsiye Olunur mu? 386
Ayrılma İsteği ya da Sebebi Kadından Gelirse Kötü İhtimal Nedir? 387
Nişanlı İken Nikah Yapanlar, Düğünde Tekrar mı Nikâhlanırlar? 387
Nişan Yüzüğü Takılması Nişanlılık İçin Şart mıdır? 387
Nişan Bozulabilir mi? 388
Nişanın Bozulması Durumunda, Kıza Verilen Hediyeler Geri Alınır mı? 388
Damad, Kızdan Çehiz -Cihaz Eşyası- İsteyebilir mi? 388
Babanın Kızına Çehiz Hazırlaması 388
Muteberlik Bakımından Kaç Çeşit Evlilik Vardır? 389
Evliliğin Belirlenen Bir Süresi Var mıdır? 389
Mut'a Nikâhı Câiz midir? 390
Şigar -Değiş-Tokuş- Nikâhı, Câiz midir? 390

Hulle Nikâhı Câiz midir? 390
Veliler, Küçük Kız ve Oğulları Nikâhlayabilirler mi? 391
Erkek ile Kadının Arasında Denklilik Olmaması Nikâhın Geçerli Olmasına Engel midir? 391
Nikâh Akdinin Zamanı Var mıdır? 392
Şevval Ayında Nikâh Olur mu? 392
Damad ve Gelinin Bizzat Bulunmayıp, Tâyin Etmiş Oldukları Vekiller Vasıtasıyla İcra Olunan Nikâh Merasimi Nasıl Yapılır? 392
Nikâh Duâsı 393
Nikâh Kıyanın Ücret Taleb Etmesi Câiz midir? 394
Resmi Nikâh Dinî Nikâh Yerine Geçer mi? 394
Resmi Nikâh Olmaksızın Sadece Dinî Nikâh İle Yapılan Evlilik Geçerli midir? 395
Nikâh Kıyan Kimse, Aynı Zamanda Şahit Olabilir mi? 395
Nikâh Tazelemenin İslâm'da Yeri Var mıdır? 395
Bir Erkeğe Kaçıp Evlenen Kızın Nikâhı, Geçerli midir? 396
Sünnî Bir Hanım Alevî Bir Kimse ile Evlenebilir mi? 396
Bir Kimse Küfrü Gerektiren Bir Söz Söyler veya Bir Harekette Bulunursa Nikâhına Bir Zarar Gelir mi? 397
Bir Müslüman, Hıristiyan Bir Kadınla İki Hıristiyan Şahidin Şehadeti ile Evlenebilir mi? 397
Müslüman Olmayan Bir Çift -Karı-Koca- Müslüman Olurlarsa, Onlara Yeni Bir Nikâh Gerekir mi? 397
Mason Karı-kocadan Biri, İslâm'a Dönüş Yaparsa Nikâh Durumu Nasıl Olur? 397
Yalnız Nikâh Akdinin Yapılması ile mi Kadın Mehri Hak Eder? 398
Mehrin Tamamının Verilmesini Gerektiren Durumlar 398
Mehrin Yarısının Verilmesini Gerektiren Durumlar 399
Mehir Verilmesi Gerekmeyen Durumlar 399
Mehrin Miktarı Ne Kadardır? 399
Mehir Önemli Bir Şey midir? 400
Mehir Olabilen Şeyler Nelerdir? 400
Nikâh Sırasında, Mehir Unutulsa Bu Akde Zarar Verir mi? 400
Kızın ve Kadının Mehrini Baba Alabilir mi? 401
Başlık Parası Câiz midir? 401
Düğün Yemeğine Gitmenin Hükmü Nedir? 401
Düğün Davetine İcabette Mutlaka Yemekten Yemek mi Gerekir? 401
Düğün Yemeğinde, Mutlaka Et mi Olmalıdır? 402
Düğünlerin Erkeklerin ve Kadınların Kendi Aralarında Şarkılı ve Türkülü Olması Câiz midir? ... 402
Düğün İçin, Salon Kiralayarak, Dost ve Akrabaları Davet Edip Eğlenmek Câiz midir? 403
Düğün İçin Yapılan Toplantıya İştirak Eden Kimse, Orada İçki İkram Edildiğini Görürse Ne Yapmalıdır? 403
Kadın ve Erkek Karışık Düğünde Bulunmak Câiz midir? 403

Düğün Cemiyetinde Def Çalınabilir mi? 404
Zifaf Ne Demektir? 405
Damad ve Gelinin İlk Gecelerinde, Bir Yakınlarının Evde Kalması Âdetinin Aslı Var mıdır? 405
Evli Çiftler, Cinsel İlişki Esnasında Nelere Dikkat Etmelidirler? 405
Kocası Arzuladığı Zaman, Kadınlık Görevini Yerine Getirmeyen Kadın Sorumlu mudur? 406
Zevceye, Bir Başka Kadının Güzelliğini Kocasına Anlatmaması Niçin Tenbih Edilmiştir? 407
Düğün Yapana Hediye Vermek Gerekli midir? 407
Evlenen Kadının, Meskeni Nasıl Olmalıdır? 407
Koca, Meskenlerine Eşinin Yakınlarının Gelmesini Engelleyebilir mi? 408
Eşlerin Meskeni Kira ile Tutulan Yer Olabilir mi? 408
Erkek, Zevcesini, Meskeninden Dışarı Çıkmaktan Men Edebilir mi? 408
Kadının İzinsiz Çıkabileceği Durumlar Var mıdır? 409
Koca, Zevcesini Anne-Babası ile Görüşmekten Men Edebilir mi? 409
Bir Erkek İçin, "O, Kadına Namahremdir" Demenin Anlamı Nedir? 409
Kadının Mahremleri Kimlerdir? 410
Hurmet-i Musâhera Ne Demektir? 411
Gelin ile Kayın Peder Yalnız İkisi, Bir Odada Kalabilir mi? 412
Kadın, Kaynı -Kocanın Erkek Kardeşi- ile Bir Odada Yalnız Olarak Kalabilir mi? 413
Erkek, Zevcesinin Babaannesinin Elini Öpebilir mi? 413
Kadın, Kocasının, Dayısı, Amcası ve Dedesi ile Karışık Oturabilir mi? 414
Kadın, Kocasının, Dayısı, Amcası ve Dedesinin Elini Öpebilir mi? 414
Kadın, Evindeyken Başı Açık Dursa Olur mu? 414
Baldız, Ablasının Kocasının Yanında Süs Yerlerini Açabilir mi? 414
Kadın, Kocasının Misafirlerine Hizmet Edebilir mi? 415
Kadın, Karışık Yaşantı -İhtilat- İçinde Kalınca Nasıl Davranmalıdır? 415
Eşler Arasında Mal Ayrılığı Prensibi Var mıdır? 416
Kocasının Evinden, Tasadduktan Kadında Zevci de Sevaba Nâil Olur mu? 416
Çocukların Nafakası Kime Âittir? 417
Bir Kadın, Evlâtlarının İhtiyaçlarına Sarfetmekle Sevab Kazanır mı? 417
Anne Çocuğunu Emzirmeye Mecbur mudur? 417
Eşler Birbirlerine İsimleri ile Hitap Edebilir mi? 418
Bazı Zaruri Hâllerde Eşler Birbirlerine Yalan Söyleyebilir mi? 418
Bir Kadın, Kocası Yanında İken, Nafile Oruç Tutamaz mı? 419
Bir Kadının Şehir İçinde, Cadde ve Sokaklar Kalabalık Olduğunda Bildiği Bir Yerden, Yine Bildiği Bir Yere Taksi ile Şoförle Yalnız Olarak Gitmesi Câiz midir? 419
Bir Kadının, Takside, Şoför ile Birlikte Yalnız Bulunduğu Hâlde Uzak Bir Yere Gitmesi Câiz midir? 419
Kadın, Umumî Hamamlara Gidebilir mi? 420
Kadın Balkona Nasıl Çıkmalıdır? 420

Manto Giymek Haram mıdır? 420
Bir Hanım, Diz Kapaklarını ve Daha Yukarısını Gösteren Mini Etek Giymiş Bir Kadının Bu Kısımlarına Bakabilir mi? 421
Kadın ile Erkeğin Tokalaşması Câiz midir? 421
Kadının Yüzü veya Vücudunun Başka Bir Tarafı Aynadan Görünse Ona Bakmak Câiz midir? 421
Diploma, Nüfus Cüzdanı Veya Pasaport Gibi Bir Şey Almak İçin Baş Açık Bir Fotoğraf Mecburiyetinde Kadın Nasıl Davranmalıdır? 422
Estetik Ameliyatı Câiz midir? 422
Vücudun Herhangi Bir Yerine Dövme Yaptırılabilir mi? 422
Kadın, Kaşlarını İnceltip, Düzeltebilir mi? 423
Kadın Bacaklarındaki Tüyleri Giderebilir mi? 423
Dişleri Seyrekleştirmek Câiz midir? 423
Saça Saç İlâve Edilebilir mi? 424
Kadın Saçını Kestirebilir mi? 424
Saçlar Boyanabilir mi? 425
Kadının Süslenmede Dikkat Edeceği Hususlar Nelerdir? 425
Kız Çocuklarının Kulaklarını Delmek Dinen Câiz midir? 426
Altın ve Gümüş Kaptan İçmek-Yemek Haram mıdır? 426
Evde Heykel Bulundurmak Sakıncalı mıdır? 426
Eve Köpek Almak Câiz midir? 426
Kadının Kabir Ziyareti Câiz midir? 427
EVLİLİĞİN SONA ERMESİ 428
EVLİLİĞİN BOŞAMA -TALÂK- İLE SONA ERMESİ 428
Nikâh Akdi, Zevc ile Zevce Arasında Bağ Te'sis Eder. 428
Boşanmanın Hükmü 429
İslâm Dininde 4 Türlü Boşama Vardır 429
Boşama Çeşitleri 429
Rîc'i ve Bâin Talak 430
Sünnî ve Bîd'î Talâk 432
Evliliğin Nikâh İptali İle Sona Ermesi 433
Zihar Yapan Kocanın Zevcesi, Nikâhını İptal Ettirir 433
Karı-Koca Bizzat Liân ile Birbirlerinden Boşanmış Olur 434
Evliliğin Tarafları Ayırmak ile Sona Ermesi 434
Evliliğin Ölüm İle Sona Ermesi 435
Kocası Ölen Kadın Gündüz Evinden Çıkabilir 436
Kadın Ölen Kocası İçin Yas Tutar 436
Sağ Kalan Eş, Ölen Eşinin Mirasçısı Olur. 436
EVLİLİĞİN SONA ERMESİ İLE İLGİLİ MERAK EDİLEN MESELELER 437
Boşamada Kullanılan Kelimeler Kaç Çeşittir? 437

Kalpten Boşama Olur mu? 438
Mektup ile Boşamak Câiz midir? 438
Boşamada Kimin Sözü Geçerlidir? 438
Nikâh Sırasında, Kadın Boşama Yetkisine Sahip Olabilir mi? 438
Aynı Anda 3 Talâk -Boşama- Olur mu? 439
Bir Koca, Zevcesine "Ben Falan Şeyi Yapsam 3 Talâkla Boşsun" Dese Sonra Unutarak
    veya Zorlanarak O İşi Yapsa Ne Lâzım Gelir? 439
Koca, Zevcesine Tek Talâğı Kuvvetlendirmek İçin Boşama Kelimelerini Tekrar Etse Ne Olur? . 439
Vekil Aracılığı ile Boşama Olur mu? 440
Zamana Bağlı Boşama Olur mu? 440
Şarta Bağlı Boşama Olur mu? 440
Bir Kimse Başkasının Tesiri Altında Kalarak Zevcesini Boşarsa, Boşanma Olur mu? 440
Hul Var mıdır? 440
Koca Zevcesine, Boşanma Yetkisi Verebilir mi? 442
Bir Koca, Zevcesine Latife Şeklinde "Sen Boşsun" Dese Boşanma Olur mu? 442
Bir Koca, Zevcesine "Herhangi Bir Erkekle Konuşursan Boşsun" Dese Sonra Mesela Kadın
    Babası ile Konuşsa Bir Şey Lâzım Gelir mi? 442
Akıl Hastası Olan Bir Kocanın, Zevcesini Talâkı Geçerli Sayılır mı? 442
Aklı Yerinde Hasta Koca, Zevcesini Boşarsa Geçerli Sayılır mı? 443
Bir Koca Sarfettiği Bir Sözden Dolayı Zevcesini Boşadığını Zennetse Durum Ne Olur? 443
Sarhoş Kocanın, Zevcesini Boşaması Geçerli midir? 443
Bunamış Olanın veya Ergenlik Çağına Gelmemiş Birinin, Zevcesini Boşaması Câiz Olur mu? . 444
Bir Ailede Çocuk Olmaması O Evliliği Sona Erdirecek Bir Neden midir? 444
Kadın Kocasının Cenazesine Bakabilir mi? 444
Kadına Nafaka, Ne Zamanlar Son Bulur? 444
FAYDALANILAN KAYNAKLAR 446